该中文译本经OECD授权出版，并非OECD官方译本，中文译⽂…
全责。如中文译本与英文原文之文义有分歧，概以英文为准。

感谢南开大学经济行为与政策模拟实验室和天津市高等学校创新团队培养计划的资助。

预算制度的法律框架：
国际比较视角

The Legal Framework for Budget Systems:
AN INTERNATIONAL COMPARISON

［新西兰］伊恩·利纳特（Ian Lienert）
［韩］郑茂京（Moo-Kyung Jung） 著

马蔡琛　赵铁宗　张　莉　李宛姝　桂梓椋　等译

马蔡琛　审校

中国财经出版传媒集团
经济科学出版社
Economic Science Press

本书英文原作由 OECD 出版于《OECD 预算杂志（OECD Journal on Budgeting）》第 4 卷第 3 期，标题为《The Legal Framework for Budget Systems：An International Comparision》。
ⓒ经济科学出版社 2021 中文版

图书在版编目（CIP）数据

预算制度的法律框架：国际比较视角/（新西兰）伊恩·利纳特，（韩）郑茂京著；马蔡琛等译 .—北京：经济科学出版社，2021.10
书名原文：The Legal Framework for Budget Systems：An International Comparison
ISBN 978 - 7 - 5218 - 2126 - 0

Ⅰ.①预⋯　Ⅱ.①伊⋯②郑⋯③马⋯　Ⅲ.①预算制度 - 研究　Ⅳ.①F810.3

中国版本图书馆 CIP 数据核字（2020）第 237649 号

责任编辑：谭志军
责任校对：杨　海
责任印制：李　鹏　范　艳

预算制度的法律框架：国际比较视角
［新西兰］伊恩·利纳特（Ian Lienert）　著
［韩］郑茂京（Moo-Kyung Jung）
马蔡琛　赵铁宗　张　莉　李宛姝　桂梓椋　等译
马蔡琛　审校
经济科学出版社出版、发行　新华书店经销
社址：北京市海淀区阜成路甲 28 号　邮编：100142
总编部电话：010 - 88191217　发行部电话：010 - 88191522
网址：www.esp.com.cn
电子邮箱：esp@esp.com.cn
天猫网店：经济科学出版社旗舰店
网址：http：//jjkxcbs.tmall.com
北京季蜂印刷有限公司印装
787 × 1092　16 开　25.75 印张　450000 字
2021 年 10 月第 1 版　2021 年 10 月第 1 次印刷
ISBN 978 - 7 - 5218 - 2126 - 0　定价：128.00 元
(图书出现印装问题，本社负责调换。电话：010 - 88191510)
(版权所有　侵权必究　打击盗版　举报热线：010 - 88191661
QQ：2242791300　营销中心电话：010 - 88191537
电子邮箱：dbts@esp.com.cn)

推荐序：
再次倡议从国际视角研究中国预算法

陈立齐[*]

《预算制度的法律框架：国际比较视角》的中文译本即将面世，有力证明了政府预算制度法律基础之重要性，同时也离不开南开大学马蔡琛教授及其研究团队的大毅力。

从某种意义上说，过去十几年中所有关于这本书的"弯路与挫折"都有我的一些责任，因为当初是我在该书出版后鼓动了马蔡琛教授立即对其进行翻译。[①]我坚信其中包含的信息对学者和政府官员都是有用的。作为政府会计学者，我对于政府预算的法律基础是很了解的，并且我已然对美国和中国的预算法进行了相关研究。[②]实际上，是1995年实施的中国预算法激发我对中国政府会计的系统研究，且这一研究一直持续至今。[③]回想在2006年，我受邀加入了国际货币基金组织（IMF）的中国技术援助访问团为中国预算法修订提供咨询。在两周期间，我与另一位团队成员，即本书的原作者，伊恩·利纳特（Ian Lienert）先生建立了紧密的工作关系。我十分敬佩他作为国际公务员的诚信正直，以及他对多国预

---

[*] 陈立齐（James L. Chan）是美国芝加哥伊利诺伊大学（University of Illinois at Chicago，UIC）会计学荣退教授。除了欧美大学之外，他曾任中国财政科学研究院研究生部特聘教授、北京大学和山东财经大学的教育部特聘海外名师；也曾为上海财经大学和厦门大学的顾问教授；清华大学、中山大学、中央财经大学和中南财经政法大学等校的客座教授。陈教授在政府会计、公共财政和政府管理领域发表了110余篇学术论文、专著章节和书评，出版了两本学术专著，主编了五本学术著作，并连续九年主编了由他创办的《政府与非营利组织会计研究》年刊。

[①] 全书可以从 https://www.oecd.org/unitedkingdom/35933542.pdf 下载。

[②] 陈立齐. 美国联邦预算法律：构造、演变及对中国的启示[M]//牛美丽、马蔡琛主编. 构建中国公共预算法律框架. 北京：中央编译出版社，2012：267-298.

[③] Chan J L. Budget Accounting in China: Continuity and Change [J]. Research in Governmental and Nonprofit Accounting, 1996 (9): 1-19; Chan, J. L., Zhao Xibo and Zhang Qiang. Accounting for China's Government Liabilities: After Much Progress, Great Tasks Remain [J]. Public Money & Management, forthcoming.

算法的广博知识。

利纳特在预算法这一专业领域的出色知识，主要源自于他 2004 年深入研究的成果。当时，他的职位是 IMF 的财政事务高级经济学家。他申请了为期一年的学术假期，前往巴黎的经济合作与发展组织（OECD）总部，系统研究 OECD 成员国的预算法。对于利纳特来说，这也算是重回故地。他曾在 OECD 经济部工作了 12 年，因此精通法语。在此之前，他是在新西兰出生并接受教育的，也曾在新西兰财政部任职。2004 年，利纳特隶属部门的工作是协调 OECD 国家之高级预算官员的交流。他还邀请了该部门的一位来自韩国的预算官员郑茂京先生，作为该项目的合作者。在这种安排之下，利纳特可以及时而广泛地获取研究中所涉及的 13 个国家的预算部门专家、政府文件和语言翻译能力等资源（这些国家包括加拿大、丹麦、芬兰、法国、德国、日本、韩国、新西兰、挪威、西班牙、瑞典、英国和美国）。本书研究的范围和深度、作者的高产水平及其在《OECD 预算研究》上的及时发表，是离不开这些客观因素和利纳特本人的工作态度的。

我于 2007 年底从美国芝加哥伊利诺伊大学退休，并于 2009 年至 2014 年间担任 IMF 公共财政管理顾问。我作为同事和朋友同利纳特一直保持着联系。在 2019 年 1 月初，我告诉他："他的著作之中文翻译工作正在进行之中。"已然从 IMF 退休并居住在法国的利纳特回信说："我很高兴听到这本书仍然受到关注并将被翻译成中文。"他同意我的观点，随着时间的流逝，本书中的各国案例可能需要更新，但他心有余而力不足。遗憾的是，我也爱莫能助。

因此，我衷心希望这本有价值的中文译本的出版，能够激发人们对预算法研究的新一轮兴趣。我希望新一代的中国学者能够批判性地重新审视本书的理论部分，并与时俱进地对 13 个案例国家之预算法的描述进行更新。由于预算法的文本通常是用母语编写的，因此克服语言障碍的一种方法是寻求外语学院之同事的帮助与合作，另一种方法是与这些国家的政府预算专家建立专业联系。我相信恰如马蔡琛教授之所为，有志者事竟成。

这一研究领域将使中国学者能够将自己的预算法研究纳入国际视野。实际上，这是我第二次呼吁对中国预算法进行更多更好的比较研究。大约十年前，我撰写了《构建中国公共预算法律框架》一书的序言（该书由牛美丽和马蔡琛主编，中央编译出版社 2012 年出版），其部分内容如下：

"学以用为贵"是可佳的精神。我只是建议多一个目的，可以将预算法当做一门社会科学学习。在提出批评和改革之前，先明了其来龙去脉，借以建立一套理论来描述、解释或者预测预算法的整体和各项款的创立、执行和结果。……我想建议……从理论或者实证寻找实践能够维持的原因，这是实现理想和目标的先决条件。最后，我希望看到更多的国际比较研究……知人知己，对在世界上已经是举足轻重的中国至为重要。

十年之后，我仍然认为这些建议是有价值的，于是再次呼吁中国同仁们扩展预算法的国际比较研究，促进这件很有意义的事业！

2021 年 8 月

序　言

　　预算设计是公共管理的关键政策工具。预算制度法作为政府改革的工具，在影响公共部门行为模式中发挥着重要作用。预算设计和行为激励之间的关系，对于经济合作与发展组织之高级预算官员工作组（Working Party of Senior Budget Officials, SBO）的工作而言，是相当重要的。因此，工作组决定对经济合作与发展组织（OECD）成员国的预算制度法开展对比研究。

　　本书由四部分组成。第一部分讨论法律比较的理论、宪法、政治和预算制度。第二部分对 OECD 国家预算制度的法律框架进行了比较。第三部分讨论是否存在预算制度的最佳法律框架，并讨论预算的法律规范问题。第四部分为选定的 OECD 国家的实例研究，这些国家包括加拿大、丹麦、芬兰、法国、德国、日本、韩国、新西兰、挪威、西班牙、瑞典、英国和美国。

　　这项研究由公共治理和地区发展局（the Public Governance and Territorial Development Directorate，GOV）的预算与管理处（Budgeting and Management Division）发起。2003 年初由郑茂京（Moo-Kyung Jung）开始了研究工作。同时，国际货币基金组织（IMF）的伊恩·利纳特（Ian Lienert）也正在从事同样的项目，两人由此建立了合作关系来完成这项研究。

　　通过 SBO 的网络，各国的行政官员提供了相关评论；在每个国家的案例分析中都包含了对这些个人参与的致谢。对本书各部分的初稿提出过评论的有：陈立齐（James Chan）教授（美国芝加哥伊利诺伊大学），乔安妮·凯利（Joanne Kelly）（澳大利亚悉尼大学），艾伦·希克（Allen Schick）（美国马里兰大学），约翰·文纳（John Wanna）（澳大利亚格里菲思大学）和乔奇姆·维尔纳（Joachim Wehner）（英国伦敦政治经济学院），以及荣誉教授加布里埃尔·蒙塔格尼尔（Gabriel Montagnier）（法国里昂第三大学）。另外，本书还得到了经济合作与发展组织工作人员的讨论，特别是预算与管理处［尤其是处长亚历克斯·马西森（Alex Matheson），以及约翰·布隆迪（Jón Blöndal）、德克－简·克莱恩（Dirk-Jan Kraan）、米切尔·鲁弗纳（Michael Ruffner）和杰奎因·塞维利亚（Joaquin Sevilla）］和经济合作与发展组织经济部（OECD Economics Department），国际货币基金组织财政事务部（the Fiscal Affairs Department）的埃温德·坦德堡（Eivind Tandberg）。作者对所有给予帮助的人士表示感谢，但作者文责自负。

  本书由经济合作与发展组织秘书处负责发行。书中表述的观点和引述的争论只代表作者的看法，并不代表经济合作与发展组织成员国政府或国际货币基金组织的官方观点。

关于作者

伊恩·利纳特（著作者）是位于华盛顿哥伦比亚特区的国际货币基金组织财政事务部的高级经济学家。他感谢国际货币基金组织允许他在经济合作与发展组织中，针对本书的写作展开必要的研究。

郑茂京（合著者）来自韩国企划预算部（the Ministry of Planning and Budget of Korea），是经济合作与发展组织公共治理和地区发展局下属的预算和管理处的项目负责人。

《OECD预算研究》是决策者、官员和研究者的独特宝库。借由OECD高级预算官员工作组最好且最新的工作，以及来自成员国和其他国家财政部的特殊贡献，本刊对于公共部门中先进的制度安排、资源的有效配置以及高效的管理体系和工具，提出了真知灼见。

我们热切地希望收到来自读者的反馈。欢迎你们对本刊如何改进提出意见并发送给我们：《OECD预算研究》编辑部（The OECD Journal on Budgeting, OECD, 2 rue André-Pascal, F-75775 Paris Cedex 16, France）。

传真：(33 1) 44 30 63 34；电子邮箱：sbo. news@ oecd. org。

编者谨识

经济合作与发展组织公共治理和地区发展局

理事：奥戴尔·萨拉德（Odile Sallard）
预算和管理处处长：亚历克斯·马西森（Alex Matheson）
通讯与信息处经理：安德烈·尤海姆（Andrea Uhrhammer）

经济合作与发展组织预算研究

主编：约翰·布隆迪（Jón R. Blöndal）

咨询顾问

美国管理和预算办公室（Office of Management and Budget, United States）副主任：理查德·艾莫瑞（Richard Emery）（组长）

加拿大财政部（Department of Finance, Canada）财政政策主任：彼得·德维斯（Peter DeVries）

德意志联邦财政部（Federal Ministry of Finance, Germany）预算局主任：歌德·埃勒斯（Gerd Ehlers）

新西兰财政部（The Treasury, New Zealand）副秘书：伊恩·伦尼（Iain Rennie）

瑞士联邦金融管理局（Federal Finance Administration, Switzerland）副秘书：彼得·索拉（Peter Saurer）

澳大利亚财政与行政管理部（Department of Finance and Administration, Australia）常务秘书：伊恩·瓦特（Ian Watt）

目录

前言 1
概要 3

第一篇　比较法学、宪法、政治和预算制度

1　引言 13
2　预算过程 14
　　2.1　预算编制：五阶段的过程 14
　　2.2　预算制度的不同法律框架是如何构建的？ 16
3　经济理论是否能解释这些差异？ 18
　　3.1　新制度经济学 18
　　3.2　法学、经济学和公共选择理论 19
　　3.3　宪法政治经济学：预算规则和预算结果 20
　　3.4　博弈论会有所帮助吗？ 21
4　比较法学是否能解释这些差异？ 21
　　4.1　法系与宪法之重要性 22
　　4.2　宪法规范的缺位可以一定程度上解释预算制度法的差异 25
　　4.3　基本法的等级层级也可以一定程度上解释预算相关法律的
　　　　 差异 26
　　4.4　并非所有的国家都完成了所有立法程序之正式步骤 28
　　4.5　某些国家更多采用由次级法组成的法律 29
　　4.6　在某些国家中，立法机关的决策和规章是特别重要的 30
　　4.7　习惯法和联合协议在某些国家相对重要 32
　　4.8　法律是"绿灯"还是"红灯"？ 33

5 政体和预算制度法 ·· 33
5.1 君主立宪制或议会君主制 ··································· 34
5.2 总统制和半总统制政府 ····································· 34
5.3 议会共和制 ··· 35
5.4 政体与预算制度法之间的关系 ······························· 35
参考文献 ·· 38

第二篇　OECD 国家预算制度法律框架的比较

1 引言 ·· 47
2 预算制度法律框架的不同目的 ······································ 50
2.1 立法是否有必要？ ··· 51
2.2 预算改革：何时需要法律？ ································· 53
2.3 阐述预算权：立法机关 VS 行政机关 ························· 55
3 预算制度主要参与者在法律框架中的差异 ···························· 56
3.1 立法机关 ··· 56
3.2 行政机关 ··· 59
3.3 司法机关 ··· 64
3.4 外部审计机关 ··· 65
3.5 地方政府 ··· 67
3.6 超国家机构和国际组织 ····································· 69
4 预算过程之法律框架的差异 ·· 70
4.1 行政机关编制预算 ··· 70
4.2 议会批准预算 ··· 77
4.3 预算执行 ··· 88
4.4 政府会计和财务报告制度 ··································· 93
参考文献 ·· 97

第三篇　是否存在一个最优的预算制度法律框架？

1 预算制度法律框架的标准是否已经制定出来了？ ······················ 103
1.1 预算法的规范路径和实证路径 ······························· 103
1.2 规范的宪政经济学之有限指导 ······························· 103

2　应由谁来制定和监督具有法律约束力的标准？ 104
　　2.1　政治家和官僚的角色 104
　　2.2　预算制度法的国际传播 104
　　2.3　制定标准的国际组织 105
　　2.4　标准监控 108
3　预算制度法律框架的支撑原则 109
　　3.1　权威性 110
　　3.2　年度基础 113
　　3.3　普遍性 114
　　3.4　统一性 115
　　3.5　特殊性 116
　　3.6　平衡性 116
　　3.7　问责性 118
　　3.8　透明度 122
　　3.9　稳定性或可预测性 124
　　3.10　绩效（或效率性、经济性、有效性） 124

参考文献 125

第四篇　部分OECD国家的实例研究

加拿大 131

法国 153

德国 181

日本 211

韩国 232

新西兰 255

北欧四国 281

西班牙 309

英国 331

美国 364

译后记 394

前　言

理查德·艾莫瑞（Richard Emery）

美国管理和预算办公室（OMB）副主任、
OECD 高级预算官员工作组组长

　　高级预算官员工作组负责阐述对预算制度高效运转具有关键作用的政策选择。自 2001 年起，对经济合作与发展组织中单个成员国预算制度的分析，就已开始进行。本书对预算法律制度的比较分析，将为深入了解治理和支配公共资源的工具，提供更为有效的帮助。

　　支持年度预算过程的法律，为立法机关和行政机关之间的权力斗争提供了一个框架。立法机关批准年度预算，并接受关于预算执行的事后报告。行政机关编制并向立法机关提交国家预算、执行预算，并编制会计和财务报告。那么，立法机关在多大程度上为每项预算过程制定了"游戏规则"呢？

　　在 OECD 内部，特别是经济转型国家，存在一种过度立法（over-legislate）的倾向。有时行政机关在考虑行政法规是否够用之前，就起草了与预算相关的法律。立法机关采用了法律，并不代表预算改革的实现。制定出一套标准的预算法则，一个国家借此确定哪些类型的条款应该纳入法律之中，这类问题就会得到轻易解决吗？例如，行政机关内部的责任关系，是应该由法律还是行政法规来进行规范？在法律中应该（可以）作出规定的最低标准是什么？通过对相关国家"好的"法律进行更仔细的诊断分析，预算法律制度的可持续性和质量是否会更好？迄今为止，在跨国家层面上，公共财政专家和法律工作者尚未对约束预算过程各阶段的法律规范，进行过广泛研究。甚至这种规范是否存在，也是尚不确定的。如果有，又应该由谁来发布并保证其实施呢？

　　随着新国家的形成或经历剧烈的体制更迭而催生新宪法出台的时候，就需要制定新的预算法律制度。但是，在一个编制和执行预算的能力都很有限的国家中，结合了以结果为导向的预算制度和基于权责发生制会计制度的法律，是否就足以实现预算改革？在初始阶段，采用一种更为简化的法律，是否会更好呢？如果确实如此，这一法律框架应该包括哪些特征呢？在一个国家中，如果新宪法可能受到一种模式的严重影响，而预算制度又受其他规范的影响，到底应该采用哪一种模式呢？

　　本书对这些问题进行了探讨，重点关注了正式法律中的相似和不同之处，对于所有的预算专家以及计划改革其预算法律制度的政府而言，这些都是颇具实用价值的。

概　要

预算制度的法律框架中，存在着明显差异

　　国家预算制度的法律基础在经济合作与发展组织（OECD）成员国间有着极大的不同。在一些国家中，支撑年度预算过程的法律，其内容主要局限于简要阐述立法机关所关注的主要预算问题。这类法律包含了众所周知的预算原则。预算过程的细节则由低一级的法规表述。另一些国家中，法律包含了预算周期中主要阶段的全部详细条款。在许多国家的宪法中，规定了立法机关和行政机关的一般性角色，也包括预算过程中的一些核心内容。在一些国家中，宪法中还包含了整整一章公共财政方面的内容。而一些OECD成员国则没有成文宪法。

　　一些国家给予预算法律制度（budget system law）以特殊的地位。在这些样本国家中，宪法要求采用"组织"法（organic law）来指导国家的预算过程。尽管组织法提供了一个连贯的框架，预算的覆盖范围却因这种国家的独占性控制而被限制住了，并有可能将重要的中央政府职能排除在外，特别是社会保险领域。对于一些更小规模的中央预算实体而言，为了弥补预算法在应用与覆盖范围上的局限性，法律允许建立预算外基金（extrabudgetary funds）或管理此类基金的预算程序。在联邦制国家中，次国家层面政府（sub-national governments）的宪法和法律，一般独立于联邦政府①。与此相反，在德国，联邦法律要求预算和会计制度的全国一致性。包含在联邦法律中的预算原则，也体现在各州采用的法律中。预算法律全国统一的这种协调功能，促进了全国各类政府实体统一预算报告的形成。

　　大部分国家只有一些适用于预算制度的主要法令——或许仅仅是一两部主要

---

① 对于次国家层面政府之法律的考察，已然超出了本书的研究范围。

的法律，往往由议会法案来加以补充。美国是个例外：它的立法机关通过了许多有关预算的法律，且多数附有相当多的细节。另一种极端情况是丹麦和挪威，他们的议会从未颁布过指导年度预算过程的正式法规。在这两个国家中，代之以行政机关或议会的预算相关规定。

财政学和法学理论难以解释这些跨国层面上的预算法律制度差异

预算法律制度的比较研究，实际上是不存在的。财政学的学术文献对之提供了为数不多的见解。公共选择理论强调，建立约束"组织"（比如立法机关和政府的行政机关）潜在利己行为的规则，是不可或缺的。该理论的主要原则被应用于预算平衡。一位诺贝尔奖得主曾经建议，预算平衡规则应该包含在宪法之内。但这种观点是有争议的，因为这类规则往往是强迫性的，执行起来也很困难。

许多研究考察了财政规则和预算结果之间的关系，尤其是在预算平衡和公共债务方面的效果。对于所选取的这大约20个"规则"，本书并不准备就其绩效指标加以评判或考量。我们也不打算考察是否应当将某些特殊规则正式地纳入法律之中。虽然某些规则确实被纳入了法律之中，特别是在那些更加习惯于将规则体现于法律之中的国家。然而，在议会立法中，通常并不包含那些行政机关的预算决策规则。这些规则既未表述在立法机关的内部规章中（命令、法令等），也没有口头规定，尤其在一些广泛采用惯例或非正式规则的国家中。

比较法学的研究包括了那些将法律分成各种"家族"的内容。对那些影响私营部门的法律而言，最实用的是"民法"和"习惯法"的宽泛划分。对于预算制度法，这种分类的实用性较小，因为法官们并不会被召唤来制定国家预算制度。在"习惯法"国家中，与预算相关的法律并没有先例。与之更相关的，是按各国是否拥有一部全面的成文宪法，来对这些国家进行分类。

在采用威斯敏斯特体系的（Westminster countries）[①] 国家——那里的宪法不（完全）规定在书面上——近年来，立法机关对预算制度采用了新的法令，尤其

---

① 威斯敏斯特体系（Westminster System）是沿袭英国议会威斯敏斯特宫所用之体制而形成的政府体制，是供立法机构运作的一整套程序。威斯敏斯特体系主要在英联邦成员国使用，开始于19世纪中期的加拿大和澳大利亚。现在除加拿大和澳大利亚外，还有印度、爱尔兰、牙买加、马来西亚、新西兰、新加坡、马耳他等国使用此制。其他形式的议会制，如德国与意大利的体制，跟威斯敏斯特体系有很大不同。——译者注

是在针对受托责任和透明度的预算原则方面。因此，在威斯敏斯特国家和欧洲大陆国家之间（后者具有成文宪法），预算相关法令中的密度差距（the gap in the density of budget-related statutes），不再像25年前那么显著了。然而，完全汇聚了所有预算相关法律之情形，仍旧付之阙如。

政治变量和法律文化有助于解释国家之间的差异

对于解释不同国家之间预算制度的差异性而言，政治变量（political variables）被假设为是重要的。本研究强调政府之历史和现实状况的影响。行政机关和立法机关之间权力的分离程度，对于解释用来支持预算过程的法律之间的差异程度，也是特别重要的。在总统制的国家，立法机关和行政机关的权力分离程度更强，通常采用法律来控制行政机关的预算事务。采用两党制政治制度的议会君主制，则是另一种极端情形。当这种权力具有继承性的时候，就会产生一个强有力的行政机关，这些国家中议会的正式预算权，就会变得尤为弱小。既然行政机关较之立法机关更占支配地位，这些国家对成文法的需求就更少。在这些国家中，法令倾向于加强行政机关的预算权。在议会共和制和半总统制国家中，正式预算权的平衡处于这两个极端之间。

其他一些政治变量也有助于解释为什么不同国家的预算相关法律会存在差异。在一些国家中，比例代表制①的选举制度，导致大量的政党与联合政府轮流掌权现象的出现，如果这些国家还存在着执政党向议会陈述经济和预算规划的惯例（或法律要求），那么由立法机关通过法令的形式，来建立"永久性"预算规则的需求，就会被削弱。在这些国家中，预算目标常常在"联合协议"（coalition agreements）中阐明，尽管该协议不受法律约束，但限制了政府的自由裁量空间。这些协议类似于其他国家在法律中确立的量化财政规则。这类协议作为政府的预算规划，一旦定稿就公开执行，这也部分满足了其他国家在法律中规定的受托责任要求。但不同于法律的是，其仅仅在议会存续期间才具有效力。

对法律文化的研究也有助于解释为什么一些国家不采用预算制度法。尽管法律的制定一般有三个步骤——提出（常常由行政机关提出）、审议（由立法机关审议）、"表决与通过"（包括法律复审）——但不同国家对所有这三个步骤的重要性和程序有着不同的看法。在欧洲大陆国家、美国和亚洲的OECD成员国中，

---

① 比例代表制是指，每个政党在议会中的席位，与其得票数成比例的制度。

高等法院能够保证预算相关法律与成文宪法相一致。而威斯敏斯特和北欧国家则较少关注法律形式，更多偏重于法律工具的选择而非正式法规。威斯敏斯特国家较少受限于条文宽泛的宪法。北欧国家则没有宪法法院针对违宪性提出质疑。在这两组国家中，关于预算的成文或不成文宪法条款可以被自由解读。相比于法律形式主义的国家——这些宪法既规定了核心的年度预算要求，又要求预算制度由法律来管理，它们分配给行政机关的预算权也更多。总之，存在各种类型的国家，有些对正式法律的态度并不严谨，另一些则将预算的法律规范视为辅助性文化。

预算制度的标准：已经发布的以及在许多预算制度法中应该具备的

除了量化的财政规则外，财政学家和法学家回避为预算制度建立法律标准。相反，国际组织发布了综合性的预算透明度良好特征指南。然而，这些组织在国内法的制定中，并没有什么话语权。外部审计是一个例外，接受了最高审计机关国际组织（International Organization of Supreme Audit Institutions）所推荐的基本准则。

古典的和新式的预算原则，以及预算过程中立法和行政机关各自的职责，可以为那些希望建立"良好"预算法律制度之国家的政策制定者提供相应的指导。对预算批准、执行、报告和审计具有重要意义的原则包括：权威性、全面性和可问责性。预算制度的哪些方面应该包含在宪法、基本法（primary law）和次级法律（secondary law）之中，总计有十项原则可以应用于相关建议。

需要提及的是，预算功能和立法功能的一致性原则。根据该原则，行政机关应该借此建立起内部规则，并用于预算编制与执行——立法机关可以将预算程序的这些方面，具体委托给行政部门。相比之下，这一原则可能会需要成文法，这是立法机关内部规章（议会规章）的补充，这些成文法应为编制预算提供正式规则，并由立法机关采用，此外，该原则还要求行政机关向立法机关做出事后报告（ex post reporting）。为了体现独立性、可问责性以及服务于立法机关的外部审计实体之权力，构建一部单独的法律不失为一个适当的选择。

这些研究并不意味着一种模式化的（model）预算法律制度或外部审计法能够适用于所有的国家。预算法律制度的运用，需要适应于每一个国家的宪法、政治、制度、法律和文化。对于预算制度而言，没有什么是放之四海而皆准的。

尽管参考了国际标准，OECD成员国并未采纳（或修正）他们的预算相关法律。一些欧洲大陆国家起初采用预算原则的方式，后来逐渐转向立法的方式。在传统上，更加强调的是，将普遍性、统一性、专属性和年度性原则，整合纳入法律框架之中。这些原则主要涉及预算周期的早期阶段——由立法机关从事的预算编制、提交和批准。相对关注较少的是，将预算周期后续阶段的相关预算原则——可问责性、透明性、平衡性和绩效性——纳入法律之中。与此相反，威斯敏斯特国家的预算法更加强调问责性以及与预算执行有关的其他方面。在这些国家中，这种法律的基础是英国的财政和审计部门法案（Exchequer and Audit Department Act）。在英国，这个 1866 年生效的古老法律中的许多条款，直到 2000 年仍然有效，当时通过了一部新的政府会计法。这个例子告诉我们，预算法律的演变是如何之缓慢。

预算改革是预算法修订的主要原因

OECD 成员国放弃已然存在的预算制度法或采用新的法律，其主要原因是预算改革的兴起，但不同国家在多大程度上和哪些范围内实施改革，还是有所差异的。一些国家中，预算改革是对预算危机的反应，通过引进新的预算相关法律，催生了一些重要的变革。

在欧洲大陆国家，立法机关首先需要讨论预算原则，这是非常重要的。接下来，预算法律制度得以修订或者采用一部新的法律。实施则可能要拖延到几年之后了。在威斯敏斯特国家，这些步骤通常反其道而行之。首先是引入预算改革，可能仅仅是作为试点。如果这些新的预算安排或程序被认为是可行的，那么紧接着就会修订法律。

近年来，财政透明度、可问责性和宏观财政稳定性原则，越来越多地体现在法律之中。新西兰 1994 年的财政和审计部门法案（Exchequer and Audit Department Act），不仅影响了威斯敏斯特"模式"内部的国家，也对其他国家产生了影响。例如，法国在 2001 年实施的新的预算组织法（Organic Budget Law），其中就包括了一项关于预算"诚实可靠"（budget sincerity）的新原则。

预算相关法律的采用，可能是为了更好地调控宏观财政状况——特别是减少那些被认为会威胁到财政可持续性的赤字。因此，在法律中体现量化财政规则的经验，通常会遭到反对。加拿大、日本和美国都允许废除这一类法律。例如，在日本，这种法律几乎难以持续实施 12 个月以上。就一些欧盟国家的经验而言，在预算赤字和债务方面，这些超国家实体层面上的准法律（the supranational body's near-laws），也甚少有运行良好的。

近年来，一些OECD成员国已然修改了外部审计法。其改革目标是为了加强最高审计机关（SAI）的独立性、拓展被审计单位的覆盖范围，并强化最高审计机关的调查权力。

并非所有的预算改革都是通过法律形式引进的。也没有必要为所有的预算过程都提供一个法律基础。例如，一些国家的政府可能会编制并向立法机关提交中期宏观财政框架，尽管法律并未做此要求。另一个例子是政府会计中权责发生制的引入，一些国家的法律并未对编制财务报告做出要求，但政府仍旧会编制资产负债表、运营情况表和现金流量表，并将这些报表提供给立法机关。法律可以简单地要求，政府会计制度需要符合"一般公认会计准则"，而并不提供其中的细节——这由相关规章来决定。

如果预算制度发生了根本变化——比如从投入基础（input-based）转到结果导向（results-oriented）的预算制度——通常就会出台一部新的预算法，以体现这一新的拨款结构。虽然在OECD成员国中已经广泛地呈现以绩效（或以结果）为导向的转换趋势，但在某些情况下，仍旧由行政机关而不是立法机关控制着年度拨款法案的结构和形式，例如，新的拨款结构并未以法律形式被确立。在一些行政机关有很强继承性权力（或受托权力）的国家中，通常允许在不改变法律或仅就现有预算法律加以少许变化的基础上，引进那些影响深远的预算改革。

构建预算法律制度，加强立法机关或行政机关的权力

虽然在所有民主国家中，预算事务"议会至上"（supremacy of parliament）的原则都是广为接受的，但议会预算过程的程序和时间安排却大不相同。主要有两种类型：在有些国家中，立法机关在预算编制上的威信与权力是很强势的，而在另一些国家，行政机关却在预算过程中占了"上风"。在这两种类型中，法律都会用来强化相关权力。在第一种类型中，法律的制定首先从立法机关启动。在第二种类型中，新的法律则由行政机关来谋划。

第一种类型的最佳示例，就是美国的立法机关。自20世纪70年代以来，由于出台了一些新的法律，国会加强了对行政机关的预算控制。1974年采用新法律以来，由参众两院的预算委员会来正式决定预算策略（相反，一些国家的法律使得行政机关所提交的策略很难被轻易改变，甚至根本无法改变）。法律严格限制了行政部门在年度内进行预算调整的权力。依法建立了服务于立法机关的国会

预算办公室，并为其提供充足的经费。财政管理法允许立法机关参与内部审计的安排（例如，行政机构的首席财务官需要向国会进行报告）。

如果感觉到行政机关拥有的权力过多，并且在政府所掌控的预算会计实践中存在不透明的现象，立法机关可以通过对自身有利的法律，来使预算权力恢复平衡。这也是促使法国在2001年出台新的预算组织法的原因之一。

在第二种类型的国家中，立法机关信任行政机关。在威斯敏斯特国家中，法律可以正式授权给行政机关中的预算人员。基于这种授权，预算过程中关键人员的角色和职责可以由法令来规定（如一些北欧国家），甚至不必经由任何正式文件来规定（例如英国财政部，其强势预算权力就是基于继承性的）。就预算执行而言，行政机关享有相当大的权力，而不需要立法机关的严密监督。内部审计安排被视为良好的全面管理的一部分。和美国相反，在法律上，威斯敏斯特国家并不要求内部审计机构向立法机关做出报告。

在第二种类型的国家中，可能甚少有法律条款涉及年度预算在何时被提交给立法机关并获得批准。在新的财政年度开始前就批准预算，这尽管是一个很好的做法，但某些威斯敏斯特国家却允许这样的情况：经过议会对预算进行例行公事的辩论，在财政年度已然开始之后，才批准预算。针对立法机关的修正权，这类国家也有严格的限制。要想使得行政机关较之立法机关更具主导地位，这是一条重要的途径。

我们的研究，并不试图权衡立法机关和行政机关各自在预算过程中的权力。进一步的研究可能会指向政府各部门相关权力的检验。

国别层面的研究显示，实施预算相关法律，具有非常充分的理由

本书作为一项比较研究，从跨国家层面上，考察了预算编制、批准、执行、政府会计和财务报告在法律条款中的主要差别。它包括对九个OECD成员国的深入研究，重点比较了预算过程或预算主体的不同方面。对于较具相似性的四个北欧国家，就其预算相关法律的应用和状态，展开了更具针对性的具体比较研究（对国家的研究显示，有大量的理由采用与预算相关的法律）。

在更加普遍的意义上，我们的研究突出了预算制度在法律框架上广泛存在的差异性。在OECD成员国中，尽管预算制度可能是趋同的，但与之相关的法律却未必也是如此。部分原因在于，在我们所考察的国家中，当前的预算相关法律往

往是若干年来（甚至也可能是几个世纪以来）法律演变的结果。每一个国家所独具的制度特征和政治制度，造成了这种政府预算制度法律上的差别。

结论

我们的研究结论之一就是，预算相关法律的引入会基于各种各样的原因。这些原因包括：一场预算改革的发起——或许是一次预算危机的结果，或许是为了改变立法机关和行政机关之间的权力平衡，也可能是为了加强宏观财政稳定，或是为了强调预算制度的透明度和问责性。这些不同的目标，连同许多宪法上、政治上以及其他特定国家的具体情况，使得难以将各国的预算法律安排区分为整齐且互相独立的类别。预算相关法律之间的差异，很可能会长期存在下去。

在最广泛的层面上，OECD 成员国总体上可以分为两大类型：一类是预算制度受到宪法约束，另一类则不被宪法约束。作者将欧洲大陆国家、美国和亚洲的 OECD 成员国归类为第一类。在这些国家中，预算制度或者被成文宪法直接约束，或者被一些成文法律间接约束，这些成文法是与宪法一致的。在确保预算相关法律的合宪性方面，宪法法院（或同级机构）承担着监护作用。有时，法院也会找出法律上的理由，拒绝那些预算制度相关法律中的变化。

第二类包括威斯敏斯特和斯堪的纳维亚国家，这些国家的预算制度并不受宪法约束。其中有的国家，由于缺乏成文宪法，预算制度自然免于受到高级别法律的约束。在那些有成文宪法的国家里，其中涉及的条款也不是很多。一部关于预算制度的正式法律，并非是必需品——它只是一种可选项而已。例如，丹麦和挪威就显示了其他选择，由行政机关或议会委员会采用了一些特殊的规则。这些规则替代了所有立法阶段的正式议会立法。与具有相似效果的成文法相比，这些规则还是有些优点的，但也不能绝对化，如果要想对预算制度方面的法律加以修订的话，将会面临着较大的困难。相应地，惯例和非正式法规在这些国家中更加重要，这些国家的宪法法院也不会监督预算相关法律是否合宪。

最后不妨作一点评论吧——作为对如何选择预算法律制度的指导——一国需要在以下二者之间加以权衡，到底哪一个更加重要：是预算制度产生的结果，还是法律产生的结果。

第一篇

比较法学、宪法、政治和预算制度

　　本篇的目的在于,识别发达国家中预算制度的法律存在广泛差别的原因。关于预算法律制度的比较研究几乎是一片空白。缘何预算制度的法律在不同国家有着如此之大的差异,经济学和财政学著作几乎没有提供什么解释。特别在法律的层级方面,比较法学的研究有着更为广阔的前景。针对宪法相对重要性的差别,法规和条例对于"为什么各国的预算相关法律如此不同"这一问题,提供了一些说明。然而,尚未有一种理论能够解释,在不同国家中,为什么这些法律来源的相对重要性是存在差别的。政治变量也相当重要,特别是过去与当前的政府模式。行政机关和立法机关之间权力的分离程度,部分地解释了在预算过程和角色方面,具体法律被应用之程度。

1 引言

在一些西欧国家，其国家预算制度的起源，可以追溯到民主制度引进之前的那些一度盛行的制度安排。君主制国家由皇家国库来管理政府财政，其资金来源是公民义务缴纳的税收。在某些国家中，预算制度之"宪法"安排的继承性，可以追溯到几个世纪以前。① 虽然预算制度法律框架的诸多变化和改革，已然开始了好几个世纪，但一些古老的特征仍然盛行——特别是在英国和法国。进而，这两个国家的一些前殖民地也继承了这些特征，那些前殖民地国家的预算法律框架，较之他们刚刚独立时所承续的预算法律框架，在特征上仍然有着相似之处。

随着时间的流逝，许多与国家预算制度有关的规则被记录下来，但不是全部。因此，对法律中的规章和其他类似于法律的规范（尽管不具有法律上的约束力）进行区分，还是相当重要的。这两种规则之间的界线并不明显。久而久之，这些法律规则往往会吸收其他类型的规范。这就是那些已然形成的——并且依然在形成过程中的——有关预算制度的规则。当然，预算规则纳入法律的范围和速度，在国与国之间还是存在差异的。

在本部分中，首先考察了如何将有关预算过程和预算行动者的各种规则纳入法律，各国在方式上存在着极大的差别。然后，对于预算制度的法律框架在组织、结构和内容上，不同国家之巨大差异，本部分尝试解释了其原因何在。经济学、财政学、比较法学和政治学研究，对于成功解释这一问题，都做出了贡献。对这些差异的某些解释，特别是在立法机关对于行政机关的控制程度方面（抑或恰恰相反），可以从法律传统的差异中找到答案。

尤其是，不同的法律传统反映出立法机关、行政机关（包括政治和行政实体）以及公民之间在信任程度上的差异，以及政治制度上的差别。当立法机关将预算程序的某些方面纳入法律之中时，这样的因素就被考虑到，而其他方面则会放在规则或非正式制度中加以考量。

本书主要聚焦于讨论不同国家的宪法和法律在预算条款上的差异。然而，其他法律工具也确实会管控预算过程。对于宪法、成文法、各种类型的规章以及非法律性的规则，各国对其重视程度还是颇为不同的。在这一篇中，我们将考察这一问题。在理论上，很可能得不出明确的结论。虽然自愿接受那些预算相关规

---

① 例如，在英国，对王权（行政的）的资金捐助，受制于国家会议制度（Estates of the Realm）（"议会"的前身），而这种对（王室）资金用途进行深入调查的权力，作为一项原则始创于 14 世纪（Bastable，1892，第六章）。

范,确实是限制预算过程中随意性的方式之一,但就此认为,这些法律(或准法律工具)的选择与组合,就可以试图限制预算过程中具体行动者的权力和角色,则未免显得有些武断了。

只有当预算规则既是可实施的,又在实践中执行,将这些规则纳入法律之中,才是有效的。对于预算相关法律而言,许多条款都是"绿灯"条款——它们规定了预算参与者想要实现的特性。但另外一些预算相关法律则是"红灯"条款——政府不得突破这些规则。法院有义务对任何闯"红灯"者做出裁决。在法律安排以及为强化这些规则而设定的法律方面,各国之间有着相当大的差异。[①]

除非宪法授权,司法机关并不愿意参与那些与生俱来的固有政治争斗。在尊重"自我实施的"法律基础上,预算相关法律限定于形式上的协议,似乎是更好的。一些国家中联合协议的经验表明,那些自愿的协定如果能够被坚持,与那些有法律约束力的安排,其实效果是相同的。在达成预期财政目标方面,这些自愿的协议甚至超过那些不受重视的正式法律。

在本篇的第二部分中,对比了某项法律适用于预算参与者和预算过程的程度,特别关注了 OECD 的 13 个成员国。第三部分详细说明了预算制度的哪些方面能够有效地纳入法律之中,而不仅仅停留于那些法律约束力的自发约定。在本篇的剩余部分中,简略地考察了何谓"预算过程"。随后的大部分讨论则阐释了这样一个问题:"在 OECD 成员国中,预算制度法律框架的构成,缘何是如此之不同?"

2 预算过程

2.1 预算编制:五阶段的过程

年度预算过程通常分为五个阶段(参见图 1-1)。

第一阶段是行政机关编制预算草案并提交给立法机关。通常分为两步进行:第一步,财政部(或类似部门)编制包括明确的政府预算定位之预算草案;第二步,财政部(或类似部门)编制的预算草案,经部长会议批准(或总统制国家中的类似部门)。这份预算被提交给立法机关,以便接受可能的修正并获得批准。

---

① 本书并不讨论"软法律"(soft law)和"硬法律"(hard law)的对比,在欧洲,针对欧盟法律(指令)与欧盟国家的国内法之间的争论,已然引起了轩然大波(Abbot and Snidal, 2000)。

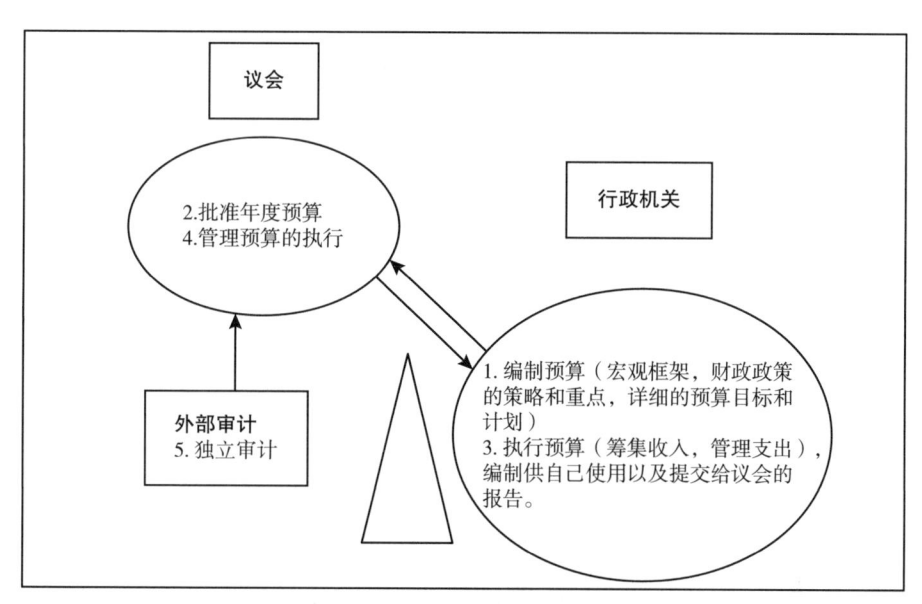

图 1-1　议会和行政机关在预算周期中的作用

第二阶段是议会阶段，预算一般在议会委员会中被讨论，并可能被建议进行修正。一旦修正案在全体大会上通过，预算就得到了立法机关的批准。如果资金不足，法律就会授权行政机关提高税收收入。这些收支建议的正式采用，意味着对许多支出类别设置了法定上限。

第三阶段是实施经批准的预算，它由行政机关和（或）政府机构执行。在这一阶段，中央预算办公室（通常在财政部或类似机关内部）监督预算执行，并通过规定明确的会计系统，定期编制预算执行报告。在无法预料的紧急情况下，包括预算法案中暗含的宏观经济框架出现重大偏差的情况下，行政机关可能被授权对核准的预算进行更改。行政机关的这种更改可能需要对追加预算进行确认。行政机关也可以被授权修改已通过的预算，包括改变其内容（如预算流用或使用年度预算中的准备金），或者根据经济环境的要求，将实际支出控制在批准的支出水平之内。

第四阶段是预算执行的议会管理。这个阶段可以在财政年度期间进行，但多数情况下在财政年度末进行。议会管理依据行政机关提供的报告，议会拥有对这种报告的内容和时期予以规定的权力，报告可能既包括财务数据（年度决算）又包括非财务数据（如绩效目标的达成情况）。

最后一个阶段是独立的外部审计机关对财务账目进行审计。独立外部审计机关也被授权根据效率性、经济性和有效性，来评估年度预算的结果。

2.2 预算制度的不同法律框架是如何构建的？

这一章节讲述在 OECD 成员国中能被区分出的七种不同预算管理制度的法律法规之组织框架。出发点是区分那些有成文宪法和没有明确宪法的国家——两种很广泛的类别（图1-2第一排）。在第一类中有六个子类别。

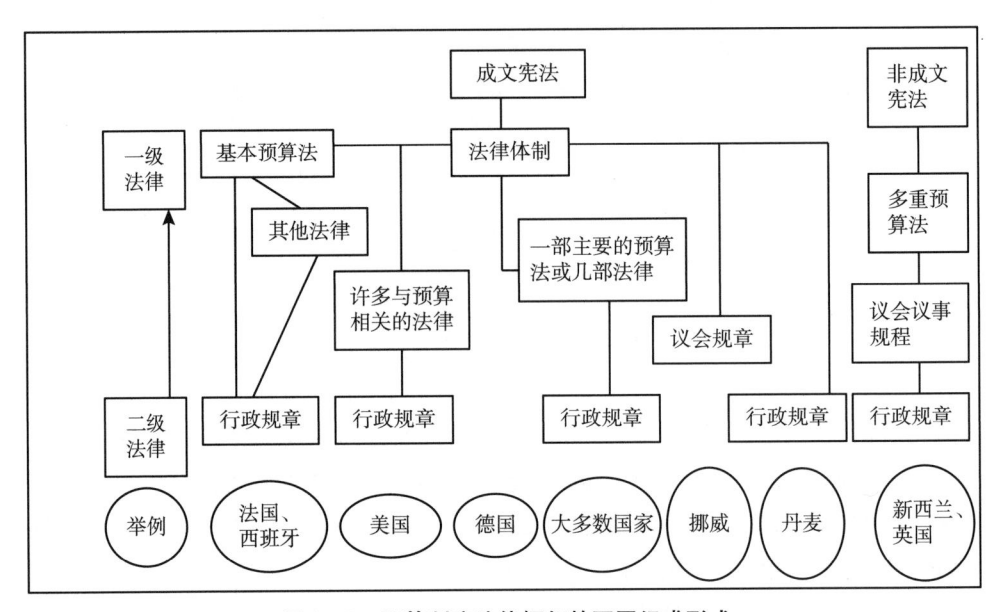

图1-2　预算制度法律框架的不同组成形式

在一些国家中，宪法建立起法律层级。在第一种形式下，一些国家的宪法规定重要的法律成为"组织"法（"organic" laws），比普通的议会立法有更高的地位。基本法很少被单独制定，值得注意的是法国和西班牙。法国有一部只涉及国家预算的《预算组织法》。由于它的重要性，它被认为是"财政宪法"。可是，法国的国家账户只占一般性政府账户的不到40%（使用国家预算的定义）。与国家年度预算法有关的基本法，由另一部《社会保险融资组织法》来补充。

与法国相反，西班牙没有采用支配一切的预算"组织"法来管理国家的预算过程，而是用一部《总预算法案》（General Budgetary Act）和《总预算稳定法案》（General Act on Budgetary Stability）替代。不过，由于与自治社区之自治权有关的宪法原因，西班牙也有一部基本法，主要用于对预算稳定之普通法加以补充，它要求自治社区按照由上述两部普通法所要求之稳定性目标，来编制预算。而在法国，大量的规章用来规范那些预算过程和预算程序的填报细节。

在联邦制国家中，更高层级法律之第二种形式就是"框架性立法"（framework legislation），这些国家的联邦法律在地位上要高于地方法律。在德国，《预算框架法》（Budget Framework Law）详细说明了应用于各层级政府的预算原则，并规定了一些协调不同层级政府间预算政策的机制。该法律的一个主要目的在于，保证不同层级政府的预算在统一的国家预算框架背景下来运行。根据《预算框架法》，联邦政府和各个省采用其自己的预算法（称之为"法典"，codes）。

许多国家没有这样的等级制度——所有的法律都是"普通"法律。美国是一个联邦制国家，其宪法只包含几项与联邦预算有关的条款。美国的显著特征——这些特征使其自成一类——是由非常多的法律来覆盖联邦预算制度的不同方面（见美国实例研究第一部分）。与预算相关的法律合并在美利坚合众国法典的特定章节中（主要是第2篇和第31篇），这部法典是所有联邦法律的集合体。多数与预算相关的法律，由立法机关的若干法规以及管理和预算办公室（OMB）发布的大量规章来补充。除联邦一级法律法规的密集体量外，50个州中，每个州都有单独的宪法、法律、规章。与德国不同，美国没有要求预算和会计程序在国家范围内统一的联邦法律。

就预算相关法律而言，大部分国家的法律制度没有等级之分（图1－2第四列）。由一些关键法律（如澳大利亚、加拿大、日本和韩国）或单独的法律（如芬兰）来管理预算程序。在一些国家（如日本、韩国、瑞典）规定预算程序的主要法律是由议会法案来补充的，法案主要包括那些议会批准预算的规定。芬兰的议会法案对不包括在其成文宪法中的大量预算相关规定之问题进行了阐述，其中有一整章专门阐述国家财政①。在日本和韩国，宪法为基本预算原则设有单独的章节，并由管理预算程序的关键法律以及行政机关内预算编制阶段的规定（许多国家将这些步骤划分在政府法规中）来进行补充。

在丹麦和挪威，都拥有成文宪法，但缺少用来规定预算制度之原则或细节的成文法（在瑞典，直到1996年采用预算制度法之前，还存在着类似的情况）。在丹麦，预算"指导方针"由财政部发布。指导方针的任何变动，都经过议会财政委员会的审核——这是一个惯例，而非法律要求。财政委员会还拥有议会授予的其他权力，包括采纳年度预算和在预算年度内批准追加支出的相关权力（参见Blöndal and Ruffner，2004）。在挪威，预算规章由议会发布。在实际操作中，对这些规章的大部分修正都是由财政部起草的。在这两种情况下，财政部在起草预算"规章"中都具有关键作用（像在大部分其他国家那样）。丹麦和挪威的主要

---

① 在芬兰，采用大量与预算相关的宪法条款之主要原因在于，1928年的议会法案（修正案）与1919年的宪法法案（修正案）合并起草新宪法时（1999年采用），它就被确定了。相反，在瑞典，议会法案不是组成瑞典宪法的四项法律的一部分（参见北欧国家的实例研究）。

区别在于规章的发布机关：丹麦是财政部，挪威则是议会。但不同于几乎所有的OECD国家，这两个国家缺少管理预算程序的正式法律。

只有少数几个OECD国家没有将宪法写成单独的文件，例如加拿大、新西兰和英国。这些国家也有几部关于预算制度的规章，这些规章是在相当长时间内由零散的基础逐渐形成的。自20世纪80年代以来，新西兰加强了其预算过程的法律框架，包括采用了新的法律，新法律规定了政府有责任向议会报告，明确了关键预算参与者的个人责任（包括核心政府部门的首席执行官需要提供符合政府预算目标的成果）。在威斯敏斯特国家，这些国家具有很强的法律传统，其议会制度（"议事规程"）和（或）包含了某些规则的议会决议，会被纳入正式法律之中。威斯敏斯特国家的财政部（有时被称为"国库"）拥有相当强的与预算相关的继承性权力，其中几项就是由国库规则所赋予的。

3 经济理论是否能解释这些差异？

在本部分中，通过对财政学各分支的文献综述，考察了其各种不同学派对于缘何预算法律制度在各个国家存在如此之大差异的解释。这些文献回顾性地提供了一些关于财政"规则"的本质观点（文献中的"制度"），特别是那些关于预算效果之影响的文献。然而，对于为什么各种预算规则体现（或不体现）在OECD国家之不同法律类型中的问题，这些文献并未能给出综合性的观点。

3.1 新制度经济学

新制度经济学对规则（rules）进行了广泛的定义。一位诺奖得主将其定义为"制度"（institution）（North，1991a，第1章），作为人类行为的社会强制性约束。对于规范组织（一群人构成的团体）行使其职责的正式和非正式的规则与约束，"制度"提供了一个宽泛的框架。正式的规则包括宪法和法律。非正式约束包括惯例、行为规范和裁定（North，1991b）。

在本书中，"制度"（institutions）不同于"组织"（organisations）。例如，宪法被认为是制度，但立法机关和行政机关乃是宪法之下运作的组织。制度和组织之间的相互作用，会对交易费用产生影响。恰当的规则可以将与不完全合约或不对称信息相关的各种交易费用最小化（Williamson，1996）。新制度经济学的见解，主要适用于私人部门的市场和企业。然而，新西兰政府将该理论应用于公共部门，特别着重于将同信息不对称和代理问题相关的交易费用最小化（Scott et al.，1997，P.360）。基于法律的支持，新西兰已然富有活力地实行了新合同关系（Schick，1996）。

宪法中包含的一系列正式和非正式的预算规则、预算制度法和相关条例，可以被看作是"制度"的典型变量。"组织"则指行政机关、立法机关和独立的外部审计组织——一般预算程序的三个主要参与者。"合约"（Contracts）控制着各个行政部门组织（如内阁、财政部、支出部门和机构）与立法机关（如议会全会、国会的上下议院中专门的预算委员会）的职责和权力。但新制度经济学的观点在这一模型中似乎没有被系统地采用，尽管该模型中预算制度法也具有相当重要的作用。此外，文献也没有分析预算"制度"在长时间跨度内逐步演变发展的原因。

尽管如此，一些预算法律制度的近期改革之目标，就在于解决交易费用问题，特别是由于信息不对称而产生的交易费用。改革中强调增强透明度、向议会和公众提供更多的预算信息，以及通过要求行政机关对年度预算的编制和执行负责（这些预算由立法机关批准），来强化议会的"合约"约束力。例如，对于行政机关在执行阶段改变法定预算的权力，预算制度法可能规定"合约条款"（contractual terms）。

3.2　法学、经济学和公共选择理论

对法学和经济学之间相互联系的研究，也许能够解释预算制度法存在相当差异的原因，特别是基于文献所强调的效率性（Van der Hauwe，1999，P.610）——这是评估预算制度的准则之一。通常，法学和经济学文献的焦点在于，私营部门经济行为和法律之间的相互作用（Werin，2003）。在盎格鲁—撒克逊国家，法学家也承认，他们慢慢接受了"契约国家"（the contracting state）的角色改变，对于法律体系的影响（Taggart，1997）。

与此相反，在欧洲大陆国家，法学和财政学研究长期以来是纠缠不清的。通常法学领先于经济学——先进的财政学研究是在法律系（而非经济系）中讲授的。在国家行政机关内，财政部门聘用了许多受过法律培训的人。在德国，法学家比经济学家更容易在联邦财政部门中就业并获得更优厚的薪金（Würzel，2003，footnote 8）。与此相反，在英语国家中，对于预算制度，理论经济学家们并不愿意采用法律的观点。布伦南和布坎南（Brennan and Buchanan，1985）则认为，经济学家中存在着一些对宪法一无所知的人，在判断权力斗争所需要的规则方面，这些经济学家是缺乏足够知识储备的。在预算体系中，这样的权力斗争发生在行政机关和议会之间。

公共选择理论及其分支"学派"是在经济学和法学的基础上发展起来的（相关评论参阅 Medema and Mercuro，1997）。公共选择理论家的作用在于，"运用可选择的宪法规则，向公民提供建议"（Brennan and Buchanan，1988）。公共

选择理论的原则之一就是，立法者和政府官员的行为并不是基于共同利益的（McAuslan，1988）。对于驾驭这些利己主义政治家的剥削手段而言，规则（包括对现行宪法的变更）被认为是非常必要的。

公共选择理论家一般不对预算程序进行详尽审查——最多只是提出个别"规则"（rules）。例如，一些公共选择理论家主张（譬如 Buchanan，1997），"平衡预算"原则是如此之重要，以至于应当被写入宪法（这种争论大多局限于美国）。根据这种观点，相对于实施稳健财政政策的要求而言，普通法律或非正式的协议并未能提供必要的永久性规则。

3.3　宪法政治经济学：预算规则和预算结果

宪法政治经济学（constitutional political economy）特别注重分析规则的选择。作为一门单独的学科（Voigt，2003），其文献论述通常较为注重普遍性（譬如 Weingast，1996）。宪法政治经济学中的一个分支，侧重于可供选择的规则对经济成果的影响。

自 20 世纪 90 年代初期以来，"制度"（规则）和预算绩效得到了广泛的检验。欧盟国家首先制定了各种预算规则的指标，这种指标被发现与预算绩效有关（von Hagen，1992）。这些研究是精炼的（von Hagen and Harden，1994）并且具有理论基础（von Hagen and Harden，1995）。这些文献对政府赤字和债务的正式"财政规则"（fiscal rules）之发展，特别是对欧盟国家的马斯特里赫特条约（Maastricht criteria）具有相当大的影响。已然出现了一些与这些文献相关的实证研究，包括拉丁美洲（Alesina et al.，1996）、东欧（Gleich，2003；Yläoutinen，2004）、澳大利亚、新西兰以及选定的亚洲和非洲国家（Campos and Pradhan，1996）。这些地区的研究（包括瑞士）可以参见基希加斯纳（Kirchgässner，2001）的评论。

在一项相关的系列研究中，佩尔森和塔贝里尼（Persson and Tabellini，2001）调查了选举规则和政治制度在财政政策效果方面的作用。议会政体往往同多数选举制和比例代表制的制度有关，而总统制往往与小政府相关。本书并未考察预算制度法的作用。但是，本书确实假设规章被用来缓和冲突，这种冲突主要体现为，行政机关内部、立法机关内部，以及二者之间为减少赤字和政府债务而发生的预算争议。这些研究提供了一种框架，用以衡量何种预算程序对于财政稳定而言是重要的。但是，这些研究并未指明预算程序的哪些要素应当包含在正式法律中，而哪些要素应当继续作为非正式或没有法律约束的协议（如内阁中的财政部长之主要作用）。

针对"议会是否应该通过基本法（primary law）来制定特定的规章"或"行

政机关是否应该通过规章来推动预算过程（行政控制的"规章"）"等问题，确实存在不同的观点。总体上，本书并未考察行政机关发布（或不发布）次级法律（secondary laws）的决定——基于由基本法代表的或继承自以往的权力。此外，本书也未涉及外部审计在辨别预算管理不善以及为"制度"方面的变化提供建议的重要功能。相反，本书的研究和最高审计机关国际组织（INTOSAI）[①]均认为，基于规章的外部审计组织，对于改善预算绩效而言，是必不可少的。

3.4 博弈论会有所帮助吗？

在博弈论中，政治策略、社会选择和经济效果，从整体上被连接在一起。通过能够保证绩效承诺的具有外部强制性的制度，策略行动者们可以做出有约束力的承诺（Shepsle，1998）。虽然这种方法已然被应用于集体决策和法律之中（Baird et al.，1994），但尚未被系统地应用于预算法律制度。博弈论用来模型化公共服务的供给，这些服务是由政府部门为满足公共服务需要而提供的。克拉安（Kraan，1996）建立了一个政治家与官僚间相互关系的模型，这与预算过程所需要的规则恰恰相反。其研究结论认为，参与者讨价还价的技巧是影响预算效果的主要因素。

4 比较法学是否能解释这些差异？

比较法学的重点[②]是识别国家间在法律制度之广泛特征上的差异。本章的重点体现在专栏1-1的各个要点上，除了在引言部分讨论过的最后一条以外。

专栏1-1　比较法学：预算制度法的相关方面

- 法律制度的"模式"或法系
- 宪法、议会立法和预算法
- 基本法中的层级

[①] 最高审计机关国际组织（INTOSAI）是审计制度的最高国际组织。关于INTOSAI之功能的信息，可以参阅网址：www.intosai.org。

[②] 皮佐鲁索（Pizzorusso，1988）强调了法学与政治学研究的分野；维安迪尔（Viandier，1988）所著的姊妹篇则强调了议会的立法功能——主要在私法和公法方面——作为法律的来源和解释的目标。

- 制定法律的程序
- 次级法律、立法机关的规章、习惯法
- 规章 VS 法律

4.1 法系与宪法之重要性

尽管并不完备，法系（families-of-law）对预算制度法在不同国家有相当大差异的原因，还是提出了一些观点[①]。第一，法律制度在"法系"中的分类是一项困难的工作，因为当明确"法系"的范围时，在不削弱同质性的情况下，所有关键的系统特征都需要被纳入进来。第二，比较法学研究并不侧重于法律中所包含之规范的具体内容，而是从综合的、总括的角度出发。第三，"法系"一般通过特定的法律特征来划分。比较法学研究的发现，对于以下问题，最多只能提供一种解释：为什么各国的组织结构和预算法的密度（density）是不同的。

在最广泛的水平上，早在一个多世纪以前，两大"法系"或法律传统就被定义为（David，1900）：

- 罗马—日耳曼模式（大陆法系，民法模式，civil law model）[②]。法律和法典的制定较为抽象，法律由法官进行解释。成文宪法对所有这类法律制度都是重要的。
- 盎格鲁—撒克逊模式（英美法系，普通法模式，common law model）。法律最初并不成文，而是基于判例，根据法官的决定来制定。公法和私法之间在实际上并没有区别（Allison，1997）。

大陆法系国家通常也会包含大量的公共行政法，这些公共行政法规定了正在执行的和已经执行的法律之间的关系。可是，在行政法的比较研究中，并不包括预算法（Schwarze，1992）。缺少预算法的主要原因之一在于，行政法的重点是国家——包括其机构（官僚）——和公民之间的关系。行政法着重于公法体系中行政人员的法律框架，例如公务员的法律权力，但通常不将他们在预算过程中的责任作为重点。相反，预算制度法则强调行政机关、立法机关和外部审计机关的预算责任。

---

① 参见皮佐鲁索（Pizzorusso，1988）的脚注 107，其中援引了大约 20 项影响最大的比较法研究。
② 一个试图改善其特性并解构"民法"的国家，大体属于"罗马、日耳曼或北欧模式"（例如，参见 Zweigert and Kotz，1998）。其他作者（如 Thuronyi，2003）则分析了另外一些不同的"法系"分类（如法兰西、北欧、南欧）。

在英美法系国家中，预算程序不是法院和法官决定的重点。预算制度和参与者的法律基础可以是下面的任何一项：行政机关的"特权"（参见英国的实例研究）、宪法、议会立法、议事程序，以及各种类型的行政机关的规范性文件。在成文宪法为所有法律规定了指导框架的大陆法系国家中，宪法法院对预算法的挑战还是很少见的[①]。

民法和普通法体系之间的差异正在减少，因为对这两种法系的认识不断深入，并且英语国家越来越多地倾向于采用议会立法——律师法（lawyers' laws）正在被重新解释，并且由议会将其置于法定地位上。在英国，欧洲法律的影响也是导致两大法系交融的因素之一。

虽然民法和普通法之间有一些相通之处，但民法法系和普通法系这两大"法系"的一个特征有助于解释——至少在广义上——预算制度如此不同的原因。显然，这涉及成文宪法的作用。第一，宪法通常至少包含几项与预算有关的条款，这些条款影响着所有宪法以外的规定预算制度运转方式的法律。第二，宪法规定了法律是如何组成的——不仅从总体上，也特别针对预算法。在没有成文宪法的国家中，法规的起草和施行不受任何正式的宪法约束，并且当没有宪法规定法律程序和必须由法律规定的主题范围时，对立法的需要也就并不紧迫。第三，成文宪法规定了预算程序中关键行动者的作用。在大陆法系国家，宪法和议会立法服务于不同的广泛目的（专栏1-2）。

专栏1-2 宪法之目的和议会立法之特点

宪法（目的）：
- 建立和规定议会、行政机关、外部审计机关的组织、权力和角色，以及它们之间的关系。

---

① 如下两个案例就此提出了挑战：（1）法国，2001年预算组织法（Organic Budget Law）第58条要求，外部审计部门的工作规划由议会审核。由于宪法建立了独立于立法机关的审计法院，由宪法委员会（The Constitutional Council）来审理违反宪法的行为。（2）美国，1997年预算执行法案（1997 Budget Enforcement Act）中的美国总统单项条款否决权（line-item veto），在1998年被最高法院以违反宪法拒绝了，法院判定：总统行使单项条款的权力（using line-item powers），在法律上，仅限于单方面修改或部分废除那些适时颁布的法令。

> 规定次国家层级（sub-national）① 之立法机关（若有的话）、政府和行政部门的作用。
> 在法律根源中，隐含地或明确地建立法律层级（Delpérée，1988）。
>
> **议会立法（特点）：**
> 内容上总体一致，尽管细节和特异性的程度不同。
> 体现调节经济活动和预算过程的原则和（或）概述任务、作用与责任。
> 法律由议会颁布，议会拥有最高的立法权。

依照民法和普通法之间的区别，可以将国家分为两个组群：

组群一：有成文宪法的国家。宪法规定了关键公共机构在涉及预算过程中的关系与职能差异。行政机关和立法机关之间的区别是明确的。外部审计机构通常会被建立起来。总体而言，成文规章受到信任。宪法特别难以更改——变动通常需要议会的绝对多数通过，甚至还有其他的限制（参见斯堪的纳维亚国家的实例研究）。宪法法院或最高法院被授权保护宪法，包括审查议会立法是否符合宪法。

组群二：没有成文宪法的国家。关键公共机构在涉及预算过程的关系和职能区别方面，比那些通过宪法阐述职能细节的国家，更为模糊不清。行政机关和立法机关也划分不清，部分是由于缺少规定其职责的宪法规章。例如，在英国，内阁会议的职能没有书面记载。这种情况与简单多数制的选举制度相结合，导致授予首相的自由裁量权相当大。与组群一的国家相比，由不成文的规章来补充成文的规章。新的"宪法上的"价值观很容易被引入，因为缺乏专门法院强制执行违宪审查，行政机关主动提议的新成文法是很容易被议会通过的。

当涉及预算制度法时，关注那些行政机关和立法机关之间的区别，是非常重要的。在组群一中的国家，由于宪法明确地规定了行政机关、立法机关和司法机关的主要职能，以及行政机关和立法机关之间的关系，任何预算制度法的起草都必须经由所有参与者的仔细评估，包括宪法法院受托对合宪性进行的评估。在组群一的国家中，部分法律或全部与预算有关的法律，确实曾经被宪法法院拒绝或批评过②。这种影响深远的评估或法律挑战，在组群二的国家中并不存在，因此

---

① "sub-national"的实际含义，就是中文语境下的"地方政府"；不过，英文"local government"的真正含义应该是"基层政府"，但该词汇在汉译中往往被译为"地方政府"。为了避免混淆，本书将"sub-national"翻译为"次国家层面"或"次国家政府"，尽管比较拗口，但可以避免歧义。其实，这不仅仅是一个翻译习惯的问题，在当前的房产税改革中，这种译法上的差异，往往容易误导决策层，误以为房产税可以作为地方政府的主要财政收入来源，其实，房产税只能作为最基层政府的财政收入来源。——译者注

② 在德国，1989年宪法法院（the Constitutional Court）批评了那些宽松的"投资"方式，这种投资方式是由《宪法》第115条界定的，该条款允许那些基于投资目的之借款。

法律的采用更加简单，当然也许伴随着质量水平的低下。法律之采用相对简单，也恰恰是行政机关所强调的，这些行政机关与立法机关的关系密切。

4.2 宪法规范的缺位可以一定程度上解释预算制度法的差异

在组群一的国家之间，宪法条款的差异很大。成文宪法的内容并没有普遍的规则。通常，宪法中的大量细节有着很大的差异。例如，法国宪法只有89章，而葡萄牙宪法中则有超过300章①。但宪法的体量未必与宪法对预算制度法律的要求程度相对应。

宪法按照是"规范性的"（normative）还是"纲领性的"（programmatic）分为两类（Denniger，1988，P. 108）。规范性的宪法包含能够直接履行的法律规章。相反，纲领性的宪法条款本身并不能具体执行。对于实施不能独立实行的宪法条款来说，成文法（a statute law）通常是必要的。宪法中有一个和财政相关的完整章节的国家（如芬兰和德国），更有可能是"规范性"的，因为宪法中提供的细节规定可以保证条款得以执行。可是，宪法包含与预算制度相关条款的程度，与关于国家预算的成文法之密集度（density）之间，似乎并没有相互关系。例如，挪威和美国的宪法均缺乏与预算制度相关的宪法条款，但美国却实施了大量与预算相关的法律，而挪威就没有调节其国家预算制度的法规。进一步研究的一种方法是，更系统地检验有影响力的规范性的或纲领性的宪法，看看它们和预算相关法律密集度之间的关系。

各国宪法文件的数量甚至都不相同。对绝大多数国家来说，宪法是单一的成文法律文件，一些国家（如奥地利和瑞典）则由几部正式法律组成了成文宪法。这两个国家几乎同组群二中的国家（加拿大和新西兰）没有什么区别，后者采用了宪法法案（Constitution Acts）条例，他们认为，如果没有大量的其他议会立法以及惯例，那么宪法就是不完备的。

此外，各国宪法修改的难度是不同的。例如，美国宪法在过去200年间只有27次修订，德国宪法则在60年间修订了近50次。丹麦则从未修改过其1953年宪法。这样，对于那些宪法中包含了大量与预算相关规定的国家来说，通过法律来引入预算改革，就可能会变得非常困难，因为可能需要修改宪法。

宪法法律的国际比较研究，通常不是注重公民之宪法权力的差别，就是注重国家之间的政治安排差别。虽然大部分国家都接受议会至上（parliamentary supremacy）优先于"公库权力"（power of the public purse）的原则，但关于宪法条款中规定的预算编制、批准、执行和报告的国际比较研究，还是很缺乏的。在

---

① 此为近似数，因为根据宪法中的编号方式，还包括废止的条款或新添加的次级条款。

第二部分中,我们试图弥补这种遗憾。

4.3 基本法的等级层级也可以一定程度上解释预算相关法律的差异

在一个非常强调法律等级体系的国家中,预算制度主要由国家成文宪法和某些高等级法律来"决定"。下面的讨论聚焦于法律体系,"组织"法("organic" laws)是部分国家法律系统中不可分割的一部分,另一些国家的法律系统中则存在"框架"法("framework" laws)。这些差异产生于宪法。这些宪法条款,对一些国家预算制度的法律框架系由更高级别的基本法决定之原因,提供了一些解释。

首先,在一些国家中,宪法要求法律和法规按照严格的等级制度建立(如西班牙,参见专栏1-3),在这种等级制度下,较低等级司法管辖区的法律不能同较高等级司法管辖区的法律相冲突。主要法律的一种特定类型——"组织"法——乃是法国[①]和西班牙的成文宪法所要求的。组织法的主要特点是:

- 他们比普通法律更难改变(如在法国,组织法的修改,必须由议会两院共同通过并要求绝对多数——而当初通过组织法的时候,并不需要绝对多数)。
- 在与普通法相冲突的情况下,即使普通法的通过时间晚于组织法,组织法也是优先的。

专栏1-3 法律的等级制度:以西班牙为例

等级,从较高级别到较低级别的排列如下:

- **宪法**(the Constitution),如下各种类型之法律的基础。
- **组织法**(Organic laws),这些都是由宪法规定的专门类型的法规。在以下两方面与普通法律不同。
  ❖ 组织法所规定的主旨,规定于宪法中(如自治权的立法,选举制度)或为宪法的专门章节所要求(如组织法被要求建立国务委员会和宪法法院)。
  ❖ 批准、修正或撤销的必要条件。组织法要求**整个议案在最终表决中占国会代表的绝对多数**。

[①] 1958年的宪法(条款34)规定,确定国家的资源和债务的年度预算法,需要依据组织法中的规定条件来执行(参见 www.assemblee-nat.fr/connaissance/constitution.asp#art55)。

> - **欧盟立法**（European Union legislation）。国内立法和欧盟立法之间的任何冲突，必须按照欧盟法律优先的原则解决。
> - **普通法**（Ordinary laws）。根据宪法，这些是规范客体未保留在组织法中的法律。在国会最终表决时，它们仅需要国会和参议院代表**简单多数**。
> - **具有法律效率的命令**（Decree-Laws）。这些是政府为紧急事项可能发布的临时立法决策。它们被看作是法律，但是必须在30天的期限内由国会代表批准。
> - **立法法令**（Legislative decrees）。这些是包含授权立法的政府安排。它们也被看作是法律。它们必须由法律授权才能制定。
> - **规章**（Regulations）。这些是较低级别的条例。宪法赋予政府管理权。可是其他国家宪法机构，包括国会代表、参议院和宪法法院，也有管理权。规章的主要形式有三种：
>   ❖ 来自内阁会议的**法令**（Decrees）。
>   ❖ 来自部长或委派委员会的**决议**（Orders）。
>   ❖ 来自下属机关和公共行政机构的**指令**（Instructions）和**规章条例**（orders of regulation）。
>
> 资料来源：Cabrero（2002）。

然而，这不排除采用附加"普通"法的方式来阐述预算原则和预算过程的可能性。譬如法国，就缺少与国家预算过程相关的具有重要意义的附加法律——重点仅仅是保证预算和会计规章的正常运作（相关细节参阅法国的国家实例研究）。

第二，存在不同于"组织"法的"框架"法（"framework" laws）。在联邦制国家中，宪法允许迫使次国家级政府（sub-national governments）采用与联邦法律中规定的总原则一致的法规。德国是主要的范例：1967~1969年宪法修正案，授权联邦采用适用于联邦和各省份（州，Länder）的预算原则法律，即使两个层次的政府"彼此在预算管理上是自治且独立的"[①]。

很多国家并没有法律等级制度，除宪法以外，所有的法律都是普通法。这样的国家可以自由地采用为预算管理之专门领域而特别制定的法律。尽管如此，在与预算过程相关的普通法之组织与整合方式上，各国也有所不同。主要的可选项有：

---

① 参见1949年基本法之第109条。与预算制度法之采用有关的情况，比一般的法律制度更为特殊。制度法可以包含或不包含直接适用的条款。基本法条款75（2）叙述了"制度立法可以包含只在特殊情况下详细的或直接适用的条款"，此条款在1969年采用，1971年废止，并在1994年重新启用。

● **法典化**（Codification）可以被定义为，在合理的设计框架中，将已有的法律汇编成一体①。美国是一个范例。对预算管理来说，美国法典的第 31 篇——关于"货币和财政"——在 1982 年作为单独的法律被采用。有关预算过程和财务管理的章节，为美国联邦政府的预算过程，提供了相当可观的正式法律框架。

● **现有之普通法律的合并**（Consolidation of existing ordinary laws）。如果认为有必要澄清、修改或简化可能重复的法律，这种情况就有可能出现。例如，在 2004 年 12 月，新西兰将修订版的 1989 年《公共财政法案》和 1994 年《财政责任法案》，整合为一部新法案。

● **不合并**（No consolidation）。一些国家的法律传统认为，不需要合并现有的公共财政法。例如，在英国，虽然 1866 年《财政和审计部门法案》的一部分，被后来的法律所废止，但这部百年老法的某些章节仍然有效。

4.4 并非所有的国家都完成了所有立法程序之正式步骤

各国对完成法律和条例制定之三个主要阶段的态度差异，可以部分地解释国家预算制度法律与法规之间的差别（专栏 1-4）。

专栏 1-4 制定法律的步骤

草拟（Initiation）：涉及年度预算的法律文件，通常由行政机关草拟。拟议预算法草案——或者管理一般的预算过程或年度预算法案——是各国行政机关的一项重要任务。根据法律，行政机关也常被授权依自身权限发布法令。与起草法律法规相关的权力和程序，通常在宪法和（或）其他法律中有明确的规定。

决议（Resolution）：这是对所拟议的法律或法规的内容取得一致意见的阶段。对于基本法，在两院制立法机关的国家中，宪法（或其他法律）规定了每个立法院的审批手续，以及在两院之间未能达成一致的情况下调解分歧的程序。对于次级法律，决议阶段通常由国务会议或同级别的高层次会议或元首决定（如总统制国家中的总统）。

---

① 作为建立在共同原则上的革新倾向，欧洲国家在宪法汇编中，将之更全面地确定下来，但它不同于合并（参阅 Viandier, 1988, pp. 37–58）。

> **结束整理**（Concluding activities）：正式采用法律或法规前，需要进行一些附加的步骤。包括质量控制、签名（如国家元首和/或主要法律的阁僚）、颁布以及在官方报刊上发表（在大陆法系国家中，这些通常都是必要的）。具体而言，在一些国家中，法律要由宪法法院审核，法规则可能由高级行政法院审核——例如，在法国是由最高行政法院（Council of State，Conseil d'État）进行审核。
>
> 资料来源：Pizzrusso（1998），pp. 44 – 45.

在丹麦，预算程序由法规而非正式法律来控制，上述步骤并没有全部完成。虽然"草拟"阶段由财政部完成，但缺少议会的"决议"阶段。丹麦也缺少某些"结束整理"事项——包括宪法法院审核（丹麦没有宪法法院）和最高领导人的签字。

4.5 某些国家更多采用由次级法组成的法律

"基本法"和"次级法"之间的主要区别在于，基本法由立法机关通过，而次级法由行政机关通过。不同国家在三个步骤中每一步的差别，参见专栏 1-4——既包括基本法，也包括次级法。

次级法律可以从两个主要方面来加以分类。第一，由行政机关发布的法规，这些行政机关的职能已由基本法做出了明确的详细阐述。第二，当基本法在某一特定问题上的规定不明确时，可以草拟行政命令或条例。这很可能构成了行政法的独立来源。

依据基本法，各国针对"次级"法律（也被称为"授权立法"，delegated legislation）的作用和分类，存在着相当大的差别（Caretti and Cheli, 1988）。恰如表 1-1 中所阐述的，行政机关和立法机关各自权力的制度安排，在这种差异中扮演了非常重要的角色。

表 1-1　　　　　　　　　　立法授权与权力分立

	英国	法国	美国
次级法律与基本法具有同样的效力吗	是，次级立法可以用于修改已存在的基本法*	否，次级法律服从于基本法	否，由国会采用的立法，比行政机关实施的法规，有更大的权威

续表

	英国	法国	美国
立法机关控制授权立法吗	这取决于原始法令。某些法律工具（SIs）要求议会批准。在实践中，绝大多数法律工具都不由议会审核	否，按照宪法规定，这种权力已经被授出	否，总统和行政分支中的部门，可以发布不需经国会审核的法令
有管理行政机关规范性法案的司法机构吗	没有，但是为此目的已经建立了国会委员会，以审查法案与母法的一致性	有，为审查法规草案，宪法规定建立了最高行政法院	否，但是所有的法规草案都由总统所领导的联邦人事和预算管理局审核
次级法律的作用发生冲突时，行政机关从立法机关分离是一项原则性特征吗	否，冲突将集中在行政机关与立法机关的结合体处，在与司法机关相对的地位上（如法院——这里没有宪法法院）	是，因为宪法明确规定了由议会制定的法律（Art. 34）相对政府制定的法令范围（Art. 37）	是，权力分离是美国宪法的一个基本信条——法规的起草委派给行政机关

注：*参见 House of Commons Factsheet L7 Legislative Series "Statutory Instruments" (2002, revised July 2003)。

表1-1表明，在英国尽管次级法律与基本法具有同等效力，但次级法律受议会的管制很弱。议会关于法律工具的辩论通常围绕技术性的问题，而不涉及次级法律的实质。行政机关起草预算相关法律，这种法律规划出了总体的原则，并保证这些法律能够体现自己的细节规定。这些实践为行政机关提供了法律权威性的强大根基。

与此相反，在法国，最高行政法院向政府提出规范性法案的立法建议——包括法律和法令草案。行政机关对立法的干预——提出建议——仅仅在国务会议考虑法律或法令之前进行。尽管内阁没有义务采纳最高行政法院的建议，但这些建议是具有影响力的，会提高法规的标准，并且原则上同基本法和次级法律完全一致。

在纯粹总统制国家中，行政机关的所有规范性权力，都是由立法机关审慎授权的直接结果。这些国家的权力分立较为严格。在美国，一份由总统颁布的行政命令，规定了行政机关各部门的内部程序，以保证对所有规章的控制。

4.6 在某些国家中，立法机关的决策和规章是特别重要的

如果议会做出一项决议，但未能完成所有的"整理结束"步骤（参见专栏1-4），议会决议就不能成为法规或正式的法律。尽管如此，这种决议与法律具有同样的影响力。相较于那些有着较强宪法和法律传统的国家，如果法律制定的有关程序没有被赋予同等的重要性，那么议会决议可以作为管理预算程序和过程的

"准法律"(quasi-law)的重要来源。在议会君主政体中,这种状况似乎尤为普遍。在此提供两个案例。

其一:在英国,议会下院基于法律采用的决议,具有和正式法律相同的影响力。例如在 1998 年,财政法的各种规定,授权财政部起草一部《财政稳定法典》(Code for Fiscal Stability),并以决议的形式经议会下院(the House of Commons)批准。1998 年法案并不要求议会上院(the House of Lords)批准关于财政稳定的法规。但要变成成文法,就必须经过英国国会批准并经女王同意。这不仅仅是财政稳定法典的例子,更表明了非常关键的财政报告要求。

其二:在挪威,根据 1814 年宪法,每一项议案首先须由挪威议会下院(the *Odelsting*)通过,然后才由议会上院(the *Lagting*)批准——议会分设相互独立的两院,构成了挪威议会(the *Storting*)①。如果国王同意议案并附上签名,议案就成为法律。许多议案——包括预算规章和年度预算——由议会决议来通过,也就是由挪威议会全体同意,在两个议院中不进行单独的讨论。技术上,议会的决议并不是正式法律。但它们的影响力是与法律相同的。

除了议会决议之外,管理立法机关内部运作的规章,对预算过程——特别是,涉及通过年度预算使之成为法案,以及行政机关向议会做出报告方面——是尤为重要的。在一些国家中(如法国、西班牙)管理议会程序的规范性决议,与正式立法很相似,并需要通过合宪性审查。在另一些国家,这样的决议并不具有法律地位——它们只是立法机关的内部条例,它们或者按照自己的程序被批准,或者被归入法律中。在两院立法制国家中,每个议院的内部程序是由相互独立的规章来管理的。

行政机关和立法机关权力的分离程度,对预算过程中内部规范的内容,具有关键性的影响。诸如意大利或美国,这些国家的立法机关有着相当大的独立权力,内部规章由议会(国会)独立起草和批准。在意大利,宪法法院明确规定,不需要对议会规章进行合宪性审查(Pizzorusso,1988,P. 85)。其原因在于,在宪法上,这些国家的行政机关没有干预内部规章起草工作的可能性,立法机关可以运用内部规章扩大其预算权。例如,美国参议院建立了一种"阻碍议案通过"的规则(filibuster rule),在任何问题的辩论中,其决议需要参议员以绝对多数(3/5)通过。除非放弃这条规则,由国会提出的预算决策,就需要大量的政治共识,而不仅仅是简单多数(Blöndal et al.,2003,P. 21)。这一规则会导致长时间地延迟年度拨款法案的批准。

---

① 立法选举之后,挪威议会紧接着就会选举 1/4 位议员组成挪威国会的上院,余下的 3/4 则成为挪威国会下院的议员。

与此相反，在威斯敏斯特传统的议会国家中，议会规则（议事规程）受到政府较强的影响，政府对议会规则既有直接的影响（财政部草拟初稿），又有间接的影响（受到关键预算委员会的影响，这些委员会中的议员，来自于执政党控制的议会下院）。议事规程——而不是成文法——限制了这些国家的议会，使之难以对预算过程发挥重要作用。这两个案例说明了议会权力受到其"本身"规章限制的程度。

- 英国　议事规程第54号要求，下议院中就预算估算进行辩论的时限，要控制在三天之内（针对政府拟议的预算中估计的税收和支出，通过一项独立的法律，完全排除了上议院对其加以讨论的可能）。
- 新西兰　任何涉及修改政府预算草案的议会提案，都可能被政府拒绝，只要政府认为，这种修改会在较大的程度上改变政府拟定的财政总量或提议的支出组合。这种所谓"财政否决权"（financial veto）由议事规程第312号所规定。

4.7　习惯法和联合协议在某些国家相对重要

习惯被称为摆脱法律约束范围的实践，是随着人们相互交流的过程中，单独地或自发组织起来的不涉及法律义务的活动（Parisi, 2004）。每当习惯规则在法律制度中被授予正式法律地位，它们的效果就与其他法源相同，尽管它们隶属于正式法律（Parisi, 2001）。习惯法（customary law）的强制力源于：

- 一直在发生的始终一致的实践。
- 认为有义务遵守它，但不必将其正式合并纳入任何成文法律。

在一些国家，尤其英国及其前殖民地国家的预算制度中，法律的习惯性渊源发挥着一定的作用。这里可以援引几个例子。第一，内阁的建立——制定预算决策的重要主体——并没有法律基础，即缺乏规定内阁在预算事项中作用和责任的具有法律约束力的文件。第二，英国王权——法院认可的行政机关以掌握政府商务活动为目的的独特权力——是另一个法律之外的影响来源。财政部（H. M. Treasury）的几项权力——包括规定拨款的结构和控制开支——源自于王室特权（Daintith and Page, 1999）。第三，内阁会议记录（cabinet minutes）和财政部协定（treasury concordat）都是法律之外的文件，这些文件也指导着威斯敏斯特议会体制国家的预算过程。

在一些拥有联合政府的欧洲大陆国家中（如德国、荷兰），在新政府组建之前，由即将执政的党派起草"联合协议"。这些协议规定了政府的政治和经济议程，在该政府存在年限中有效。由于其持续期有限，这种协议不被认为是习惯法。还有，由于它们本质上没有约束力——它们是自愿协议——也不被认为是法律渊源。尽管如此，它们为预算过程的某些方面提供了详细的规则，并且，至少在其持续期内，与法律有着一样的影响力。

以荷兰为例来加以说明，荷兰政府起草了一部详细的宏观财政稳定性规章（Blöndal and Kristensen，2002，Box 1）。通过对规章的自愿坚持，广义政府赤字（the general government deficit）在20世纪90年代转为盈余。这样，联合协议的影响，就与那些由政府编制并经荷兰议会正式采用的有限持续期的法律影响，其实是相同的。

4.8 法律是"绿灯"还是"红灯"?

法律在如何规定预算行为上是有所不同的。一些国家可能更倾向于采用宽容的预算相关法律，这种法律只是简单地规定了适宜的预算原则。人们期待着自愿符合法律条款的"绿灯"。对不遵守"好的"预算原则的行为，却很少进行处罚或根本不处罚。例如，许多国家的法律体制允许（但并非要求）为了满足需求，在财政年度期间，可以向立法机关提交追加预算（supplementary budget）。在某年度内，政府不提出追加预算并没有相应的处罚。反过来，即使在同一年中实施了四项预算追加，也不会处罚。

相反的，一些国家可能要求每年实施正式的中期预算审查（mid-term budget review）。当这种中期预算审查体现在法律中的时候，就强制性地要求行政机关在规定日期提交这样的审查。这是不允许有例外的（除非政府在中期审查期间可能会垮台）。一些法律也可能禁止特定的行动——规定某些政府或立法机关不能做的事。例如，定量的财政规则可能禁止赤字超过GDP的x%。法律的这两种"红灯"形式，在一些国家中可能比其他国家更加盛行。在后续5.4节中，我们认为，那些拥有强大立法机关的国家，可能比那些行政机关与立法机关分立之程度较弱的国家，更经常地使用法律。较强的立法机关采用"绿灯"和"红灯"法律来调节预算过程。与宽容的法律相比，严格的法律要求在法律中详细规定处罚措施。那些在预算过程中采用很多"红灯"法律条款的国家，其预算相关法律的密集度可能更大。

5 政体和预算制度法

本节强调政府以往和当前的组织方式，对法律渊源的普遍影响以及对预算制度法的特定影响。本节强调运用法律来加强预算权力。在分权程度较强的制度下，立法机关运用法律来强化其在预算过程中的权力。相反地，在分权程度较弱的国家中，行政机关也运用法律——只不过是用来加强其自身的预算权力。

在主要的OECD国家中，可以分成如下三种主要政府组别：(1) 君主立宪制或议会君主制；(2) 总统制或半总统制政府；(3) 议会共和制。

5.1 君主立宪制或议会君主制

君主专制政体的主要特点是缺少权力分立：君主掌握全部国家职能。民主政治之前，君主召集包括贵族、神职人员和其他代表的集会。在某些情况下，这样的集会接受君主的"预算"。早先本属于君主（或非自主的司法部门）对法律标准的管辖权，后来被逐渐分配给议会。可是，各国议会的独立程度有所不同。在欧洲内部，逐渐演变为两种模式。

在法语和德语国家中，司法机构在专制统治的支持下发育，行政权力和国家公共行政也逐渐发展起来。随着时间的流逝，君主的权力减少了。预算相关组织，尤其是会计法院（courts of accounts）发展起来，这些组织脱胎于早期受到重视的半自主的司法制度。此外，国家的概念、成文宪法和公共制度及行政法得到了发展。在这些国家中，所有这些因素对法律界定的首脑施加了持续性影响。

相反地，在英国，议会集会逐渐变得更加重要，而君主的作用日趋减少，时至今日君主纯粹就是一种仪式性作用了。政体发展成为"有限的君主制"，在这种政体形式下，基于议会决定的立法权力，王权才能履行国家职能。不过在一些领域，王室还保留着君主特权。在1714年，议会和行政机构之间形成了一项特别约定，尤其是内阁对议会负责的原则。如今，那些继承了"威斯敏斯特"政府模式的国家，其内阁和财政部所拥有的这些特征，尤其是王室的特权，继续在预算框架中发挥着重要作用。特别是在英国，其预算管理过程中，成文法的必要性被降低了。当那些关于预算问题的成文法被采用时，这种法律的影响力，使政府能够保持其享有的强大继承性特权。进而结合简单多数的选举制度，就使行政机关支配立法机关成为可能。首相及其内阁不仅控制了立法议程，而且还行使着这些特有的特权[①]。

5.2 总统制和半总统制政府

总统制的主要特点是国家元首直接由人民选举产生，这与君主制有着鲜明的对比。在"纯粹"的总统制下，宪法规定直接选举产生的国家元首，同时也是行政首脑。所有的行政权归属于一人，没有像国务会议那样的群体。可是，总统裁量预算事项的空间，受到立法机构对于预算管理"游戏规则"的约束，这些规则

---

① 特权最初属于王室专有。可是作为对行动负责的部长以王室的名义工作，特权被委派给部长。议会不涉及权力的转让。这种特权可以被描述成"部长执行权"（ministers' executive powers）（House of Commons, 2004, P. 8）。

体现为法律或其他形式的规则。

美国和其他美洲国家实行"纯粹"的总统制。美国总统的权力是由众议院、参议院以及司法体系来"制衡"的。这种政体具有非常强的权力分立色彩。

在半总统制中，国家元首——总统——也是通过直接选举产生。可是行政事务在国家元首与政府行政首脑——即总理（大多是立法选举中执政党的党魁）——之间分配。成文宪法规定总统可以有强大的权力。在芬兰、法国[①]和韩国，采用了这样一种方式，总理经议会批准（或选举后），由总统来正式任命。与此相反，在威斯敏斯特体制下，任何选出的国会议员要想成为内阁成员，一般必须从议会中辞职——两种职务不能兼任。

5.3 议会共和制

在某些方面，议会共和制与半总统制有相似之处。主要的区别在于，总统并非由公民直接选举出来。一般情况下，这种国家的总统拥有的宪法权力较弱。例如德国和意大利。在这些国家中，内阁首相（如德国的总理）具有政治上的主导作用并代表议会多数。内阁成员主要来自议会议员（他们必须辞去议会中的职务）。尽管官员也可能不经选举就被任命。

5.4 政体与预算制度法之间的关系

根据政体形式的不同，行政机关和立法机关的相对强势关系，是存在相当差异的。在纯粹总统制下，在宪法中规定了立法机关与行政机关的分离。通过采用法律，立法机关能够在预算事项上加强其相对于行政机关的权力。

在议会制下，行政机关和立法机关的分离程度较小。倘若执政党内的纪律足够严明，政府就能够向议会提出法律建议，这些法律相对容易被议会接受。在两党制中维护党纪，比多党制要更容易，在多党制条件下，组成政府的联合政党达成并保持意见一致，则是相对麻烦的事情。然而，在两种制度中，议会拥有的"控制"行政机关最为有效的工具，都是对政府投不信任票，如果成功了，就会导致政府倒台。这种情况在议会君主制中很少发生，这里实行的主要是简单多数制的选举制度。在这类国家中，行政机关掌握着预算事务中的"钱袋子"（power of the purse），尽管如此，在钱财问题上，议会仍然具有实质上的权威。

在本书第三篇中，提供了基本法中特定预算权的详细对比。对于预算相关法律来说，在立法和行政分离程度很强的国家中，立法机关在涉及预算过程上拥有很强的权力，包括：

[①] 1958 年的宪法最初不包括直接选举总统。这是由 1962 年的公民投票决定的。

- 规定向立法机关提交预算草案的时间表。
- 就年度预算和中期预算的框架而言,决定税收、支出和新增借款的总量水平。
- 保证在立法机关中有充足的时间进行预算辩论。
- 为年度预算规定拨款的性质、方式和持续时间,以及规定伴随年度预算法要求的补充信息。
- 可以在没有法律约束的情况下,对行政机关预算草案中的支出项目总费用与构成,作出修改。
- 只要年度预算被通过,可以阻止行政机关扣押支出(withholding spending)(譬如,仅赋予行政机关很弱的取消或拖延立法机关已批准支出的权力,甚或完全不赋予这类权力)。
- 通过采用特别法律,来决定预算外基金的数目、体量和用途。
- 规定行政机关操控立法机关权限以外的政府资金能力之限度。
- 要求提供翔实的事后预算信息(ex post budgetary information),包括财务账目审计、经批准的预算在执行中的年度绩效评价。
- 规定最高审计机关的主要职能,并且要求其首先服务于立法机关的需要。
- 在立法委员会对财务失当情况做出鉴定之前,行政机关的官员需要保护好预算结果。

以上如此众多之差异——行政机关受议会控制的国家(英国)和行政与立法分离程度很强(美国)的国家之间——将在表1-2中加以说明。

表1-2　　　　行政机关和立法机关选择的预算权力的不同点

	英国	美国
行政机关		
行政办公室起草年度预算	财政部编制预算草案,供内阁批准,它服从由政府决定的关于财政总量的规章,不会受到议会挑战	管理和预算办公室代表总统编制详细的预算草案。行政机关可以提议中期财政战略,但对国会没有约束力,国会对其财政策略拥有不受限制的权力
行政首脑向议会提出预算	大约在财政年度开始时,英国财政大臣(the Chancellor of the Exchequer)发表演说,概述内阁在所有重要的预算事项上的决定	新财政年度开始前八个月,总统向国会提交预算草案。总统的预算为"实际的"预算提供基准,实际预算则由立法机关制定

续表

	英国	美国
立法机关		
立法机关在委员会中审议预算	是,但只在议会下院。大多数委员会对预算草案不大感兴趣,主要是因为所有具有实质性改变的提案都不太可能被通过。这样的提案由上议院联络委员会审查,在全体大会中的辩论时间只有三天	众议院和参议院的预算委员会首先就"预算决议"取得一致意见,该决议提议的财政总量可能和总统提出的存在很大不同。随后,拨款小组委员会可以相当大地修改预算方案
立法机关将预算作为法律予以批准	是,但财政法案和拨款法案的接受缺乏正式性——当预算成为正式法律时,没有辩论阶段	是,对于可自由支配支出,预算以 13 项单独的拨款法案之形式成为法律,它包括大约全部联邦支出的 1/3。自由裁量支出和税收也要由其他法律批准

当立法机关和行政机关分离程度很强时,立法机关更倾向于在基本法中规定预算制度的内容、细节和权力(图 1-3)。在政治制度中具有较强权力分离程度的国家中,立法机关不愿意授权行政当局制定法律(Epstein and O'Halloran, 1999)。其权威性来自于司法的支持。相反,由议会授权制定法律,或由行政机关保持现有之制定法律的权力,在行政机关与议会分离较弱的国家则是明显存在的。在这样的国家中,政府在议会委员会中的代表,允许行政机关保留这些权力。强大的委员会体系建立在更大的宪法环境的渊源之上,这些委员会部分地监督行政机关并限制其执行权(Epstein and O'Halloran, 2001)。

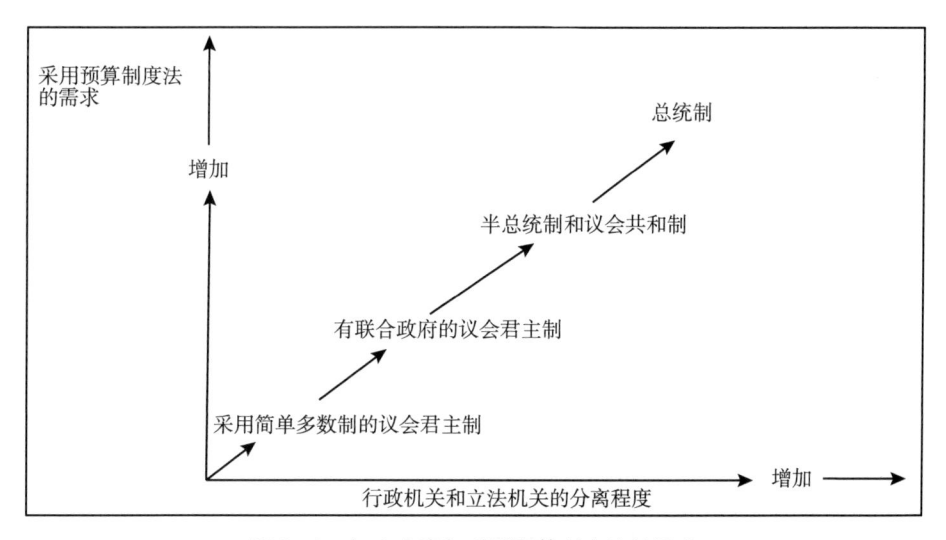

图 1-3 权力分离与采用预算制度法的需求

虽然在立法机关相对于行政机关权力更大的国家中，立法机关在预算管理方面的权力非常强大，但这些关系未必是一对一的（如图1-2所示）。其他影响一国采行预算法律制度的因素还包括：

- 政治制度，特别是：（1）两院制或一院制。议会中两院制的存在，如果上议院在涉及预算的事务中也有很强的权力，相对于在议会阶段参与者较少的一院制而言，预算权向立法机关倾斜。（2）相对于简单多数的选举制度，更大程度的比例代表制，可能会削弱政府的权力。一些国家（如德国）的中小党派难以在议会中拥有席位。然而其他国家（如意大利）拥有的比例选举制更完全，因此允许更多的政党（包括小党）在议会中拥有席位。（3）针对总统的直接选举制，具有权力分立的效果（譬如，在法国联合政府时期[①]，共和国总统对行政机关预算草案的影响能力，就很有限）。

- 作为行政机关支撑的官员之重要性和影响力。行政机关的主要预算决策机构——国务会议——一般得到强有力的中央财政部（或同级别部门）和数以千计高级公务员的有力支持，尤其是那些起草和实施年度预算法案的公务员。这种职员体量，往往与那些人员匮乏的议会，形成了鲜明的对比——议会委员会的工作，仅仅靠着寥寥数百名经由选举产生的国会议员，再加上少数政治中立的公务人员作为辅助，其中还包括那些审查年度预算草案的工作人员。

- 司法系统的作用，尤其在限制立法机关权力方面。

参考文献

Abbot, Kenneth W., and Duncan Snidal (2000), "Hard and Soft Law in International Governance", International Organization, Vol. 54, No. 3, MIT Press, Cambridge, Massachusetts, United States, pp. 421–456.

Alesina, Alberto, Ricardo Hausmann, Rudolf Hommes and Ernesto Stein (1996), Budget Institutions and Fiscal Performance in Latin America, OCE Working Paper No. 394, InterAmerican Development Bank, Washington DC.

Allison, John W. F. (1997), "Cultural Divergence, The Separation of Powers and the Public-Private Divide", Revue européenne de droit public, Vol. 9, No. 2, Esperia Publications, Athens, Greece, pp. 305–333.

Baird, Douglas G., Robert H. Gertner and Randal C. Picker (1994), Game Theory and the Law, Harvard University Press, Cambridge, Massachusetts, United States.

---

① 联合政府（Cohabitation）系指这样一种情况，选举出来的总统，来自于不同于政府的另一政治派别。

Bastable, Charles (1892, 3rd edition reprinted in 1917), Public Finance, Macmillan and Co., London.

Blöndal, Jón, and Jens Kromann Kristensen (2002), "Budgeting in the Netherlands", OECD Journal on Budgeting, Vol. 1, No. 3, OECD, Paris, pp. 43–80.

Blöndal, Jón, Dirk-Jan Kraan and Michael Ruffner (2003), "Budgeting in the United States", OECD Journal on Budgeting, Vol. 3, No. 2, OECD, Paris, pp. 7–54.

Blöndal, Jón, and Michael Ruffner (2004), "Budgeting in Denmark", OECD Journal on Budgeting, Vol. 4, No. 1, OECD, Paris, pp. 49–79.

Brennan, Geoffrey, and James M. Buchanan (1985), The Reason of Rules: Constitutional Political Economy, Cambridge University Press, New York.

Brennan, Geoffrey, and James M. Buchanan (1988), "Is Public Choice Immoral? The Case for a Nobel Lie", Virginia Law Review 74, Virginia Law Review Association, Charlottesville, Virginia, United States.

Brion, Denis J. (1999), "Norms and Values in Law and Economics", in B. Bouckaert and G. de Geest (eds.), Encyclopedia of Law and Economics, Vol. 1, Entry No. 0800, Edward Elgar, Cheltenham, United Kingdom, pp. 1041–1071.

Buchanan, James (1977), Freedom in Constitutional Contract: Perspectives of a Political Economist, Texas A&M University Press, College Station and London.

Buchanan, James (1987), "Constitutional Economics", The New Palgrave: A Dictionary of Economics, Vol. 1, Macmillan, London, pp. 585–588.

Buchanan, James (1997), "The Balanced Budget Amendment: Clarifying the Arguments", Public Choice, Vol. 90, Kluwer Academic Publishers, Dordrecht, The Netherlands, pp. 117–138.

Cabrero, Olga (2002), "A Guide to the Spanish Legal System", Law Library Resource Xchange, www.llrx.com/features/spain.htm#types.

Campos, Ed, and Sanjay Pradhan (1996), Budgetary Institutions and Expenditure Outcomes: Binding Governments to Fiscal Performance, World Bank Policy Research Working Paper No. 1646, World Bank, Washington DC.

Caretti, P., and E. Cheli (1988), "Statute and Statutory Instruments in the Evolution of European Constitutional Systems", in Alessandro Pizzorusso (ed.), Law in the Making: A Comparative Survey, European Science Foundation Research on the Legislative Process, Springer-Verlag, Berlin, Heidelberg, Germany.

Daintith, Terence, and Alan Page (1999), The Executive in the Constitution, Oxford University Press, Oxford, United Kingdom.

David, Réné (1900), Les grands systèmes du droit contemporain, Dalloz-Sirez, Paris.

Delpérée, Francis (1988), "Constitutional Systems and Sources of Law" in Alessandro Pizzorusso (ed.), Law in the Making: A Comparative Survey, European Science Foundation Research on the Legislative Process, Springer-Verlag, Berlin, Heidelberg, Germany, pp. 88 – 102.

Denniger, E. (1988), "Constitutional Law between Statutory Law and Higher Law", in Alessandro Pizzorusso (ed.), Law in the Making: A Comparative Survey, European Science Foundation Research on the Legislative Process, Springer-Verlag, Berlin, Heidelberg, Germany, pp. 103 – 130.

Epstein, David, and Sharyn O'Halloran (1999), "The Non-Delegation Doctrine and the Separation of Powers: A Political Science Approach", Cardozo Law Review, Vol. 20: 947, Cardozo Law Review, New York.

Epstein, David, and Sharyn O'Halloran (2001), "Legislative Organization under Separate Powers", Journal of Law, Economics and Organization, Vol. 17, No. 2, Oxford University Press, Oxford, United Kingdom.

Gleich, Holger (2003), "Budget Institutions and Fiscal Performance in Central and Eastern European countries", Working Paper No. 215, European Central Bank, Frankfurt, Germany, February.

House of Commons (2002, revised July 2003), Factsheet L7 Legislative Series "Statutory Instruments", House of Commons Information Office, London.

House of Commons (2004), The Civil Contingencies Bill, House of Commons Library Research Paper 04/07, House of Commons Library, London, available at www.parliament.uk/commons/lib/research/rp2004/rp04-007.pdf, January.

Kirchgässner, Gebhard (2001), The Effects of Fiscal Institutions on Public Finance: A Survey of the Empirical Evidence, CESifo Working Paper No. 617, University of Munich Center for Economic Studies and Institute for Economic Research, Munich, Germany, www.cesifo.de.

Kirstein, Roland (1999), "Law and Economics in Germany", in B. Bouckaert and G. de Geest (eds.), Encyclopedia of Law and Economics, Vol. 1, Entry No. 0330, Edward Elgar, Cheltenham, United Kingdom, pp. 160 – 227.

Kraan, Dirk-Jan (1996), Budgetary Decisions: A Public Choice Approach, Cambridge University Press, Cambridge, United Kingdom.

McAuslan, Patrick (1988), "Public Choice and Public Law", Modern Law Review, Vol. 51, No. 6, Sweet and Maxwell, London, November.

Medema, Steven G., and Nicolas Mercuro (1997), Economics and the Law, Princeton University Press, Princeton, New Jersey, United States.

North, Douglass (1991a), The Institutions, Institutional Change and Economic Performance, Cambridge University Press, Cambridge, United Kingdom.

North, Douglass (1991b), "Institutions", Journal of Economic Perspectives, Vol. 5, No. 1, American Economic Association, Nashville, Tennessee, United States, pp. 97–112, Winter.

Parisi, Francesco (2001), "Spontaneous Emergence of Law: Customary Law", Encyclopedia of Law and Economics, Vol. 5, Edward Elgar, Cheltenham, United Kingdom, pp. 603–630.

Parisi, Francesco (2004), "Customary Law", in C. K. Rowley and F. Schneider, (eds.), Encyclopedia of Public Choice Theory, Kluwer, Dordrecht, The Netherlands, pp. 136–138.

Peerenboom, Randall (2002), China's Long March toward Rule of Law, Cambridge University Press, Cambridge, United Kingdom.

Persson, Torsten, and Guido Tabellini (2001), "Political Institutions and Policy Outcomes: What are the Stylized Facts?", Centre for Economic Policy Research (CEPR) Discussion Paper No. 2872, CEPR, London.

Pizzorusso, Alessandro (ed.) (1988), Law in the Making: A Comparative Survey, European Science Foundation Research on the Legislative Process, Springer-Verlag, Berlin, Heidelberg, Germany.

Posner, Richard A. (1972), Economic Analysis of Law, Little, Brown and Co., Boston, United States.

Schick, Allen (1996), The Spirit of Reform: Managing the New Zealand State Sector in a Time of Change, report prepared for the State Services Commission and the Treasury, State Services Commission, Wellington, New Zealand.

Schick, Allen (1998), Why Most Developing Countries Should Not Try New Zealand Reforms, World Bank, Washington DC, March.

Schwarze, Jürgen (1992), European Administrative Law, Office for Official Publications of the European Communities, Sweet and Maxwell, London.

Scott, Graham, Ian Ball and Tony Dale (1997), "New Zealand's Public Sector Management Reform: Implications for the United States", Journal of Policy Analysis and Management, Vol. 16, Issue 3, John Wiley and Sons, New York, pp. 357–381, December.

Shepsle, Kenneth A. (1998), "The Political Economy of State Reform", lecture presented at the Seminar for State Reform, Colombian National Planning Department, Bogota, Colombia, April, available at www. people. fas. harvard. edu/%7Ekshepsle/publications. htm.

Taggart, Michael (1997), "The Province of Administrative Law Determined?" in M. Taggart (ed.), The Province of Administrative Law, Hart Publishing, Oxford, United Kingdom.

Thuronyi, Victor (2003), Comparative Tax Law, Kluwer Law International, The Hague.

Van der Hauwe, Ludwig (1999), "Public Choice, Constitutional Political Economy and Law and Economics", in B. Bouckaert and G. de Geest (eds.), Encyclopedia of Law and Economics, Vol. 1, Entry No. 610, Edward Elgar, Cheltenham, United Kingdom, pp. 1041 – 1071.

Viandier, Alain (1988), Recherche de légistique comparée, Springer-Verlag, Berlin.

Voigt, Stefan (ed.) (2003), "Constitutional Political Economy", International Library of Critical Writings in Economics, Elgar Reference Collection, Cheltenham, United Kingdom.

Von Hagen, Jürgen (1992), Budgeting Procedures and Fiscal Performance in the European Community, European Commission (EC) Economics Papers 96, EC, Brussels.

Von Hagen, Jürgen, and Ian Harden (1994), "National Budget Processes and Fiscal Performance", Towards Greater Fiscal Discipline, European Economy, Reports and Studies No. 3, European Commission, Brussels.

Von Hagen, Jürgen, and Ian Harden (1995), "Budget Processes and Commitment to Fiscal Discipline", European Economic Review Vol. 39, North-Holland, Amsterdam, pp. 771 – 770.

Von Neumann, John, and Oskar Morgenstern (1944), Theory of Games and Economic Behavior, Princeton University Press, Princeton, New Jersey, United States.

Weingast, Barry R. (1996), "Political Institutions: Rational Choice Perspectives", in Robert E. Goodin and Hans-Dieter Klingemann (eds.), A New Handbook of Political Science, Oxford University Press, Oxford.

Werin, Lars (2003), Economic Behavior and Legal Institutions, World Scientific Publishing Co., Singapore.

Williamson, Oliver (1996), The Mechanics of Governance, Oxford University Press,

New York.

Würzel, Eckhard (2003), Consolidating Germany's Finances: Issues in Public Sector Reform, OECD Economics Department Working Paper No. 366, OECD, Paris.

Yläoutinen, Sami (2004), Fiscal Frameworks in the Central and Eastern European Countries, Discussion Paper No. 72, Ministry of Finance, Helsinki, Finland.

Zweigert, K., and H. Kotz (1998, revised third edition), Introduction to Comparative Law, Clarendon Press, Oxford, United Kingdom.

第二篇

OECD 国家预算制度法律框架的比较[*]

本篇比较了法律在多大程度上被用来规范预算参与者和预算程序，我们主要关注了 13 个 OECD 国家。虽然预算制度法的目的各不相同，但经常通过与预算相关的新法律来介绍预算改革。支撑主要预算参与者（特别是立法机关，政治的和非政治的行政机关，以及外部审计部门）的法律，存在着很大的差异。预算过程的每个阶段——编制、提交、（立法机关）通过、执行、政府会计和财政报告的安排——在法律中以何种程度来加以界定，确实存在重大的差异。针对各种有关预算的问题和程序，我们提供了用于比较的"模型"或表格，主要包括：预算时间表（法定要求）；财政规则；中期预算框架；拨款的性质、结构和期限；年度和年中的会计，以及特定的预算参与者（如议会预算委员会或外部审计机构）。

---

[*] 本篇包含了来自加拿大、德国、挪威、瑞典和英国财政部门官员（或同级部门官员）的评论，来自这些国家的每一位人士，在实例研究之初就经过了确认；来自南光和弘（Kazuhiro Minamitsu，日本财务省）、席琳·阿拉德和艾提巴尔·贾法罗夫（Céline Allard and Etibar Jafarov，IMF 欧洲部）的评论，也同样非常有帮助。

1 引言

如何将预算原则和预算制度的具体细节说明，融入宪法和法律之中，OECD 国家之间的差别很大（见图 2-1）。在本部分中，更为细致地考察了 OECD 国家之间的差异：（1）预算法律框架的组成方式；（2）预算制度法存在的目的；（3）在法律规范中确定预算过程之主要成员的作用，包括外部审计部门的作用；（4）相对于规章或非正式惯例，法律在多大程度上用来规定预算过程的不同职能：编制、通过、执行、会计和报告。不同于第三篇所考察的更为规范的预算制度法，本篇侧重于样本国家的实践。针对这 13 个国家更为详细的描述性研究，将在第四篇中呈现。这份资料补充了 OECD 关于预算实践的调查（OECD，2003）。

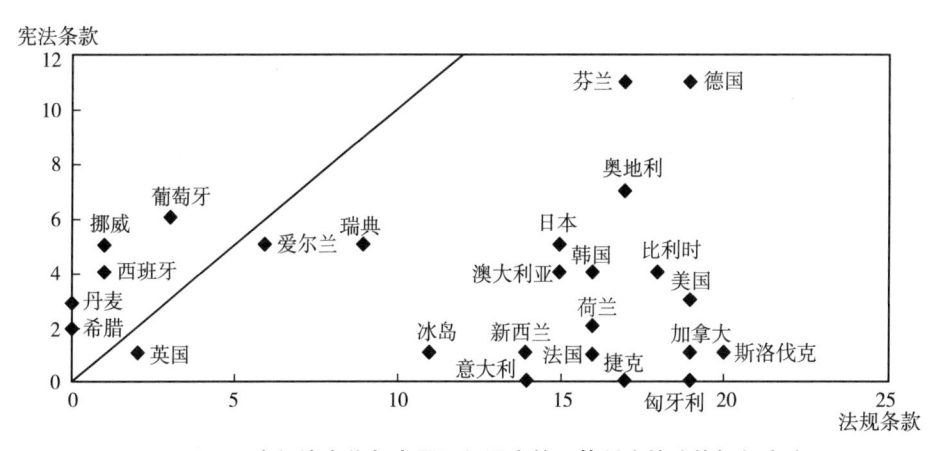

图 2-1 25 个经济合作与发展组织国家的预算制度的法律框架密度

注释：此图是根据对 OECD 关于预算实践调查中之问题 1.3 和 2.1 的积极回应（OECD，2003），包括 23 个预算法律条款（包括财政规章）的问题，也就是说，总分为 23 分。调查中的每一个问题，都显示了宪法（纵轴）和法规（横轴）在法律条款上的区别。

OECD 国家的法律密集度（the density of law）所呈现的差异，主要归于这样几个方面：法律传统、立法机关相对于执法机关的权力、通过采用新法（或修改既有法律）而引入预算改革的累积效应。在考察这些问题之前，OECD 国家中建立的预算法律框架，已经通过不同的方式被广泛讨论过了。

大多数国家的法律框架都由成文宪法、一部或几部关于预算制度的普通法，以及若干预算条例构成（表 2-1 列出了 13 个 OECD 国家的主要法律和法规）。虽然立法机关也会发布法规，但这些法规主要还是由财政部长或财政部（或同等机关）发布的。对于预算条例而言，首先，只适用于立法机关的惯例（譬如，加拿大和美国的众议院的议事规程）。其次，在一些国家中，议会的"条例"

或"决议"适用于立法机关以外的部门,甚至包括了那些执行机构。虽然这些规章不是正式法律,但它们有着同法律相似的效果,特别是第二种形式。条例补充(或者替代,例如丹麦和挪威)了管理预算制度的成文法。

表 2-1　　　　　　　13 个 OECD 国家的预算制度的法律框架

国别	宪法 (采用年份)	主要的法律(首次采用年, 已经大量或少量修正了的)	条例/法令/议事规程
加拿大 联邦 政府		• 宪法法案(1867) • 财政管理法案(1985) • 总审计长法案(1977) • 联邦和省级财政安排法案(1985)	• 众议院议事规程 • 参议院规章 • 由秘书处和财政部门发布的条例
丹麦	宪法(1953)	• 国家会计法案(1984) • 总审计长法案(1976) • 地方政府法案(1968)	• 由财政部发布的预算指导方针 • 议会议事规程
芬兰	宪法(1999)	• 国家预算法案(1988) • 国家审计部门法案(2000) • 地方政府法案和其他地方政府规章	• 国家预算法令(1992) • 议会议事规则
法国	宪法(1958)	• 预算组织法(2001) • 社会保险融资组织法(1996) • 支出承诺控制法(1922) • 社会保险法典 • 《财政管辖权法典》(外部审计法) • 地方政府法典	• 公共会计法令(1962) • 国民大会规章 • 参议院规章 • 宪法委员会的决议
德国 联邦 政府	宪法(1949)	• 促进经济稳定与增长法(1967) • 预算原则法(1969);联邦预算法(1969); 联邦法院审计法案(1985) • 政府间关系法 • 建立社会保险基金法	• 执行联邦预算法规的条例 • 联邦议会规章 • 参议院规章
日本	宪法(1946)	• 公共财政法案(1947) • 公共会计法案(1947) • 国会法案(1947) • 审计委员会法案(1947)	• 由财政部发布的预算规划指导方针

第二篇　OECD国家预算制度法律框架的比较

续表

国别	宪法 （采用年份）	主要的法律（首次采用年， 已经大量或少量修正了的）	条例/法令/议事规程
韩国	宪法（1948）	• 预算和会计法案（1961） • 基金管理框架法案（1991） • 国会法（1948） • 公营企业预算与会计法（1961） • 监察院法（1963） • 公共债券法案（1949），政府资产管理法案（1950），国库资金管理法案（2002） • 地方政府财政法案 • 管理法定开支的基本法案（2002）	• 企划预算部发布的预算规划指导方针
挪威	宪法（1814）	• 审计署法案（2004） • 地方政府法案（1992）	• 议会发布的预算规程（1959）* • 议会议事规则 • 政府财政管理条例（2002）
新西兰		• 宪法法案（1986） • 公共财政法案（1989）** • 财政责任法案（1994）** • 国家部门法案（1988） • 公共审计法案（2001）	• 众议院议事规程
西班牙	宪法（1978）	• 总预算法案（47/2003） • 总预算稳定法案（18/2001） • 总预算稳定法案的补充组织法案（5/2001） • 审计法院组织法案（1982） • 审计法院（功能）法案（1988）	• 国会代表议事规程 • 参议院议事规程
瑞典	宪法（1974） （四项法案，包括政府法案训令）	• 国家预算法案（1996） • 国家借款和债务管理法案（1998） • 议会法案（1974） • 国家活动审计法案（2002） • 国家审计署法案（2002） • 地方政府法案（1991）	• 由财政部发布的适合公共财政管理的行政机关条例
英国		• 财政和审计部门法案（1866和1921） • 议会法案（1911和1949） • 国家贷款法案（1968） • 国家审计法案（1983）；审计委员会法案（1998） • 地方政府法案 • 权力下放法案（1998）（尤其对苏格兰和威尔士） • 政府资源和会计法案（2000）	• 由下议院通过的财政稳定法典 • 下议院议事规程 • 政府官方文件，如经济和财政战略报告 • 由财政部发布的"政府会计"

续表

国别	宪法（采用年份）	主要的法律（首次采用年，已经大量或少量修正了的）	条例/法令/议事规程
美国联邦政府	宪法（1789）	• 反超支法案（1905）*** • 预算和会计法案（1921）*** • 国会预算和扣押控制法案（1974）*** • 平衡预算和紧急赤字管理法案（1985） • 预算执行法案（1990 和 1997） • 政府绩效与结果法案（1993） • 总监察长法案（1978）；联邦管理人员财政廉洁法案（1982）；首席财务官法案（1990） • 联邦信贷改革法案（1990） • GAO 人力资本改革法案（2004） • 政府管理改革法案（1994） • 联邦金融管理改进法案（1996）	• 众议院章程 • 参议院章程 • "预算的编制、提交和执行"管理和预算办公室的 A-11 公告

注：*2005 年计划提交给议会的预算条例之全面技术修订版。
　　**2004 年这两部法案连同皇家实体法案一起被合并。
　　***这些以及其他法案被合并在美国法典中，特别是第 31 篇（货币与财政）或第 2 篇（议会）。法典中与预算制度有关的其他章节，特别是第 3 篇和第 5 篇（分别是总统和政府机构）。

2 预算制度法律框架的不同目的

在 OECD 国家中，预算相关法律的不同组成方式，在一定程度上，反映了预算制度法律框架的不同目的。它也反映了不同的法律传统，特别对成文宪法的重视，以及为确保预算相关法律的合宪性而设立（或并不存在）的机构。

预算相关法律的主要目的之一，就是为预算过程的各个步骤提供一套明确的规则——预算的编制、批准、执行、报告和审计，以及规定这些过程中各个部门的角色和责任。虽然在需要明确的规则这一点上，达成了协商一致的意见，但是这些规则在法律中体现的程度，仍存在重要的差别。这些差别尤其反映在宪法对于预算法律制度的约束上。它们也是由感性需求造成的：（1）在法律中体现预算原则，而不是在非正式的安排中体现；（2）建立"永久性"规则，而不是临时性规则①；（3）使用法律来约束立法机关或行政机关的权力滥用。法律往往用于推进预算改革。预算制度的法律框架也服务于其他目的，包括对国家财政事务中立法机关的至高权威原则提供解释，改善宏观经济的稳定性，制定对公民有效的国家预算制度规范，以增强预算透明度（专栏 2-1）。

---

① 法律是永久性的，直到被修订为止。不同国家对法律进行修订的容易程度不同。

专栏 2-1 预算制度法的目的

- 向所有对预算制度感兴趣的人员，提供清晰的运作规章。
- 保证预算规章有充分的权威。
- 将预算原则纳入法律文本。
- 详细说明预算制度的宪法要求。
- 改革预算制度——或者根本性的改革，或者在分解的基础上改革。
- 有助于宏观经济的稳定性。
- 增强预算制度的透明度。

2.1 立法是否有必要？

在所有的民主国家中，虽然法律都体现了议会在预算事务中至高无上地位的原则——尤其是，如果没有法律作为基础，则不允许征税或支出（也就是说，要经过立法机关批准）——至于其他预算程序基于法律的程度，则因国而异。在一定程度上，这取决于在预算过程的不同阶段中，为预算程序提供的那些法律依据的相对重要性。

在欧洲大陆国家和两个亚洲的 OECD 国家中，突出了成文宪法的作用，以及将原则转化为法律的需求（这些国家位于图 2-2 第一象限中）。在其中一些国家，成文宪法要求在组织法或普通法中详细阐述宪法原则。在这些国家中，法律的思维方式是根深蒂固的：人们认为必须从一般原则开始，把它们体现在法律中，然后再运作预算制度。在预算改革之初，问到的第一个问题就是"如何修改

宪法要求法律	预算原则应该体现在法律中
预算原则必须体现在法律中	行政机关使用委派的权力
立法机关加强它的预算权力	行政机关使用承袭的权力
需要法律	不需要法律

———— 预算制度改革 ————

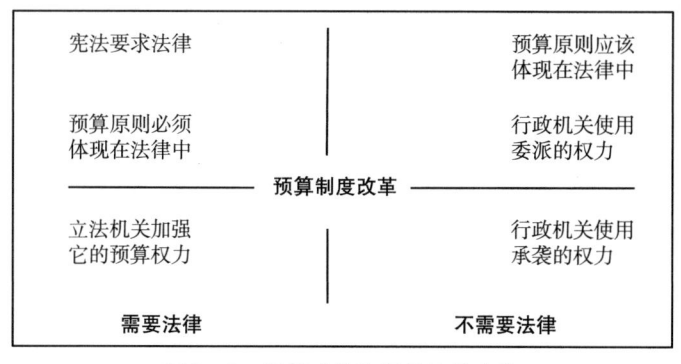

图 2-2 预算改革和预算法的变化

现有法律,使其纳入现有原则,或引入以前没有纳入法律的新原则?"在法律文化背景下,普遍的观点是,除非获得立法机关的授权,否则政府,甚至公务员,都无权采取行动。

这与一些北欧国家和威斯敏斯特国家(分别位于图2-2第二和第四象限内)对于法律的态度,形成了鲜明的对比。在威斯敏斯特国家中,行政机关在预算程序中有相当大的权力。例如,在英国,预算拨款的形式和结构,不必经过立法机关的直接批准。除了既有的权力外,政府还可能获得更强的授权权力,因此行政机关可以发布命令或其他有关预算制度的规章。因为行政主导立法,它甚至可能导致议会自身的"内部"规章("议事规程")也被改变,以增强政府本身的权力(譬如,严格限制议会预算修正案的权力,或限定议会对预算辩论的准许期限)。在这些国家中,预算改革的出发点不是"制定新的预算原则"。相反,即使被认为是权宜之计,也可以通过一项法律。但是没有必要这样做。这些国家的行政机关通常并未因为通过法律而失去权力,因为其软弱的议会,只能在预算提案上加盖橡皮图章①。例如,20世纪90年代,威斯敏斯特国家通过立法,提高政府预算程序的透明度,这是一种让议会"同意"政府未来财政政策主张的无风险方式。这些国家都有议会制度,在这种制度下,内阁部长(或为内阁服务的强有力的小组委员会),就预算战略达成一致,制定预算总额和分配资源。议会反对的主要方式是,通过不信任投票来推翻政府。然而,这个工具很少被使用,因为执政党内的纪律历来严明。

在北欧国家,如果能够不发生过分的对抗,就达到协商一致,那是非常难得的。考虑到联合政府中政党的多样性,这也是必要的。在这些国家中,有些国家已经达成了预算制度改革的共识,但不必经过所有正式的立法步骤。由于这些半法律化的安排(semi-legal arrangements)是有效的,因此人们认为没有必要修改法律或引入法律,也就避免了不必要的形式主义。人们往往认为,修订法律会限制以协商一致方式进行改革的灵活性。在丹麦和挪威,有关预算程序的基本规则,得到所有行动者的同意和了解,这是很重要的(这些"条例"在一个国家由立法机关颁布,而在另一个国家则由行政机关颁布,这似乎无关紧要)。和欧洲大陆国家不同,北欧国家没有宪法法院来捍卫针对预算的宪法要求。由于长期以来一直强调信息的公开性和可获得性,公众也获得了充分的信息,这是另一项宝贵的价值。最后,政府部长对议会负有个人责任,议会有权接收信息和审查部长的表现。譬如,丹麦宪法就允许弹劾管理不善的部长。这与一些欧洲国家形成

---

① Wehner(2005)设计了一项立法机构的预算能力指标,威斯敏斯特国家的这个指标得分很低。

了鲜明对比,在这些国家,部长们尽管预算管理不善但能够免于受到起诉和审判。①

以下二者之间的区分是非常清晰的:有些国家认为,要想实施预算制度的改革,"法律绝对是不可或缺的";有些国家则认为,"法律并非必需"或者说"法律也可能是需要的,尤其是在能够加强执行权力的情况下"。后一类国家的预算制度改革,比前一类国家更加容易,如图2-2实线右侧所示。对于威斯敏斯特国家和北欧国家而言,宪政是重要的这一根深蒂固的法律思维方式,是没有约束力的。法律是事后诸葛亮,而不是推动预算改革进程的必要前提和主导因素。

2.2 预算改革:何时需要法律?

在一些国家中,法律已然被用来进行预算改革,而另一些国家在不使用法律的情况下也进行了预算改革。一般来说,威斯敏斯特国家和斯堪的纳维亚国家较之欧洲大陆国家、OECD中的亚洲国家以及美国,更少使用法律。尽管如此,在威斯敏斯特国家中,法律实际上还是相当广泛地引入到各种改革之中(见表2-2)。这主要反映了这些国家所实施之预算改革的深远意义,而不是引入新法律的思维方式。它还表明这些国家的行政人员正在主动地提出新的法律,特别是在预算透明度方面,以加强他们自身继承或被授予的权力。

法律可能主要用于将要进行的改革。或者法律可以确定正在进行或已经实现了的变化。在"法律是必需的"国家中,对法律的修改早在改革过程中就进行了。相对于"可以不需要法律"的国家,法律在变革的过程中可能被修订,或根本不变。举两个例子来说明这种对比。在20世纪90年代末,法国正在思考预算改革,人们很快意识到,1959年的预算法需要修改(France National Assembly,1999)。从深入地研究重大改革,到2001年8月通过新的《预算组织法》(Organic Budget Law),历时约3年时间。为了确保新的绩效导向预算制度获得成功,该法在5年内(2001—2006年)逐步实施。与之形成鲜明对比的是,在1995年②,英国政府发布了一份关于改变预算和会计制度的讨论稿。在新法律被采用之前,2000年的政府资源和会计法案(the Government Resources and Accounts Act),就已经开始试点新的预算和会计制度。该制度的完全实施发生在2001年4月1日(H. M. Treasury,2001),仅仅在法案采用几个月之后。

---

① 在法国,为预算的审核委员(ordonnateurs)设立了预算纪律特别法庭——从而可以规范支出。可是,这个法庭已经在相当程度上不起作用了,因为1948年制定的法律将政府部长排除在外,而这些部长们才是最为主要的预算审核者(Bouvier et al.,2002,P.390)。

② 参阅白皮书"更好地对纳税人的金钱负责"(H. M. Treasury,1995)。

表2-2　预算制度法变化的原因*：样本国家

	芬兰	法国	德国	日本	新西兰	西班牙	瑞典	英国	美国
1. 一般地改善宏观经济平衡（减少财政赤字）	20世纪90年代初		1967~1969年	20世纪90年代晚期	始于1986年		20世纪90年代中期		始于1985年
1a. 定性的财政规则		2001年			20世纪90年代			（是，但不由法律确定）	
1b. 定量的财政规则			黄金法则	1998年					1985~1989年；1991~2002年
2. 增加财政透明度					1994年		1996年	1998年	
3. 引入中期预算框架		2001年	1967~1969年		1994年	2003年	1996年		
4. 引入预算绩效		2001年				2003年		2001年	1993年
5. 预算拨款引入更多灵活性	1992年	2001年	1997年		20世纪80年代晚期		1996年		
6. 引入权责发生制	1998年	2001年			20世纪80年代晚期			2001年	
7. 减少预算外支出	1991年	2001年			1989年	2003年			
8. 削弱行政机关在预算过程中的权威/权力		2001年							1974年，1990年

注：*表中所标注的是法律被通过的时间，而不是开始执行的时间。

2.3 阐述预算权：立法机关 VS 行政机关

预算制度法的主要目的在于，明确立法机关对年度预算的批准和追踪权。后者的权力包括立法机关对预算执行的干预程度，包括控制支出和会计。在这方面，美国和英国形成强烈的对比。在美国，人们强烈地意识到，任何预算改革都必须完全符合宪法。任何宪法问题都有可能以立法机关与行政机关的分离为框架。美国的立法者知道，如果最高法院认为行政部门——总统——扮演着法律制定者的角色，那么最高法院有可能会支持立法机构。在英国，类似于美国最高法院的机构设置在上议院，这种考虑就不那么重要了。虽然上议院原则上有权像审理其他行政诉讼案件一样，审理与预算相关的案件，但在实践中，上议院实际上并没有在拟议的预算相关法律中限制行政的权力。与大多数 OECD 国家不同，英国的最高法院不能够援引成文宪法。

在 20 世纪 60 年代和 70 年代初，当时美国总统经常地取消或推迟（议会）核准的支出，人们认为，行政机关侵犯了立法者在年度拨款法中具体规定支出政策的权利。这导致国会通过了《1974 年国会预算和扣押控制法案》（the Congressional Budget and Impoundment Control Act 1974），除此之外还设立了由 250 名职员组成的无党派的国会预算办公室（Congressional Budget Office）。该法案降低了行政部门削减开支的能力，使之低于国会批准的水平，从而减少了行政部门被认为拥有的"过度"预算权力。美国通过预算改革立法，加强了立法机关业已强大的权力（美国可能主要被置于图 2-2 第三象限中）。这与英国是不同的，在英国议会中，并没有单独的预算委员会针对政府提交的预算提出影响深远的修正案。美国参众两院有大约 40 个委员会参与了预算过程（参见美国的实例研究）。

促使各国通过一项法律来进行预算改革的各种主导因素，其举例如表 2-2 所示，这些因素主要包括：

- 德国的法律（中期预算框架）已经实施了零散的预算改革，西班牙也开始了（中期框架和以绩效为基础的制度）。法国正在进行以法律为基础的全面预算改革，至少对国有部门是如此（国有部门只占一般活动的 40% 左右）[①]。
- 新西兰和英国的全面预算改革，在一定程度上，得到了改革后期通过的新法律的支持（新西兰的法律比英国的法律还多）。在一些预算相关法律中，相当大的权力被授予了行政部门（譬如，英国财政部可以决定提交给下议院的《财政稳定守则》之内容）。

---

① 一场辩论正在进行之中，主要是围绕整合《预算组织法》诸元素的方式，从而应用于国有部门，以及社会保险机构和地方政府。

- 在芬兰和瑞典，某些预算改革未必需要一部反映授权和（或）立法机关与政府之间强有力合作的法律。
- 美国通过了一项专门的《政府绩效与结果法案》，将绩效导向引入联邦预算。预算拨款结构由立法机构牢牢控制，国会委员会可以自由地在年度拨款法中增加项目（这在威斯敏斯特国家是不可思议的）。

在"宪政"国家，法律被用来加强立法机关的权威。本书提供了三个示例。芬兰，1999年通过的新宪法稍微限制了行政当局关于授权立法的权力（第80条）。在法国，当2001年通过新的《财政法》时，立法机关在1958年宪法中被取消的一些权力得到了恢复。2003年，韩国修订了《国会法》，设立了专门常设的预算与决算委员会以及国家预算办公室，以加强国会审查和批准预算草案的能力。

3 预算制度主要参与者在法律框架中的差异

预算程序主要由中央政府和各级地方政府的立法机关、行政机关和外部审计机关执行。当预算外资金为中央或地方政府的一些部门提供财政收入时，由管理委员会或其他决策者来决定这类预算外行为的收支。此外，司法部门有时可能被要求介入或决定预算过程的某些方面，或者确保预算参与者和预算流程的合宪性。为此，这些内容也包括在后面"预算参与者"的章节中。

3.1 立法机关

在大多数OECD国家中，成文宪法规定了立法机关的类型并规定了它的主要作用。宪法在规定预算程序的成熟性和范围方面，有着相当大的不同。威斯敏斯特传统的一些国家有宪法法案（澳大利亚、加拿大、新西兰），这些都不是全面的宪法（例如，没有人权条款，也不存在宪法法院）。英国的议会法案包含宪法条款。OECD中的两个亚洲国家也采用像瑞典那样的议会法案。在这三种情况中，议会法补充了关于议会作用的宪法需求。

3.1.1 两院制VS一院制的立法机关

宪法和（或）议会法案规定了立法机关的结构和权力，这两项都影响到预算的审批过程。两个议院使立法机关制定预算成为更复杂的事情——既要在预算制度法方面意见达成一致，又要使年度预算得到接受。下面的"模式"显现出立法机关在年度预算中发挥的作用：

- 每个议院都有平等的预算权力的两院制立法机关。这通常是由于对每个议院直接和分开选举的结果（如美国）。在这样的国家中，对年度预算获得一致意见更为复杂，特别是如果两个议院中混合了意见不合的政党代表。

- 两院都有相当大权力，但预算由其中一个主导的两院制立法机构。两个议院的议会可能是直接选举（如日本）、间接选举（如德国）或委任程序（如法国、西班牙）的结果。每个议院都讨论年度预算法草案（常常由选举产生的议院首先讨论）。如果在两个议院之间发生争执，宪法规定了调解程序——通常最后的决定由选举产生的议院决定。
- 上议院很少或没有预算权的两院制立法机构。上议院可能是由政府（如加拿大的参议院，它被禁止介入涉及金钱的法案）或贵族（如英国上议院，它被排除在年度预算之外）委任程序的结果。
- 由直接选举产生的一院制议会（如丹麦、芬兰、韩国、新西兰、瑞典）。年度预算和预算制度的通过，由于没有上议院而被简化了。在一些斯堪的纳维亚国家和新西兰，早先曾有过上议院，但随着宪法改革被废除了①。

3.1.2 立法机关中委员会的结构

立法机关通常拥有某些对所提交的预算进行修改的权利——OECD中55%的国家都有不受限制的权利（OECD，2003）。草案的修正通常由预算委员会（或服务于立法机关的与预算相关的委员会）提出。

宪法或议会法案规定，预算委员会（或同级单位）在议会中建立起协调总预算的委员会（如芬兰、日本、韩国、瑞典）。在芬兰，宪法要求预算草案必须由财政委员会审议。不同寻常的是，法国的宪法将两院的每一院限制为六个委员会。这是对在1958年宪法被通过之前议会"过多"权力的一种反应。在日本和韩国的宪法中（尤其是日本的议会法案和韩国的国民大会法），没有明确规定预算委员会的设立与职能。

立法机关的条例或"议事规程"，可以建立单独的预算委员会或若干与预算相关的委员会（如加拿大、法国、德国、新西兰、西班牙）。不论建立它的法律形式如何，预算委员会的模式可以分为如下几种：

- **没有预算委员会来审查事前预算**。英国是为数不多的几个例子之一。英国下议院公共账目委员会只审查预算执行情况（传统上是"拨款账户"，appropriation accounts），而不涉及预算草案阶段的审查。英国议会的税收（"方法与途径"，ways and means）委员会早在1967年就被废止了。相反，苏格兰的地方议会建立了一个财政委员会，拥有对苏格兰预算提出预算修正案的权利。
- **与部门委员会（sectoral committees）分享权力的单一预算委员会**。与英

---

① 丹麦1953年的宪法；瑞典1969年的宪法。在新西兰，"宪法改革"意味着采用宪法意义上的法规；1951年采用了废除立法委员会（the Legislative Council）的法案。

国不同，加拿大和新西兰拥有财政委员会来审核事前预算。但由于没有预算修正权，他们的权利受到很大限制。相反，瑞典财政委员会则拥有广泛的权限，这是1974年由议会法案所规定的。与挪威一样，这个委员会负责审查超过20个支出领域的支出上限之编制情况。一旦确定，各部门的议会委员会在支出上限内负责分配这些支出。日本和韩国也都存在由议会法案和国民大会设立的预算委员会。预算委员会对事前预算草案和事后预算执行，具有监督权。

- 与其他委员会分享权力的多个预算相关委员会。美国众议院和参议院委员会的结构既复杂又独特。1974年《预算法案》建立起了每个议院的预算委员会，并赋予其起草国会年度预算计划（"预算决议案"）以及监督联邦政府预算实施的责任。预算委员会拥有对年度国会预算过程的管辖权，并且检查与预算相关的法案草案，诸如1996年的《单项否决权法案》（the Line-Item Veto Act of 1996）。

- 具有广泛权力的单一预算委员会。法国议会的每一个议院都建立了财政委员会（Commission des Finances），以审查预算草案方面的收支。这也是德国联邦参议院（Bundesrat）的情况，但不是众议院（Bundestag）的情况，它有一个检查详细支出的评估预算委员会和评估税收立法的"财政"委员会。西班牙两院也有一个负责审查、修正和批准国家预算的预算委员会。

3.1.3 谁来制定议会规章

议会委员会和其他立法机关规程的作用，通常规定在议会各院的规章制度中。在权力分立很强的国家里，行政机关在制定议会规章方面毫无作为。例如，美国大量的规章是由国会各院精心制定的，独立于行政机关。在挪威，不存在任何宪法或法律的约束，并且与长期存在的实践一致，涉及预算过程的特别议会规章由行政机关审核——甚至编制，尤其是法国的财政部。"议会"规章既适用于议会又适用于行政机关的部委和机构。可是，这样的规章并没有满足制定正式法律的所有要求（与之相对的是法国，那里的议会规章具有法律地位）。在盎格鲁—撒克逊国家以及挪威，行政机关也可以起草议会规章。例如，新西兰的"财政否决"（financial veto）——阻止议会修改行政机关的预算草案——就随着来自国库（相当于财政部）主动性的增加，而被并入议会的议事程序之中。

3.1.4 立法机关的预算办公室

宪法没有规定立法机关协助预算分析的可用财力。在一些欧洲大陆国家，行政部门法和（或）年度预算法（如德国）规定了辅助议会委员会的无党派职员的数量和薪资结构。

1974年，美国依据法律建立了国会预算办公室（CBO）。国会预算办公室负责企划年度经济预测（除此之外由行政机关编制），检验总统的年度预算咨文，评价由国会通过的所有支出立法，并按照1995年的《非基金性授权改革法案》

（the Unfunded Mandates Reform Act 1995）来编制报告。职员的数目超过 230 名。这也超过了韩国和墨西哥，在 OECD 国家中，这两个国家是效法美国国会预算办公室模式建立类似办事机构的样本。在韩国，2003 年通过了《国会预算办公室法案》。

3.2 行政机关

行政机关在预算过程中发挥着两个特别重要的作用。第一，编制最初的年度预算草案，草案应该建立在连贯的中期财政战略之基础上。第二，行政机关负责执行年度预算，并向立法机关解释预算实施情况和结果。在这些过程中，一些重要的个别步骤之法律制度，我们将在后续第 4 节中加以考察。这一节仅限于考察行政机关中设立主要职位的法律基础。由此而论，在行政机关中，是由个体还是由集体来决策和承担责任。我们将依次考察其法律基础。

3.2.1 政治层面上的个人预算权：总统和君主

在政治层面上，预算过程中可能发挥潜在作用的主要有五种个体，即总统、君主、总理、部长个人和政务官员。本节考查前四类个体的法律基础。在一些国家中，行政法规定了行政机关中政务官员的范围，他们常常涉及预算的制定过程（如西班牙关于中央行政部门之机构和功能的组织法）。

在总统制中，所有的行政权集于总统一身。与预算相关的职责和权利可能包括：制定年度预算、向立法机关提交预算、将其签署为法律、否决预算（部分或全部）、公布预算以及编制预算执行报告。类似的权利还扩大到起草与预算制度有关的法律和草拟追加预算。作为行政部门的首脑，总统也签署总统法令或命令，其中包括与预算制度有关的重要法令或命令。

成文宪法通常只概括了总统在预算领域中的作用。例如，美国宪法就指出，"行政权归于总统"。宪法只是间接地阐述了总统对于联邦政府预算的职责，根据要求"他应不时地向国会发表国情咨文，就国会所关心的事项提出措施，并判断其必要性和允当性"。总统是单独地对制定和提交预算负责：根据法律（美国法典，第 3 篇）总统向国会制定和提交预算草案。对总统的个人问责由强大的总统弹劾宪法权所保证，在预算领域打破宪法义务是极其困难的。

并非所有的总统制都要求总统向立法机关提交预算。例如在韩国，宪法要求行政机关作为一个集体，不是总统作为个体，向国民大会①提交预算方案的草案。这反映了一个可供选择的宪法条款，那就是"行政机关的权利，归于以总统为首的行政部门"。在半总统制国家，如芬兰和法国，总统在预算领域中的职责，主

---

① 实际上，计划与预算部（the Ministry of Planning and Budget）代表行政机关编制预算。

要通过宪法条款来行使，他（她）是内阁会议的首脑。在芬兰，"根据政府提出的决策建议书，共和国总统在政府中作决定"（《宪法》法案，第58条）。他（她）的权利比法国要弱，在法国，倘若部长来自同样的政治集团，总统可以在内阁对预算事项施加较强的影响力（参见法国的实例研究）。

总之，关于总统在预算过程中职责和权利的宪法条款，因国情而异。然而，甚至在总统个人权利很强的国家中，重要的预算过程——制定详细的预算和执行预算的报告——也委托给行政机关内的团体部门。

同样的考察也适用于君主。在一些君主立宪制国家（如丹麦、挪威、西班牙），宪法乍一看似乎授予了君主强大的权力。在丹麦，"行政权属于国王"，"国王在国家中有至高无上的权力"并且"国王不必对其行为负责"。然而，这些规定是平衡的：国王"通过大臣行使最高权力"以及"大臣对政府的行为负责，他们的行为规定在法规中"。挪威的宪法不包含这样的制衡条款。尽管如此，虽然没有宪法规定，议会制度的原则还是得到了接受。现今，在OECD国家中并无任何一个国家的君主在预算过程中发挥着重要作用——名义上的权力总是被授予部长们。相比于上述丹麦的例子，这种授权并不总是以正式的方式宣布。在威斯敏斯特国家，女王（或澳大利亚、加拿大、新西兰的总理）习惯遵从其部长们的建议。

3.2.2 首相（总理）

首相通常是拥有议会政治制度国家的政府首脑。根据国家对法律的高度重视程度，首相在预算事务中的职责是在法律框架内规定的。

首先，在一些国家中，成文宪法规定了首相（或同级人员，如德国的总理）的主要职责和权力。例如，在法国，1958年的宪法（第Ⅲ篇）规定，总理是政府的首脑，保证法律的执行（包括年度预算法），并且（单独）负责政府的计划。宪法明确地强调，总理可以委派某些职能。因此，宪法中并不提及财政部长向法国国民议会提交年度预算法草案。根据宪法，这显然是由总理来代表的，而总理在向国会提交预算草案方面，拥有超过财政部长的最终权力。

其次，有些国家的首相职责没有法律依据。这是威斯敏斯特国家的情形，这些国家的首相拥有非常强大的权力。例如加拿大，总理不仅任命内阁大臣，还任命参议员。在所有的威斯敏斯特国家，首相决定政府优先考虑的事项，他（她）在内阁及他（她）的政党会议中拥有否决权。这些都是不成文的权力。首相在决定政府预算政策和年度预算方面也有影响力，这取决于授权的范围及其对财政大臣（或同级人员）的信任。

3.2.3 财政部长

财政部长（或同等职位）在议会制国家的预算管理中发挥着关键作用。他（她）的作用却很少在宪法中明确规定。奥地利和德国是例外。例如在德国，"代表政府的财政部长必须每年向议会（两院）提交上一财政年度的收入、支出、财产和债务的账目"（《宪法》第114条）。在另外13个OECD国家，财政部长对预算管理的有效控制明确地写在法律中（OECD, 2003）。政府法令可以详细规定部长的职责。例如在法国，总统令（也由总理签署）规定了财政部长的职责。

威斯敏斯特国家的财政部长，拥有否决内阁同僚关于预算决策的不成文的权力。在英国，财政大臣（Chancellor of the Exchequer）虽然不是财政部的正式领导，也很少在法律中被提及，但在内阁中，可以对预算的最终决定发挥特别强大的作用[①]。

3.2.4 政府部长的集体和个人职责

在一些议会制国家中，内阁部长的职责明确地规定在宪法中。日本的宪法规定"行政权属于内阁"（第65条），"内阁在行使行政权时，对国会（Diet）负有集体的责任"（第66条）。如果众议院通过不信任投票的决议，内阁必须全体辞职（第69条）。此外，"内阁必须编制预算并提交国会"（第73条）。与日本内阁的宪法地位相比，在威斯敏斯特国家，部长内阁是法律之外的机构——在法律中并不规定其职责。尽管它缺少正式的权力，但内阁的决议确实具有约束力，并对政府部门行使牢固的控制权，包括预算的规模。

如果立法机关认为内阁权力过大，则可以采用两种处理方式：必要时可以通过法律，或者解散内阁，或者限制内阁的权力。这两种选项将导致政治危机。在第一种选择下，一旦议会获得必要的多数票，就可以通过不信任投票使得政府倒台。在第二种选择下，议会多数派可以要求通过一项限制权力的法律。当内阁大臣都是高级政客时，这也会导致政府领导者的信任危机。这表明，似乎没有必要在法律上充分规定内阁的职责，因为立法机关可以通过制造一场政治危机，来"控制"内阁预算权的滥用。

一些国家的法律规定，对于立法机关就年度预算采取的行为，部长们负有个人责任。在北欧国家，宪法对部长有很强的问责性要求。在丹麦，"部长对政府

---

① 在形式上，首相是财政部的名义领导，这表现在"第一财政部长"（First Lord of the Treasury）的头衔上。实际上，英国财政大臣很少在法律中被提及（例如，2000年的政府资源和会计法案中，就没有提到这个职位，然而几乎有90处提到了财政部）。"财政部"（the Treasury）这个词实际上是指财政部的上议院（the Lords Commissioner of the Treasury），它由首相、部长和六个执政党议员首领组成。正是这些政治家（不是在财政部工作的公务员）组成了法律中提到的"财政部"。详见1978年释义法令（the Interpretation Act）。

行为负责,而部长个人可能因管理不善而受到弹劾"(《宪法》第13条和第16条)。在芬兰,宪法要求部长向议会公开他们的资产和兼职。在瑞典,强调个人和集体的责任。瑞典宪法议会委员会"应该考察部长的公务绩效。委员会有权查阅关于政府事务的决策报告和文件"。宪法还规定,所有议会成员及瑞典公民可以获得部长的政绩纪录。这些宪法规定得到了《信息自由法案》的补充,该法允许向公民提供几乎所有发布的官方文件。

在法国,议会通过了一项法律,设立了一个预算和财政纪律特别法庭(Court of Budgetary and Financial Discipline),以追踪那些转移和侵吞资金的行为(法案,311–316,财政审判法典)。不过,法律的影响力受到了限制,主要是因为议会成员、地方议会主席及市长们在出庭前必须享有免责权。

3.2.5 各部及其附属机构的设立

"新公共管理"的创新之一,就是加强部门内部各单位的预算和管理权力及自主权。法律在多大程度上被用来加强授权——从部长到非选举出的官员,谁来负责按照商业方式管理行政权力的分支机构?

各部门的设立和角色是由法律或者行政法令规定的。美国对行政"机构"(其他国家中的"各部委")的建立,有着非常严格的法律规定。美国法典规定,不经国会明确地批准不能设立部门或机构。如此,美国财政部及行政管理和预算局的作用,最早是在1921年的法律中规定的。同样,在加拿大,《财政管理法案》规定了财政委员会和财政部的职责。在日本,1948年的《国家组织法》规定各部必须依法成立。据此通过的《2000年财务省法案》,调整了职责并在财务省下设预算局和税务局。

在一些欧洲大陆和北欧国家,各部委的创立或合并属于政府的内部事务(参见国别实例研究),通常由部长会议做出这种决议。在英国,法律从来没有明确规定过英国财政部的全部职责。它的权威来自王室特权(即法院为履行政府职能而认可的合法权利)。然而,英国的一些开支部门则是依法成立的。

关于预算执行机构,瑞典是少数几个自治的"行政当局"具有宪法权力的例子:宪法阻止议会和政府确定行政当局在个别事项中决定如何行使公共权力。在其他国家,法律可以用于设立公共机构。在欧洲大陆,根据公法设立的机构和根据私法①设立的机构是有区别的:后者更多的是企业家和少数部长监督下的机构(OECD,2002a)。不是所有的机构都是由个人行为建立的——许多是经过慎重考虑的政府部门下辖的行政单位。许多英国的行政机构就是如此(他们现在雇用

---

① 更一般地,欧洲大陆国家的法律制度区分了来自管理非国家活动的(私法)及管理国家活动的(公法)法律主体。

75%以上的英国公务员）。可是，英国的一些机构——非部门的公共机构——是根据个别法律建立的。很少有国家通过法律框架，根据功能、独立程度或治理结构，来对各种机构进行分类。然而，在2004年新西兰为此目的通过了《国家授权机构法案》（the Crown Entities Act）。

3.2.6 非行政首脑的职责

部长（内阁会议的成员）和各部的领导者（"秘书长"、"行政首长"等）之间的职责关系通常不受法律管制。在许多国家，成文宪法要求在法律中详细规定公务员的行政安排。因此，许多国家都有公务员法，里面规定了所有公务员的岗位职责和责任（World Bank，2001）。这些法律规定了公务员的主要作用（如"为国家服务"）并就任期、工作保障、薪酬和纪律做出了安排。然而，这些法律只是为具体职责提供了一个框架。大部分国家的政府（不是立法机关）通过法令，更明确地界定高级公务员对部长的职责。

在一些国家中，负责财政管理的执行机构的职责，已在法律上明确规定（如美国）。这反映了立法机关希望控制预算的执行情况。在大多数国家，立法机关相信行政机关会颁布有关计划和监督财政控制程序的法令（见后续内部审计和管理一节）。在新西兰，在采用以绩效为导向的预算制度之前，1988年通过了一项法律，明确了负责提供公共服务的内阁部长和高级公务员之间的职责。1988年的《国家部门法案》从根本上改变了政府部门首脑的角色，由他们分配预算、人员和所有其他部门资源。议会不再控制各部和各机构人员的投入。受到新制度经济学的启发，引进了新的合同安排（专栏2-2）。不过，很少有国家效仿这种立法中所包含的严格的契约主义。

专栏2-2　1988年新西兰的国家部门法案
（State Sector Act 1998）

法案要求或规定：

● 政府部门首脑的预算权力，他们作为行政长官，负责管理投入，包括员工及其薪酬。作为管理者，他们必须确定他们所负责生产的政府服务最有效的方法。

● 为政府及其他用户提供商品和服务，行政长官的个人责任就是能够产生高质量的产出。

• 个别预算管理者（服务供应商）和部长（服务购买者）之间，就双方同意的服务质量、数量、时间和价格达成契约。每个最高行政人员都同相应的部长达成个人绩效协议，并附有购买协议，该协议指定了由部门向部长提供的产出。

3.3 司法机关

当预算制度正在改革并且为此一部新法律被引进立法机关的时候，司法机关可能进行干预。这主要有两种可能性：

• 由专门法院或宪法法院来审查法律。在这种"模式"的国家中（如德国、韩国、西班牙），为确保宪法的合宪性而设立的法院，是在宪法中规定的。在审查预算制度法草案时，法院可以推翻一部分立法机关已通过的法律。本节提供两个例子。第一个，1996年的《单项否决权法案》（Line-Item Veto Act），该法赋予美国总统有权从已被批准的拨款法案中删除某些项目的权力，但1998年被美国最高法院（the United States Supreme Court）宣布违反宪法。结果，整部法律被废除了。第二个，作为其审查"组织法"之"合宪性"义务的一部分，2001年法国宪法委员会（French Constitutional Council）从《预算组织法》（Organic Budget Law）中删除了两项条款。对于议会要求审查外部审计机关（审计法院，the Court of Accounts）之年度工作计划的行为，因审计法院是拥有某些司法功能的独立的宪法机构，因此议会的这一要求被宣布为违宪。

• 不审查合宪性。在威斯敏斯特和北欧国家中没有宪法法院。即使预算制度中的任何变化都被纳入一部新法律之中，也没有高等法院来质疑其合宪性。然而，司法部门和（或）议会的法律起草者，必须确保法律与其他立法相一致。

除了在通过和颁布阶段存在预算制度法的审查之外，当立法机关和行政机关不遵守法律时，法院会应邀做出判决。这种情况很少见。这在一定程度上反映了预算制度法的框架：它们既提供了一种支配一切的框架，又在执行方面具有灵活性，故而很少有某些领域的行政机关或立法机关因不服从法律而被利益相关方"起诉"。

法律可能为不遵从者提供保护。例如，如果年度预算没有在法律规定的日期通过，预算制度法通常制定了清晰的条款，在新的财政年度开始时提供临时的预算授权。第二个例子与量化财政规则有关。当这些规则被纳入法律时，通常也有执行机制，比如扣押支出需求（如美国的《预算执行法案》，Budget Enforcement Act）或以强制性存款方式进行罚款（欧盟的《马斯特里赫特条约》）。如果这些实施规则不被遵守，可以要求法院予以干涉①。在美国的各州：（1）预算制度法很具体，（2）依靠诉讼是常见的事情，当一个州未能平衡他们的预算时，州司法部门偶尔被要求依照州宪法来做出判决（Briffault，1996）。

3.4　外部审计机关

3.4.1　外部审计的宪法或法律"模式"

在大部分 OECD 国家中，成文宪法建立了独立的外部审计机关（或同等机构）。如果没有成文宪法，外部审计机关通常由专门的法律设立。这些法律按照审计人员的独立性程度（特别是执行人员的独立性）、治理结构以及是否有司法功能而有所不同。在外部审计法中，对外部审计机关可以划分为五种"模式"，其中第一种是处于主导地位且最符合最高审计机关国际组织标准（INTOSAI standards）的。

• 完全由立法机关指定的独立机构。在威斯敏斯特国家，外部审计机关的领导者被认为是议会的官员。这些国家审计长的"控制权"职能，要求他（她）将所有预算资金发放给各支出部门②。在美国，1921 年依法设立的审计总署（General Accounting Office，GAO），并在 2004 年依法改名为政府问责署（Government Accountability Office），为国会提供专门的审计服务。奥地利审计法院（Austrian Court of Accounts）不具有法院的权限，也最符合这种模式（IMCL，2003）。

• 议会审计员，由一个外部审计机构为他们服务。北欧国家的情况就是如此，那里的宪法要求，议会任命或选举若干名议会审计员，或像瑞典那样设立一个咨询委员会。在所有的北欧国家，议会审计员或咨询委员会，与一个完全由议会控制的外部审计机关合作，或由其提供服务。

• 部分服务于行政机关、没有司法职能的独立"法院"。德国和荷兰的宪法设立了以合议制管理为特征的审计法院（Courts of Accounts）。在德国，法院的成员（与法官享有同样的独立性）组成"专科学院"（colleges），接受同行对个人审计的审查。与几个其他欧洲大陆国家的法院（参见下一类型）形成鲜明对比的

---

① 当法国和德国违反赤字标准时，欧盟的财政部长委员会（Council of Finance Ministers）未能遵守欧盟委员会 2003 年 11 月建议的加速超额赤字规程，这项建议的最后步骤是征收罚款（IMF，2004，box 1）。受到法律基础挑战的委员会，要求欧盟法院做出裁定。

② 在英国，强大的审查功能规定在 1866 年的《财政和审计部门法案》（1866 Exchequer and Audit Departments Act）中，至今，最高审计机关的领导者被认为是监察官（Comptroller）和总审计长（Auditor General）。然而，一些威斯敏斯特传统国家，还保留着（如印度、爱尔兰）或恢复了（如新西兰）监察职能（controller function），在加拿大，审计长不再有监察官的职能，这项职能在 1931 年被废除了。

是，这些"法院"不行使司法权。

• 部分地服务于行政机关、具有司法职能的独立法院。诸如比利时、法国、意大利和西班牙等国的审计法院，就拥有司法权。法院的法官均为裁判官，负责审理政府会计账目，并有权在需要时采取后续的法律行动。依据其宪法，法国审计法院既服务于行政机关又服务于立法机关，但是意大利和西班牙的审计法院直接对议会负责。在法国，最高法院院长完全由国家元首（而不是议会）根据部长们的建议任命（Flizot，1998），而在西班牙，他（她）是由国王根据法院全体会议的推荐而任命的。与此相反，在比利时，法院院长由议会任命。

• 行政机关下的独立机构。在日本和韩国，外部审计机关是在行政机关控制下的机构。可是，他们是独立于内阁（the Cabinet of ministers）的，并不是政府部门①的一部分。相比之下，直到最近，芬兰和瑞典的外部审计部门仍隶属于财政部，如同丹麦直到20世纪70年代中期（参见北欧国家的实例研究）的情形那样。在法国，审计法院的年度预算（虽然独立于行政机关）仍然是财政部的年度预算之一部分。

3.4.2　审计法的内容

审计法规定了审计的机构范围。除了审计广义政府范围内的所有单位外，还有权审计公营企业。在联邦制国家中，次国家层面的（即地方政府，sub-national）审计机构是根据地方法律设立的。在一些单一制国家，依法设立了区域审计署，尽管他们只能审计地方政府的账目（如法国的地方审计署，regional audit offices 或英国的审计署，the Audit Commission）。

审计类型通常在法律中规定。现在许多国家的法律除了要求正规的合规性审计之外，还要求绩效（物有所值）审计。法律也赋予了外部审计机关审查财政管理不善的权利。后续行为可以通过外部审计机关或议会委员会进行，这些议会委员会负责针对外部审计之年度或特定报告提出相应建议。

宪法或外部审计法规定了报告义务。许多国家的法律要求直接向立法机关呈送审计报告。在大多数北欧国家，外部审计机关向议会审计员提交报告，审计员再将调查结果提交议会全体会议。在瑞典，负责的审计长还需向除了议会机构以外的政府提交财政和绩效审计报告。国家年度决算的审计报告也要提交给政府和议会。咨询委员会可以向议会提交报告。在韩国，法律要求外部审计机关的报告

---

① 在日本，依法设立的审计委员会（the Board of Audit）独立于内阁（Cabinet of Ministers）之外，并且不在立法机关控制之下，也不受司法管理。这在日本的政府组织大纲（the Organisation Chart of the Government of Japan）中阐明——参见Japan（2004年）。韩国审计和检查委员会本质上是总统下辖的独立机构——参阅www.bai.go.kr/english/p_e_about01.htm。

应同时提交给行政机关和立法机关。在日本，《公共财政法案》(Public Finance Act) 要求内阁（一个宪法机构）向议会提交审计决算，意味着审计委员会 (the Board of Audit) 必须首先向内阁提交它的审计报告，总之，由于审计长（或同级官员）的任命方式差异，外部审计法中的问责安排也相当不同（参见表2-3）。

表2-3　　　　　　　　　外部审计法律框架的不同点

最高审计机关的主管首先负责的对象	最高审计机关的主管由哪个部门任命		
	议会	行政机关	议会和行政机关*
议会	丹麦、芬兰、挪威、瑞典	加拿大、新西兰、英国	西班牙、美国
行政机关			韩国
议会和行政机关		法国	德国、日本

注：*西班牙：在审计法庭推荐下由国王正式任命。美国和韩国：由总统提名，参议院（国会）确认。德国和日本：根据政府（内阁）提议由议会正式任命。

3.5 地方政府

宪法通常阐明政府和（或）议会各个层次之间的关系。相对于中央政府，地方政府的预算独立性是时有时无的。对地方政府（次国家层面政府，sub-national governments）法律框架的深入研究，已然超出了本书的范围，我们仅考察地方政府预算制度特征的三种主要类别：

- 联邦制国家，地方立法机构会施行适用于地方司法管辖区的预算（制度）法律。这种立法能力由各级政府的成文宪法来管辖。它们规定了地方立法机关与行政机关在预算过程中的角色和责任。地方立法机关通过的预算相关法律，需要与联邦宪法完全一致。在联邦制国家，预算事务中的角色和责任的法律分配、立法机构之间相互依赖和合作的程度，以及联邦与地方预算法的并行和专属管辖的作用方面，存在着差异（Watts, 2003）。OECD各国之地方代表大会通过的州（省）预算法，包括澳大利亚和美国的州、加拿大的省、奥地利和德国的州，以及瑞士的行政区。

- 地方代表大会具有制定预算法权限的单一制国家。一些单一制国家是"半联邦制"——宪法对特定地区的地方代表大会赋予了立法权，包括当地的预算。以西班牙为例，所有自治地区都被授予制定法律的权限，由国家制度法来指导。其他单一制国家通过了赋予部分地方制定预算法权限的国家法律。1998年英国的苏格兰《权力下放法案》(the United Kingdom's Devolution Act)，在苏格兰建立了拥有完全的预算立法权的议会。利用其权力，2000年苏格兰议会通过了自己的预算制度法——《公共财政和问责（苏格兰）法》（the Public Finance and Accountability (Scotland) Act）。相比之下，在威尔士，地方议会根据1998年《威尔士的权力下放法案》（the Devolution Act of Wales 1998）的规定只能制定适用于威尔士的次级法律。

● 地方代表大会没有法律制定权限的单一制国家。在这些国家中，地方政府的司法管辖权受国家法律的影响，该法律规定了中央和地方政府在税收、支出和借款的权利与能力以及政府间转移支付的类型，旨在削弱纵向和横向差距。在法国，国家议会通过的《地方政府法典》（the Local Government Code）列出了所有的法律（包括与预算过程相关的法律），它们适用于国家政府下属的三个级别（大区、省和市）。地方政府法典由2004年的《地方政府财政自治组织法》（the Organic Law on Financial Autonomy of Local Governments 2004）增补。日本、韩国、荷兰和北欧国家是另外一种单一制国家的例子——他们也有为地区和自治市规定预算安排的地方政府法案。这些国家中的一些国家（如丹麦、芬兰和法国）拥有几个司法管辖区——包括离岸岛屿——拥有包括预算在内的特殊自治权。

第一个重要的问题是，一个国家的法律——不论是联邦制还是单一制国家——是否对编制预算和政府会计方面的要求，采用全国性的规则。对联邦制国家来说，德国的例子与美国形成鲜明的对比。在德国，联邦宪法授权议会两院通过联邦法律，对各级政府进行预算管理。因此，1969年通过了预算原则法。它列出了适用于每个地区的原则和程序。要求每个地区采用与联邦政府相同的预算和会计框架。依法设立了一个政府间的协调机构，拥有咨询（但不是法律）的权力。由这个部门来管理相互联系的政府间关系系统。在美国，"各州的权利原则"和预算自主权是相互联系的：50个州中每一个都自主地决定其预算编制、通过、执行和报告的方式。各州宪法和法律对预算有不同的规定，并不要求协调预算程序（包括设立预算外资金）或会计统一。

在单一制国家里，通过法律和（或）规章，要求地方政府向中央政府报告预算进展情况。在一些单一制国家，报告制度由全国性的中央会计与国库系统来协调（如法国）。中央政府建立会计制度的权力通常在法律中体现。中央预算部门（如财政部）有权力保证地方政府根据标准会计准则定期提交预算执行报告。在一些国家中，与内政部（或同级部门）的协调是必要的，就像协调与地方政府的关系那样。

第二个重要问题涉及政府间转移支付的法律安排，因为在一些国家中（如加拿大、日本、韩国、北欧国家、西班牙），联邦（或中央）政府对地方政府的财政资金转移和捐赠，占了地方政府财政收入的很大一部分。在这些国家和其他国家，通过了专门的立法为政府间的资金转移、专项补助、税收共享等（用来解决纵向和横向的不均衡）规定各种安排。对于各国管理财政分权的法律之间的详细差别，则超出了本书的考察范围。

在联邦制和单一制两种国家中，存在适用于地方政府借款的单独立法。在联邦制国家，地方政府立法机关每年批准的借款数额，受到宪法或法律的限制。以德国为例（与美国不同），经联邦参议院同意，法律授权联邦政府将任何层级政府的借款，限制在地方立法机关（sub-national legislatures）所批准的水平之下，以避免宏观经济平衡受到干扰。在单一制国家中，地方政府法律（如法国、意大利、瑞典）可以包含一条"黄金法则"，将地方政府的借款限制在投资所需的水平。在几个单一制国家中（如芬兰），地方政府在借款方面没有限制，只有市场的限制（Ter-Minassian and Craig, 1997, table 1）。

3.6 超国家机构和国际组织

欧盟已向25个成员国的超国家机构和国际组织提供了财政政策的指导方针。首先是众所周知的"马斯特里赫特条约（Maastricht criteria）"，主要是成员国应该保证国债不超过GDP的60%，并且一般政府赤字不超过GDP的3%。第二，《稳定与增长公约》(the Stability and Growth Pact)——要求欧盟成员国在经济周期内的财政收支余额是零或正值。本书提出的主要问题是，这些指令是否对成员国具有法律约束力。简要的回答是，欧盟的量化指令在成员国中并没有法律效力，因为指导方针被规定在条约（treaties）的议定书（protocols）中，但只有条约本身才对成员国具有约束力（假设有些国家修改了宪法或采用了某种国内法，将上述这种权力赋予欧盟，大多数国家都是这样处理的）。因此，法国和德国都没有将欧盟的《马斯特里赫特条约》纳入到任何国内法中，于是，当他们2004年的一般预算赤字超过GDP的3%时，他们并不认为自己违法了法律。

然而，一些欧盟国家自发地通过了与欧盟预算指令相结合的国内法。因此，西班牙通过了《总预算稳定法案》(18/2001)和其他法律，主要是为了在强烈的地方主义背景下，更容易地实施欧盟的指导方针。第二个例子是波兰，它在成为欧盟成员国之前，在1997年甚至修改了自己的宪法，将马斯特里赫特的最高债务标准定为GDP的60%（第216条）。波兰1998年的《公共财政法案》(Public Finance Act) 详细阐述了宪法的规定，并包含了欧盟的3%预算赤字标准。

在与发展中国家打交道时，国际货币基金组织（IMF）和世界银行（World Bank）等国际组织，在伙伴国家的项目中附加了条件。可是，这些条件缺乏与国内法同样的效力，因为议会并不参与其中，只涉及该国政府。不符合条件的国家，可能只会导致无法获得与所签合同安排相一致的贷款。

在一些发展中国家或转型国家，国际组织要求通过新的预算法——或至少向议会提出新的法律——作为贷款的部分条件（譬如，2000年国际货币基金组织要求坦桑尼亚提交作为结构性绩效标准的新公共预算法案；该法律在2001年2月通过）①。虽然新法律的通过并不能保证良好的预算实践，但丹麦和挪威的案例表明，新法律甚至可能连预算实践的先决条件都算不上。

4 预算过程之法律框架的差异

本节概述了各国在预算过程中以下四个主要阶段中的差别：行政机关编制预算、立法机关批准预算、预算执行、政府会计和报告制度。各国之具体情况将在国别实例研究中展开。

4.1 行政机关编制预算

4.1.1 预算术语的界定

在威斯敏斯特国家和美国，法律本文包含有法律中使用的术语定义一览表，这是一种习惯做法。相反地，在欧洲大陆和亚洲的 OECD 国家，预算术语并不在法律文本中解释。这部分地反映了制定法律的传统方法，也反映了欧洲大陆国家中特殊的法律机构——行政法院和宪法法院——他们的作用包括在有争论的情况下解释法律。法律体系（Jurisprudence）——上述主体的正式决议——就像成文法律那样受到尊重。

威斯敏斯特国家的法律实践，允许将"附表"（schedules）附加在法律上。这些也可以用来详细说明法律中的术语定义或适用范围。例如，新西兰 2004 年《皇家实体法案》的目录表（定义了各种半自治行政机构的类别），就包含了每种类别中每一个机构的一览表，并描述了在法律中被豁免的某些规章（投资、借款、保险、使用自有收入等）。这种做法的优点是使法律自成体系。在其他国家，可能会颁布单独的条例来提供这样的细节。

4.1.2 预算的覆盖范围：预算外资金

在年度预算中普遍包括收入和支出原则，尽管在所有的国家都被接受，但很少有国家针对预算外资金的设立，规定明确的法律限制。芬兰是个例外，其宪法（条款 87）规定，只有议会通过一项拥有绝对多数（至少 2/3 的选票）的法律草案，才能依法设立预算外资金。而且芬兰的宪法要求，需要有强有力的理由，才能设立新的预算外资金：只有对于履行必要且长期性的国家职能是至关重要的，

---

① 参见 www.imf.org/external/NP/LOI/2001/tza/01/INDEX.HTM，表2。

预算外资金的设立才会获得批准。

威斯敏斯特国家在法律中采用了统一收入基金（consolidated revenue fund）的概念。这可以追溯到英国 1866 年的《财政和审计部门法案》（Exchequer and Audit Departments Act）。在这些国家，宪法要求将所有收入存到一个统一的基金，所有支出都由该基金拨付。尽管如此，像所有 OECD 国家中那样，某些支出仍由议会在统一收入基金之外授权。不过，相较于预算制度法没有具体规定统一基金用途的国家，这类国家中的预算覆盖范围要更大。

所有 OECD 国家都建立了政府拥有的养老基金，还有社会保险基金和其他预算外资金，来履行政府职能。这些法律规定了基金的目的、收入来源以及治理结构。在大多数情况下，议会通过特别法律来设立这些实体，在一些 OECD 国家，这类实体是很多的（参见财政透明度报告，www.imf.org/external/np/rosc/rosc.asp）。

预算外资金的预算草案一般先由资金管理部门批准。然后，议会是否也需要批准这类收入与支出，则有着不同的模式。

- 议会不批准基金收支的预算，并且也不需要定期向议会报告其收入和支出。20 世纪 90 年代期间，法国的预算外资金（fonds de concours）——来源于留存收益（retained revenues）——由行政部门使用，并不需要议会授权。2001 年《预算组织法》（Organic Budget）明确地加强了对预算外资金的管理。

- 议会不批准基金的收支预算，但是议会知悉预算外资金的收支情况。这在 OECD 国家很是常见。一个例子就是美国社会保险预算和邮政服务，其收支被正式确认为"预算外"，但还是会被列入联邦预算的总额监测。

- 议会批准基金的收支，但与年度预算中的资金收支分开（如法国、韩国）。法国的社会保险基金就是这种情况，它采用了 1996 年社会保险融资组织法。社会保险基金预算不是由财政部（the Minister of Finance），而是卫生部（the Minister of Health）向议会提出的。与国家预算不同，在通过社会保险基金预算时，议会并不对不同类别的社会保险支出做出具有法律约束力的限制。为弥补社会保险基金赤字而拨付的款项，将会在年度国家预算中得到核准。

- 议会核准该基金的收支作为年度概算的主要部分。一个例子来源于英国国民保障基金（the United Kingdom's National Insurance Fund，NIF）。由议会经过预算讨论而批准的支出概算，包括由非统一收入基金来源提供资助的政府开支，特别是由国民保障基金提供资金的各种退休金和社会保险计划。虽然国民保障基金资助的支出包括在议会批准的总支出中，但由于不包含在《统一基金法案》和《拨款法案》中，故属于非投票支出（non-voted outlays）。

不论预算外资金的收支是单独由议会批准的，还是与年度预算一起讨论并同时核准的，为了宏观财政控制的目的，必须将收入和支出总额向议会报告。根据 IMF 政府财政统计手册（GFS）（IMF，2001）或欧洲会计制度（EUROSTAT，1996）的定义，"广义政府"（General government）被当作一个标准。为了监督马斯特里赫特赤字和债务准则的遵守情况，欧盟使用了关于政府的这一广义定义。在向议会报告综合财政发展状况时，一些国家的法律（如法国的预算组织法）明确要求，政府的总体财政战略必须以国民账户（National Accounts）中所界定的"广义政府"为基础。相反，在威斯敏斯特国家，财政部可以自由定义总额。总之，这些国家都是按照"广义政府"的原则来自觉地制定财政政策的。

为了宏观调控，预算外资金最好列示其收入和支出的控制总额。不幸的是，在 OECD 国家中很少有法律规定这一点。的确，在德国，宪法明确地允许预算外资金不在总量控制范围之内，这个总量是履行"黄金法则"（条款 115）的需要。这是一个灰色地带，因为在同一部宪法里（条款 110），却要求所有收支都要包含在预算中（Sturm and Müller，2003，P. 199）①。在日本，法律允许一些实体使用特别基金，这些实体是在 GFS 所定义的"广义政府"范围之外的部门。一些政府分支机构的预算由日本国会批准，而另一些则不是。在所有的情形里，政府旗下的金融公司之准财政活动，全部在支出控制范围之外。

4.1.3　财政规则

确保财政政策能够实现宏观经济稳定，是所有国家关心的问题。当通过财政总量规则（如那些财政平衡——赤字或盈余、总支出和政府债务规则）时，预算必须根据这些规则编制和执行。

财政规则被纳入到法律的程度，是差别很大的（有关财政规则的讨论，可以参阅 Joumard et al.，2004，table 3；Banca d'Italia，2001；Kopits and Symansky，1998；Dában et al.，2003）。总体而言，主要有四种情况：

● **财政规则并不体现在法律中，而是在政府声明中体现**（如挪威、瑞典、英国）。英国在最近几年里实施了两项预算规则。第一，在整个周期中，要求政府借款只能用来进行投资活动，而不能用于当前消费支出（这是一项"黄金法则"）。第二，要求公共部门净债务相对于 GDP 的百分比，处在稳定且审慎的水平上——目前定义为在经济周期内低于 GDP 的 40%（实质投资规则）。政府的财政规则与财政平衡法典（它不是正式的法律）相一致。

● **定性的财政规则被包括在法律中**。一个例子是新西兰，1994 年的《财政

---

① 联邦水平上的预算外基金，其数量在显著减少。在 1999 年，一些大额的债务偿还事务［如继承性的债务资金（the Inherited Liabilities Fund）和联邦铁路资金（the Federal Railways Fund）］，均纳入到预算之中。

责任法案》（the Fiscal Responsibility Act）规定，政府必须遵守五项重要的原则，（1）将债务总额降至审慎水平；（2）合理期限内，保证总运营费用平均不超过总运营收入（这项"预算平衡"规则允许债务总额维持在审慎的水平上）；（3）使净资产维持在一定水平上，能够缓冲对净资产产生不利影响的因素；（4）审慎管理财政风险；（5）制定稳定、合理、可预测的，且与未来税率的水平相一致的政策。在设置年度财政目标时，非量化规则允许灵活性的存在，特别在面对任何外部财政冲击的情况下，这种财政冲击可能改变中期预算战略中所预计的债务或财政平衡目标。

- **量化的财政规则被纳入到有限期限的法律中（如加拿大、美国）**。为了解决高额财政赤字和迅速增加的债务，1992 年的加拿大《支出控制法案》（Spending Control Act）通过直接控制支出，来成功地限制联邦债务增长（Kennedy and Robbins，2001）。在 20 世纪 80 年代和 90 年代，美国通过了两部法律来减少联邦预算赤字。1985 年的《平衡预算法案》（the Balanced Budget Act）的目标是，逐步减少 1986~1990 年间的赤字和在 1991 年达到预算平衡。它补充了 1974 年《国会预算法案》（the Congressional Budget Act），根据该法案，国会必须对预算支出设定不具有约束力的上限。1985 年的法案没有实现其目标，并且被 1990 年的《预算执行法案》（the Budget Enforcement Act）所替代。《预算执行法案》并没有设定预算上限，而是通过对可自由支配支出和强制性支出的"现收现付"（pay-as-you-go），设定了具有法律约束力的上限（参见美国的实例研究）。在控制支出和减少赤字方面，虽然这项法案比它的前身更成功，但由于后续几年来未能遵守法律精神，《预算执行法案》在 2002 年失效了。在日本，1997 年通过的《财政结构改革法案》（the Fiscal Structural Reform Act）很快就被搁置了，很明显，因为该法案提出了相对宽松的财政政策需求，当时面对亚洲经济危机时过于乐观。

- **量化的财政规则包括在永久的法律中（如德国、韩国、西班牙）**。德国的宪法规定，来自借款的收入不得超过包括在预算中的总投资。韩国 1961 年的《预算和会计法案》（Budget and Accounting Act）也建立了一条"黄金法则"：年度支出应该由税收提供资金，不应包括债券收益或其他借款收入，除非在不可避免的情况下，而且必须事先得到国民议会的批准。西班牙的《总预算稳定法案》（General Act on Budgetary Stability）18/2001 号，旨在确保中央和地方政府按照预算稳定目标，来编制预算草案，这些目标以制定滚动的中期预算框架为背景，如果机构未能遵守预算承诺，将受到制裁。

4.1.4 向立法机关提交预算的时间表和批准程序

行政机关确定预算时间表的关键日期，也就是应该提交给立法机关的日期。

通常，OECD 国家要求在新财政年度开始前 3 个月提交预算。这一平均值的范围很广——从财政年度开始之前 8 个月（美国），到开始之后 1 个月（新西兰）。虽然一些国家提交预算的时间由宪法规定，但它还是列入了瑞典《议会法案》、日本的《公共财政法案》（the Public Finance Act），以及挪威的《议会条例》中（参见表 2-4）。

表 2-4　　　　　　　　　向立法机关提交预算日期的法律要求

财政年度之前几个月	法律要求			实际
	宪法	法律	议会规章	
6 个月以上		美国（8 个月）		
4~6 个月	丹麦（4 个月），芬兰*	德国（4 个月）	挪威（4 个月）	
2~4 个月	法国、西班牙（3 个月），韩国（90 天）	日本（2~3 个月），瑞典（$3\frac{1}{3}$ 个月）		
0~2 个月				加拿大
财政年度开始之后		新西兰（不晚于财政年度开始后 1 个月）		英国

注：*芬兰的宪法要求预算提交"大幅提前"。本着这个要求，预算通常在新财政年度开始前 4 个月提交。

在加拿大和英国，提交日期不受法律约束——由行政机关决定。在英国，1993~1996 年期间，政府提交预算比之前大约早 5 个月；可是，1997 年的新政府，又恢复到早先在财政年度开始前后，才向议会提交预算的最初做法。

只有少数几个国家的法律，规定了行政部门应该如何组织自己的年度预算编制，以满足规定的报告提交截止日期。许多国家中，立法机关委托行政机关按期完成，而行政机关却在规定的提交时间之后才完成。在一些国家中，行政机关决定了预算编制的所有方面，包括向议会提交预算的日期。这里有三种"模式"：

• **在法律中规定预算编制的说明**。在日本，1947 年的《公共财政法案》为财务大臣（负责协调各部委的初期预算）、内阁（根据法律要求发布预算指导方针，包括初始支出上限）和支出部门（提交详细的不超过上限的预算）提供了一些指令。类似地，韩国于 1961 年《预算与会计法案》（the Budget and Accounting Act）中也规定了预算编制规程。

• **议会明确授权行政机关采取一切必要措施，来满足最后期限的要求**。在芬兰，《国家预算法案》（the State Budget Act, s. 10a）强调，"预算编制中所必须遵循的阶段和程序,其相关规定由政府法令予以颁布"。在许多国家,行政法令,特别是那些由财政部发布的法令,规定了需要符合法律要求的涉及拨款类型和规格的详细步骤,特别是立法机关所需要的和预算法草案相伴生的文件。在美国,法律要求每个机构的负责人(相当于其他国家的一个部门)起草和向总统提交每项拨款请求,日期由总统规定。这一授权的诸多细节,在管理和预算办公室的第A–11号预算公告中(OMB's budget circular A–11)详细阐述。[①]

• **实践已经发展了很长一段时间,再由议会来通过一项法律,以规定预算编制的步骤,这是很难想象的**。这是威斯敏斯特国家的情形,在年度预算编制过程中,行政机关免受任何法律约束。

4.1.5 "预算"陈述:是预算之法律,还是预算之报告?

是强调既定的预算法律,还是强调战略和政策方面,各国之间存在着很大差别。

• **预算主要是一项关乎收支的法律草案**。许多欧洲大陆国家的预算制度法,要求行政机关提交预算法草案。重点是提交包含年度收入概算和拟议的详细支出的法律文件。在这些国家,年度预算法经常包括为达到收入估计数所必需的税收立法之修改。在支出方面,预算法为大多数国家的支出项目和支出条款,设定了具有法律约束力的上限(一些支出类别可能排除在约束上限要求之外)。例如,在德国一些支出项目的补充说明也受法律约束。

• **预算主要是政府预算战略和政策的陈述**。在威斯敏斯特国家中,政府预算的重点是,为下一年度提供财政预算政策的说明,并展示与其中期财政战略相关的年度预算估计(可能不会得到议会的正式批准)。与任何新税收措施有关的法律手续,都将在"预算之夜"(budget night)启动,届时将会公布预算。议会修改拟议中之税收改革的可能性,通常非常有限。详细的支出概算稍后在议会进行讨论。一旦被议会批准,年度拨款法案就算通过了,一般不再经议会辩论,即预算的法律方面被视为程序终结之手续。自从20世纪90年代以来,一些威斯敏斯特国家在法律中规范了需要政府提交预算和(或)先期预算报告(pre-budget report),部分地消除了对部长预算演说在重要性与习惯上的惊奇程度(如1994年新西兰的《财政责任法案》)。

北欧国家可能更接近于威斯敏斯特"模式"。法律仅仅要求一项"财政预算"(fiscal budget)(挪威)或者对国家收支的"建议书"(proposals)(瑞典)。与欧洲大陆国家不同,这类国家并不强调预算的法律层面。而是将重点置于财政

---

① 2003年版的预算公告(the budget circular)共有738页。这比其他OECD国家的类似文件要长得多。

战略与政策，以及宏观财政控制。在日本和韩国，法律要求的是"预算草案"（draft budget）而不是预算法草案（draft budget law）。

在预算过程的早期阶段，美国比较类似于威斯敏斯特国家，由总统提出预算战略，国会通过一项"预算决议案"（budget resolution）来制定预算战略。可是，在第二阶段——国会批准——预算过程就变得与欧洲大陆国家近似了。国会委员会专注于确保国会预算控制，每项行动都有很强大的法律基础，最终导致每年通过13项单独的拨款法案（appropriation acts）。而在德国，立法机关可以增加详细的"附注"（footnotes），来对执行机构细化预算之执行，施加具有法律约束力的限制。总之，强大的立法机关与预算事项中对法律的高度重视，是密切相关的。

4.1.6 提交年度预算（法）所需的文件

OECD各国对随同预算草案一并提交之文件的法律要求，存在很大差别，这在相当程度上，反映了立法机关与行政机关之间的分离程度。这些文件的要求是：

- **在法律上有相当详细的规定**。美国联邦预算的文件要求有10页之多。要求行政机关提交前景分析、历史图表和附件（最后一项的主要目的是，使得立法机关的拨款小组委员会，能够针对拟议的规划草案和拨款账户，启动详细的修订）。在OECD国家中，美国的法定要求是最详细的。其他少数极端的例子，包括法国（参见专栏2-3，显示了一些国家在法律中包含的细节类型）和德国在内，其法律中详细规定了这类要求。

- **预算制度法中加以简要的阐述**。瑞典的《议会法案》和《国家预算法案》（State Budget Act）中，包含若干项对预算文件的要求。同样，其他北欧国家对详细的预算文件也没有法律要求，但根据财政部和议会财政委员会之间的非正式讨论，基于自愿的基础，来提供完整的资料。

- **法律不做要求**。1990年之前，威斯敏斯特国家的行政机关明确了预算文件的内容和估算的方式。近几年，财政责任法或准财政责任法律[①]，已经规定了先期预算报告和预算报告的内容。加拿大就不存在这样的法律。

专栏2-3 法国：预算资料的法律要求

法国2001年的《预算组织法》（OBL）针对国家预算提出了以下文件要求，并在10月份（财政年度于1月1日开始）的第一个星期二提交。

---

① 澳大利亚（1998年）和新西兰（1994年）的法律；英国的准法律（议会下院关于财政平衡法案的决议）。

- **一份关于经济、社会和财政状况的报告，将被正式列入预算草案**。这份报告是前预算报告的更新（参见下文）。针对预算年度之后至少 4 年的预算项目、经济和财政前景展望，需要提供其主要假设和基本变量的预测方法，其中包括政府部门的收入、支出和财政平衡情况。
- **对上一年预算执行情况的详细说明**。从 2006 年起，预算将根据任务和项目来通过，相应的结果则根据与每一项目相关的绩效指标来进行评估。
- **附加说明**。要求有若干附加说明，包括：
——按税种，详细评价所有税种的影响。
——对前一年提出的预算收入、支出和财政平衡变化的影响分析。
——收入、经常支出和资本支出的详细说明。
——税收减免的收入影响评估。
——大约 150 个项目的年度执行情况报告。
——由法律批准的特别账户之详细说明。
- **政府对议会质询问题的书面回应**。

预算组织法规定，政府必须提交书面回应的日期，是 10 月初向议会提交预算草案之后 8 天——书面回应必须由议会委员会接收。

前预算报告，在上述日期之前以及议会年度的后 $\frac{1}{4}$ 期间（即 5~6 月）提交，这也是由预算组织法所规定的。**前预算报告**主要涉及：

- **财政政策取向的报告**。这个报告向议会提供关于政府财政政策取向的初步看法。包括对整体经济、社会和财政发展前景的描述（"法国的欧洲债务"——间接提到欧盟关于政府赤字和债务的财政规则）及国家预算收支的中期走势，后者按功能分类。

4.2 议会批准预算

4.2.1 议会辩论和通过年度预算的时间表

议会讨论的时间表部分取决于法律规定的性质：(1) 按照某个日期，提交预算草案；(2) 在议会委员会和全体大会中，限制预算辩论的时间；(3) 在新财政年开始之前，通过预算。本节仅限于讨论第 2 点和第 3 点；对于第 1 点参见表 2-4。

议会对于年度预算草案的辩论时间，可能受到法律、议会规章的限制，或根本没有限制。在法国，这种限制体现在宪法中。国家年度预算法草案的首读，必须在 40 天（国民议会）和 15 天（参议院）内完成，议会（两院）在草案陈述后 70 天内，对预算做出最后决定。譬如，1996 年修订的宪法还规定，对社会保险筹资法草案做出决定的时间，要在 50 天内。议会讨论时间受宪法限制，是极其不寻常的。可是，法国在 1958 年通过宪法对此做出了改变，在 1958 年之前，年度内的议会预算讨论时间，是不受限制的（新财政年开始后，还会频繁地审批预算）。

1974 年美国《国会预算法案》（Congressional Budget Act）为国会决策程序设置了详细的时间表。尽管规定了 8 个确定的具体日期（美国法典，第 2 章，第 631 条），却并不包括所有 13 项拨款法案的最终通过日期。实际上，预算经常在新财政年度开始前，仍旧未获通过。这就产生了一个问题，即在法律中已经规定的步骤，是否应该由立法机关对通过预算的日期做出更具约束力的限制，来作为取代或补充。

在一些两院制国家，法律对两院之间预算争端的和解，有着具体的时限。日本宪法规定，如果国会两院不能达成一致意见，双方必须在 30 天内进行和解，在 30 天期限之后，参议院服从众议院的结论。

在威斯敏斯特国家，一般不规定预算草案应在何时由议会通过。如果有限制条件，那也是在议会规章制度中——议事规程（Standing Orders）。在英国，议事程序规定，议会下院对支出概算的辩论为 3 天①，并且规定 8 月 5 日（财政年度开始后的 3 个多月后）作为议会下院必须完成支出讨论的日期。在税收方面，在没有就议会"预算之夜"进行辩论的情况下，根据授权立法，通过对现有税收的修改。所有新的税收措施在年度财政法中都被通过，该法案也必须满足 8 月 5 日的最后期限。实际上，早在这个日期之前，英国议会就通过了《财政法案》（Finance Acts），但仍然是在财政年度开始后的 3 个月。《财政法案》根据临时议会决议，将已经实施了的税收措施正式化。

与此形成鲜明对比的是，在本书详细考察的 13 个国家中，有 3 个国家的宪法要求在新财政年度开始前通过年度预算。在法国和德国，预算必须由议会在新财政年度开始前批准。在韩国，议会必须在财政年度开始前 30 天内批准。

除了议会辩论时间或批准日期的具体限制外，在一些国家，预算基本上被视为一项法律草案来加以审查（而不是政策声明），在议会辩论中，优先考虑预算法草案是一项法律要求。当宪法确立议会议程设置规则时，非预算法律相对预算

---

① 新西兰的议事规程限制了议会辩论主要概算的时间为 3 天。议事规程也限制了财务审查的辩论（财政年度开始之前）为 6 天，关于部门年度报告和财务报表专责委员会报告的辩论为期 4 天。在加拿大，在下议院的议事规程中，规定有辩论政府支出提案的 20 天"异议日期"；可是，因为过度限制了预算修正权，这些天数中的许多时间，被用来进行与预算无关的辩论。

法草案而言，其优先级别必然较低。一个主要的例子就是德国，该国宪法要求同时向议会两院提交预算草案，这表明通过预算草案的紧迫性。非预算法首先提交给选举产生的议院（联邦议院，Bundestag），然后在第二议院（联邦参议院，Bundesrat）进行审议。

4.2.2 临时预算（provisional budgets）

在许多 OECD 国家，由于可能不重视法律上或传统上的预算通过截止日期，都有针对新预算年度之临时预算权的法律规定。宪法（如丹麦、芬兰、法国、德国、韩国、西班牙、瑞典）或普通法（如日本）往往也明确了这种权力，但并非总是如此。在一些国家中，法律授予了行政机关基于前一年的预算授权继续政府运营的权力。例如，西班牙宪法规定，前一年的预算将自动延伸到新预算被批准为止。法国宪法允许政府采用法令来维持政府的运转。法国《预算组织法》详细阐明，这是根据前一年的预算中核准的那些内容，在相同的情况下提供公共服务的最低要求。德国宪法包含详细的条款：支付款项以维持法定机构的运行，执行现有法律授权的措施，履行联邦法律义务，延续项目或进行已经在前一年预算中批准的资金调剂。当税收收入不足以弥补所需的财政收入且达到一定程度时，行政机关有权借款（最高限额）以维持当前业务的运作。韩国宪法也规定了临时预算的范围，尤其是对由法律设立的机构和设施的维护与运转，执行法律规定的必要支出，继续以前在预算中批准的项目。

在一些国家中，法律可能会允许政府预算的临时批准。例如，芬兰的宪法允许政府临时提出预算提案。在其他国家（如丹麦、瑞典、日本），宪法或其他法律允许临时的预算法草案，但不明确它们的基础。例如在瑞典，法律规定"议会可以根据需要批准拨款"。根据这项权力，瑞典议会已将决策权授予议会预算委员会。在日本，公共财政法也是模糊的：内阁可以在一定的时期内向国会提交临时预算，但法律没有说明这是基于上一财年还是新财年的预算。

在威斯敏斯特国家，鉴于预算总是在预算周期很晚的时间才提交给议会（并且，在英国，通常是在财政年度开始几个月后才通过），在新财年的早期月份中，就要求预算事务的临时法律授权，总是必要的。在英国，法律授予议会"临时拨款"（Vote on Account）权力的时间，是在财政年度开始之前 4~5 个月，这是冬季追加预算的提交时间。这项权力不须经议会讨论就被授予。

然而，几乎所有的 OECD 国家都有法律规定或根深蒂固的惯例，就是从不允许政府停摆（lapse），但美国没有这样的规定。新财政年度开始之前，如果国会不接受拨款法案，议会采用"维续性决议"（continuing resolutions）。维续性决议规定了承付债务的比率，基于前一年的比率或总统预算要求的比率。如果议会决定不接受维续性决议，或让其失效，那么联邦政府就被迫停摆。在通常情形下，行政机关和立法机关由不同的政党组成，故这种情况很少发生。

4.2.3 立法机关在预算修改权力上的法律约束

大约45%的OECD国家，对立法机关修改预算的权力，有着某种类型的约束（OECD，2003）。在一些国家中，这些都被写入宪法之中（如法国、德国、韩国、西班牙）。在另一些国家中，这些限制载于议会条例中（如新西兰、英国）。对立法机关的约束程度是各不相同的。在澳大利亚、加拿大和新西兰，议会必须通过整个预算草案，除非改动很小或削减全部开支。在法国和德国，只有当有抵消措施使得预算赤字保持不变时，总支出才可能增加（或总收入减少）。西班牙宪法规定，当议会的修正案导致拨款增加或收入减少时，需要行政机关的事先同意。在韩国，也有严格的宪法约束（反映了预算编制的审慎传统）——如果没有事先征得行政机关的同意，国民大会既不允许增加任何支出份额的条款，也不允许创立任何新的支出条款。然而，国民大会往往是自由地增加或减少收入。

北欧国家是对议会修正权没有法律约束的地区之一。在芬兰，宪法规定议会有权制定修正案——这就间接地赋予了议会没有任何约束地修改预算草案的权力。然而对于欧盟成员国（丹麦、芬兰和瑞典）来说，欧盟对于广义政府赤字和隐性债务的限定，可能会限制议会修正权的使用。然而，更重要的是，在联合协议（coalition agreements）的背景下，政府采取的财政政策隐含着自我强化的限制。虽然没有一个政党在议会中拥有多数席位，但组成正式或非正式联盟的政党可能不希望提出预算修正案，从而导致与政府提出的预算不同。在瑞典，议会在预算批准阶段的修正权，受到议会早先通过的预算总支出上限的限制。在挪威，在12月末通过详细的预算之前，议会采用总上限作为11月份的预算审批阶段的第一部分。预算核准的这第一步，限制了议会在第二个阶段的有效修正权——这种情况下，议会只能在支出上限范围内，来重新分配支出项目。

北欧国家的例子说明，在宪法或其他法律中，没有对议会修正权的法律限制，这确实意味着，在议会核准预算的过程中，实际上没有法律约束。日本提供了另一个例子，议会通常接受内阁提出的预算，除非变动很小或削减总支出，然而，这种做法并没有法律依据。

4.2.4 立法机关批准中期财政战略

在OECD国家，预算草案所附的文件中，一般会对过去的和预测中的预算发展状况进行分析。当前，提出中期预算战略——包括收入总额、支出总额以及财政预算总额——实际上已成为OECD国家的标配。然而，在一些OECD国家（如法国、德国、新西兰、西班牙）的这类说明是法律上要求的，但其他国家（包括加拿大、丹麦、日本、韩国、挪威）的法律中，并不要求这样做（OECD，2003）。

由行政机关来呈送统一的预算，并显示中期预算总量，目前的标准做法确实如此，不过，OECD 国家的预算法律，是否就以下问题做出规定，确实存在着差异：在预算年度和超越预算年度之外，立法机关批准总收入、总支出以及两者之间的平衡。

- **量化的多年期中期财政战略，由立法机关来批准**。一国的立法机关可以通过法律来规定一个量化的财政预算规则，从而决定中期财政预算总量的走向。如果通过这样一项法律，行政机关每年必须提交与其一致的预算。只有修改或取消这样的法律，才能豁免行政机关执行此项任务。如果这样的法律只说明了预计的赤字，可能还需要另外的法律，来确保立法机关分别批准收入总额和支出总额。美国 1985 年《平衡预算法案》和后续的 1990 年《预算执行法案》就是例子（参见上文之财政规则）。在欧盟国家，马斯特里赫特条约的赤字与债务标准及《稳定与增长公约》对于"至少在经济周期内要实现预算平衡"的要求，规定了每个国家高水平赤字的指导原则。可是，定量的赤字（债务）限制条例，缺乏严格的法律约束，并且在一些情况下赤字照样会出现。

- **中期财政战略每年提出一次，并由立法机关批准**。作为经常性预算程序的一部分，各国通常不将立法机关每年批准的中期财政战略列入法律。在瑞典，1996 年的《国家预算法案》允许政府向议会提出支出上限，该上限在预算年度的后续数年内都具有约束力。实际上，每年 11 月，批准详细的年度预算之前，瑞典议会都会批准多年开支总上限。特别是对年度（+3）的开支水平作出规定，即议会增加一项新一年的三年滚动支出上限。西班牙的《总预算法案》（47/2003 号）也要求对总支出上限设定法律约束。

- **中期财政战略每年提出一次，但不由立法机关正式批准**。在大多数国家，议会没有法律义务正式批准中期财政策略。尽管如此，差不多 75% 的 OECD 国家的行政部门，会起草中期预算框架，并提交给立法机关（OECD，2003）。可是，除了少数情况外，提供给立法机关的这些材料并不被正式批准。例如，德国 1967 年的《促进经济稳定与增长法》——一项要求中期预算预测的早期法律——规定政府将通过一项 5 年的中期规划，但只是提交给议会两院而已（s.9）。

有几个 OECD 国家，在法律上规定了列入中期预算预测的年数。在法律中做出这些规定时，一般是 3~5 年（如法国、德国、西班牙）。然而，新西兰 1994 年的《财政责任法案》要求，政府每年向议会提交一份年度财政战略报告，该报告描述了政府的长期目标，并对 10 年期的预算总额进行预测。英国的《财政稳定法典》——不是正式的法律——效仿了新西兰的做法，并在 1998 年通过了 10

年预测的要求。在美国，法律要求 5 年的预测①，但财政政策预测习惯上还是按 10 年期制定，其依据为 20 世纪 90 年代早期参议院通过的一项规定。

4.2.5　财力的批准

不应低估立法机关批准年度预算之收入概算的法律要求。需要考虑这样五个方面。

第一，在一些国家的预算制度法中（如德国、芬兰、瑞典），要求向议会报告所有收入。不过，所有国家对于规定的普适性原则之例外情况，都有法律上的安排（参见第三篇）。主要的例外是，存在收入从拨款支出之中扣除的情况（参见下文之净预算）。在德国，《预算原则法》（the Law on Budgetary Principles）也允许在出售或并购情况下，对于收入有所例外。但要将计算结果在附录或解释性说明中加以显示。

就地域范围而言，在联邦制国家中，针对收入共享的安排，联邦法律（或宪法，例如在德国）规定由各级政府保留具体的税收份额，并作为联邦和地方政府预算（中央政府的支出）的收入。在单一制国家中，对地方政府的转移，通常表现为支出。可是在其他国家，从共享税转移到地方当局的资金则显示为负收入。例如在法国，基于总收入来显示所有收入的一致性原则，年度预算法表明了所有税收收入，其中包括偿还、减免税款和转移在内的所有税收。年度国家预算也显示，作为负税收，向地方政府转移的共享税收和那些移交给欧盟的预算（根据增值税收入的固定百分比）。

第二，在许多国家，税法规定了行政机关每年征收税收的永久权。另一个极端是在一些国家中（如法国），在采用年度预算法下，议会每年必须更新税务机关的权力。英国介于这两个极端之间：对大部分税收，政府征税的权力是永久的，对所得税，基于通过的年度财政法案，这种权利必须每年更新。

第三，在一些国家中，预算制度法规定了收入术语的摘要。例如，德国宪法规定，联邦和地方之间的收入分配，是收入的隐性分类。此外还有《预算原则法》和《联邦预算法》（也是法律），其中规定了主要的少数几项收入类别，要求所有收入按照经济分类和功能分类进行安排。具体细节由财政部规定。在其他国家（如英国），行政机关完全有权决定如何呈送年度收入概算——成文法就此不施加任何限制。

第四，将统一收入基金（consolidated revenue fund）纳入到法律中，一些国家的法律突出所有收入的平等性原则。所有的公共收入被认为服务于公共利益，

---

① 1921 年的《预算和会计法》，要求管理与预算办公室（OMB）准备 4 年期的预测；1974 年的《国会预算法案》，要求国会预算局（CBO）准备 5 年期的预测。

不论它们是税收还是非税收入。所有收入平等性的原则得到法国宪法委员会（the Constitutional Council）的肯定（Bouvier et al.，2002，P. 234），这样的法律体系加入到正式的议会立法中。尽管如此，法国2001年的《预算组织法》允许在国家预算中通过使用预算附件（budget annexes）、特别账户和具体账户安排，来进行专项拨款。此外，将烟草消费税的百分比，指定专用于社会保险机构的赤字融资，并且从2004年开始将这一职责重新移交给地方政府。

第五，由立法机关批准的收入概算，将会对行政机关可能征收的税收收入和非税收入进行评估。当收入超出预测时，许多国家的宪法要求（即使没有书面要求），除非经由法律授权，这类收入是不可以花费的。因此，法律要求采用追加预算，来花费这些收入。为了避免收入预测中的乐观主义——这样的话，有些预算支出就会缺乏资金支持——在理论上，法律要求在收入预测中采用保守主义。一般说来，虽然OECD国家的立法机关并不使用预算制度法来规定保守主义的预测，但在一些国家，政府的预算预测采用了保守主义的规章。在加拿大，联邦政府的项目收入预测通常使用私人部门对经济活动的预测，而私营部门的预测已然被有意调低了。在荷兰，1994年也通过了这样的政府规章（Dában et al.，2003，P. 30）。

4.2.6 预算拨款的性质

预算相关法律至少涉及三个有关拨款性质的问题。第一，法律规定了拨款的基准吗？第二，作为普适性原则的要求，拨款一直是总额基准吗？抑或存在着例外，有些批准的拨款是基于净基准的吗？第三，年度拨款法案之外，还批准了哪些拨款？

第一，在OECD国家的预算法中，对于立法机关批准的"支出"之含义，是有所不同的。可能是：承诺（commitment）、应计项目（accrual）、签发支付令（payment order issuance）、支付（payment）。在国家的预算制度法中，习惯上包括了行政机关的现金支付应在12个月内完成的规定。然而，对于某些支出——特别是投资支出——在现金支出之前的项目规划和订购阶段，有着相对较长的滞后期。因此，一些国家的预算制度法（如德国）要求（或允许），年度预算中的支出以现金制（cash basis）和承诺制（commitment basis）两种方式支付。在法国，《预算组织法》允许每年批准为期三年的支出承诺、签发支付令或现金支付的年度限额。美国联邦预算以"预算授权"（budget authority）为基础，这是一种法定授权，主要针对导致费用支出的财政债务（即现金支出）。预算授权的形式包括拨款授权（appropriations）、借款授权（borrowing authority）、合同授权（contract authority）、抵销收款的支出授权（spending authority from offsetting collections)①。拨款是授权给特定目的资金支出的法律规定。拨款法案是一种拨款的形式：它授权联邦政府机构承担有法律约束力的"义务"，也允许财政部为指定的目的支付款项。在新西兰，采用以权责发生制为基础的预算（不只是会计），拨款是为了支出和资本投入——主要是固定资本的折旧。

第二，预算编制之总额原则的重要例外，就是特定服务的费用，这里应用了"使用者付费"（user pays）的原则。预算制度法允许在某些情况下进行净值预算（net budgeting），譬如，2001 年法国的《预算组织法》以及 1891 年英国的《公共账户和费用法案》（Public Accounts and Fees Act）。尽管净值预算得到了批准，但通常由各支出部门或机构收取并保留的费用，都要在年度预算中得到批准。在法国，《预算组织法》要求这种收入遵循通常的总会计程序，即在国家预算的"收入"项下（在预算主体、预算附件或特别会计中）开列收入。相反地，在英国，政府部门的留存收益（补助拨款，appropriations-in-aid）从支出总额中得到扣除，支出概算采用净额。《年度拨款法案》只授权部门需要从统一基金中列支的净额。然而，议会也批准将留存收入作为负支出。如果部门或机构的收入超出预期，就需要得到议会的额外批准，才能花掉他们"自己的"超额收入。

相应地，在年度预算法中，未经议会批准的净预算收入，可以包含在单独的法律中。这是拥有自己法律身份的自治实体（autonomous entities）之情况，它主要依赖他们"自己的"收入。这些实体可以由管理委员会（governing board）来批准他们的"独立"预算。通常，中央政府预算只会显示向这些实体的净转移，以补充它们的收入。通常，这些实体编制净预算的法律依据，由预算制度法或设立该实体的法律来确立。这些法律可以要求此类实体向议会报告其年度预算的总收支。如果没有这种报告义务，议会将无法行使其监督职能。法律也可以规定这些实体的借款权利和限度。

第三，预算授权（budget authority）或拨款授权（appropriations）的规定，也可能基于法律，而不是《年度拨款法案》②。向家庭的社会转移支付，往往就是这种情况，因为社会福利是由立法规定的，必须向家庭支付。宪法实体中官员的有偿服务和薪金，则是另外一个例子。一些国家的法律要求统一的报告，即使这些支出授权是基于法律而不是《年度拨款法案》。例如，新西兰的《公共财政

---

① 依照法律规定，向公众出售货物或提供劳务的收入，或其他由政府账户支付的收入，直接计入到支出账户中，并且从预算部门和支出账户的支出中扣除该项收入，而不是添加到进账之中。它们属于商业活动，这种有特殊目的的支出，需要由国会授权。

② 在大部分 OECD 国家中，只有一部连接收入与支出的年度预算法案。可是，在威斯敏斯特国家，则通常采用统一收入基金法案（或财政法案）以及拨款法案。美国国会每年则通过 13 项拨款法案。荷兰和瑞典的议会分别通过 20 多项拨款法案。

法案》要求，发生在拨款法案之外的每项费用支出、资本支出或支付的每一笔款项，都必须以与拨款法案相同的方式，进行管理和核算。

4.2.7 预算拨款的结构

关于预算制度法规定的拨款结构，OECD 国家通常选择以投入为基础的结构。例如，在德国，1969 年的《预算原则法》要求每个部门的支出按对象分类，包括人事费、其他经常支出、向地方政府的转移支出、对企业的补贴、债务的还本付息、投资（有各种具体分类）。另外，法律要求预算附件按功能支出分类，并提供按功能分类和按对象分类（经济类别）的支出表。美国联邦预算也是以投入为主：预算制度法强调由国会核准每年一次的拨款"账目"的支出目标或目的。美国法典授权预算拨款的科目要经由拨款法案来变更，即国会控制详细的拨款结构。管理和预算办公室有具体的会计系统，目标和功能分类也被包括在内。

自从"新公共管理运动"出现以来，一些国家放弃了传统的以投入为主的拨款结构。以新西兰 1989 年的《公共财政法案》为起点，一些国家的预算相关法律，目前要求拨款以产出或成果为主。虽然新西兰的变化是根本性的，但拨款结构并非以产出分类作为唯一基础——它也包括各种类别的福利（向家庭的强制性转移）、借款支出、"其他"支出以及资本支出①。法国 2001 年的《预算组织法》侧重于任务（missions）——政府政策的最终目标——以及规划（programmes），这成为法国议会自 2006 年以来采用的覆盖广泛的拨款基础。为了执行年度预算，《预算组织法》要求，行政机关在每个规划内提供七种类别的支出（工资、运行费用、投资等）。除工资以外，这些投入的概算纯粹是名义上的。对于每个规划，工资预测存在着上限——即在执行每个预算规划时，不允许管理者将非工资支出划转到工资中去。因此，与在新西兰没有这种限制相比，法国议会保持着对公务员工资账单的控制。《预算组织法》还要求每年由议会批准每个部门的就业水平。

4.2.8 预算拨款的期限和结转条款

所谓年度性原则，就是限制拨款期限为 12 个月，预算法可以就此规定例外的情况（参见本书第三篇）。关于期限问题有三个方面值得注意，尤其是：（1）某些拨款的期限是否超过 12 个月；（2）未使用之 12 个月的预算权，可以结转到下一个财年使用；（3）可以在本财年预支下一财年的 12 个月预算授权（即向未来的预算拨款借支）。

在传统上，对每项开支的预算权，都受到 12 个月期限的限制。在年末不使用的拨款会被取消。然而，有些国家（如法国、德国、日本、韩国、美国）在一

---

① 资本出资（capital contribution）的概念在 2004 年被废止，并被资本支出（capital expenditure）所代替，意味着收购或开发资产的成本，包括有形资产、无形资产和金融资产。

定时间段内，为某些开支提供了多年期预算授权的法律依据，特别是那些需要长期规划和订购的开支。在其他国家，这种灵活性是最近才有的（威斯敏斯特和北欧国家）。实际上，多年期预算授权一般限于投资支出，尽管一些国家的预算制度法通常都这样规定，但对当前支出的多年预算授权也是允许的。例如，在芬兰的《国家预算法案》中，"可转让"拨款（transferable appropriations）是指，可以跨时间转移的拨款（即多年度拨款，最多两年）或者跨政府机构的拨款。至于瑞典的"灵活性"拨款（flexible appropriations），国家预算法则简单地规定，尚未使用的资金可在以后的财政年度中结转和使用。

几乎所有的 OECD 国家，对于年底尚未使用的经常和资本支出，都允许在某些情况下进行预算结转。希腊、爱尔兰、西班牙和美国（仅限经常支出）属于少数例外（OECD，2003，Q.3.2.1）。预算制度法通常规定了这项权利。可是，一些支出（尤其是转移支付）经常被排除在延续条款之外。一国的预算制度法或规章制度，赋予了行政机关以下各项广泛的权利：

- 对经常性支出和资本性支出，享有无限制的结转权（carryover authority）（尤其是澳大利亚、丹麦和德国）。
- 对特别支出的无限制结转权（如德国、瑞典——针对"灵活性"拨款，但不包括"固定的"拨款）。
- 对委托给财政大臣（财政部）的投资支出，可以无限结转（如奥地利、比利时、荷兰）。
- 结转权取决于限定的百分比（如挪威的预算规章——对经常性支出拨款项目，上限为 5%）。
- 对特定类型支出的结转权（如日本的《公共财政法案》——因不可避免的原因而发生的支出，通常是相关的项目）。
- 立法机关没有批准的拨款，就没有结转权（如新西兰）。

在大多数 OECD 国家中，与预算相关的法律，禁止为未来年份的拨款借款，因为这可能给支出控制带来风险。然而，有 7 个国家针对运营成本和投资支出允许这种借款。在大部分情况下，这种借款权力包括在预算制度法中。只有冰岛允许无限制的借款。对于其他 6 个 OECD 国家，4 个欧洲国家（比利时、丹麦、法国和瑞典）允许以一定的百分比进行这种借款（必须寻求议会批准之后）；在澳大利亚和加拿大，这种借款必须在追加预算中得到批准。

4.2.9 批准借款、政府担保和公共债务

立法机关批准政府借款的权力，常常包含在宪法中（如丹麦、德国、芬兰、日本、韩国、挪威、西班牙、美国），这反映了立法机关代表纳税人控制借款权力的重要性。在其他 OECD 国家中，由立法机关批准的借款义务，通常是在预算

制度法（如加拿大、法国、新西兰）中制定的。一些国家由独立的公共债务法（例如丹麦、瑞典），来补充宪法或其他与预算相关的法律。在英国，1968年的《国家贷款法案》（the National Loans Act）成立了一个国家贷款基金，从统一收入基金中分开，该基金用于为中央政府提供借款融资。

这些法律主要涉及债务总额或净借款的变化，而不是债务水平的变化。一般地，法律要求年度预算法批准的新借款——设立约束限制——为12个月期限。法律常常委派财政部长（或同等人员）为借款的代表，他们在借款和与债务有关的事项中的职责，在法律中有详细说明。如果超过借款限额，一般需要追加预算。

只有少数国家对政府未偿付的债务存量（以本币计算）有上限约束。美国就是一个例子：美国法典（第31篇）规定了按美元计算的最高债务。这个限度必须定期上调。随着2000年之后大量联邦赤字的重现，国会不得不通过立法来上调债务上限[①]。波兰将欧盟债务标准（政府总债务最高不超过国内生产总值的60%）纳入宪法中是个例外。在大多数国家中，公共债务存量是由立法机关间接控制的。（1）在年度预算法条文中，对新借款设置有法律约束力的限制；（2）审查政府中期宏观经济计划的建议——包括债务存量。在大部分欧盟国家，马斯特里赫特债务标准规定，政府维持债务在"可以承受的"水平上。许多欧盟国家（如意大利）已经通过了国内法，禁止中央银行在一级市场上购买政府债券来为国家赤字融资。在威斯敏斯特国家，政府定义了"可以承受的"或"审慎"债务水平的含义。在这些国家，有法律约束的债务水平，并没有得到议会的正式批准。然而，政府必须向立法机关解释那些与先前公布的债务战略相背离之处。

在瑞典，1998年的《国家借款和债务管理法案》（State Borrowing and Debt Management Act）确立了债务管理的目标，即，考虑到风险的同时，将长期成本降到最低。与许多国家一样，瑞典政府（不是议会）根据1998年的法案确定了债务管理的年度指导方针。然而，该法案要求政府向立法机关提交年度债务管理报告，使议会能够评估政府对公债的管理情况。在威斯敏斯特国家，债务报告的编制也是一项法律义务（这些国家和其他国家债务管理的法律框架细节，请参阅，IMF，2003）。

政府签发的担保规则，通常也在法律中制定出来。然而在芬兰和德国，成文宪法要求政府债务担保要有议会的批准，在大多数国家中，普通法（预算制度法或特别债务/借款法）就载有这样的条款。例如，瑞典的《国家预算法案》（State Budget Act）允许政府为由议会批准的债务目标和总量提供担保。在很多

---

① 这可能由常规立法程序进行，或者更可能部分地由国会预算程序进行（参见 Heniff，1998）。

国家中，因为是以收付实现制为基础的会计制度，贷款担保的预算成本只有当贷款担保生效时才会显示出来。相比之下，从美国 1990 年通过了《联邦信贷改革法案》（the Federal Credit Reform Act）以来，贷款担保的成本——解释为涉及贷款方为应付违约和其他费用而提出索赔的现金流量净现值——包括在联邦预算中。还没有其他 OECD 国家采用了如此专门的法律，来解决这一重要的预算问题。

4.2.10 追加预算

与追加预算（supplementary budgets）相关的一般性规定，载于一些国家的宪法（如丹麦、芬兰、韩国、西班牙、瑞典）或预算制度法中（如法国、德国、日本、新西兰、美国）。一些国家的法律中规定了追加预算的理由。例如在日本，《公共财政法案》允许内阁向议会提交追加预算的草案：（1）追加的资金需要履行年初预算无法预见到的政府法定合同义务；（2）修改预算，以满足国会通过预算后产生的额外支出需求。追加的支出一般包括自然灾害、特别紧急事件、新政策的行动方案、预算权限的转移。

法律很少限制追加预算的数量和时间。例如在德国，联邦预算法允许在财政年度结束之前，随时向立法机关提交追加预算请求。在 OECD 国家中，法律不限制修订预算的规模。对大多数支出项目来说，一般都是向上调整（尽管并非总是如此），但发生时向上调整幅度平均不到 10%。在许多国家中，议会在年度预算周期内定期通过 2~3 项追加预算。在一些国家中，法律要求行政机关提交年中预算进展审查报告，可以用于向立法机关提出追加预算的要求。

4.3 预算执行

许多国家委托行政机关发布关于预算执行过程的法令或条例。这是立法机关信任执行法定预算的中央预算管理局和向立法机关提供预算执行报告的审计部门的迹象。例如在芬兰，《国家预算法案》针对这一问题设定了特殊的条款。可是，在预算实施过程中，议会可能被牵涉到一些领域中。包括行政机关在何种程度上有权取消或改变已经被立法机关批准的预算拨款，以及在特殊情况下（如紧急事件、应急资金）是否可以先行支出，事后再由立法机关批准。美国是另一类国家的例子，这些国家在预算执行的这些领域以及其他领域中，采用详细的法律，以便立法机关能够紧密监控年内预算的进展。本节将考察特定国家预算执行领域的实践。

4.3.1 支出权的分配

立法机关批准了为期 12 个月的预算授权之后，许多国家将年内预算权全部分配（或者授权）给行政机关。在这些国家中（如加拿大、法国、德国、新西兰、西班牙、英国），法律可能仅在总体上规定分配授权，但是不阐明细节。例如在德国，《预算原则法》仅仅要求"管理拨款资金，使其满足涉及各种目的之所有即期支出"。在法国，年内拨款根据政府法令拨付给各部门。在威斯敏斯特国家，王室授权财政部向各部门发放资金以满足支出需要；特殊时期拨款授权的程序，在条例而非法律中规定。

相反地，美国在法律中相当详细地规定了分配过程。美国法典第 31 篇（ss. 1501 至 1558）要求，拨款由管理和预算办公室在财政年度内，根据功能、活动、项目和目标进行分配。法典规定，将每项拨款以书面形式，通知部门和机构（如拨款法案通过后 15 天）以及立法机关和司法机关的具体日期。如果没有执行预算的行政机关之裁定，执行过程中不能超过分配的金额。法律也允许在总分配范围内再按行政部门细分。日本和韩国的相关法律也详尽地阐述了分配过程，或许比美国法典中的细节少一点儿。

4.3.2 预算授权的取消或延期

在执行立法机关批准的预算时，依照约半数 OECD 国家法律规定之情形，行政机关可以取消或延期批准拨款（OECD，2003，Q. 3. 1. c）。例如在德国，如果需要收入或支出的增加，法律授权财政部承付或兑现支出项目。在其他国家，可能存在定量的或其他的限制条件。例如在法国，《预算组织法》授权行政部门取消根据政府法令的拨款，数量最高可达到 1.5%。法律要求在法令发布之前，告知议会委员会。美国 1974 年《扣押控制法案》（Impoundment Control Act）中，有大量对行政部门具有法律约束力的限制。法案区分了取消 [cancellations（"rescissions"）] 和延期 [postponements（"deferrals"）]，在任何情况下，取消拨款都需要经过国会批准（细节参见美国实例研究）。

对于强制性的开支（spending that is mandatory）——因为它并不由年度预算开支法要求——几乎所有 OECD 国家的行政部门都没有权力取消或限制这类开支。对于自由裁量的支出（discretionary expenditure），2/3 的 OECD 国家不允许行政部门扣留已批准开支的资金（OECD，2003，Q. 3. 1. d）。在这些国家中，行政部门一般有通过追加预算来实现取消的规定。

4.3.3 紧急开支和应急基金

四个 OECD 国家（奥地利、芬兰、德国和日本）的宪法和大部分其他国家的预算制度法规定，当出现意外事件时，行政部门有权花费超过预算中批准的款项。为了避免有意损害立法机关的预算权威，必须采用限制条件。

在德国，宪法授权财政部只能在无法预料的强制性需求的情况下，才能超支消费。对于联邦预算，《联邦预算法》规定：如果追加的预算能够及时通过或者支出能够延期到下一年，需求就不能被视为具有强制性。在法国，在特别紧急的情况下，危及国家利益时，《预算组织法》允许行政部门根据法令增加议会的拨款，即使预算赤字目标可能因此而恶化。然而，只要内阁会议发布这样的法令，就必须尽快由议会批准。除了紧急情况外，只要预算平衡不受影响，在告知议会预算委员会后，法国行政部门可以在超额税收收入中增加最高1%的预算拨款。

在一些欧洲大陆和北欧国家中，特定的拨款被贴上了"估计的"（estimated）标签。预算制度法可能允许在不经议会批准的情况下，"估计"支出出现超支。可能有两种类型的支出被划归为"估计"支出。第一种：由法律或有法律约束力的契约安排产生的支出要求。主要的例子是偿付债务开支，无论在预算中被批准的数额是多少，它必须按时支付。第二种：一些支出项目自身的性质难以估计。在年度预算中就此加以规定之时，允许其花费超过预算规定之金额。但是，法律一般要求在事后就"估计"支出向议会报告。

在日本，宪法允许由议会授权建立应急资金，以满足在初始预算中无法预料之疏忽方面的花费，内阁对这些支出负责。可能使用的应急费用的目的和程序，在许多国家的法律中有所说明。在日本，《公共财政法案》主要强调应急资金的使用过程，应急资金的使用由财务省管理。在申请使用资金和资源时，各职能部门必须说明使用资金的理由、金额，以及计算金额的基础。然后请求必须提交给财务省，在交由内阁批准前，这个需求可能由财务省进行调整。使用应急资金后，《公共财政法案》要求职能部门起草并向财务省提交如何使用资金的报告；财务省编制一份供议会批准的综合报告。

然而，在日本（以及在一些其他国家）的法律中，没有规定紧急基金的总额（由行政部门决定其体量），在其他国家中，应急资金或储备的体量在法律中规定。例如，英国1974年的《应急资金法案》规定，授权紧急支出的制定不需经过议会的投票，这种支出不得超过前一年支出的2%。

在美国和其他一些国家中，行政机关的预算灵活性受到有力的限制。由政府部门或机构运作的任何备用资金都受到限制。另一方面，美国立法机关保留着本身的灵活性。例如，当联邦政府预算在20世纪90年代末转入财政盈余时，国会有意识地通过1990年《预算执行法案》，来宽松地解释被允许的"紧急情况的"花费，这部法案的目标是提供关于预算纪律和支出控制的框架。

4.3.4 年内拨款的调剂和流用

不论一个国家是采用了基于产出的拨款结构，还是维持基于投入的拨款结构，在拨款之间调剂（transfers）的规则，都需要在法律中规定。对于复杂规则的需求——包括对法律进行任何补充的行政机关内部规章——增加了与拨款结构细节一致的内容，这增强了以下倾向之程度：立法机关选择保留调剂的权力，而非委派给行政部门。法律上对于调剂权力的授予程度，主要基于广义上的支出类型——比如薪金、其他运行支出、转移支付，以及投资支出。在 OECD 国家中，对这一问题的法律安排是有所不同的。

对于采用了广义基础拨款结构的国家，行政部门在规划（programmes）之间进行拨款调剂时，是受到限制的——行政机关已经有相当多的在投入之间做决定的自由裁量权。很多国家禁止在投资支出和运营支出之间进行调剂（如澳大利亚、丹麦、芬兰、挪威）。在规划之间进行拨款调剂，通常需要法律授权（例如瑞典、英国）[①]。可是，法律可能临时授权行政部门进行拨款之间的调剂。例如在新西兰，产出性的花费可以根据政府法令调剂，最高限额为 5%。

在保持着详细的分行列支（line-item）拨款结构的国家中，法律对调剂的授权做出了限制。当德国在 1997 年采用新的法律时，行政支出的流用规则（virement rule）有所放松。可是，这只影响到联邦总支出的不到 10%——主要的支出项目不受新法律的影响。在美国，进行 1000 美元以上的变动都需要国会批准，行政机关几乎没有自由裁量权。国防部是个例外，它得到了议会的专门授权。在一般性的法律中，并不规定规划之间的调剂——也被称为"再规划"（re-programming）。可是，国会通常将再规划的限制条件，写入单个的拨款法案之中。在日本和韩国，各支出部门不经过中央部委或议会批准就能够进行预算流用的能力，也是受到很强限制的。

4.3.5 政府的银行业务安排和现金规划

预算制度法可能建立了统一收入账户的概念，除了特定支出外，所有公款都由此账户支付。与这个概念相关的对于银行的审慎安排，这通常并不在法律中规定——至少没有被详细规定。在法国，《预算组织法》仅简单地说明一般预算总收支应当经由一个单独的账户。在关于法国央行的法律中，中央银行提供国家要求的银行服务和其他服务，条件是这些服务在协议中有相关规定，并且给付报酬以弥补成本。这个例子说明，政府银行业务的法律基础可能在中央银行法中确立，其细节则由财政部和中央及（或）商业银行之间的协议确定。

令人惊讶的是，威斯敏斯特国家与预算相关的法律中，包含了政府银行业务的一些细节规定。其部分原因是承继了 1866 年英国《财政和审计部门法案》，该法案规定，财政部通过英格兰银行统一的财政账户向各部门发放公共资金。新西兰法律进一步规定了财政部在政府银行业务方面的权力。尤其是，按照《公共财政法案》的规定，财政部可以在财政部管理的一家或多家银行开设、维持和运营皇家银行账户。部门可以在财政部管理的银行中开设、维持和运营部门的银行账户。在任何情况下，财政部部长可以就任何部门银行账户运行使用的条款与条件

[①] 为了方便，使用了"规划"一词；"规划"被认为是对资源的需求。

发出指示，以及随时关闭或暂停某个账户（更多细节参见新西兰的实例研究）。

在政府资产负债表（如果有的话）中关于现金流入、流出和融资的需要，以及管理短期发展安排的计划，是行政机关——而非立法机关——的一项重要事项。因此，在许多国家，政府规章对预算执行的这些方面提供指导方针。尽管如此，在一些国家中，法律还是包含了一些关于现金管理的原则，如"收入应按时并全额收集"，以及"金钱的花费只能在必要的时候"（德国1969年《预算原则法》）。全部收入存入国库单一账户是一项重要原则；这个规定在英国1866年《财政和审计部门法案》中有所体现〔公共资金必须存入"国库账户"（Exchequer account）〕，法案规定该账户在中央银行开设。虽然OECD国家并未采用国库法，但立陶宛是第一个采用这一专门法律的国家。

4.3.6 内部控制和审计

内部审计安排是一个由法律和规章构成的混合体。可是，在一些国家（包括丹麦、新西兰、英国）中，无论法律还是规章，都没有定义内部控制和审计的相关原则、制度和功能（OECD，2003，Q.4.1.a）。在这些国家中，支出部门内部控制和审计被视为"部门各项活动高效、有效、经济的管理"之一（参见新西兰1988年《国家部门法案》（State Sector Act））。

在内部控制和审计分散的国家中，预算制度法对内部控制和审计只提供几项一般性的指导方针。例如，瑞典和芬兰的《国家预算法案》仅仅规定需要"关注"预算执行。这些国家的内部控制和审计条例，通常由中央财政部或专门的机构发布。北欧国家的组织特点是，其内部审计部门通常属于规划层面（the programme level），而不属于政府部门层面（尽管这是可能的）。多数国家中，因为内部控制和审计属于政府部门层面，内部审计程序和管理者（包括部长）的报告编制，都是在规章中规定的。

内部审计在一些国家被集中化了。在日本，《公共财政法案》要求各职能部门按照经内阁批准、财务省发布的指导方针，来实施预算。法令阐明了这些一般性规则，包括财务省的强大作用。西班牙的《总预算法案》（47/2003号）建立了国家行政总监（General Controller of State Administration）来对国家部门的财政管理进行内部监督。这种有效率的机构在法国流行起来，即在财政部下设立了高级监察员（由法令设立）。

为集中化的财政管理而采用专门法律，在OECD国家中并不普遍，可是法国和美国例外。在法国，1922年的法律，建立了在承付阶段对支出的集中事前管理。由于是由政府部长授权支出承付，故需要采用法律而非法令。在采用这项法律之前，部长无须遵从被批准的预算限制（参见Bouvier et al.，2002，P.410）。

美国的立法机关特别积极地试图确保国会批准联邦预算。与其他OECD国家形成鲜明对比的是，在涉及行政机构的财政管理方面，美国至少采用了六项单独的法律（参见美国的实例研究）。1978 年《总监察长法案》（the Inspector General Act）在财政部设立了总监察长办公室（the Office of Inspector General）。监察长需要让国务卿（the Secretary）和国会充分了解关于各部门项目和运作方面的问题和不足。1990 年《首席财务官法案》（the Chief Financial Officers Act）在管理和预算办公室内设立了联邦财务管理办公室。为支持 OMB 在改善各机构财务管理方面的领导作用，法律要求在所有主要机构中设立财务总监。总统任命财政部监察长、OMB 管理部门的副职和机构的所有财务总监时，需要接受参议院的建议并经其批准。然而在大部分国家中，内部审计单位的领导只对机构领导负责，在美国，财务总监和监察长既要向其机构，也要向国会负责。

4.4 政府会计和财务报告制度

在许多 OECD 国家中，关于会计制度的基础法律，只是提供几项一般性的规定。尽管如此，一些国家（如丹麦、日本）有特别的公共会计法。预算制度法——或特别的财政透明度法——常常详细说明定期预算执行报告和年度决算的时间和内容，这是主要的责任性文件，立法机关据此对预算执行做出结论。

4.4.1 会计制度

在政府会计中，传统的收付实现制通常并不在法律中明确规定。但是，德国的《预算原则法》要求，"收入和支出的款项需要记录在账户中。财政部可以要求将订立的承付和应计款项计入账户中"。收入和支出都是现金概念。

虽然一些 OECD 国家已开始向权责发生制靠拢（Blöndal，2003），但适应新会计体系的主要法律变化，并不总是得到采用。欧洲国家已经将一些改进的条款，体现在预算制度法中，例如，"国家会计要根据一般公认会计准则（GAAP）"（如芬兰、瑞典），或"除非国家有特别规定，政府会计准则与公司会计准则相同"（法国）。在这些国家中，法律中的简单说明，由详细的规章进行补充。

相反地，威斯敏斯特国家的法律，规定了一些会计管理上的细节。在英国，2000 年《政府资源和会计法案》（the Government Resources and Accounts Act，GRA Act）正式将政府会计的收付实现制改为权责发生制，以"资源会计"（resource account）替代了实行 150 年的"拨款会计"（appropriation account）。法案规定，应当根据财政部发布的指令来编制账目，指令将保证资源会计真实公允且符合一般公认会计准则（GAAP），部门会计也需要服从这些指令。为此，由独立的会计准则委员会指导财政部①。《政府资源和会计法案》还规定了资源会计的内容：必须包括财政绩效表、财政状况表，以及现金流量表。资源会计手册提供会计和管理控制程序的指南。

4.4.2 年度决算和报告

向立法机关提交年度决算和（或）报告（annual accounts and/or reports）的要求，在一些国家中是由宪法做出的（如丹麦、德国、芬兰、日本、挪威）。在德国，立法机关批准审计年度决算之后，正式免除政府执行预算的责任，这被认为是相当重要的。《预算原则法》规定了免责程序。部长的免责准予也包括在荷兰 2001 年的《政府财政法案》中。

宪法要求提交年度决算的国家，一般在法律中详细阐述了年度决算和年度预算执行报告的内容。以芬兰为例（专栏 2-4），报告和决算的内容，反映出芬兰采用了绩效导向的预算制度（performance-oriented budget system）和权责发生制。并非所有国家的法律都要求这样详尽的报告。在一些国家，法律只要求年度报告涉及年度预算法中包含的机构单位，例如，不包括预算外基金和公共企业的活动。与之相反，澳大利亚 1998 年《预算诚实宪章法案》（the Australian Charter of Budget Honesty Act）要求，最终的预算结果报告，应包含联邦预算部门和广义政府部门的预算情况②。

专栏 2-4　芬兰，年度报告和年度决算的法律要件

国家年度决算的报告

报告中包括：

- 国家年度决算、所有有关中央政府财政以及关于国家预算的必要的其他资料，以及关于决定国家运行有效性和绩效表现的最重要因素的相关资料。
- 报告还包括国家公营企业和预算外基金的损益报表和资产负债表。

---

① 在英语国家，依靠外部部门来建设会计准则（澳大利亚和新西兰的情况除外），并且会计准则应用于私营部门。在其他国家，财政部（与外部审计部门合作）对建立起来的政府会计准则负责。可是，在法国，2001 年的《预算组织法》要求由公营和私营部门的代表组成的委员会进行复审。对于不同的政府会计模式，参见 OECD（2002b）的完整讨论。

② 法案还引用了澳大利亚政府财政统计（GFS），它是统计局的统计出版物，包含了为澳大利亚准备的政府财政统计的概念、来源和方法。

- 编制国家年度决算报告的更多规定由政府法令发布。

国家年度决算

国家年度决算包括：

- 预算实施报告，按照部门（section）或主要部门，分章节和项目列示。报告包括国家年度决算中的财政年度盈余或赤字，以及来自上一财政年度的累积盈余或赤字。
- 关于收入和支出的收支报告。
- 说明财政年度末财务状况的资产负债表。
- 说明现金流量的现金流量表。
- 对所需要的账目提供真实、公允的资料。

真实和公允的资料

包括在国家年度决算报告中的国家年度决算和中央政府资产及国家财政管理和运作绩效的资料，要提供真实和公允的与预算相关的信息，这些信息包括国家收支、国家财政状况和绩效。

来源：芬兰，1988 年《国家预算法案》，2003 年修订，ss. 17–18。

只有几个 OECD 国家的预算制度法要求，对比议会批准的收支计划和实际执行结果，并解释出现差异的原因。在一些国家的法律中，是否包含这种要求的原因，并没有明显的模式。[1] 对于尚未采用绩效导向之预算制度的国家，对比通常在统一的层次上进行——而非单独的政府部门和（或）项目。例如，法国 1959 年《预算组织法》要求，预算执行法草案在附件中说明包括在国家预算中的特定预算部门的预算拨款超支的原因和账户盈亏的性质。重点在于，根据必要的法律内容，提交一份总体会计报告。包括针对政府在法律权限内制定之年内拨款修正的批准；有正当理由的超支预算拨款的批准；不能转入次年的未用尽的预算拨款之取消。尽管在一些威斯敏斯特国家（如新西兰）的法律中，也要求提供关于未使用（超出）的支出、紧急支出和信托基金的报告，但重点是要求部门提供财政成果的分析。

部门年度决算的公开，是威斯敏斯特国家长期以来的法律要求，部分是因为承担受托责任的部长和部门领导，被要求在议会面前为"他们的"预算之年度财政成果做出辩护。为协助议会进行监督，这些国家的法律对部门和政府的相关报

---

[1] 例如，新西兰根据法律作出了要求，而澳大利亚和加拿大——其他威斯敏斯特国家——不由法律要求之。奥地利和芬兰——法律中包含许多与预算有关的条款——不要求事后在预测和实际支出之间进行对比。参见 OECD（2003）Q. 5. 2. n。

告都做出了要求。相反地，一些欧洲国家和日本只强调报告主体（如联邦或中央政府、国家）的综合账目。因此，如果法律提及部门账目，其重点是保证财政部能够获得此账目以进行整合（参见德国和日本的实例研究）。在法国，2001年采用新的《预算组织法》之前，各部门没有编制年度决算和报告的法律义务。

一些国家的法律中，并未说明部门有提供非财务信息的义务，特别是与部门绩效有关的信息（如丹麦、瑞典）。在这类国家中，有关绩效的信息主要是根据政府确定的"规则"，"自愿地"提供给立法机关（例如英国为编制公共部门和服务支付协议）。另一个极端是美国1993年《政府绩效与结果法案》（the Government Performance and Results Act），详细阐述了年度绩效报告的广泛范围，要求具体到每个联邦政府机构的每项政府计划。法国和新西兰或许是处于中间状态的国家——其法律各规定了一些年度部门绩效报告之细节，包括评估实际绩效高于（低于）前一年做出的绩效意向和预期之原因。

虽然一些国家的宪法要求向立法机关递交年度决算和（或）报告，但很少对延期作出规定。丹麦和挪威是两个例外（这两个国家没有预算制度法），其宪法要求，未审计的年度决算，在财政年度结束后6个月内，呈交给议会审计员。大部分国家在成文法中规定了报告时滞。各国报告时滞有所不同，从新西兰的3个月，到日本和英国的10个月（见表2–5）。实际上，年度决算和报告在法定时滞内递交，或甚至更快（如瑞典1996年《国家预算法案》要求，年度报告在9个月内递交，然而，实际是在财政年结束后4~5个月内递交）。

表2–5　　　　　　　　　向立法机关递交年度报告的法律要求

财政年度结束后的月份数	法律要求	
	向审计员呈交账目	向立法机关呈交已审计的账目和报告
0~3个月	新西兰（2个月）	新西兰（3个月和10天）
4~5个月	荷兰$\left(4\frac{2}{3}个月\right)$	法国（5个月），荷兰$\left(5\frac{2}{3}个月\right)$
6~8个月	丹麦、韩国、挪威（6个月）、日本、英国*（8个月）	美国（6个月）
9~12个月		加拿大、韩国、瑞典（9个月）、日本**、英国（10个月）
法律中没有规定期限		芬兰、德国

注：*在英国，这并非是对全部的政府账目，而仅仅是单个政府部门的账目，并直接上报给审计长。

**在日本，法律要求"在随后财政年度中的议会常规会议期间"递交，该会议于每年1月召开。这意味着时滞最少是10个月。

随着会计的电算化和计算机辅助审计技术的发展，向议会呈交经审计的年度决算和报告的法定时滞可能缩短。2001 年法国修改其《预算组织法》时，将呈交的法定日期缩短至 7 个月（1959 年的法律允许 12 个月的时滞），这在一定程度上反映了这种趋势。法国议会也强烈希望，在提交下一个预算年度的预算之前（而不是之后），收到预算执行草案和年度绩效报告。

4.4.3 在年度中，向立法机关报告预算执行情况

只有几个国家的法律要求对预算执行进行月度报告。报告的时滞（如月末之后 4~6 周）一般不写入法律。新西兰《公共财政法案》是个例外；该法律包含了相当广泛的关于时间表、会计基础和月财务报表覆盖范围的法律条款。法国 1922 年《支出承诺控制法》（Law on Controlling Expenditure Commitments）要求，每月报告支出承付，但无须编制月度财务报表。许多国家（包括德国、日本、北欧国家和英国）很自然地公布每月的预算执行数据，尽管这不是法律要求。在大多数 OECD 国家中，这些数据的报告时滞是一个月或更少（OECD，2003，Q. 5. 2. f）。

一些 OECD 国家的法律要求，由财政部（或同级机构）编制正式的年中（或"中期"）报告并提交给议会。在 20 世纪 90 年代，这在几个威斯敏斯特国家中被写入了法律（财政职责法案或类似法律）。它提供了审查预算执行的机会，以及（如果必要）采用追加预算。1989 年新西兰《公共财政法案》要求，将报告和财政报表，在 6 个月期间结束后，"尽快"提交给议会和审计署。美国法典包含大量关于中期复核的法律条款（参见国别实例研究），条款规定总统必须在 7 月 16 日前向国会提交详细的报告，即财政年度第 9 个月中期。除了管理和预算办公室（OMB）的报告外，国会预算办公室（the Congressional Budget Office）也被要求向国会委员会提交中期更新报告。法国 2001 年《预算组织法》（以及其他几个国家的法律）要求，提交符合下一财政年度概算时间的对最近经济和预算发展的分析报告（参见专栏 2 - 3）。一些国家（如法国、新西兰）的法律还要求预算前报告（pre-budget reports）。效法新西兰之通过法律来改进财政可问责性——要求预算前、年中、全年、长期的和大选前报告——澳大利亚的 1998 年《预算诚实宪章法案》要求，政府需要报告主要政党的竞选活动之成本（Australia Government，2003）。

参考文献

Aeberhard, Jane (2001), Comparative Studies of Contents of Civil Service Statutes, Department for Government and Labour Laws and Administration, Document No. 6, International Labour Organization, Geneva, www. ilo. org/public/english/dialogue/

ifpdial/downloads/cs. pdf.

Australia Government (2003), Charter of Budget Honesty: Guidance Note, Department of Finance and Administration, Canberra, www. finance. gov. au/budget-group/Other_Guidance_Notes/charter_of_budget_honesty. html.

Banca d'Italia (2001), "Fiscal Rules", proceedings of the Research Department Workshop on Fiscal Rules, Central Bank of Italy, Rome, February 1 – 3.

Blöndal, Jón (2003), "Accrual Accounting and Budgeting: Key Issues and Recent Developments", OECD Journal on Budgeting, Vol. 3, No. 1, OECD, Paris, pp. 43 – 59.

Bouvier, Michel, Marie-Christine Esclassam and Pierre Lassale (2002, 6th edition), Finance Publiques, Librairie générale de droit et de jurisprudence, Paris.

Briffault, Richard (1996), Balancing Acts: The Reality behind State Balanced Budget Requirements, The Twentieth Century Fund Press, New York.

Dában, Teresa, et al. (2003), "Rules-Based Fiscal Policy in France, Germany, Italy and Spain", IMF Occasional Paper No. 225, International Monetary Fund, Washington DC.

EUROSTAT (1996), European System of Accounts: ESA 1995, Office for Official Publications of the European Communities, Luxembourg.

Flizot, Stéphanie (1998), "La Cour des comptesitalienne", Revue francaise de finances publiques, No. 61, Librairie générale de droit et de jurisprudence, Paris, February.

France National Assembly (1999), Rapport du groupe de travail sur l'efficacité de la dépense publique et le contrôle parlementaire, www. assemblee-nationale. fr/dossiers/depense/rapport. asp, National Assembly, Paris, January.

Heniff, Bill, Jr. (1998), Debt-Limit Legislation in the Congressional Budget Process, Congressional Research Service Report for Congress, United States House of Representatives Committee on Rules, Washington DC, www. house. gov/rules/98 – 453. htm, May.

H. M. Treasury (1995), Better Accounting for the Taxpayer's Money, White Paper, Cm 2929, H. M. Treasury, London.

H. M. Treasury (2001), Managing Resources: Full Implementation of Resource Accounting and Budgeting, H. M. Treasury, London, http: //archive. treasury. gov. uk/docs/2001/rab30_03. html.

IMCL (2003), Organisation of a Supreme Audit Institution, report prepared by International Management Consultants for the World Bank, www.worldbank.org/wbi/governance/pefa/pdf/sai_organisation.pdf, June.

IMF (International Monetary Fund) (2001), Government Finance Statistics Manual, Statistics Department, IMF, Washington DC.

IMF (2003), Guidelines for Public Debt Management: Accompanying Document and Selected Case Studies, prepared by the staffs of the International Monetary Fund and The World Bank, IMF and The World Bank Group, Washington DC, www.imf.org/external/pubs/ft/pdm/eng/guide/pdf/080403.pdf.

IMF (2004), "Enforcement and the Stability and Growth Pact", Euro Area Policies: Selected Issues, International Monetary Fund, Washington DC, pp. 83 – 117, www.imf.org/external/pubs/ft/scr/2004/cr04235.pdf.

Japan (2004), Status of the Board of Audit, Board of Audit, Tokyo, www.jbaudit.go.jp/engl/engl2/contents/frame00.htm.

Joumard, Isabelle, et al. (2004), Enhancing the Effectiveness of Public Spending: Experience in OECD Countries, Economics Department Working Paper No. 380, OECD, Paris.

Kennedy, Suzanne, and Janine Robbins (2001), The Role of Fiscal Rules in Determining Fiscal Performance, Working Paper No. 2001 – 16, Department of Finance, Ottawa.

Kopits, George, and Steven Symansky (1998), Fiscal Policy Rules, IMF Occasional Paper No. 162, International Monetary Fund, Washington DC.

OECD (2002a), Distributed Public Governance: Agencies, Authorities and Other Government Bodies, OECD, Paris.

OECD (2002b), "Models of Public Budgeting and Accounting Reform", OECD Journal on Budgeting, Vol. 2, Supplement 1, OECD, Paris.

OECD (2003), "Results of the Survey on Budget Practices and Procedures", OECD and World Bank, http://ocde.dyndns.org.

Sturm, Roland, and Markus M. Müller (2003), "Tempering the Rechtsstaat: Managing Expenditure in Re-unified Germany", in John Wanna, Lotte Jensen and Jouke de Vries (eds.), Controlling Public Expenditure: The Changing Roles of Central Budget Agencies-Better Guardians?, Edward Elgar, Cheltenham, United Kingdom.

Ter-Minassian, Teresa, and Jon Craig (1997), "Control of Sub-national Government Borrowing", in T. Ter-Minassian (ed.), Fiscal Federalism in Theory and Practice, International Monetary Fund, Washington, DC.

Watts, Ronald (2003), "Distribution of Responsibilities", Theme 2 of A Global Dialogue on Federalism, New Delhi, India, wrap-up session 16 November, Forum of Federations, Ottawa, Canada, www.forumoffederations.org.

Wehner, Joachim (2005), Cross-National Variation in Legislative Budgeting, London School of Economics, London, forthcoming.

World Bank (2001), Civil Service Law and Employment Regimes, World Bank, Washington DC, www.worldbank.org/publicsector/civilservice/civilservicelaw.htm.

第三篇

是否存在一个最优的预算制度法律框架？

> 对于为预算制度建立法律规范而言，公共财政专家和宪法理论家是非常不情愿的。国际组织已经发布了预算透明度的良好特征指南。除外部审计标准外，国际机构没有具体规定哪些特征应该纳入国内法。因此，对于国家预算制度的良好特征，没有任何国际标准规定了具体的法律要求。经典的和新的预算原则，以及立法机关和行政机关在预算过程中的不同职能责任，对于那些希望为自己的国家制定"良好"预算制度法的决策者而言，应该是可以提供指导的。关于预算编制、批准、执行、报告和审计，本篇确定了应该列入法律的可取特征，并就哪些预算原则应纳入宪法、基本法律和次级法律提出了建议。

1 预算制度法律框架的标准是否已经制定出来了?

1.1 预算法的规范路径和实证路径

本书第一篇分析了发达国家预算法律制度差异较大的原因。各种影响因素，包括宪法的作用、法律传统和政体，都影响了当今预算制度的法律框架。到目前为止，这一分析采用的是实证分析方法——解释"什么是"的问题。本章侧重于预算制度法律的规范性方法——确定"应该是什么"的问题。

规范对于以下两个方面是非常有用的：第一，它们可以用来评价已有的预算制度法。如果存在一套稳定的规范，国家预算制度的法律框架可以根据一套商定的标准进行"评分"（本书不尝试对实际预算制度的法律进行这样的评价）。第二，规范可用于指令性目的：可参照国际商定的法律框架，提出改进现行预算编制法律框架的建议。这方面的关键问题是：

- 是否可以制定一套准则或标准，来指导预算制度法律框架的制订者？
- 如果是，谁应该制定国家预算制度法律和法规的标准，它们的内容应该是什么，谁有责任确保它们得到遵守？

1.2 规范的宪政经济学之有限指导

在"传统"经济学中，法律框架被假定为外生的，且不随着时间的推移而改变。相比之下，宪法政治经济学（constitutional political economy）运用经济学的标准方法，特别是理性选择，对规则的选择进行了分析。学术文献是指导预算制度"正确"选择规则的一个潜在来源。

然而，经济学家和法学家一直不愿进入规范分析的领域。实证的思维方式在盎格鲁—撒克逊经济学传统中尤为普遍。在这个传统中，人们认为所有命题都是在经验性上可验证的，这一点很重要。尽管如此，经济学家提供了规范性的政策建议，包括建议某些公共政策选择应体现在法律中。有时，经济理论家为加强平衡预算或限制赤字水平，提出了预算规则的宪法修正案。这种规范性建议必然涉及价值判断。因此，建立制定"预算制度"具体标准的准则是很重要的。

在公共选择经济学中，现行规则的判断通常基于"效率"原则，或者也可能基于"公平"原则。在本书中，规范性的个人主义原则——这是一种价值判断，即任何人的目标和价值观都不应先验性地比其他人的目标和价值观更重要——受到支持（Buchanan, 1987）。每个个体都假定在"必然"的范围内追求他（或她）自己的目标。不过，在这些研究中，由社会建立的规范总体而言并不存在，因此社会的"必然"不能与社会的"应然"相比。相反，全体一致原则得到强调，即如果每个成员都自愿同意的话，对每个社会成员都有影响的规则只能被视为"好的"。在这种情况下，即使一个拟议的备选规则集相对于初始规则集"更好"，也很难修改规则。

公共选择经济学家参与了关于"适当"宪法规则的辩论。文献往往停留在抽象层面，不能轻易应用于现实世界的宪法。"宪法"的定义宽广，被认为是"一套限制个人和代理人为实现自己的目的和目标而进行活动的规则"（Buchanan，1977，P. 292）。学者们承认，就现实世界的宪法作出判断时，对政府行为的先入之见，是很重要的（Boadway，2003，P. 64）。然而，公共选择理论家并没有为下列问题提供明确的概念框架（Voigt，1999，P. 530）：

- 约束实际宪法规则的内容应该是什么？
- 成文宪法应该涉及哪些议题，以及哪些应该由次级宪法选择来决定（例如普通法或规章）？
- 宪法规则应该具有哪些特征？

这些都是与本研究高度相关的问题。

2　应由谁来制定和监督具有法律约束力的标准？

预算制度法的标准与整个预算制度的标准有着错综复杂的联系。由此产生三个问题："好的"预算制度的关键要素是什么？预算制度的哪些特点是如此之重要，以至于规范它们的规章必须包含在正式的法律之中？谁来制定"好的"或"最务实的"标准，这些标准是针对预算制度整体以及法律所蕴含的特殊性而言的？再有，谁应该监督这些标准呢？本节主要考察关于"谁"的问题，审视政治家、官僚和国际组织的角色。

2.1　政治家和官僚的角色

制定具有法律约束力的预算标准，首先且最为重要的是政治家——立法机构和行政人员。但是谁会影响政治家呢？官僚会向政治当局提出建议。在一些国家，官僚可能是预算制度法律改革的发起者。特别是，在财政部（或同等机构）以及其他中央部委或机构工作的专业人士，会提出预算改革的想法。新的（或经修订的）预算法的起草往往是由官僚发起的，作为其政治上的上级之参考。

2.2　预算制度法的国际传播

"标准"的第二个来源是各国的预算法律制度，这些法律经常被作为预算改革的模式或起点。在 OECD 国家内，将其他国家的预算制度（法律）的可取之处，纳入本国的法律，这是很常见的。在接受"新公共管理"与预算有关的方面时，盎格鲁—撒克逊和北欧国家修改或引入了新的预算法律（Lienert，2005）。在这样做的过程中，一些国家被视为改革运动的领头羊。法国 2001 年《预算组织法》在一定程度上受到绩效导向预算改革的影响，这是 OECD 其他国家在过去十年间的一种改革趋势①。新西兰的预算改革"模式"被几个国家模仿，特别是 1994 年《财政责任法案》，补充了 1988 年《国家部门法案》和 1989 年《公共财政法案》。例如，1997～1998 年澳大利亚和英国涉及预算透明度和中期宏观财政平衡的法律框架，就结合了新西兰改革的许多特点。北欧国家，在频繁的区域讨论中比较预算问题和解决方案，充分认识到了邻国的类似改革，并调整了自己的预算制度（包括两项法律）。

转型期国家和发展中国家普遍采用 OECD 国家的预算法作为标准。例如，许多拉丁美洲国家（Oliva，2001）和印度（India，2003；Hausmann and Purfield，2004）仿效其他国家采用了财政责任法案（fiscal responsibility acts），特别是新西兰 1994 年的法案和欧盟的马斯特里赫特标准②。在非洲法语区国家，1997 年西非经济和货币联盟（UEMOA，1997）指导其八个成员国使用了预算组织法，主要仿效的是法国为其国家预算在 1959 年（直到如今）制定的预算组织法。在非洲英语国家中，一些国家修改了他们的公共财政法案，尽管仍然很明显地残留着长期存在的英国法律③痕迹。

2.3　制定标准的国际组织

将公共财政管理作为其任务一部分的国际组织，提供了预算相关制度和法律之标准制定的第三个来源。这样的组织包括国际货币基金组织（IMF），经济合作与发展组织（OECD）和世界银行（World Bank）。这些组织颁布的任何标准显然不具有法律约束力。国际组织标准的规范影响，并不依赖于它们的法律地位，而是依赖于其实质和发布标准的组织之权威。

---

①　尽管国家层面上的"财政宪章"改革始于国内，但法国官方敏锐地意识到了这场发生在盎格鲁—撒克逊国家的改革——并且伴随着法律的修订。

②　巴西的计划、预算和管理部也承认，欧盟的《马斯特里赫特条约》和新西兰及美国的财政稳定责任法案，对其本国法律具有影响。参见 http://federativo.bndes.gov.br/Destaques/docs_Pagina_LRF/Ingl0599.ppt.

③　例如，受到英国《财政和审计部门法案》（the Exchequer and Audit Departments Acts）的很大影响，坦桑尼亚 2000 年采用了新的《公共财政法案》，以取代 1962 年的条例，现今在坦桑尼亚，这项法案包含单独的预算执行和外部审计。相比之下，在英国，为了将审计长更彻底地从行政机关中分离出来，1983 年采用了新的《国家审计法》。

众所周知的不具约束力的多边文书，譬如，1948年的《世界人权宣言》（Brownlie，2003，P. 534），就对联合国成员国产生了强烈的间接影响，部分是因为其具有宪章的地位，另一部分是因为在发布之前进行了广泛的辩论。虽然与预算有关的标准，不像联合国的高级别宣言那样具有同样的影响力，但如果一个国际组织公布的标准是已知的，并且该组织因其正直而受到尊重，那么这些准则就可以为制定预算制度法律的国家当局提供坚定的指导。

在这方面，国际货币基金组织和经济合作与发展组织，已然分别发布了"良好"的和"最佳"的标准（IMF，2001b & 2001c；OECD，2002a）。这些标准涵盖了预算制度和预算角色的许多方面。他们推荐指导方针，由成员国自愿采用。这些规范受到提高预算透明度和善治之必要性的影响，这也是20世纪90年代盎格鲁—撒克逊国家所珍视的主题，[1] 其中部分原因或许是，这些国家的行政人员被认为拥有太多的自由裁量权。

国际经济组织的守则，并不建议哪些标准应体现在法律中。国际货币基金组织的《财政透明度良好做法守则》（IMF，2001b）强调，财政管理应有明确的法律和行政框架。虽然它确实提到了次级法律的明确性，但没有详细阐释如何确保基本法的明确性。[2] 在国际货币基金组织的准则中，只有三个领域针对将预算透明度纳入法律提供了指导，分别是：

• 公共基金的任何承诺或支出，均应受到综合性预算法和公开可用的行政规则之管控。

• 税收、关税、费用和收费应具有明确的法律基础，税法和法规应该很容易获取和理解。

• 财政资料的出版应该是政府的法律义务。

OECD的预算透明度最佳实践（OECD，2002a）更加侧重于预算标准（参见专栏3-1）。OECD对这些标准是否应该体现在法律中，并不持任何观点。

---

[1] 舍沃谢（Chevauchez，1999）注意到，国际货币基金组织的《财政透明度良好做法守则》（the IMF Code of Good Practices on Fiscal Transparency）（IMF，2001b），由英国财政大臣在1996年国际货币基金组织年会期间首次提出。在1998年国际货币基金组织出版了它的良好做法守则，这部法典也包括最低标准——在后续版本守则的随附手册中被舍弃（IMF，2001a）。在2000年，经济合作与发展组织发展了其最佳实践（OECD，2002a）。这些标准对更先进国家的预算制度有更高的要求。

[2] 法典手册的专栏4（IMF，2001c），概括了OECD关于透明度准则特点的指导方针。可是，OECD国家规制改革的调查（参见OECD，2002b）显示，二级立法的透明度，即规章，是高度依赖于基本法的清晰度的。

> **专栏3–1 经济合作与发展组织预算透明度的最佳实践**
>
> **预算报告**
> - 预算报告
> - 先期预算报告
> - 月（季）报
> - 年中报告
> - 年末报告
> - 大选前报告
> - 长期报告
>
> **特定的披露**
> - 经济假设
> - 税式支出
> - 金融负债和金融资产
> - 非金融资产
> - 员工养老金义务
> - 或有债务
> - 会计政策
>
> 资料来源：OECD，2002a。

最高审计机关国际组织（INTOSAI）和国际会计师联合会公共部门委员会（IFAC）分别发布过公共部门外部审计和政府会计准则（参见 INTOSAI，1977 & IFAC，2004）。INTOSAI 还为公共部门审计师颁布了国际道德守则，为建立内部审计和政府会计的国际准则成立了工作组。INTOSAI 的准则主要适用于其成员，即国家最高审计机构（SAIs）。可是，各国最高审计机关不直接执行这些标准——它们只能对各自的政府和议会施加一定程度的影响。只有一个国家的议会才能通过必要的法律，使 INTOSAI 的准则（或任何国际机构的标准）具有法律约束力。

在1977年的"利马宣言"（Lima Declaration）中，最高审计机关国际组织发布了与公共部门外部审计有关的四项法律标准（专栏3–2）。

> **专栏 3-2　外部审计的宪法规范**
> ——摘自最高审计机关国际组织"利马宣言"
>
> ● **独立性**。宪法应当规定最高审计机关的建立和独立性的必要程度。详情可在法条内列明。
> ● **任免**。人员的独立性应该受到宪法的保护。(人员的)免职程序应该体现在宪法中,并且不能损害其独立性。
> ● **与议会的关系**。国家最高审计机关和议会之间的关系,应该按照各国的条件和要求规定在宪法中。
> ● **年度报告**。宪法应该授权给国家最高审计机关,并要求其向议会或其他负责的公共机构,每年独立地报告它的调查结果;它的报告应该发行。
>
> 来源:INTOSAI,1977.

文化和功能上的差异,可以一定程度上解释这样一个问题,针对纳入法律中的这些优良特性,为什么 INTOSAI 具有强势地位。国际组织预算制度守则往往是由未经过法律训练的经济学家们制定的。相反,外部审计标准则是由外部审计师制定的,他们很可能接受了一定的法律训练,并在传统的合规性审计工作中涉及合法性问题。如果 INTOSAI 的欧洲大陆代表——来自重要法庭的地方法官——影响 INTOSAI 对外部审计的指导方针之表述,那将是特别的情形。另外,外聘审计师知道最高审计机关(SAIs)是典型地建立在宪法上的机构,并且如果某些合适的特性体现在宪法或普通法中,他们有效的独立性就被加强了。

2.4　标准监控

如果预算制度法的国际标准构建起来了,就需要建立一个独立的标准管护机构,以确保这些标准得到客观的采纳和维护。其实,这是不太可能做到的——各国政府不大可能建立外部的"预算制度法评级机构"。除了这样一个有专门性质的假设机构之外,各国也不大可能提供一个独立的有必要之司法权力的标准管护者,强迫遵守由国际机构颁布的"可取"规范。每个国家最好确保所遵守的标准是最适合自身国情的。

至多,国际组织也就是要求其成员自愿遵守。这就是达到国际货币基金组织所规定之准则的情况——已经出版了大约 50 份关于财政透明度的国家报告(www.imf.org/external/np/rosc/rosc.asp)。OECD 没有系统地监测成员国遵守其最佳准则的情况。OECD从一开始就强调，最佳实践并不构成预算透明度的正式"标准"（OECD，2002a，P.7）。同样，最高审计机关国际组织也承认，"标准"一词与"准则"同义，后者"将遵守的权力，保持在每个最高审计机关的范围内"（INTOSAI，1992，P.23）。

3 预算制度法律框架的支撑原则

从前几节可以得出结论，就预算程序的大多数方面而言，关于预算制度的哪些特点应列入法律，并没有普遍接受的标准。本节讨论预算法律和条例所依据的10项原则（专栏3-3）。

在欧洲大陆国家，长期以来，若干"经典"原则指导了预算程序及其相关法律。这些原则主要是与事前预算程序（ex ante budget processes）——即预算的准备和批准——相关的。最近，一些盎格鲁—撒克逊国家也在法律原则中体现了特别（但不限于）与事后预算程序（ex post budget processes）有关的原则。强调问责制、透明度原则、稳定性和绩效原则，重点是对预算报告的要求，特别是行政部门向立法机关报告决算的责任。这10项原则就是基于这些考量而得出的。

所有10项原则都是重要的，但重要性程度有所不同。如下文所述，有些被认为具有宪法意义，应列入一国的宪法。有些更适合于与预算程序有关的法规。初步提出了与预算有关的三项原则，即权威性（authoritativeness）、普遍性（universality）和问责性（accountability），这些原则足够重要，具体规定应纳入一国的宪法。它建立了中央和地方各级的立法、行政、司法和其他宪法机构，并具体规定了它们的作用。

专栏3-3 预算法的10项原则

1. 权威性（Authoritativeness）：如图1-1所示，预算过程的每一个阶段都规定了决策权。立法机关在预算事务中的至高权力，是这项原则的主要部分。

传统的原则

2. 年度基础（Annual basis）：预算授权为期12个月。年度预算在年度前颁布。所有的交易都由其当年的效果做出评估。

3. 普遍性（Universality）：所有的收支都包括在总额基础的预算中。收入不能预留。支出不由收入抵销。

4. 统一性（Unity）：预算提出，可能寻求的批准，同一时期的所有收入和支出，这些通常都在同一个文件之中。

5. 特殊性（Specificity）：收支以某些细节显示在预算估计之中。支出授权（拨款）规定了特定目的下具有法律约束力的最大支出。

6. 平衡性（Balance）：预算支出由预算收入和筹资来平衡。"平衡"是明确界定的。

现代的原则

7. 问责性（Accountability）：行政机关向立法机关说明如何履行其职责。行政机关内部的预算管理职责被清晰地定义出来。独立的外部审计机关至少每年应向立法机关报告预算执行情况。

8. 透明度（Transparency）：各个国家部门的目标都是清晰的。预算中实时的财务和非财务信息是可以公开获取的。预算法中使用的术语得以清晰地定义出来。

9. 稳定性（Stability）：预算和公共债务的目标，在中期预算框架下得以定期更新。税收和其他收费的比率和基准要相对稳定。

10. 绩效性（Performance）：预期的和新近结束的预算方案之结果，在预算中加以报告。效率性（efficiency）、经济性（economy）和效果性（effectiveness）原则，要与"绩效"联系在一起。

3.1 权威性

这十项原则中，最重要的是权威性原则。在预算过程中，决策权应当归属于立法机关和行政机关的适当部门。根据其权威性，每个部门可以依次向低级别的部门授权。

3.1.1 立法机关批准预算和接受预算执行报告的权力

国家立法机关在涉及公共资金事务方面是至高无上的。可是，预算事务中"立法机关的至高权力"的含义，则需要限定一下。一般来说，它仅限于民选代表通过立法机关之立法职能来行使的以下权力：

● 批准年度预算。预算制度法应该明确规定，预算必须在新财政年度开始之前获得批准。

● 责令行政机关编制预算执行的报告。使议会能够"控制"发生的情况。

作为最高权力机构的立法机关，应在法律中规定行政部门必须在预算年度的期间内，提交预算执行的定期报告。在委托—代理模型中，以立法机关为主体，行政机关为代理人，行政机关被授权实施任务和编制定期报告。立法机关应在法律中规定，其"代理人"应在财政年度结束后，编写预算执行情况的年度报告。法律应要求这些报告（会计）由外部机构进行审计，这些外部机构应服务于立法机关、代表公众利益之（民选）实体的利益。

3.1.2 预算授权的哪些方面应该包含在宪法中？

针对立法机关"至高权力"的范围，建立具有法律约束力的标准，是有些困难的。这取决于影响行政机关和立法机关之间权力斗争的诸多因素，包括政体、选举制度以及法律文化。但宪法中至少应该明确规定：

- **一切税收都应以法律为基础**。这意味着不经立法机关的授权，税收收入就不能征收和使用。普遍性原则意味着宪法还应规定所有的非税收入，非税收入也应有法律依据。年度预算经常被用作议会批准修改税法和其他税收法律的机会，以实现预算的收入估计数。如果税法不能为政府征税和征收预计的预算收入提供永久的授权，那么年度预算法应该将这种权利延续 12 个月。

- **所有的政府开支都是以法律为基础的**。普遍接受的民主价值体现为，不经选举出来的人民代表同意，行政机关就没有权力将公众的钱财用于支出。因此法律应该要求由立法机关在年度预算中批准年度支出总额，这种预算符合既定的财政政策战略，以及拨款法中的一些支出细节（见下文之"特殊性原则"）。

行政机关和立法机关之间的预算权力平衡，也是一个法律问题。至少有两个领域可以在宪法中明确规定这一平衡。第一，立法机构可以在多大程度上修改行政部门拟议的预算草案。第二，行政机关可以在多大程度上修改和（或）减少立法机构批准的预算。在这些领域中，均没有国际上一致同意的法律标准。如果不包括在宪法中，基本法应管辖下列重要领域：

- **立法机关的修正权**。一个极端是给予立法机关无限制的修改预算的权力。然而，稳定性原则要求在中期战略的背景下制定财政政策，旨在向货币政策制定者和市场保证短期财政政策不会发生根本性变化。如果它有无限制的修正权，一个不负责任的立法机关，可能会破坏一项合理的中期财政战略。另一个极端是法律可以剥夺立法机关所有的修正权。可是，这不符合允许人民选出的代表拥有支出决策权的民主原则。如果所有的预算制定权集中在几个政府首脑手中，公民可能反对由这样一小撮人来行使这种权力（通常是内阁部长）。这样，宪法选择将很有限的修正权给予（或者不给予）议会，民主原则在宪法条款中要求政府必须信任议会。通过这样的条款，议会和（或）公民可以通过让政府垮台，来表示他们对政府预算决策的不满。

- **授权灵活执行预算**。如有需要，议会可以选择授权行政机关对已批准的预算开支做出"小幅度"的修改，如果立法机关认定这种灵活性是可取的，它可以向行政部门提供少量未分配的预算准备金（budgetary reserve），这些资金可以在财政部长（或同等部门）的授权下使用。当准备金被使用，部长可以将预算授权从准备金转移到特定的预算项目，而不必再跑回议会去审批（至少在资金是少量的情况下）。在这个领域中是没有国际规范的。一般而言，变化越大，需要批准的权力级别就越高。法律应该要求大的变化由立法机关批准，针对议会预算拨款授权的所有变动，行政机关都要定期报告。年末，法律应要求在最初授权（opening authorisation）、最终授权（final authorisation）和实际支出（actual spending）之间进行充分协调。

● **取消支出授权**。立法机关为了保证"它的"预算被采用，可以限制行政机关取消或延缓特殊的预算拨款权。如果咬文嚼字地来看，"最高立法权"原则将要求行政机关不折不扣地花费预算中的每一块钱，也就是说，拨款法案中的每一个条目既是下限，也是上限。如果这一原则处于支配地位，所有预算授权的减少或延缓，都要由立法机关批准。这种法律限制将使预算过程僵化。对于正在执行的预算中，出现诸如收入比预计的低这样的意外，这项原则也不承认这是正常的①。一个可能的规范是，该领域对于法律来说，将在返回到议会审批之前，允许以一定的百分比率削减行政机关的预算权。只有预算权较大的削减或延缓超过一定的限度，才需要立法机关的批准。或者，如果经济环境决定采取这种行动，法律可以赋予行政部门无限的权力，将支出上限设定在拨款以下。无论选择何种选项，问责制都要求定期向议会报告。这种报告要求应体现在法律中。

具体就某一国家而言，可以选择在宪法中纳入比上文所讨论的更多或更少的预算相关规定。预算制度的"宪法规章"和"法定条款"之间的分界线并不明显。即使分界线明显，一个国家也不太可能仅仅为了达到国际公认的预算法标准，就修改其宪法。只有极具政治重要性的问题，才被列入宪法改革的议程。

3.1.3 权威性、法律文件和职能责任

如果只有少数几项预算原则应该列入宪法，那么哪些预算原则应在基本法中占据重要地位呢？对于行政机关或立法机关而言，哪一项才应该界定为重要的呢？这就需要考察立法机关对预算程序的主要关切，其中，第一，规定立法机构预算审批程序的规则，第二，对于行政机关预算执行的报告要求。立法机构应确保基本法规定了必要的原则和程序。

根据立法机关是一院制还是两院制，以及立法机关与行政机关的分离程度，法律规定的要求各不相同。根据法律，立法机关可以选择将预算编制和执行的许多步骤下放给行政机关，因为许多详细的步骤对立法机构来说太复杂了。除非有

---

① 为了限制这种风险，法律可以审慎地要求保守的税收预测。

强有力的技术支持，否则相对于维持政府行政部门的大型官僚机构而言，立法机构在编制和执行年度预算时，就显得力不从心。根据采用的基本法，立法机关可以选择将许多详细过程委托到次级法律：条例，命令或法令（见表3-1）。根据立法机关授予他们的权力，高级行政人员或机构（总统、首相、部长内阁、财政部长），可通过指导方针和指示的方式，向中央预算当局（通常是财政部）或其他预算管理人员（如支出部门）进一步授权。相比之下，外部审计是一个宪法问题，其细节最好在基本法中规定，必要时辅之以次要立法。表3-1显示了与分配预算责任有关的基本法和次级法律的适当使用情况。

表3-1　　　　　　　　　预算周期和法律文书的各个阶段

任务	基本法（宪法、章程）	次级法律（命令、法令等）
预算编制		行政部门发布命令或指导方针
预算批准	议会通过了一项预算制度法，其中规定了年度预算的内容、时间和批准程序	
预算执行		行政机关发布财务控制、内部审计、会计等法令
预算报告	议会通过了一项预算制度法，其中规定了关于预算执行情况之事后报告的内容、周期和时间	
预算审计	议会通过了一项外部审计法，具体规定了独立审计当局的权力及其报告义务	

表3-1只是一项原则，用以说明主要受基本法和次级法律管辖的预算程序。这种划分并不意味着是无懈可击的。清晰的基本法能够（并且应该）用于预算准备的一些方面，尤其是在预算执行方面。例如，在基本法中，立法机关可能特别希望控制以下事项：行政机关能在多大程度上不需要获得立法机关的额外批准或提出追加预算申请，就可以修改已通过的年度预算（法案）（譬如，年度拨款的调剂或取消）。

3.2　年度基础

这一原则要求每年提供预算和中期预测。法律应具体规定财政年度。它还应具体说明，在提交议会时，预算文件应提供过去几年预算结果的估计数，以此为依据，得到预测年份的估计结果。法律可以规定，立法机关在批准详细的支出拨款之前，首先批准年度收支的总额（也许还包括政府提出的中期总额①）。

虽然法律应该规定预算授权为 12 个月的期限，但权力的实质，以及任何例外情况，也应该规定出来。尤其是法律应作如下的规定：

- 税收或其他收入的征收权是永久的还是只限于 12 个月。
- 一些支出权是否系永久性的授予（譬如，经由特殊法律批准的权益性项目）。预算制度法可以定义各种拨款类别，根据年度限制是否有法律约束，或年度限制能否因合同或其他具有法律约束力的安排之要求而被超支，而不必考虑概算（如债务偿还事务）。
- 年末预算权的延续。
- 来自下一（预期）年度预算权的借用。

3.3 普遍性

这项原则陈述了所有的收支都包括在基于总额的预算中。普遍性原则十分重要，其中的一些要素应该列入宪法。

宪法最好规定（至少）同地方政府独立的税收征收权和支出权相关的原则。这将在很大程度上取决于是联邦制还是单一制政府，这是否已然在宪法中得到明确界定。在联邦制国家，次国家层面政府（sub-national governments）的预算自主权程度，需要做出具体规定。基本法应该从宪法层面提供中央和地方政府的预算关系，包括任何收入分成的安排和政府间转移支付制度。政府间协调机制或机构应在法律上建立，以协调全国预算目标、政策和程序。

无论是宪法还是预算法都应该包含收入共享原则，这项原则要求建立一个统一收入基金（consolidated revenue fund），所有的税收收入都应该存入其中，所有的预算支出都应该从基金中支出。这一概念通常由中央银行运作的国库单一账户实施。国库单一账户（可能有特定支出的分账户）的运作细节，可以在法规中明确。在联邦制国家，各级政府都享有预算自主权，每个级别都有一个独立的统一收入基金，次国家层面的各级支出都要从这一基金中支付。

需要由法律来确保全国范围内的财政战略能够公之于众。当次国家政府很重要的时候，它们的综合财政状况应与中央政府合并，并公布由此产生的账户和战略。这项工作是必要的，以便中央预算当局充分了解全国过去和未来的财政发展情况，包括各级政府的财政风险（包括任何隐含的担保，即中央政府将援救欠债的地方政府）。尤其是，政府间财政关系法之规定，协调了各类实体在整合所有

---

① 法律可以规定，立法机关批准中期支出的最高上限。在这一批准之后几个月，被批准的年度（+2）最高限度，将自动地成为新预算编制周期的年度（+1）预算预测之起始点。

预算和制定全国预算政策上的责任。法律应该规定统一的政府预算之主要总额变量（收入、支出、平衡和筹资），在中央政府和各次级国家政府之间，是可以清晰地判别和分开的（尽管每个级别的政府——包括他们的各种预算外资金——可能有制定预算的自主权）。对于加强"广义政府"[①]预算数据的整理——事前和事后的——也应在法律中规定。

普遍性原则的例外情形，需要包含在预算制度法中或单独的法律中。特别是：

● **预算外资金（extrabudgetary funds）**。为了保护普遍性原则，政府和立法机关严格限制预算外资金的设立[②]。如果需要，每笔这样的资金都应该由单独的法律来设立，在法律中要规定资金的治理结构，并且要履行向立法机关报告之义务（事前的和事后的）。法律应该提供法定的授权，用来征集指定用途的收入，并允许特别资金用于特殊目的（如社会保险支付）。

● **总额记录之例外（exceptions to gross recording）**。在收入方面，如果有法律之规定，则可以允许预算之预测只以净额为基础来显示（例如，增值税的预算收入显示，就应该是销项增值税减去进项增值税）。在支出方面，任何抵销收入的做法，都应该有法律依据，而且只有在理由明确的情况下才能这样做。有些人认为，政府机构应被授权保留自己筹集的收入，并将其用于自己之目的，因为这是一种将收入来源最大化的有效方式。特别是，随着收入的保留，机构会有很强的动机去实现计划年度预算中的预期收入，并保证全部预计的收入按计划收集上来。净支出，而非议会批准的年度预算中的总支出（非税收入预算中所附带的详细费用估计），应该由立法机关在预算中批准（由这些机构所保留下来的收入，作为支出的抵减项）。任何超出预算所预测之收入筹集规模的支出，都应得到议会的批准。

3.4 统一性

这一原则要求预算同时列报所有的收支情况。然而，议会在年度预算法中批准的收入和支出，只能是年度预算所隐含之财政战略下的总收支的一个子集。这主要是因为普遍性原则的例外情况，如自治的次国家政府，净拨款或预算外资金。因此，法律应该要求行政机关为议会准备一份表格，并作为年度预算的一部分，以显示宏观财政战略中的收支总额（更适合国民核算基准），这种宏观财政

[①] 如IMF政府财政统计手册（IMF，2001a）或国民核算中所定义的那样。
[②] 预算外资金的限制可纳入法律。例如，芬兰的宪法要求，对于制定任何新的预算外资金，都要由议会的绝对多数同意。

战略是与年度预算中批准的收入和支出相联系的。

3.5 特殊性

这一原则表明，收入和支出在预算中得到了一些细节上的批准。在收入一翼，法律应该定义宽泛的收入类别。国际货币基金组织的政府财政统计手册（IMF，2001a）可作为这方面的指南。它将各种税收收入、其他收入（收费、财产性收入等）、社会捐助和赠款加以归类。

在支出方面，法律应具体规定拨款的类别、依据、性质和期限。预算制度法应该是：

- 在固定拨款（fixed appropriations）和无限期拨款（unlimited appropriations）之间加以区分，前者的法定最高支出上限是12个月，后者则不论预算估计数如何，可能因其他法律或合同（如需要向家庭支付社会福利的法律，规定政府必须偿还债务的债务合同）之安排，而超越这一时限。法律应该要求向立法机关提交的定期报告中，说明无限期拨款超过指示性数额之原因。
- 具体说明拨款依据：收付实现制、权责发生制或承诺（义务）。法律可允许（或要求）在年度预算法中，核准基于收付实现制和权责发生制（或承诺）的支出估计数。
- 区分拨款净额和拨款总额（参见上文总记录的例外情况）——并确定用于特定目的之专款收入。
- 确定跨年拨款和（或）无限期拨款。某些支出——譬如，长期计划所要求的投资项目——最好以跨年制为基准来批准，至少对债务支出如此（年度现金限制也可以在预算法中硬性规定）。

3.6 平衡性

3.6.1 预算平衡准则

这个原则阐述了预算支出应该与预算收入相等。为了使这项原则不只是一份现金制会计报表，必须区分：（1）源自收入的现金流入；（2）预算授权支付的现金支出。从经济角度看，该原则阐述了支出[①]是由预算收入和融资来平衡的。法律应该界定收入、支出和平衡，并由立法机构批准对前两项的限制。

3.6.2 财政规则

关于财政规则的文献大量涌现（例如，Kopits and Symansky，1998；Banca

[①] 在权责发生制下，费用和支出之间会形成差异。应用于预算制度法的条款，一定要符合所采用的会计制度。

d'Italia，2001；Schick，2003）。这些规则被认为是宏观经济稳定（稳定的价格水平、稳定的经济增长和尽量减少汇率波动）所必需的。需要对坚定的财政目标做出承诺，使财政政策与货币政策目标保持一致。特别是，需要控制政府债务水平，避免为财政赤字提供货币融资。一些评论家建议，财政规则应该体现在法律中，或甚至在宪法中①。这一观点的支持者认为，为了确保立法机关每年采用纪律严明的预算，宪法的权威是必要的②。那些反对将定量的规则嵌入法律中的意见如下：

● 如果财政平衡和政府债务目标被永久设定，政策制定者将被剥夺使用自由裁量之财政政策的权利。尤其是，反周期的财政政策——赤字和公债临时偏离有计划的中期定量目标——当出现不利的财政冲击时，可能被调整。

● 中期财政目标的可靠承诺，需要政治协议。因为立法机关的寿命仅限于几年，一种更有效的方式（相对于法律上固定的永久规则）是就中期财政政策达成一项不具约束力的政治协议，并根据不断变化的经济、社会和政治情况，定期予以更新。

● 有法律约束的规章，可能存在薄弱环节。金融交易可能超出规则的范围之外来运作，这些规则适用于特定的概念、预算年度以及预算机构。"创造性账户"（creative accounting）被用于将一年的交易转移到另一个年度，以便"尊重"该年的规则，或者将预算交易转移到预算之外，以规避"规则"（参见 Milesi-Ferretti，2000）。此外，规则的例外允许会被滥用（譬如，"紧急"开支就比法律规定的要频繁得多）。

● 量化的目标，如果嵌入到法律中，需要由法官来执行。然而，当经济形势要求打破这一规则时，由非民选的法官来支配财政政策，这被认为是不民主的。实际上，很少要求由法官来实施这些不受尊重的规章③，通过法律渠道对其可执行性提出质疑。

---

① 例如，在美国，布坎南（Buchanan，1997）认为，在宪法中规定平衡预算，是控制迅速增长的联邦政府预算赤字的必要条件。

② 美国的支持者还认为，联邦政府应该遵循50个州中49个州的先例，这些州的宪法包含了某种"平衡预算"规则。在宪法规定适用于事后预算平衡的州中，州普通基金盈余往往更高，这就是他们所援引的证据（Bohn and Inman，1996）。这种主张的严密考查揭示出，只在36个州中的宪法提及了预算平衡规章（Briffault，1996，P.8），并且一些州依据规章只是将预算呈送到立法机关。批评者指出，唯一没有任何宪法预算规则的州（佛蒙特州），在预算平衡方面却有着很好的记录。

③ 科皮兹和西曼斯基（Kopits and Symansky，1998）报告说，在德国，宪法规章常常难以实现，并且很少引起司法质疑。类似地，尽管美国50个州的大多数，在宪法中有某种形式的"平衡预算"要求，但是这些经常被使用中的预算外资金或其他"创造性账户"的技巧所破坏。布里福（Briffault，1996）报告指出，1978~1996年没有立法挑战。在20世纪70年代仅有的两个案例中，挑战并非不遵守平衡预算规则本身，而是附带的方面。

- "永久性的"法定限制能够容易地被临时的法律①所改变。
- 制裁只存在于书面上。出于政治原因，它常常实在难以在实践中②应用。

与公债相关的平衡——资产与负债——可能包含在单独的法律或预算制度法中。直到政府采用权责发生制之前，预算制度法的标准是只以现金为基准的收支，这些收支应该包含在法律中。即便有这样的法律，在立法机构中，对资产和债务交易的关注也比较少。如果没有单独的公共债务法，会计准则将会规定关于政府资产和负债的交易。

3.7 问责性

《财政责任法案》可以使立法机构区别事前和事后的责任。首先需要关注的是，针对议会关心的问题，行政机关有义务在预算草案中做出回应。其次，一旦预算被执行，行政机关应该提供涉及的资料。除了这些领域外，至少存在与问责相关的其他两个方面——行政机关内部的职责、外部审计机关的作用。在法律或规章中，对外部审计机关来说，在宪法中需要明确以下责任：

3.7.1 行政首脑对立法机关的责任

在法律中应该规定，行政首脑对于立法机关的预算管理责任。是由个人（如财政部长）还是由国务会议向立法机关负责，依赖于宪法明确地或含蓄地规定是个人责任还是集体责任。与预算有关的问责法，可以用来补充相关宪法规范，具体规定包括：

- 政府或财政部长（或相当官员）至少在新财政年度开始前3个月，向立法机构提交预算草案。最好的情形是，规定行政机关拥有编制初步预算草案的专属权力。

- 预算必须在某一日期之前提交给立法机构，这一日期甚至可以在宪法中具体规定。这一日期应早于新的财政年度（例如至少3个月），使立法机关有足够的时间来审议预算草案。在新财政年度开始前通过预算的要求，对于负责任的财政管理而言，是特别重要的，当然，如果这一要求难以实现，法律也应提供相应的权宜之计。因此，宪法至少可以对年度预算法案的通过时间，做出一般性规

---

① 一些国家将年度预算作为改变以前预算相关法律的机会。在日本，虽然1947年的《公共财政法案》要求平衡预算，除了建设支出之外（这种支出可能由特别债务提供资金），在1975～1996年期间，当正在采用年度预算法时，政府超过了这个限制，通过允许为一般预算发行融资债券。在1997年，采用了《财政结构改革法案》。这修复了1946年的法律条款，并确定了2003年的财政赤字的定量目标为GDP的3%。然而，1997年的法律在1998年被废除，当时，数量规则显然未能得到尊重。

② 法国和德国在其2004年的预算中，并不遵守马斯特里赫特条约，就是一个例子。当这两个国家的一般政府赤字超过3%的限制时，财政制裁——以无息储蓄和最终罚没的形式——本来是应该被应用的。

定，并由基本法来提供相应细节。

- 与事前预算草案一起提交的报告（参见下文）。
- 政府或财政部在规定日期之前向立法机关提交经审计的预算执行结果，应该不迟于下一年预算的提交日期。
- 立法机构可以召集任何政府成员、政务官员或公务员，以口头或书面方式，为预算预测和（或）结果做出辩护。

3.7.2 行政机关向立法机关报告

预算制度法也应该规定事后预算执行报告和财务报告的范围与内容，连同外聘审计师的年度报告，这些要在财政年度结束后一定的日期之前进行。最终日期应该规定：12 个月是宽容的标准（IMF，2001b），6 个月是"最佳"期限（OECD，2002a）。

所有预算报告可能的最低限度法律规范，参见专栏3-4，摘自OECD预算透明度的最佳实践（OECD，2002a）以及IMF关于财政透明度的良好做法守则（IMF，2001b）。

专栏 3-4 预算报告可能的最低法律规范

预算报告（伴随年度预算）

- 中期财政战略、财政政策目标、显示至少在下一个财政年度之后两年内的预期收入、支出、预算平衡和公共债务的预算框架。
- 明确确定年度预算中正在实行的新政策。
- 过去两年期间的真实收支和更新的本年度预测的比较资料，后者需要附带每项收支计划的说明。
- 与同时期前几次预算报告所载预测的对账，并附有对所有重大偏差的解释。
- 标注永久性法律中授权的收支。这些应包括在中期财政战略所载的预算总额中。
- 确定和讨论预测所依据的经济假设和财政风险。如果量化是重要的，应该讨论税式支出、或有负债和准财政活动。

季度（或月度）报告

- 每月和年度预算执行情况报告，将在每个期间结束后4周内公布。有关收入、支出和余额的简要评论，应随附在数据中。

> **年中报告**
>
> ● 全面更新预算执行情况，在年中期间结束后6周内发布。报告应包括本财政年度及其后两个财政年度的最新预算预测。
>
> ● 讨论预算所依据的经济假设的变化所产生的影响，最近的政治决策或可能对预算产生重大影响的其他情况。
>
> **年末会计和年度报告**
>
> ● 年度会计应符合预算的收入水平以及议会批准的开支。会计格式应该与预算编制相同。对初始预算的任何年度调整都应显示出来。前一年收支的对比资料也应该提供。
>
> ● 年度决算应该经由外部审计机关的审计，并在财政年度结束后9个月内，呈交给议会。
>
> ● 年末预算报告应该包括对总的预算结果（与关键的总量目标相比）以及收支大类的综合讨论。除了中央预算当局（财政部）编写的总体报告外，支出部委关于预算成果的报告也可包括在内。如果合适的话，法律应该要求年度报告包含非财务性的绩效信息，包括目标绩效和实际绩效之间的对比。

在OECD的最佳实践中，法律可能会要求提交其他预算资料和定期报告。虽然纳入了法律，但当局可能选择并不立即达到标准。这种情况在发展中国家或转型期国家尤其如此，譬如，行政机关编制所需报告的能力有限，或议会认为没有必要提供详细资料。即使在实施绩效导向预算的OECD国家中，因为与绩效有关的信息补充了传统的财务信息，立法机关存在收到太多信息的风险。在实施法律之前，需要做出明智的选择，比如要求各部委编制年度绩效报告。应该区分议会需要什么信息和内部管理目标需要什么信息，后者则受规则管辖，而不是法律管控。

3.7.3 预算管理者对行政首脑的责任

在行政机关内部，需要清晰地界定预算管理者对更高一级政府首脑的责任。当然，这未必一定要在法律中具体体现。

行政机关内部公务员的问责，是否应受法律约束，这取决于立法机关在多大程度上想要干预政府行政部门编制和执行预算。如果在法律规定了行政机关的基本问责要求之后，立法机关完全信任行政机关编制和执行通过的预算，它可以把所有的组织事项留给行政机关处理。这种情况下，行政机关将通过内部规章来管理，包括确定公务员和服务于政治执行之政治委任者的角色、责任和权利。

作为雇主的政府和作为雇员的公务员之间的任何合同工作协议，都将受到一般职业立法的管理，这同样适用于私营部门雇员。可是，如果政治选择使公务员具有特殊的地位（例如，提供终身雇用或福利，以换取其忠诚和政府工作所需之专长），那么可能需要一部公务员法。

行政法对行政机关制定内部问责安排的自由，施加了限制。为了反映长期存在的传统，一些国家的宪法要求，在行政法中规定被指派管理人员的义务和角色（包括预算制度）。在那些明确区分公法和私法的国家尤其如此。因此，他们的宪法要求公法规定公共服务人员的权利、地位、服务和忠诚（如德国1949年的宪法），尽可能地区分公务员和军人之间的区别（如法国1958年的宪法）。如果这些宪法的要求导致实行僵化的公务员制度法律（如统一的薪酬规模），可能无法保证政治或行政人员进行有效预算管理所需的必要工资弹性。对公务员薪酬和其他雇佣条件没有宪法的或法律规范的国家，在规定高级官员对政府首脑（一般是政府部长）责任的合同方面，具有灵活性。

立法机关可以认为，它有权通过法律来控制公务员的职级及薪酬。如果立法机关更关心政府政策的结果，正是为了实现这些结果，才在年度预算中为之提供必要资金的，那么行政机关是否聘任雇员来实现这些结果，将是无关紧要的。真正重要的是结果本身，而不是实现这些结果的手段。相反，如果立法机关认为，公务员工资"太高"或有"太多"或"太少"的公务员，那么立法机关可以选择在年度预算的范围内，批准公务员人数和单位薪金水平。通过采用公务员法或要求对公务员群体水平的年度预算追加预算，立法机关能够实现其政治上确定的目标（这种控制是很难找到经济理由的）。

3.7.4 最高审计机关的权利、角色和责任

因为最高审计机关应该在宪法中明确（参见专栏3-2），它应符合最高审计机关国际组织（INTOSAI）的指导方针，包括尽可能在规定日期前将审计报告存放于立法机关的宪法要求。外部审计法应该详细说明外部审计机关的权力、角色和责任。外部审计法主要应该详细说明INTOSAI的国际规范。INTOSAI的审计准则由四部分组成：基本假设、一般标准、领域标准和报告标准（参见IMF, 2001c, Box 24之摘要）。外部审计法可能的最低标准如专栏3-5所示。

专栏3-5　外部审计法律规范的要素

● 独立性：制度、财政、管理和运作。法律应该保证外部审计部门是独立的审计实体。应该尽可能完全地独立于行政机关。

- 外部审计部门领导人、副职领导人和职员的任免。立法机关应该是涉及任命机关领导人及其副职的主要机构，他们相应地应该享有不受外部干扰地招募、提升和解聘职员的自由度。
- 任务：审计类型。至少应对财务管理和会计进行合规性和经常性审计。财务会计的鉴定是可取的。内部审计的有效性应该受到检查。更高的标准是要求绩效审计（效率性、经济性和有效性）。这将包括非财务绩效和管理。
- 应该确立外部审计机关与立法机关、行政机关工作职责的关系。法律可以规定外部审计部门的年度工作计划，主要是自主的或可能是由立法机关批准的。
- 报告义务。年度报告应在财政年度结束后9个月内编写，并主要提交给立法机关。它和立法机关要求的其他特别报告应予以公布。应该规定例外事项，如国防。
- 审查权。法律应规定外部审计办公室有权查阅履行其职能所需的所有文件和信息。
- 确保对审计报告中提出的建议采取后续行动。法律或条例应详细说明行政部门成员对审计报告提出的问题作出答复的义务。呈递议会委员会关于已采取（或将要采取）行动的书面答复，是一个常见的程序。

资料来源：INTOSAI "Lima Declaration"（INTOSAI, 1977）and IMF Manual on Fiscal Transparency（IMF, 2001c）。

3.8 透明度

除了与透明度有关的问责制之外，财政透明度可能还有其他方面应纳入法律，特别是与国家角色明确性有关的问题。

3.8.1 公共部门中角色的透明度

IMF《财政透明度良好做法守则》（IMF, 2001b）规定，政府部门应与其他公共部门和其他经济部门区分开来。为了在法律上明确这一区别，预算法及与政府、准政府和非政府实体等组织的有关具体法律，都是必需的，包括：

- 国家参与商业活动。国家将企业收归国有，或从私营部门运营较好的活动中撤回时，需要有新的法律或对已有的法律进行修改。政府拥有的企业已然超出了国民核算中定义的"广义政府"之范围。详细说明建立公共企业的规范或私有化法律的可行之处，这已然超出本书的范围。
- 政府机构地位中的透明度。"广义政府"内的半自治实体有着不同的类型。一些这类实体可能由法律建立起来,然而其他的可能不需要有其自身的法律身份。无论哪种方式,法律框架对于界定政府实体的各个级别,都是合适的(参见专栏3-6)。

- 明补和暗补(显性补贴和隐性补贴)。法律应该要求,政府通过公营部门以不透明方式(a non-transparent way)向立法机关全面地报告预算外执行情况,最好是在年度预算讨论中进行。同样,向立法机关报告税式支出①和准财政活动②,也应是一项法律要求。

- 或有债务。法律应该要求向议会做出明确的或有债务报告(Polackova,1998,区分隐性或有债务和显性或有债务——前者没有法律约束力)。法律也应该要求量化已知有重要性的或有债务(如政府对借款的保证)。以现金为基础的会计系统下,可能的贷款违约给政府预算带来的直接成本,并没有记录在预算中。在年度预算中,可以利用技术手段来量化提供担保的费用。关键要素可以体现在法律中,特别是如果一个国家决定有选择地采用权责发生制会计原则。

专栏3-6 政府机关法律规范的要素

对政府机构"独立公平"(arm's length)③之级别的法律框架,部分地依赖公法是否不同于私法(OECD,2002c)。半自治机构可能的级别是:

- 直接由各部委控制的实体,没有管理委员会。这个机构级别本身不具有法人资格。机构的主管人要通过母体机构(parent ministry)向部长报告。可是,机构拥有自己的会计,并完全(或主要)地由政府预算提供资金。

- 直接由各部委控制的实体,设立有管理委员会。和上述不同,这个机构级别本身具有法人资格。机构的主管人向其管理委员会报告,报告依次通过上级部门报告给部长。

---

① 税式支出是非政府法人实体的税收特权,其与向受益实体提供直接补贴的影响相似。

② 准财政活动是指由非政府实体实施的政府财政政策(如由公营企业以低于市场价格提供的公共产品或服务;国有银行的信贷补贴)。

③ arm's length,直译为"保持一定的距离",引申义指"双方没有任何关系或联系",一般用于指交易双方是独立的,可以解释为"独立公平"——译者注。

- 间接由各部委控制的实体。这些机构在政府政策方面的重要性较低。这类机构在报告要求和保留收入的能力方面,将享有更大的自主权。他们本身具有法人资格和管理委员会。

在上述关于非企业政府机构的广泛框架内,可以采用进一步的变通办法。例如,实体可能以活动性质(行政的、监管的、研究的等)或活动部门(卫生,初等、中等、高等教育、国防等)来划分。

公司法适用于建立公有企业。

3.8.2 预算信息的公共可及性

公布全面的财政信息应该是一项法律义务。如上所述,发达经济体的法律规范应该与OECD的最佳标准保持一致。特别报告的时间和周期(选举前、预算前、长期的)应该像年度预算报告一样,体现在法律中。

3.9 稳定性或可预测性

法律应该要求,在定期更新的中期预算框架内,制定预算和公共债务目标。政府对这种框架的承诺,要求税收和其他费用的税(费)率和税(费)基是相对稳定的。因此,在向立法机构提交年度预算的估计数时,法律要求还应当提交预算年度之后几年的预测。这种中期财政框架允许立法机构基于财政政策的长期战略,来考虑12个月的预算预测——总体平衡、总收入和总支出。法律可能要求由立法机关正式采用中期预测。特别是,如果它采用每年更新的本身有法律约束力的中期支出总额上限,立法机关可以对负责的财政管理做出有力的承诺。

法律可能在两个截然不同的阶段,也要求议会批准预算总额和详细估计数。在第一阶段,可以采用余额、总收入和总支出。在第二阶段(可能是稍后几个月)[①],法律可能需要核准支出的详细拨款。采用针对不同支出的单独法律(多项拨款法案),或采用分别用于经常支出和资本支出的预算(复式预算制度),均与预算统一原则背道而驰。

3.10 绩效(或效率性、经济性、有效性)

许多国家日益强调预算绩效。一般来说,效率被认为是评价人类互动影响的首要标准(Brion,1999,P.1043)。可是,效率已经受到法学家的批评,他们反

[①] 一项法律规范可能要求议会在预算编制的早期,就批准政府规划的财政策略,如财政年度开始之前7~8个月。只有在更晚些时候,如财政年度开始前一到两个月,议会才批准详细的概算。

对将其作为一项法律原则①来使用。

如果一个国家有意愿和能力实施以绩效为导向的预算制度，它就应力求达到OECD"预算透明度最佳实践"所要求的更高标准。尤其是，法律会要求行政机关在向立法机构提交年度预算时，一并提交过去和预测的绩效相关信息，还会要求预算管理者在预算执行后，向立法机关报告绩效情况。这样的预算制度可能需要修订外部审计法（或行政法，或劳工法）。

参考文献

Banca d'Italia (2001), "Fiscal Rules", proceedings of the Research Department Workshop on Fiscal Rules, Central Bank of Italy, Rome, February 1 – 3.

Boadway, Robin (2003), "The Role of Public Choice Considerations in Normative Public Economics", in S. Winer (ed.), Political Economy and Public Finance, Edward Elgar, Cheltenham, United Kingdom, pp. 47 – 68.

Bohn, Henning, and Robert P. Inman (1996), Balanced Budget Rules and Public Deficits: Evidence from the US States, National Bureau of Economic Research Working Paper No. 5533, National Bureau of Economic Research, Cambridge, Massachusetts, United States.

Briffault, Richard (1996), Balancing Acts: The Reality Behind State Balanced Budget Requirements, The Twentieth Century Fund Press, New York.

Brion, Denis J. (1999), "Norms and Values in Law and Economics", in B. Bouckaert and G. de Geest (eds.), Encyclopedia of Law and Economics, Vol. 1, Entry No. 0800, Edward Elgar, Cheltenham, United Kingdom, pp. 1041 – 1071.

Brownlie, Ian (2003, 6th edition), Principles of Public International Law, Clarendon Press, Oxford.

Buchanan, James (1977), Freedom in Constitutional Contract: Perspectives of a Political Economist, Texas A&M University Press, College Station and London.

Buchanan, James (1987), "Constitutional Economics", The New Palgrave: A Dictionary of Economics, Vol. 1, Macmillan, London, pp. 585 – 588.

Buchanan, James (1997), "The Balanced Budget Amendment: Clarifying the Arguments", Public Choice, Vol. 90, Kluwer Academic Publishers, Dordrecht, The Netherlands, pp. 117 – 138.

---

① 克里斯塔（Kirstein, 1999）援引了一些研究，有些法律研究者反对使用效率作为德国的一项法律原则。

Chevauchez, Benoît (1999), "Le Fonds monétaire international et la transparence budgétaire", Revue française de finances publiques, No. 67, Librairie générale de droit et de jurisprudence, Paris, September.

Hausmann, Ricardo, and Catriona Purfield (2004). "The Challenge of Fiscal Adjustment in a Democracy: The Case of India", Working Paper No. 04/168, International Monetary Fund, Washington DC, www. imf. org/external/pubs/cat/longres. cfm? sk = 17597. 0.

IFAC (International Federation of Accountants) (2004), 2004 Handbook of International Public Sector Accounting Standards, Public Sector Committee of International Federation of Accountants, New York, www. ifac. org/PublicSector.

IMF (International Monetary Fund) (2001a), Government Finance Statistics Manual, Statistics Department, IMF, Washington DC, www. imf. org/external/pubs/ft/gfs/manual/index. htm.

IMF (2001b), Code of Good Practices on Fiscal Transparency, IMF, Washington DC, www. imf. org/external/np/fad/trans/code. htm#code.

IMF (2001c), Manual on Fiscal Transparency, Fiscal Affairs Department, IMF, Washington DC, www. imf. org/external/np/fad/trans/manual/index. htm.

India (2003), Fiscal Responsibility Act, Ministry of Law and Justice, New Delhi, http: //indiacode. nic. in/incodis/whatsnew/Fiscal. htm.

INTOSAI (International Organization of Supreme Audit Institutions) (1977), Lima Declaration of Guidelines on Auditing Precepts, INTOSAI, Vienna, www. intosai. org/Level2/2_LIMADe. html.

INTOSAI (1992), Auditing Standards, issued by the Auditing Standards Committee at the XIVth Congress of the International Organization of Supreme Audit Institutions, INTOSAI, Vienna, www. intosai. org/2_CodEth_AudStand2001_E. pdf.

Kirstein, Roland (1999), "Law and Economics in Germany", in B. Bouckaert and G. de Geest (eds.), Encyclopedia of Law and Economics, Vol. 1, Entry No. 0330, Edward Elgar, Cheltenham, United Kingdom, pp. 160 – 227.

Kopits, George, and Steven Symansky (1998), Fiscal Policy Rules, IMF Occasional Paper No. 162, International Monetary Fund, Washington DC.

Lienert, Ian (2005), Budget Law and New Public Management, IMF Working Paper, IMF, Washington DC, forthcoming.

Milesi-Ferretti, Gian Maria (2000), Good, Bad or Ugly? On the Effects of Fiscal Rules with Creative Accounting, IMF Working Paper WP/00/72, IMF, Washington DC.

OECD (2002a), "Best Practices for Budget Transparency", OECD Journal on Budgeting, Vol. 1, No. 3, OECD, Paris, pp. 7 – 14.

OECD (2002b), Regulatory Policies in OECD Countries: From Interventionism to Regulatory Governance, OECD, Paris.

OECD (2002c), Distributed Public Governance: Agencies, Authorities and Other Government Bodies, OECD, Paris.

Oliva, Carlos (2001), "Fiscal Responsibility Laws: How Broad Should They Be?", paper presented at an International Seminar on Fiscal Transparency and Responsibility, Brazilian Development Bank, Ministry of Development, Industry and Foreign Trade, Rio de Janeiro, 26 – 27 November, http://federativo.bndes.gov.br/Destaques/seminario/Documentos/CARLOSOLIVA.pdf.

Polackova, Hana (1998), Contingent Government Liabilities: A Hidden Risk for Fiscal Stability, World Bank Policy Research Working Paper No. WPS1989, World Bank, Washington DC.

Schick, Allen (2003), "The Role of Fiscal Rules in Budgeting", OECD Journal on Budgeting, Vol. 3, No. 3, pp. 7 – 34.

UEMOA (West African Economic and Monetary Union) (1997), Directive N°05/97/CM/UEMOA relative aux Lois de Finances, West African Economic and Monetary Union, Ouagadougou, www.uemoa.int.

Voigt, Stefan (1999), "Constitutional Law", Encyclopedia of Law and Economics, Edward Elgar, Cheltenham, United Kingdom, pp. 529 – 542, http://encyclo.findlaw.com/9100book.pdf.

第四篇

部分 OECD 国家的实例研究

加 拿 大[*]

实例研究的结构

1. 概述
2. 预算制度法律中的原则
3. 预算制度中法律基础的建立与行动者的权力
4. 预算周期各阶段的法律规定

---

[*] 加拿大的实例研究得益于以下各位的评论：伊冯·贝斯纳（Yvon Besner），劳拉·达纳赫（Laura Danagher），凯瑟琳·福斯克特（Catherine Foskett），迈克·乔伊斯（Mike Joyce），鲍勃·梅隆和约翰·摩根（Bob Mellon and John Morgan）（财政委员会）；彼得·德里弗斯（Peter Devries）（财政部）；巴兹尔·加菲里奥（Basil Zafiriou）（加拿大审计署）；约翰·梅因（John Mayne）（OECD 顾问、前加拿大审计署职员）；以及包括经济部的黛博·拉罗丝妮（Deborah Roseveare）在内的 OECD 同仁。

1 概述

1.1 控制预算过程的法律框架

加拿大是威斯敏斯特的政府模式,因此不强调年度预算过程的法律基础,而是结合着法律、规章和惯例,来管控预算编制与通过以及向议会报告预算。虽然议会至尊的原则被庄严地载入宪法,然而,实际上行政机关——特别是内阁成员——在预算政策和金额上具有很大的权力。政府拥有采行预算的专门权力,并且,立法机关修改行政机关提出的预算之权力,受到极大的限制。法律不对行政机关向议会提交预算设定截止日期。实际上,大约在财政年度开始前一个月,行政机关才将预算提交到议会,并且在财政年度开始后大约三个月被采用。1867年的宪法法案(Constitution Act),1985年的《财政管理法案》(FAA)和1977年的《总审计长法案》(AGA)都是管控预算过程的基本法规(参见专栏1)[①]。在建立预算和财政管理制度方面,《财政管理法案》发挥了特别重要的作用。1875年的《加拿大议会法案》(the Parliament of Canada Act)却不包含任何议会预算复核程序的条款。

专栏1 加拿大:主要的预算制度法

- 1867年宪法法案
- 1985年《财政管理法案》(FAA)之修正案
- 1977年《总审计长法案》(AGA)之修正案
- 1985年《联邦和省级财政安排法案》之修正案

来源:所有法律文件可以在加拿大司法部网站上查找 http://laws.justice.gc.ca。

宪法法案(第6章和第8章)规定了议会预算权的主要条款,包括接受拨款、税收法案和批准公债。支出需要从统一收入基金中拨付。法案还建立了联邦

[①] 除了这些法律以外,还有各种税收法案及对其他法定项目的立法和拨款法案,授权政府花钱或征税。在1992年,采用了支出控制法案(the Spending Control Act)来管理政府支出;该法案在1996年失效。类似的,1992年的债务服务和削减法案(the Debt Servicing and Reduction Act),在2003年被正式废除。

和省级政府之间财政关系的宪法原则。《财政管理法案》（FAA）之修正案规定了总体原则和公共财政管理的特殊程序。一项最重要的条款是：不经议会批准，政府不能提高税收或形成支出。该法案还建立了财政委员会（the Treasury Board）和财政部，并且对公款、公债及公共账户的使用，做出了原则规定。《总审计长法案》（AGA）之修正案确认了审计署（OAG）的长期存在（存在超过 125 年了），并且说明了审计的类型和标准、审计长的权力，以及为保护审计独立性的措施，包括审计长的任命和任期。

政府间的财政关系建立在 1867 年的宪法法案和 1985 年的《联邦和省级财政安排法案》（the Federal-Provincial Fiscal Arrangements Act）之基础上。后一项法案说明，支持特殊省份和区域项目的中央转移支付主要类型（卫生和社会转移支付），向欠发达省份提供一般资金（general funding）（财政均等化支付），或帮助有特别需要的地区（财政稳定性支付）。

1.2 预算制度法的改革

在过去的 20 年间，尽管《财政管理法案》和《总审计长法案》做了一些修正，但在预算相关法律中，并没有任何开创性的变化。总体上，新的预算程序由内阁决议引入，而不是由新的议会立法或对现有立法的主要修改来引入。这反映了威斯敏斯特国家中的内阁和内阁委员会享有强大的不成文权力。另外，与其他几个威斯敏斯特国家不同，加拿大没有采用加强财政责任与受托责任的法律。

通过研究可以得出以下结论，加拿大联邦政府不需要通过新的立法或修正《财政管理法案》来引入权责发生制（比较而言来，在 2000 年，英国为了引入权责发生制，专门制定了一部法律）。加拿大政府的预算和财务报告采用完全的权责发生制，这项举措是政府在 2003 年采取的方针政策。《财政管理法案》向财政部长和财政委员会主席提供了涉及公共会计之形式和内容的宽泛权力。2004 年，部分原因是应对公共资金的管理不善，为了加强监督和问责，政府重新审视了《财政管理法案》。为了将加拿大政府的预算、财务报告、预测和支出授权的会计基础统一起来，对《财政管理法案》进行调整是必要的。

为了解决高赤字率和迅速增加的公债，议会在 1992 年颁布了《支出控制法案》（the Spending Control Act）（参见专栏 2）。颁布这项法规的目的在于，直接控制支出并间接地限制联邦债务的增长[①]。在 1994 年，政府选择不将该法案从原定的五年时间加以延长。

---

① 虽然法案有助于减少开支，但如果法律也强调预算的税收方面，那么法案之目的便可以更好地实现（Geist，1997；Philipps，1997）。

> **专栏2　加拿大：1992年支出控制法案的主要条款**
>
> ● 确立支出上限（以加拿大元表示）。上限只适用于计划支出，这被界定为由独立收入来源来直接提供资金的支出。
> ● 支出限额将覆盖五个财政年度：1991~1992到1995~1996财年。
> ● 上限的例外情况。五个财年期间，对上限额度的调整总计为31.5亿加元。
> ● 允许在某一年度出现超支情况，条件是政府要在之后的两个年度内说明超支的原因。如果拟议的增长，会导致政府收入等于（或大于）提出的超支，超支就有可能被认为是合理的。

在1994~1995财年，政府开展了预算编制程序的重大改革，而没有诉诸制定法律。核心的改革内容是，建立和保持双年度滚动财政目标的连续性。预算编制中的两个制度特征包括，谨慎的经济预测、只能用于应对预测错误和不可预料事件的应急储备金（contingency reserve fund）（Blöndal，2001，box 2）。此外，项目复审需要根据六项测试[①]，来审查非法定部门支出的所有方面。关键的目标是减少或消除低优先级的项目，并将资源分配给具有高优先级的项目，通过这些项目，联邦政府可以更好地提供服务。法定项目（statutory programmes）也要受到审核，并对就业保险计划和对其他政府的转移支付进行重大的结构性调整。另外，本次改革引入了预算前的协商过程，同样没有通过立法程序，鼓励在更早阶段广泛地参与预算编制。

预算项目的审核，对支出进行了较大程度的削减，包括政府雇员数量的大量减少（Sturm and Müller，1999）。针对省级政府的转移支付制度改革，导致更加节约成本和具有灵活性，并要求修正《联邦和省级财政安排法案》。新的"加拿大卫生和社会转移支付计划"（Canada Health and Social Transfer），确定由给予各省份以整体补助（a block grant）的形式，取代了"加拿大援助计划"下的转移项目，这种转移是以分摊成本和建立项目融资制度为基础，向地方社会福利计划提供资金，这种制度将整体补助款提供给负担经费的地方中等教育和卫生部门。

更灵活的计划审核安排，有助于实现更加健全的财政状况。从1997年开始，

[①] 它们是：（1）计划是否为公共利益服务？（2）政府发挥了适当的作用吗？（3）如果由另一个级别的政府（地方的或自治的）负责，会完成的更好吗？（4）是否可以由私营部门或志愿部门来完成？（5）计划可以更有效地完成吗？（6）负担得起吗？

通过减少支出和审慎的预算计划，大量且不断增长的赤字被持续的财政盈余所取代。经过20多年的增长之后，政府债务总额从1996年之后开始减少。

2　预算制度法律中的原则

像其他具有威斯敏斯特式政府的国家那样，加拿大的法律中也没有系统地体现预算原则。不过，在联邦政府层级上，一些原则在预算制度法中得以体现。与税收和公共支出授权相关的议会权威性原则，被包含在1867年的宪法法案中。《财政管理法案》也要求在提高税收或花费公共支出的问题上，政府要获得议会的批准（条款17和26）。《财政管理法案》规定，年度预算原则（条款2）要在为期两年的滚动预算框架内发挥作用。财政年度开始于4月1日，次年3月31日结束。要求政府为每个财政年制定预算草案，并由议会批准。受托责任的原则体现在《总审计长法案》中。如果政府花费特殊目的支出，需要审计长审查是否经过议会的同意（专项原则，principle of specificity），所有收支的普遍性原则体现在统一收入基金的概念中（《财政管理法案》条款17）。然而，普遍性原则没有在全国范围内应用，而且联邦和地方预算合并的结果数据也不是系统产生的。统一性原则——所有的收支都包括在单一的预算中——没有被完全实行。预算提出的收入和支出、税收计划和拨款计划反而是分别呈现的。

自从1992年的《支出控制法案》在1996年失效了，法律中就不再包括稳定性原则。不过，政府在力争达到"平衡或盈余财政"。透明原则也没有体现在法律中。可是，国际货币基金组织评估说："加拿大的财政管理符合财政透明准则的要求，并在许多例子中代表着最好的实践。"（IMF，2002）

3　预算制度中法律基础的建立与行动者的权力

3.1　行政机关和立法机关

3.1.1　概述

加拿大是一个君主立宪制、联邦制和民主制的国家。联邦层面上的管理职责由立法机关、行政机关和司法机关共享。宪法惯例和宪法法案提出了联邦层面上行政机关和立法机关之间关系的原则。

• 行政部门包括总理、内阁和公务员体系。它对预算申请和立法机关批准的公共资金的使用负责。根据法规，一部分资金一旦通过就会持续拨款，而其他资金则需要每年在拨款议案中投票决定。

- 立法机关由议会两院组成：众议院（the House of Commons）和参议院（the Senate）。众议员至少每五年选举一次。参议员由政府任命并在加拿大全国选举出来。本质上，众议院在预算事务上享受优先权。立法机关通过议会委员会和审计长（是议会的工作人员）对预算过程开展监督。
- 司法机关由各联邦法院和最高法院组成，独立于行政部门，并且对财政法律案件做出裁定。

3.1.2 内阁和部长个人的角色和职责

内阁和部长的角色与职责受到长期既有惯例的约束。总理是政府首脑。法律没有详细规定总理的任务。总理的主要任务是：（1）任命参议员、内阁成员和其他高级官员；（2）管理政府并决定全部政府工作的优先顺序。总理从自己所在的党派中任命内阁。2004年的内阁由28位部长组成（除了个别例外，他们都是被选举出来的官员），他们的工作由11位国务秘书协助。前届政府有多达40位内阁部长，制定高度复杂的决策。枢密院办公厅（The Privy Council Office）支持总理，并在部门有兴趣的议题方面充当顾问，以及作为秘书部门支持内阁和内阁委员会的决定。

内阁部长由总理根据他们的经验挑选，并且还要考虑保证多样性。每位部长为部门负责（其他国家的部委），并可以对地区（或省）或对国有企业（crown corporations）利益拥有附加的职责。总理和内阁部长制定所有主要的方针政策。

内阁委员会的数量和形式依赖于执政的政府，除了财政委员会（the Treasury Board）（由《财政管理法案》规定建立）以外，其他内阁委员会都听凭总理处理。内阁委员会审核部长个人的提案，并向内阁呈送书面建议以备批准（Kelly, 2001）。如果提案有隐含的超出核准给部门之预算拨款的支出，提案也必须得到财政委员会的批准。

3.1.3 各部委和行政分支机构的建立

中央预算办公室的功能，在财政部门和财政委员会之间分配。两者都建立在《财政管理法案》①的法定权威之下。财政部长负责总体的经济事务和财政政策框架，包括准备联邦预算、税收和关税立法，以及管理联邦在金融市场上的借款。另外，财政部长直接负责几项转移支付项目的管理。财政部长向议会呈送

---

① 《财政管理法案》为枢密院建立的财政委员会，规定了法定权威。条款7规定了财政委员会在公共服务中一般管理政策、公共服务组织和管理、财务管理的职责，包括由各部门管理的概算、支出、财务承诺、会计、部门管理、记录、核算收支的规章、审查部门项目的年度或长期支出计划，并决定项目优先级别的有关问题、公共服务的人事管理（包括雇用期限和条件）。另外，《财政管理法案》为财政部的建立提供了法律基础。财政部负责管理统一收入基金，并监督管理和指导所有不由法律分派给财政委员会或任何部长的涉及财政事务的事项（条款14～16）。

预算。

财政委员会管理政府的财政、人事和行政职责。作为支出管理部门，它负责准备编制支出预算（主要的概算）和监督各部门的项目支出。它还提供诸如会计、审计和评估、合同化和财务管理方面的政策框架。

其他联邦部门通常由单独的议会法案创立（例如卫生部法案，工业部法案——参见 http：//laws.justice.gc.ca），这些法案规定了部长个人的权利、职责和作用。部门和机构一览表可以参阅《财政管理法案》的表 1-1 和表 2。部门负责制定政策、向公众发布计划、管理联邦政府规章。其他联邦部门总计大约有 20 个运营部门和 100 多个其他组织实体。

3.1.4 高级公务员的职责

法律对高级公务员没有特殊的规定。2003 年的《公共服务现代化法案》（PSM）使公共服务职业趋向于现代化。该法案的第一部分制定了《公共服务劳资关系法案》（the Public Service Labour Relations Act），提出了公共服务中的劳资关系管理机制。第二部分修订了《财政管理法案》，将人力资源管理的某些直接责任交给了代理负责人，它受制于财政委员会的政策和指示。新的代理负责人职责包括提供奖励和设立纪律标准。《财政管理法案》也修订了由财政委员会主席向议会提出的关于公共服务现代化法案中人力资源管理条款应用的年度报告。在新颁布的《公共服务就业法案》（Public Service Employment Act)[①] 中，现代化了公共服务中的员工关系，并保留了核心价值观，比如美德、优秀以及非党派性。法案给出美德的新含义，并赋予了公共服务委员会（PSC）法律职能，以保护和提升具有美德的员工。然而，公共服务委员会负责审查许多公共服务价值，单独的部门负责考察灵活性和有效性的价值。每个组织的首脑负责保证委派任务完成的结果。法案要求，除了公共服务委员会的年度报告，财政委员会主席需要每年向议会报告法案提出的财政委员会职责。

3.1.5 议会委员会的建立和角色

加拿大议会法案不包含关于议会委员会组成的任何特殊条款。这些都制定在众议院的议事规程（Standing Orders of the House of Commons）和参议院的规章（Rules of the Senate）中。每院都有四个委员会：常务委员会、特别委员会、立法委员会和全体委员会。委员会的数量和形式依赖于执政的政府。常务委员会主要侧重于政府政策的实质性，每个委员会对应一个或更多部门。在 2004 年，众

---

① 1992 年新的公共服务就业法案修正案替代了 1967 年的法案，名称未变。直到 2005 年该法案仍在实施。关于该法案的更多细节，请登录网址：www.parl.gc.ca/37/2/parlbus/chambus/house/bills/government/C-25/C-25_4/C-25_cover-E.html.

议院有 19 个常务委员会，包括处理预算和经济金融问题的财政委员会（Finance Committee）。参议院有 16 个常务委员会，包括处理政府财政问题的国家财政委员会（National Finance Committee）。当主席和大部分成员都来自执政党的时候，大部分委员会就会由政府控制。

3.2　次国家政府的角色和职责

加拿大分成十个省和三个边疆（北部）地区，各地区的面积差异很大。1867 的宪法法案列举了省级和联邦管辖的区域（ss.91 和 92）。尽管有些权力是并存权力，大部分权力还是单独地分配给两级政府中的一级。联邦政府的职责包括货币政策、国防、外交、贸易和刑事法律。省级政府一般负责卫生、教育、财产和民事权利、社会保险和市政制度。其余的任何权利都不在宪法法案中规定，而是取决于联邦政府（更多细节请参见 OECD，2000）。

加拿大的一个突出特点是具有分散的财政制度，这是因为每个省都有广泛的税权和支出权，并且联邦政府对各区域管理的干预很少（OECD，2002）。《联邦和省级财政安排法案》管理各级政府间的财政关系。对各省的转移支付有多种方式，包括解决省之间的不平等问题。这些转移支付主要通过三种计划：在宪法法案（条款 36.2）和《联邦和省级财政安排法案》（第一部分）规定下的均衡计划；《联邦和省级财政安排法案》规定下的地区性公式补助；《联邦和省级财政安排法案》（第五部分）之下的加拿大卫生和社会转移支付（CHST）。1867 年的宪法法案阐述了均等化项目的目标，主要的转移支付之一："加拿大议会和政府致力于制定转移支付的原则，以保证省级政府在合理的税收可比水平上，有足够的收入来提供均等化的公共服务。"

专栏 3　加拿大：联邦对省级政府的主要转移支付

- 均等化转移支付：这些是联邦政府向财政能力低的省份进行的纵向转移支付，它是通过比较人均收入进行计算的，这种收入可能由每个省计算出来，五个省份（不列颠哥伦比亚、曼尼托巴、安大略、魁北克、萨斯喀彻温）可以用平均收入。

- 加拿大卫生和社会转移支付系统（CHST）：向各省提供现金支付和税收转移，以支持卫生保健、高等教育和社会服务，包括青少年发展。CHST 的支付是存在部分条件的：省和边疆区在分配社会事业款项上，依据优先次序，具有一定的灵活性，这种优先次序需要遵守加拿大卫生法案的原则，并在社会救助方面不限制最低居住期限条件。加拿大卫生与社会支付系统由 2004 年 4 月 1 日生效的加拿大卫生支付系统（the Canada Health Transfer）和加拿大社会支付系统（the Canada Social Transfer）所取代。
- 地方公式化补助（TFF）：这是一项联邦政府向三个北方边疆区政府的无条件年度拨款。它能使边疆区提供与其他省份具有同样均等化水平的公共服务。

4 预算周期各阶段的法律规定

4.1 行政机关编制和呈送预算

4.1.1 预算制度的覆盖范围

由于承袭了英国的惯例，预算和主要概算（main estimates）之间产生了区别。预算是众议院中被制成表格的文件，是由财政部给出的政府全部财政收支计划，包括新的收支举措。主要概算是政府支出的分部门和机构的详细计划，在财政部预算之后的几天制成表格。预算和主要概算受到联邦政府的财政活动之限制。预算的覆盖范围并不在法律中定义。根据惯例，行政部门可以在组成联邦政府的各机构单位之间提出变动要求。

省级政府也有自己的预算，与联邦政府的结构和特点相似。与省级政府预算过程相关的省级法律，超出了本书研究的范围。对于省级和边疆（北部）政府如何向联邦政府报告其财政工作进展，在联邦政府层面并未做出相应的规定。

4.1.2 预算外资金和指定用途的收入

财政管理的核心特征是统一收入基金（the Consolidated Revenue Fund，CRF），它依 1867 年宪法法案之规定而成立。资金汇集了所有的联邦政府收入，如税收、关税、收费以及国有企业的利润。《财政管理法案》要求所有的政府收入均纳入统一收入基金，并且如果未经议会拨款授权，统一收入基金就不能拨款（条款 17）。统一收入基金这一概念的主要例外是社会保险项目，其资金来源是由雇主和雇员共同支付的工薪税。1996 年《就业保险法案》（the Employment Insurance Act）规定了保险费的设置和失业救济支付的资格要求。然而，尽管社保险缴费是有指定用途的，但该项目被合并到政府财务报表中（没有单独的会计）。相反地，对于养老金，虽然养老金缴费也会储存于统一收入基金中，但其交易却不合并在联邦政府和省级政府的财务报表中。1966年加拿大《养老金计划法案》修正案（the Canada Pension Plan Act）管理主要的养老计划工作，除了魁北克省有自己的计划外，均由联邦政府和省级政府联合管理。

将纳税人的钱转入基金和其他为实现公共目标而设立的授权安排，一直是备受关注的。尽管提供给这类基金的金钱会显示在预算之中，但这些资金的使用却超出了政府会计和审计安排的范围。这些授权安排的法定权限，都在《加拿大公司法案》（the Canada Corporations Act）中加以规定，该法案是一部联邦的非营利的框架法律。这些安排中只有几项通过直接立法来设立，直接立法对于促进善治和议会问责是有帮助的。

4.1.3　预算总额的定义

法律中没有规定主要的预算总额。在准备年度预算的过程中，主要部门和机构的预算总额是以两年为单位提出的。

4.1.4　财政规则

目前，加拿大并无法定的财政规则来管理开支、赤字和债务。如前所述，1992年的《支出控制法案》在1996年失效了。可是，政府在预算制定过程中会确定清晰的财政目标。联邦财政政策目前的目标是达到"平衡预算或盈余"，以保证债务负担率（公债额度/GDP）始终逐渐降低。在2004年的预算中，政府宣布了这样的目标：将在2010年将联邦债务减少到占GDP比重的25%。虽然事前目标（ex ante target）是针对平衡预算，谨慎性补贴（prudence allowance）和应急储备金（contingency reserve）产生了实际上（de facto）的预算盈余。

4.1.5　预算编制和向议会陈述的时间表

联邦政府的财政年度开始于4月1日（FAA，条款2）。预算编制和向议会的陈述时间安排，并不受法律限制。传统上，制定预算方案的过程大约在财政年度开始前12个月，年度报告和宏观经济预测报告一并由财政部向内阁提交，同时提交的还有财政委员会测算的各部门和政府项目支出的参考水平（参见专栏4）。然后，每个部门与财政委员会协商即将来临年度的支出水平。部门必须在六月向财政委员会提交运营计划（a business plan）。这些计划包括提出即将来临的年度支出、部门的策略、目标、项目的实施和未来三年内管理措施的变化。内阁审核预算优先权和战略，以及在1月或2月做出最后的预算决策。通常来说，财政部长提出预算，财政委员会大约在2~3月间，向众议院提出主要概算（拨款法案）。

专栏 4　加拿大：年度预算过程的主要阶段

- 3~6月：准备和审核部门预算计划。
- 6月：内阁审核优先序。
- 9~10月：内阁审核预算协商目标和进行磋商。
- 12~1月：内阁审核预算战略。
- 1~2月：内阁在总理与财政部长、财政委员会主席之间，做出最终的预算决定。
- 2~3月：预算演说和概算造册。

4.1.6　行政部门内部的审批流程

内阁的审批程序并不在法律中进行规定。新的政策措施，由部长直接提交给将政策付诸应用的内阁委员会。在秋季，这些委员会每周都会碰面，讨论部长们提出的新政策建议之优点。在这个过程中，枢密院办公厅、财政部和财政委员会，也会审核部长们的提案。经过磋商后，内阁批准预算草案。然而，预算的最终决策权，则由总理和财政部部长掌握。

4.1.7　预算法涉及的其他文件

由内阁同意的拟议预算之内容，将依照惯例来管理。主要的概算提供经常性和资本性支出，偿还公债的成本，向其他级别政府、机构或个人的转移支付，以及对国有企业的支出（参见专栏5）。

专栏 5　加拿大：主要概算的重要内容

- 第一部分：政府支出计划：该计划提供联邦政府支出的概况，并总结支出预测的关键因素与当前支出的关系。
- 第二部分：主要概算：主要概算直接支持着拨款法案。主要概算确定支出法案中包括的支出授权（表决结果）和总额。议会需要批准这些授权，以保证政府实施支出计划。
- 第三部分：部门支出计划：部门支出计划分成两部分：计划和优先级报

告（Reports on Plans and Priorities，RPPs）和部门绩效报告（Departmental Performance Reports，DPRs）。计划和优先级报告会在春季（3~5月期间）制成表格，由每个部门和机构单独的支出计划组成（不包括国有企业）。这些报告提供详细的关于目标、措施和预期结果的信息，包括未来三年将会需要的相关资源。部门绩效报告是各部门及机构已取得效果和预期效果之对比的陈述。部门绩效报告会覆盖大部分最新完成的财政年度计划，并通常在秋季（9~11月期间）制成表格。

中期宏观经济框架和财政战略。1995年以来，内阁未经过立法决定，就引入了为期两年的滚动财政目标制度。1995年以前，加拿大使用的是五年期财政框架。转变的原因在于，政府希望提高自身的可信度，并对政策目标更加负责（Blöndal，2001）。二者明显的区别是，关于宏观经济框架的经济假设更加审慎。过于乐观的预算构想，曾经显著地降低了政府经济预测的可信性。与以往仅依赖于内部的经济预测不同，政府现在使用四个私营预测公司的预测平均值，这是采用私营部门经济预测均值形成的财政展望。审慎的预测和起缓冲作用的应急储备金法案，可以保证政府财政目标的实现。另外，在秋季早期，财政部长向众议院财政委员会提交《经济和财政的更新报告》。更新报告提供了上次预算和预算前协商过程之间的财政经济形势变化。自1999年，经济和财政预测的范围是未来五年。委员会举行公共磋商，并在12月初根据听证会向政府提出建议。

新措施与现有的支出政策。法律并不要求新政策需要与现有支出政策或正在执行的项目有所不同。新的预算政策由内阁提出，或者以拨款法案（the appropriation bills）的形式，或以《预算执行法案》（the Budget Implementation Act）的形式，通过议会的批准。

与绩效相关的信息。虽然没有法律要求，但联邦政府向议会主要提交两个包含绩效信息的报告：计划和优先级报告、财年中期的部门绩效报告（参见专栏5）。对于每个受托部门如何使用资源并实现计划目标，财政部提出了如下六项报告原则[①]：

- 提供简明扼要、连贯均衡的绩效蓝图；
- 重点是效果，而非投入；
- 与早期的绩效承诺相比较，并且解释出现的变化；
- 设定绩效环境；

---

① 参见 Treasury Board of Canada Secretariat（2002）。

- 将资源与效果相联系；
- 解释公众为什么能够对用来证实绩效的方法和数据有信心。

税式支出、或有债务和财政风险。没有法定条款要求报告税式支出和财政风险。但预算中会显示新的税式支出信息、一般的减税措施以及这些措施的财政影响。并且，潜在的财政风险也包括在《经济和财政更新报告》中。财政部会按年度发布税式支出的信息和评估。

《财政管理法案》要求报告公共会计中的或有债务。或有债务会列在经过审计的财务报表中，并且适当的规定也包括在资产负债表中。

4.1.8 议会和其他法律部门的预算

法定条款允许议会准备自己的独立于财政部或财政委员会的预算。加拿大议会法案规定，参议员可以申请（需要其本人签字）其认为参议院必要的未列项目的支出（未在法案 s.3 中规定）。同样的法案还规定，每个财政年度之前，众议院的内部经济委员会可以准备由议会要求的在财政年度期间众议院支出费用之概算总额（s.52.4）。概算应由议长向财政委员会主席转达，主席应在众议院呈交政府财政年度概算之前定夺。审计长法案对审计署的预算编制也有法律规定（第Ⅳ.5 章）。

4.2 议会的预算过程

议会的预算过程可以分为两个阶段。预算前的磋商过程和审批过程。预算前的磋商最早开始于 20 世纪 90 年代金融危机期间，作为提升政府预算政策的方式[①]。每年 9 月或 10 月，在政府宣布预算政策主题并发布《经济和财政的更新报告》时，磋商也就开始了。12 月初，在众议院财政委员会（House of Commons Finance Committee）提出其预算前磋商报告，磋商过程随之结束。

专栏 6　加拿大：议会批准预算的过程

- 9 月下旬：众议院财政委员会就预算政策召开公共听证会。预算前磋商过程开始。

[①] 预算前磋商之目的在于提供一种机制，使公众可以对即将来临的预算提出建议。不过，预算前的磋商似乎教育公众了解财政状况，并形成了一种较有利的环境气氛，使之更容易接受困难的预算决策。为此，议会也可能被视为一种工具，有助于解决财政政策变化讨论中的反对意见。

- 10月中旬：财政部长向财政委员会阐述政府部门的预算政策主题，并发布政府的《经济和财政的更新报告》。
- 12月上旬：财政委员会提出预算前磋商报告。
- 2月下旬：财政部长介绍预算，财政委员会主席介绍概算。常务委员会开始审查概算。
- 3月下旬：财政委员会主席介绍每个部门和机构的计划和优先级报告（RPP）。议会给予临时增补至六月底。
- 4月1日：财政年度开始。
- 5月下旬：常务委员会报告概算。
- 6月下旬：批准概算。

4.2.1 预算通过的时间表和议会中预算案辩论的限制

对于政府提交预算的时间安排，以及年度拨款法案的通过，在法律上都没有要求。但实际上，预算大约在财政年度开始之前一个月提交给议会，也就是介绍概算的前几天。随着预算表格的生成，需要有四天的辩论期。辩论之后，由众议院对政府整体的经济管理工作进行信任投票。

随后，由财政部部长和财政委员会主席做陈述，众议院提出审议意见，后面就进入到议事规程。概算自动地提交到众议院常务委员会。每个常务委员会审查属于他们授权的那些概算部分。然而，没有专门协调概算审查或审查概算总额的委员会。常务委员会可以召集部长、高级官员和其他有关各方开会。委员会在5月31日前将概算的报告返回到众议院。即使他们没有提出报告，也会被视为提出了报告（这一安排是为了保证委员会的工作不会延误议会的预算过程）。

议事规程规定政府支出提案在众议院的辩论保留20天。其中的19天为反对意见的保留期。虽然这些天充分地由反对派使用，但它们并非只用于辩论概算，也是对一般性政策辩论的一个时机。

4.2.2 临时预算

财政年度在4月1日开始，但传统上直到6月下旬议会夏季休会前，主要的概算才会被批准。通常，从财年开始到6月底，议会授予政府临时供给权（interim supply）。临时供给权允许政府为在此期间持续运营的支出，提供必要的资金。这一过程沿袭了英国的做法，并不具备法律基础。

4.2.3 修正权

预算修正权尽管在法律中没有规定，但其实是很有限的。按照惯例，政府有提出支出的独有权力。议会只能批准政府的提案，全部批准、部分批准或全部拒绝。议会被禁止提出新的支出方案或增加已批准的资金水平[①]。议会的作用受到"信任"惯例的进一步限制：任何"货币法案"（money bill）的表决都被认为是对政府信任的投票。这不被载入任何法律中，但却是一种通过党派纪律执行的惯例。这种信任的惯例被严格贯彻，其意义是任何关于"货币法案"的投票都是对政府信任度的投票[②]。

4.2.4 资金的批准

1867 年的宪法明确指出：在以任何税收方式（或制度）筹措资金的事项上，议会拥有专属立法权。因此，行政机关在未经议会法律授权下，就提高税收或征税是违法的。在联邦级别上所有的应纳税额、抵免、扣除以及免税，都体现在议会立法中（例如，所得税法、关税法和消费税法）。所有的收入包括税收、关税和其他由联邦政府收取的资金，必须纳入统一收入基金，并准确进行会计记录。

4.2.5 拨款的性质、结构和持续时间

概算旨在向议会呈报预算和非预算支出的授权信息，这些授权将依据政府年初的预算案以寻求议会的支持。这些授权被分成两类：投票的（voted）和法定的（statutory）。需要投票的授权是那些政府必须按年度申请资金，由议会批准并通过一项拨款法案。投票通过的授权会出现在拨款法案的事项安排中。一旦被批准，投票的措辞和被批准的总额将成为特定支出项目的控制条件。当被议会批准时，相关的预测构成了年度拨款法案的当年基础，就像其他任何一项立法那样开始实施。

对于拨款结构和详细的预算分类没有法律规定。传统上，主要的概算首先按照部门分类，这些部门代表着大约 20 类广泛的公共支出功能类别。例如，包括农业和农产品、环境、金融、卫生、工业、国防、运输，加拿大遗产、外交事务以及国际贸易。在部门内，概算进一步按照更加细化的部门或机构分类，其中就产生了各类投票。为了更准确地确定和报告政府收支对经济的影响，主要的概算也按照 12 项标准的支出目标来加以分类，包括人事、交通和通信、信息、专业的和特殊的服务、租金、购买的维修维护服务、土地、建筑和工程之获取、转移支付以及公共债务支出。

4.2.6 拨款结转和未来拨款的借用

原则上，在财政年结束时，未使用拨款的剩余部分将会失效（FAA，条款

[①] 这种宪法上的惯例，在威斯敏斯特国家是普遍的，起源于 18 世纪英国的君主使议会为其支出"买单"的预算实践。议会不会"自愿地"向君主提供资金。

[②] 例如，1979 年，由于议会拒绝采纳政府的预算草案，克拉克政府（the Clark Government）辞职了。自那以后，政府通常要确保其建议，在提交之前得到议会的支持。如果不能确保议会的支持，预算的一些特定方面可能会被取消。

37）。然而，政府允许不超过运行成本5%的未用拨款继续结转使用。也有未用完的资本拨款的结转制度——这需要一事一议。财政部和财政委员会秘书处（Treasury Board Secretariat）可以在后续年度中向议会提出增加支出，其数额相当于结转资金的水平。加拿大海关和税务局以及加拿大公园管理处的年度拨款，直到批准拨款的财政年开始之后两年，才会失效。

4.2.7 核准公共债务

20世纪90年代，为了应对高额负债水平，加拿大制定了非常严格的控制债务发行的法律。《财政管理法案》的第四部分是专门为公债制定的。条款43明确政府不得借债，除非由《财政管理法案》或任何其他议会法案明确地允许政府借债的情况。另外，不经议会授权，不允许政府发行有价证券。一旦议会提供了法定授权，《财政管理法案》规定，内阁会议授权财政部部长以任何合适的方式借款（条款44）。例如，授权部长在不同债务工具之间进行投资组合。

4.2.8 已通过预算之颁布、否决和发布

根据1985年修订的议会《立法出版物法案》之要求，所有的议会立法，包括《年度支出法案》，都需要公布。预算文件和所有的更新信息，都可以在加拿大财政部的网站上查找到。

4.2.9 追加预算（修正案）

主要的概算只能为获得议会授权的项目和活动提供资金。议会可以被请求追加概算，这些概算在年度的晚些时候实行，是为新举措而提供的资金。如果为新举措和临时事项提供的预算准备金全部用尽，追加的概算可以包含为意料之外的应急费用提供资金。

4.2.10 其他法案对财政预算的影响

任何具有预算内涵的法案，在议会批准预算之前，是否需要经内阁或议会委员会审核，法律对此并无要求。应该注意到，议会通过其他立法批准的法定权限，不具有与授权法案批准年度预算一样长的有效性。授权法案不仅设定了支出的目的，还规定了确定支出的条目（terms）与条件（conditions）。法定支出包含在仅供参考的概算中，大约占全部概算的70%。

4.3 预算执行

4.3.1 支出授权的分配

每个财政年开始时，根据由财政委员会发布的指令，每个部门的负责人需要准备向财政委员会提交拨款的分配方案（FAA，条款31）。一旦分配方案获得了财政委员会的批准，不经其同意，是不允许改变或修订的。

4.3.2 预算授权的取消以及其他的年度内支出控制

没有法定条款授予行政部门（特别是财政委员会）取消议会已批准之拨款的权力。然而，《财政管理法案》规定，财政委员会有权冻结议会批准的拨款。当政府认为减少或取消一部分拨款是明智的，也可以使用追加拨款法案。

4.3.3 紧急支出、超额支出和应急资金

政府在每年预算中建立的应急准备金，到底应如何使用，法律对此并无规定，这种准备金是审慎性经济假设的产物。按照内阁的决定，资金只能用于弥补预测偏差和不可预知的事件。它不能用于新的政策举措。如果资源不用于积累应急储备金，它们将自动地全部用于减少赤字。

当有紧急资金需要支付，而议会又恰好在休会期，并且缺乏有效的支出拨款时，加拿大总督（the Governor General in Council）可以按规则向财政委员会主席提交报告，准备运用特别批准权，直接从统一收入基金中动支（FAA，条款30）。特别批准权被认为是财政年度的拨款。每次这样的批准，需要在30天内在《加拿大公报》上发布，同时法律规定，所有这些发出的特殊批准及其额度，在下一次议会召开之后，在众议院会议的15天内，由财政委员会主席宣布废止（条款30）。特别批准权发布后，拨款的数量将会纳入当年的拨款法案（条款30）。

4.3.4 年内拨款的调剂和流用

拨款的分配需要由财政委员会来批准，未经财政委员会的批准，不允许改变或修订分配方案（FAA，条款31）。实际上，拨款项目之间调剂的运作，依赖于拨款的性质。运营性支出之间的资金调剂需要告知议会，运营性支出与资本性支出、项目支出之间的资金调剂，则需要议会的批准。拨款可以经财政委员会批准后，从一个项目重新分配到另一个项目。

4.3.5 资金规划和政府资产债务的管理

《财政管理法案》要求财政部每年发布债务管理报告和债务管理策略。债务管理报告提供联邦政府前一个财政年度债务运作的综合性记录。该报告必须列入议会45天会期内的公共账目议事项目之中（条款49）。债务管理策略提供联邦政府为即将来临的财政年度制定的债务管理方案的相关信息。该战略必须在本财政年度结束之前提出（条款49）。要求各部门在账目中明确地显示资产状况以及直接债务和或有债务情况（条款63）。包括国际储备在内的金融资产数据，也需要包括在公共账目和债务管理报告中。

4.3.6 内部审计

由财政委员会发布的下列指示，要求代理负责人（the deputy head）通过适当的内部控制和审计系统，确保拨款的分配数额不被超支（FAA，条款31）。针对每项拨款应支付的财政承诺，负责人需要建立和保持记录（FAA，条款32）。

各部委和机构需要审计和评估各自的计划和实施,以便判断管理框架是否设计合理,并如预期般执行。内部审计政策和准则,为各部门贯彻成本自评和提升质量提供了基础。

4.4 政府会计和财务报告

4.4.1 会计制度

《财政管理法案》和财政委员会的规章,用来管理会计体系。《财政管理法案》规定,为遵守财政委员会的规章,各部门需要记账以显示每项拨款名下发生的支出和收入,以及其他从统一收入基金中流入和流出的财务交易(条款63)。在没有变更法律的情况下,自2003年起,政府以完全的权责发生制为基础,编制了财务报表。

4.4.2 政府的银行业务安排

法律要求所有公款都由信誉良好的收入总监(the credit of the Receiver General)保管,他作为联邦政府的首席财务官,接受所有的来自政府的收入,并将其存入统一收入基金(CRF)(FAA,条款17)。《财政管理法案》授权收入总监建立保管公款的账户,并且财政委员会规定公款都要交给收入总监。

4.4.3 年内报告

没有法律要求政府需要发布预算执行的年内报告。不过,全年的月度财务报表需要公布在财政监督(the Fiscal Monitor)之中。每月和年度的结果数据,需要与前一财年的同期进行对比。

4.4.4 年度决算和报告

收入总监需要编制每一财年的年度公共账目,并由财政委员会主席在财年结束后的12月31日前提交至众议院(FAA,条款64)。公共账目的形式,必须符合财政委员会主席和财政部部长的规定。根据法律,账目需要包括以下内容:

● 财政年度的财务交易报表、财政年度的收支,以及根据财政委员会主席和财政部部长的要求,显示财政年结束时政府财务状况的资产和负债。

● 财政委员会主席和财政部部长认为,对于公正展示由《财政管理法案》或任何其他法案要求有所帮助的、其他涉及政府财务交易和财政状况的文件与资料。(FAA,条款64.2)。

● 政府的或有债务。

● 审计署对于账目的审计意见(AGA,s.6)。

实际上,公共账目分为两部分,提供了关于预算执行的综合报告。账目显示了每项拨款资金的来源和使用。来源被分为若干组——主要预算、追加预算、预算调整、预算调剂以及前几年的交易。资金的使用分为本年度使用、过期支出或超支、可以结转至以后年度的支出，以及以前年度产生的支出。第一类包含总报告和财务报表，提供了预算收入和支出的对比。第二类包含收支的细节。它报告支出授权（概算）的使用和将当期消费的支出调整到权责发生制下的支出。

财政部部长自愿地（即没有法律要求）向议会提交年度财务报告，报告提供预算执行的事后报告。这是一个简短的报表，并且由政府交易的简明财务报表进行补充。这些财政报表也将接受审计。

4.4.5 财政意向报告

没有法定条款要求政府向议会和公众报告长期与中期的财政策略和目标。与其他威斯敏斯特国家不同，加拿大对于全面披露，并不采用法律手段（比较新西兰的财政问责法）。不过，预算和《经济和财政的更新报告》为议会提供了政府短期或长期的财政意向。

4.5　外部审计

4.5.1　管理的、财务的和运作的独立性

1977年的《总审计长法案》管理着审计总署（the Office of the Auditor General）之外部审计的总体原则与程序。在《总审计长法案》中，对于审计长的任命，议会并不参与。这个职位由总督任命（即行政机关的首长），任期十年，其更换则须由总督在参众两院上做出陈述（AGA，条款3）。为了履行工作职责，审计长每年需要准备自己的概算总额。《财政管理法案》规定，关于拨款的分配，不适用于涉及对审计总署的拨款（FAA，条款20）。总署可以自由招募其职员，并按照公务员职业法案的条款15，来设立雇佣条件。

4.5.2　审计制度的覆盖范围

审计长需要审查若干财务报告，诸如《财政管理法案》（条款64）中规定的财务报表、任何其他财政委员会或财政部可能提供审计的报表（条款6）。这些报表包括财政年度的财务交易报表、财政年度的收支以及政府资产和或有债务（FAA，条款64）。

审计总署审计政府活动的更多内容，主要包括以下方面：

- 联邦政府部门和机构，从小部门到大部门，活动遍及全加拿大和海外的复杂团体；
- 国有企业（例如加拿大广播公司，加拿大皇家铸币厂）。在《财政管理法案》之下，更多的加拿大公司每五年必须接受物有所值的审计（value-for-money audit）（除了其财务报表的年度审计之外）；
- 各部门的分支机构；
- 由几个部门共有的职责，如外来移民；

- 影响整个政府的议题，例如人事工作或计算机化。

4.5.3 审计类型

依照《总审计长法案》（条款 17 和 7.2.f）和《财政管理法案》（第 X 部分），审计长负责经法律授权的几种类型的审计。

- 部门和机构的绩效审计。主要检查项目是否经济、有效地运行，并适当考虑到项目的环境影响，以及政府是否有办法来衡量项目的有效性。
- 概括性财务报表的认证审计，核实它们是否客观地代表政府的全部财务状况。仅审计包含在年度决算第 1 卷第二部分中的加拿大政府财务报表。对于其他财务报表没有明确的审计要求，尽管审计总署可以查看工作期间的各个方面。
- 国有企业、地方政府、其他组织的财务审计，确定它们的财务信息是否正确地披露，以及是否遵守议会授权。
- 国有企业的专门审计，确保它们的制度和实践是否为资产安全提供了合理的保护、资源是否被经济和有效地管理，以及运营的安排是否合理。

另外，审计长每年会报告各部门的工作在多大程度上符合其发展目标和可持续发展策略中制定的计划，各部门在 1995 年《总审计长法案》修正案的要求下，需要准备可持续发展战略。

4.5.4 调查权

《总审计长法案》包含调查的规定和权利（条款 13）。在任意方便的时候，审计长有权自由地获取涉及其履行责任的信息，并且可以要求和接收其认为必要的这类信息、报告和说明。审计长可以在任何部门安置审计总署的雇员，部门应提供必要的办公条件。此外，审计长可以检查任何个人就任何会计事项的承诺。出于这样的检查目的，审计长可以运用调查法案第 I 部分规定的专属权力。

4.5.5 报告的责任和发布

1879 年以来，最重要的报告方式是审计长向众议院提交的年度报告（AGA，条款 7）。审计长关于政府财务报表的检查结果，也被包括在公共会计中，并补充审计长的年度审计报告。审计长也可以做专门的报告，包括：

- 审计长认为是重要和紧急的事项，因此不能将报告延误到下一个年度报告中陈述（条款 8）。
- 审计长认为提交给议会的政府机关概算中提出的总额，对于其履行职责是不适当的（条款 19）。

自 1994 年《总审计长法案》修正案以来，除了年度和专门报告外，审计长可以每年出具三份报告（条款 7）。在任何给定的年份里，这些报告包含如下结果：

- 联邦部门和机构的综合审计，跨部门议题的审计。

- 政府范围内的审计。
- 追踪报告，对部门纠正以前审计发现问题的审核。
- 审计观察，不包括在上述审计报告中的其他重大事项。

每份年度报告需要在当年 12 月 31 日前，提交给众议院或在众议院陈述。审计长提出制定的附加报告，需要他（她）向众议院呈送书面通知，并且要求每份附加报告在通知被呈交后的 30 天内，提交给众议院（条款 7）。

4.5.6 调查结果的执行

审计总署本身没有执行权。它向议会提供信息和建议，并依靠议会的权力和公众舆论的力量，来保证审计建议被采纳。2004 年，审计长的年度报告确认了一些涉及公职人员不尊重财务控制和行为的问题，这些人对公共资金故意管理不善。作为回应，政府宣布将复查和加强《财政管理法案》，致力于加大监督力度和问责。

参考文献

Blöndal, Jón (2001), "Budgeting in Canada", OECD Journal on Budgeting Vol. 1, No. 2, OECD, Paris, pp. 39 – 84.

Department of Finance of Canada (2003a), Economic and Fiscal Update, Department of Finance, Ottawa, November.

Department of Finance of Canada (2003b), The Budget in Brief, Department of Finance, Ottawa.

Geist, Michael (1997), "Balanced Budget Legislation: An Assessment of the Recent Canadian Experience", Ottawa Law Review.

IMF (International Monetary Fund) (2002), Canada: Report on the Observance of Standards and Codes: Fiscal Transparency Module, IMF, Washington DC.

Kelly, Joanne (2001), "Managing the Politics of Expenditure Control: Cabinet Budget Committees in Australia and Canada, 1975 to 1999", unpublished paper, Griffith University, Australia.

OECD (2000), Managing Across Levels of Government, OECD, Paris.

OECD (2002), OECD Territorial Reviews of Canada, OECD, Paris.

Philipps, Lisa C. (1997), "The Rise of Balanced Budget Laws in Canada: Legislating Fiscal (Ir) Responsibility", Osgoodehall Law Journal, Vol. 34.

Public Service Commission (2003a), How Government Works, Public Service Commission, Ottawa, www.edu.psc-cfp.gc.ca/tdc/learn-apprend/psw/hgw/menu_e.htm.

Public Service Commission (2003b), Overview of Recent Public Service Reforms in Canada, Britain, Australia, New Zealand and the United States, Research Directorate of the PSC, Ottawa, www. psc-cfp. gc. ca/research/world _ ps/world _ ps _ e. pdf.

Sturm, Roland, and Markus M. Müller (1999), Public Deficits: A Comparative Study of their Economic and Political Consequences in Britain, Canada, Germany and the United States, Pearson Education Limited, Essex, United Kingdom.

Treasury Board of Canada Secretariat (2002), Preparation Guide Departmental Performance Reports, Treasury Board of Canada, Ottawa.

Wanna, John, Lotte Jensen, and Jouke de Vries (eds.) (2003), Controlling Public Expenditure: the Changing Roles of Central Budget Agencies-Better Guardians?, Edward Elgar Publishing, Cheltenham, United Kingdom.

法　国[*]

实例研究的结构

1. 概述
2. 预算制度法律中的原则
3. 预算制度中法律基础的建立与行动者的权力
4. 预算周期各阶段的法律规定

---

[*] 法国的实例研究得益于以下各位的评论：弗兰克·默多克（Frank Mordacq），法国经济、财政和工业部（MINEFI）预算改革主任；波诺瓦·施维舍（Benoit Chevauchez），经济、财政和工业部（MINEFI）公共管理和经济发展协会；米歇尔·布维耶（Michel Bouvier），巴黎第四大学；加布里埃尔·蒙塔尼（Gabriel Montagnier），里昂第三大学荣休教授；瑟琳·阿拉德（Céline Allard），国际货币基金组织欧洲部。

1 概述

1.1 控制预算过程的法律框架

法国具有一个管理预算（State budget）① 的综合性法律框架，由宪法规定行政部门在编制预算中具有强大的权力。1958 年的宪法，限制了议会在改变预算支出结构中的作用。议会不能提高总的支出，也不能减少预算的收入。自 1996 年以来，宪法还包含预算的一些基本原则，对于社会保险组织也适用于这些原则。

控制预算过程的主要法律是 2001 年的《预算组织法》（Organic Budget Law, *Loi organique relative aux lois de finances*, LOLF），在 2006 年开始完全实施。这部法律制定了涉及国家年度预算法的内容、编制、批准和报告的原则。然而，每年国家预算支出只占一般政府总支出的 37%。各种预算外资金占一般政府支出的 45%（OECD, 2003, P.117）。这些资金主要涉及卫生保健、养老金、失业保险和家庭资助。1996 年以来，社会保险资金的融资由议会检查，条件规定在单独的组织法中（参见专栏 1）。余下 19% 的一般政府支出，通过地方政府的预算来执行，由一个综合性的法律框架——《地方政府法典》（Local Government Code）来管理。外部审计法也被制定出来了②，涉及一般税收、公共采购和社会保险。尽管单独的公共财政法典的想法被提出来了③，但没有被采用。

宪法和两部组织法由一些详细阐述预算过程与程序之法律和规章的层级体系进行补充④。1962 年的《公共会计法令》（Public Accounting Decree）制定了预算和会计过程中主要参与者的职责。1922 年的法律设立了在经济、财政和工业部（MINEFI）内部的财政控制官（the financial controllers）。他们负责事先检查支出承诺。会计和支出控制反映了传统的高度集中的预算管理途径。

法国是欧盟成员，已经发布了达到宏观经济稳定性的预算规则。尤其是马斯特里赫特条约限制了广义政府财政赤字不超过 GDP 的 3%，广义政府债务不超过国内生产总值的 60%。然而，这些量化规则并没有明确地体现在任何法国法律

---

① 原文为 state budget，指法国中央政府预算，本章将 state budget 统一翻译为预算。——译者注
② 法律汇编允许为了特定事项将新的法律、或修正现有的法律，合并入合理且清晰的法律体制中。几乎 60 项不同的法典都在法国采用了。
③ 参见 Bouvier and Montagnier, 2001, P.49。
④ 层级如下：宪法、组织法、普通法（单独的或组合的法典）、条例，然后是总统、总理、部长级法令。

之中，严格来说，这些上限对法国并没有法律约束力①。

专栏 1　法国：主要的预算制度法律

- 1958 年的宪法
- 2001 年 8 月的《预算组织法》（LOLF）
- 1996 年 7 月的《社会保险融资组织法》（Loiorganique relative aux lois de financement de la sécuritésociale，LOLFSS）
- 《社会保险法典》（Social Security Code）
- 1994~1995 年的《财政管辖权法典》（Financial Jurisdictions Code）（外部审计法）
- 《地方政府法典》（Local Government Code）
- 1962 年的《公共会计法令》（Public Accounting Decree）
- 1922 年的《支出承诺控制法》（Law on Controlling Expenditure Commitments）

来源：所有的法律和法令可以在 www.legifrance.gouv.fr 网站上查找（法语）。

1.2　预算制度法的改革

1958 年的宪法是当时一项主要的改革，它消减了议会在制定预算上的权力。1958 年以前，财政部必须向议会呈送已经被议会预算委员会（Commissions des finances）修订过的预算草案。宪法取消了议会的这项特权，对议会委员会的数目设立了限制（以前，许多委员会都影响预算的通过），并在预算编制和执行过程中，给予了行政机关很大的权力。议会的修正权受到了更多的限制②。1959 年通过的预算制度特别法典（Ordonnance on the budget）彻底地减少了预算限制的数量，这些限制在 1956 年多达 4000 项（Bouvier et al.，2002，P.239）。尽管如此，在 40 多年里，议会只对当前政策进行单一的投票（services votés）。这导致预算

---

① 欧盟法律条款涉及超额赤字程序（an excessive deficit procedure）。尽管 3% 赤字和 60% 债务的经验值被写入了协议之中，但是这些协议对于成员国并没有法律上的约束力，这些国家需要"保证预算领域中的国家程序，能够确保履行各自的义务"（European Union，1992）。

② 1946 年之前，议会可以引进没有限制的新支出（Bigaut，1995，P.82）。1946 年和 1958 年的宪法禁止议会提高总支出。1958 年的宪法删除了议会降低总收入的权力。

惯性（budget inertia）并使得总支出水平逐渐升高。另外，由于大部分支出从上一年结转到下一年，议会中很少有关于预算政策目标的讨论。法律制度允许不经议会知晓就操控资金的行政权力①。最后，由行政机关提供的预算执行信息既不完整也不及时。

为了解决这些不足，经过议会的主动争取，2001年8月通过了新的预算组织法（LOLF）（其解释和背景请参见 Camby，2002 和 Hochedez，2004 这两篇文章）。该项法律修改了的"财政宪章"（financial constitution），并引进了新的预算管理哲学方法（Bouvier，2004），在35次试图改变1959年法律的尝试之后，新的预算组织法在广泛同意的情况下被批准了②。2001年预算组织法的主要目的是：

- 通过以任务（missions）（议会投票的第一层次）和项目群（programmes）（第二层次——与结果的目标和指标相关联的主要管理体系）的设计，实现国家预算的现代化。以目标取代了投入导向，以零基预算、结果导向预算取代了增量预算。158个项目群（programmes）替代了原有的大约850个明细支出项目（line items of expenditure）③。权责发生制也是伴随预算改革而出现的。

- 在预算中增加了议会权力并强调问责，这符合1789年的人权宣言（Declaration of Human Rights）中的"社会有权要求公职人员为其行政管理负责"。预算过程中行政机关权力的减少，将由增加国家预算范围的覆盖面进行弥补，预算的覆盖范围增加了包括由法国经济、财政与工业部（MINEFI）以前控制的预算外活动，增强了年度预算的明确性和真实性（sincérité），针对提交的预算支出结构，强化了议会对其的检查和修改职能。这样一来，提供给议会和公众的有效预算信息增加了——包括预算的事前预测和事后结果。尤其是，通过准备年度报告，使议会了解支出的结果是否达到了项目之目标。

《预算组织法》在2006年全面实施。一些较简单的条款已经在2002～2003年就实施了（Arthuis，2003）。几项重要的议题在2004年被解决或处理了，包括

---

① 在20世纪80和90年代，法国经济、财政与工业部（MINEFI）使用许多手段，能够不经议会授权，就改变预算拨款。包括由法令准许能够提前预见的"紧急"支出；留待以后处理的大量预算授权和下一年的支出，并取消一些没有理由的拨款。还有由准捐税（parafiscal tax）提供资金的预算外活动，这种活动不受制于国家预算面临的会计和报告要求。在20世纪90年代晚期，这种不透明性终于触发了预算过程的改革（这方面的讨论请参见 National Assembly，1999，Part Ⅱ）。

② 1960年，参议院已经批准了1959年法令（Ordonnance）中的变化。然而，这些并未记录在法律中。1960年到2000年期间，1959年的法令只修改了一些次要问题（主要是在1971年和1995年）。

③ 在预算组织法中，特别资金被作为单独的"项目群"（programmes）予以保留。在132项一般预算项目和26项附件项目之间，作出了区分，后者涵盖了预留资金（earmarked funds）（10项）、附加预算（budget annexes）（7项）和特种国库账户（special treasury accounts）（9项）。

任务和项目的定义（MINEFI，2004a，Annex 6）及新的会计制度框架。战略、目标、绩效指标和预算项目管理者（gestionnaires de crédits）职责的发展指南，由行政部门、议会和审计法院共同发布（MINEFI，2004b）。《预算组织法》的全面实施需要心态上的改变。过去的管理理念是在控制取向预算管理体制的背景下形成的，而非凸显绩效和个人问责的预算系统。《预算组织法》可能引起其他法律的改变，尤其是1922年的《支出承诺控制法》、1962年的《公共会计法令》和1983~1984年涉及公务员职责和权利的法律。

随着中央政府有计划地向地方政府分权，以及周期性的社会保险资金的融资问题，需要一个解决公共财政问题的全球性途径，这很可能需要采用法律的方式。提交给欧盟和议会的多年期财政预测，在所有的政府实体（administrations publiques）内部展开了讨论（Mer and Lambert，2003）。2001年的《预算组织法》必须由充分整合了国家、社会保险组织和地方政府的收入、支出和平衡的法律措施，来进行补充[①]。

2 预算制度法律中的原则

高等级的法律被视为规定重要原则的通道[②]。法国预算制度的教科书常常由法学专业的教授编写（例如，Bouvier et al，2002；Mekhantar，2003；Querol，2002，Saidj，2003；Trotabas and Cotteret，1995），这些教科书不可避免地突出传统的预算原则，尤其是年度基础、普遍性、一致性、特殊性、平衡性，以及负责从公共账户中筹集收入和安排支出之人员的责任分离。公共部门的法学家，而非经济学家，已经率先在法律中体现出这些原则了。

传统的原则已经包含在历次的《预算组织法》中。然而，涉及年度拨款的年度基础原则却常常被忽视[③]。另外，1959年的预算制度特别法典，并不要求将年度预算之预测置于中期框架内（即使中期预测在2000年之前就编制好了）。2001年的《预算组织法》改变了这个原则（条款50），要求预测未来四年的收入和支出。国家预算组织法要求一般预算的全部收入和支出要有单独的"会计"（即文件）（条款6），这是预算普遍性和一致性原则在法律中的体现。尽管普遍性原则一直被强调，但国家预算由财政部提交，社会保险融资法案却由卫生部提出——

---

① 甚至在采用2001年的预算组织法之前，一些评论者就关注到需要更加全面性的方法。例如，请参见以下评论：Auberger，2001；Bouvier and Montagnier，2001；Philip，2001。

② 考德尔（Caudal，2004）追溯了自1789年以来，预算原则是如何逐渐体现在宪法中的历史。

③ 例外情况包括：在 $n+1$ 年为第 n 年的支付拨款；在年底结转拨款；提交 $n-1$ 年的一些支出，这些都在议会批准第 n 年预算之前。鉴于这些例外，这些原则对年度报告比年度拨款更适用。

这明显违反了普遍性和一致性原则，形成了复式预算（dual budget）。这两个预算过程分别由两个单独的组织法规定（参见专栏1）。法国预算本身并不统一，如指定用途款项、附加预算和特殊财政账户来补充"一般"预算。2001年的《预算组织法》，如同它1959年的旧版本一样，规定了预算分离的法律基础。不过，财政单一账户的概念和应用，仍旧是法国公共财政的一个重要原则。

预算平衡原则的规定，包含在2001年的《预算组织法》中（条款1）。"平衡"的概念并未清晰地定义在预算组织法中，它要求预算显示与财政平衡相关的主要数据表格，以及如何为财政平衡提供资金（条款34）。《预算组织法》还要求政府提供未来经济趋势和预算政策的报告，报告要考虑到对欧盟的承诺（条款48）。然而，对一般政府的收入、支出和平衡（如同向欧盟报告的那样）与国家预算的年度总额、社会保险资金和地方政府预算之间的联系，并没有法律要求。

将个人责任在以下二者之间加以分离，一是依法筹集收入或管理支出，二是管理现金收支的公共会计，这一做法早在拿破仑时期就建立起来了。这样就可以保证在财务上和个人责任上可信的公共会计人员，依据核准法案，对不规范的支出和无法收回的收入，进行独立的审查，从而防止违规和舞弊。这一原则在税收方面的实施有很大障碍，因为许多税收是自我评估的——支付总额和实际税款的评估几乎同时发生。尽管学术界对需要保留支出方面的原则仍有疑问（例如，Saidj，1993），这个原则对于中央部门来说，仍然是神圣不可侵犯的。《预算组织法》要求在支出部门中实施负责任的管理，特别是针对2004年通过的一般预算中132个预算项目的管理者①。随着会计功能被分解到各支出部门（每个部门都要编制年度决算），管理人员（ordonnateurs）和会计人员（comptables）分离原则的重要性变弱了，因为项目管理者对于"指定的"支出和保证其支付的责任将会增加。另外，信息化减少了对这种区别的需求②。

特殊性原则的运用方式，从2006年起将会完全改变。大部分国家预算项目在47项任务（框架）内，从158个项目群（programmes）中投票选出。这替代了以前按行政单位和支出的经济分类的848款（chapters）支出。新的绩效导向也伴随着新的原则：透明性、问责性和责任性。预算透明度是一个新原则，它被引进到2001年的《预算组织法》中（条款32和条款33）。主要的原因是议会希

---

① 项目管理者被列出来。参见 www.lolf.minefi.gouv.fr/architecture/index_responsables.html。

② 帮助组织者、项目管理者、财务总监和公共会计师记录和管理支出的新软件，有望在2004年底前应用（详见 www.lolf.minefi.gouv.fr/essentiel/index_chan.html）。不过由于各种困难，ACCORD 2 工程在2004年5月被取消了。预计将在2006年调整现有的工具。

望增加普遍性和透明度原则的适用范围——强烈希望更清晰的信息，包括绩效信息、预算法的起草和预算文件。随后，预算项目管理者会负责准备该项目的事前和事后绩效指标，并出具年度报告。通过这种方式，预算项目管理者完成相应任务的受托责任，在法律层面上被强化了[①]。

3 预算制度中法律基础的建立与行动者的权力

3.1 行政部门和立法部门

3.1.1 概述

1958 年的宪法建立了两院议会制，分别为由直接选举的国会（National Assembly）和间接选举的参议院（Senate）。两院的运作由组织法来管理。1962 年以来，国家元首和共和国总统都由普选选举出来。总统任命总理及其他部长（通过总理推荐）和内阁会议主席，以及公布由议会通过的法律（或要求议会重新审议）。政府由总理领导，他可以委派某种权力给某位部长（宪法，条款 22），即使这些部长是通过选举的议会议员，也不能在议会中保留席位（条款 23）。政府决定国家的政策并且共同对议会——即国会（条款 49 和条款 50）——负责（条款 20）。

法国是一个单一制国家，中央政府一直以来很强大，某些中央政府的功能和权力是逐渐地分权给地方政府的。地方政府的高层——大区（region）——由 1982 年的法律创建。相反地，部门（departments，départements）和自治市（municipalities，communes）是地方政府的长期存在形式。

3.1.2 内阁会议和部长个人的角色与责任

部长的数量并没有宪法规定。其结果是部长的数量在过去 50 多年间发生了很大的变化。总理指导政府的工作计划和行动。与内阁会议磋商后，总理负责在议会进行辩护。

宪法中没有提及财政部部长。其角色由总统令指定，也由总理签署。在 2004 年，财政部部长领导了一个覆盖经济、公共财政和工业的"超级部"（super-ministry）[②]。其工作包括编制和执行预算、养老金、公共会计以及税收（海关）政

[①] 组织者的职责已然规定在 1948 年创建预算和财政纪律法院的法律中。公共会计师的职责在 1963 年的年度预算法案中规定（条款 60）。

[②] 一直以来，部长的责任很广泛。然而，有时其责任范围被缩小了。例如，在 1993~1995 年期间，经济部（部长）和预算部（部长）都对工业负责。详见 www.finances.gouv.fr/minefi/ministere/index.htm。

策。这些职责中的几项被委托给了专门负责预算及预算改革的国务秘书。根据第 2002-952 号法令，负责预算及预算改革的国务秘书，专门负责实施 2001 年的《预算组织法》。

3.1.3 各部委和行政分支机构的设立

支出部门的设立不需要法律，政府决定其设立、合并和废除。部门的数量差异很大，因为不同的内阁会议（Councils of Ministers）试图通过部门分离或合并，来改革政府管理①。他们内部的组织——特别是许多内部部门——由总理令设立，起草法令之后由最高行政法院审查（参见 3.1.6 节）。

宪法规定公立机构的分类由法律设立。尽管公立机构在执行年度预算中发挥着非常重要的作用，但没有总体的制度法被采用。宽泛地说，公立机构有两种主要的分类（参见专栏 2）。在 2003 年，有大约 1000 个行政公共机构（EPA）（不包括上千所学校和医院）和大约 100 个商业公共机构（EPIC），都属于国家级②。在行政公共机构内部，还有几个子分类，最重要的是社会保险组织。某一个公立机构要么由法律创立，要么由法令创立。除了社会保险公立机构外，对于像治理结构或编制以及向监管部门提交任务报告这样的实质性事项，并没有共同的框架。虽然向议会定期地报告公立机构的活动，并非是法律所要求的（除了社会保险），但法国经济、财政和工业部的一个专门单位，严密地监控国有公司，并每年向议会报告③。

专栏 2　法国：公立部门的特征和类型

● 公立部门是法人实体，与国家分开，具有不同程度的财务管理灵活性。

● 公立部门具有不同的职能——商业职能（EPIC）、行政职能（EPA）或具有科学、文化、教育职能的公共部门（专业的公共部门）。主要的社会保险基金是国家的行政职能公共部门。

---

① 与 1967 年的 28 个以及在 1946~1958 年期间平均 15~20 个相比，1991 年，有 46 个部委或国务秘书处（参见 Rouban, 1995, P.43）。

② EPIC 是一个商务公共部门；EPA 是行政公共部门。

③ 该单位——国家控股机构——创建于 2003 年。参考 www.finances.gouv.fr/TRESOR/agence_part_etat.htm。

> • EPIC 是公营企业，通常由公司法管理。EPA 由公共法管理*。EPA 的工作人员被认为是公务员，并且全部账目都由法国经济、财政和工业部下的公共会计师进行管理。
> *EPIC（公营企业）和 EPA（"行政的"公共机构）没有明显的特征区分，它们之间的区别正在失去意义（Rochet, 2003, P. 152）。一些非商业的 EPA 拥有 EPIC 的地位，主要是便于它们规避一些法律要求。
> 来源：Rochet, 2002。

公立机构通常有管理委员会。在管理委员会中，通常有来自负责部门和法国经济、财政和工业部的代表。大多数情况下，委员会的主席由政府令提名。对于一些公立部门，部门主管由政府挑选，并与委员会主席共同工作。根据公立部门的功能，委员会中也有地方政府、使用者以及其他有关各方的代表。对于社会保险资金（治理结构清楚地规定在社会保险法典中），由雇主和雇员代表来管理这些委员会。

3.1.4 高级公务员的职责

在宪法之下，内阁会议任命高级公务员——中央行政机构的管理者（条款13）。实际上，共和国总统、总理和部长共同对高级公务员签字任命。所有公务员的一般职责和权力都在1983年第83-634号法律中加以规定（在20世纪40年代修订通过的法律）。公务员的角色在法律中作了进一步的规定，尤其是根据1984年第84-16号法律或最高行政法院提出的法令（参见3.1.6节）。这些法律涉及人员招聘、职业架构、纪律等方面。然而，法律没有为高级公务员和最高当局之间的特殊关系制定原则。实施的法令给予特殊类别的公务员以特权。总之，法律体系引进了严格的雇佣结构，它可以防止分散管理职责，这是贯彻预算组织法所需要的。书面的绩效协议可能要求阐明预算项目管理者、部门私人办公室（包括政治任命官员）、部门首脑以及部长的职责。然而，合同性安排的本质并没有在法律中明确地制定出来（Arthuis, 2003, P. 83）。

3.1.5 议会委员会的建立和角色

宪法将每个议院的永久性议会委员会之数量限制为6个（条款43）。专门的议会委员会可以为了审查特别法律而设立。每个议院详细的内部规章（具有法律地位）确定了每个永久或专门委员会的构成和任命方法。管理议会功能的法律，授权这些委员会可以在必要时传唤涉及事项的任何人，并举行听证会（1958 Ordonnance No. 58-1100，条款5之二）。一些法令允许建立临时的调查委员会。法律设立了3个为议会两院服务的议会评估办公室①。每个议院有一个永久性预算委员会,来详细检查年度预算法草案。《预算组织法》加强了这些委员会的作用和权力,特别是它们有权查阅和要求并实施听证权(条款57)。每个议院的规章,在各议会委员会之间建立了协调机制,也在国民大会和参议院之间建立了协调机制。

3.1.6 其他宪法主体的建立和角色②

宪法确立了独立的司法制度,并建立了宪法委员会。组织法和宪法规章在颁布之前,必须由宪法委员会审查,确保它们与宪法一致。就2001年的《预算组织法》而言,两项条款的一些部分被宪法委员会宣布为违宪,并且根据宪法条款62,删除了这些部分。宪法委员会也要确保年度预算法案与宪法及预算组织法一致。例如,不遵守宪法条款规定的议会讨论年度预算的天数,就会引起宪法委员会的注意。

宪法还提到高级行政法院——最高行政法院(the Council of State),其在建立法律和法令方面起到重要的作用。在宪法之下(条款39),要求最高行政法院评论所有的法律草案,包括内阁会议审查之前的预算法草案。宪法还建立了经济和社会委员会(CES),其功能由组织法第58-1360号进行规定。最高行政法院负责提出关于起草法律的意见。然而,由于其咨询功能中不包括对预算法的咨询(1958年的组织法第2条涉及CES),CES在年度预算上没有影响力。

3.2 次国家政府的角色和职责

和国家政府一样,地方政府是由公法管理的法人实体。由详细的法律制度来界定和管理三级地方政府,由26个大区、100个部门③和36763个市镇组成。地方政府的实质性宪法条款在2003年④修订过一次,条款含有对法国海外领土管理的广泛且详细的阐述。地方政府委员会可以通过自己的法令,但只有中央政府能够通过法律。在共和国的领土单元内,国家的代表能够保证国家利益、行政控制和法律规则均受到尊重(宪法第72条)。

例如,与德国那样的联邦国家不同,宪法不规定地方政府的收支能力。尽管如此,宪法包含一些表明由单独法律管理之特殊领域的一般规则。尤其是宪法条款72-2规定的下列内容:

---

① 1958年涉及议会功能的第58-1110号法令,提到三种评估机构,包括科学技术的选择、立法和保健政策。
② 关于审计法院的资料,请参阅关于外部审计的第4.5节。
③ 包括法国的四个海外省(départements)(瓜德罗普、圭亚那、马提尼克、留尼汪)。
④ 请参阅2003年3月第276号宪法。

- 地方政府可以使用由法律设定情形下的收入。收入可以来自任何税收。税率和税基由法律规定。
- 地方政府自己征收的收入是财力的主要部分。组织法管理这项规定①。
- 国家向地方政府的转移支付能力，必须伴随着资源的增加，这是由法律决定的②。
- 促进地区政府均等化的均衡机制，也是由法律决定的。

《地方政府法典》被分成四个主要部分，该法典在特殊主题下重新编组了涉及地方政府的各种法律和法令。第一部分（一般政府）包括建立地方政府财政高级委员会。这个委员会由议会两院、中央政府、地区、部门、城市、城市间公共实体③的代表及市长组成。委员会准备地方政府财政的年度报告，并研究地方政府开支的中期发展。法典的第二到第四部分分别涉及城市、部门和地区的规章。对地方政府这三个层级的每一级，法典都规定了收支分配、预算和会计安排（参见专栏3），以及对大型城市和特定地方政府的特殊安排。

专栏3 法国：《地方政府法典》的主要特点

- 建立统筹安排——地方政府财政委员会。
- 详细说明税收分配和税收共享。
- 详细规定对每级政府的强制性支出分配（L2321、L3321和L4321）。
- 允许未分配的储备最多占总预算支出的7.5%，用于地方政府应对意外支出。
- 要求地区和部门预算由议会投票。
- 要求市政预算由市议会在3月31日投票。
- 规定为经常性支出和资本性支出编制单独的预算。预算术语由地方政府部长和财政部长订立。

---

① 尽管2004年7月采用了2004 – 758号组织法，但法律未能公布，因为宪法委员会宣布某些规定——它们涉及地方税收对于保证"自由裁量"的妥善性——是模糊的和不确切的（宪法委员会的决定，2004年7月29日第2004 – 500号）。

② 在国家层面上，存在着这样一些机制，包括来自国家的直接拨款、税收分享安排，以及一致性和均等化资金。地区和地方政府层面也有类似的安排（Saidj，2003，pp. 452 – 454）。

③ 在20世纪90年代，基于将既有结构合理化的视角，自治市之间开始了合作。

> - 建立一项"黄金法则": 经常性支出必须完全由收入覆盖。
> - 规定为投资的借款不受中央政府限制。
> - 允许地方层面上的公共服务外包。
> - 采用所有地方政府的管理人员（ordonnateurs）（市长和地区长官）与会计人员（comptables）分开的原则。
> - 任命所有地方政府的会计师为法国经济、财政和工业部的雇员。他们征收地方税和进行支付。
> - 规定地区会计师事务所履行外部审计职能。

4 预算周期各阶段的法律规定

4.1 行政机关的预算编制和提交

4.1.1 预算制度的覆盖范围

《预算组织法》只涉及了国家的年度预算法。它没有规定预算所覆盖的机构单位。实际上，国家预算只覆盖一部分中央政府的机构，即中央行政部门、国家管控的行政部门以及中央政府的地方业务（OECD，2003，table 15）。公共设施和地方政府在国家预算之外，不过对它们的转移支付则包括在内。

4.1.2 预算外资金和指定用途的收入

2001年的《预算组织法》保留了一些1959年组织法中关于具有指定用途的收入、附加预算和专用账户的条款。然而，与1959年的法律比较，支出的成本分担份额由议会拨款，并包括在支出总额中（条款17），而不是规避议会的控制。此外，任务和项目其实是为了附加预算和专用账户而发展起来的（2004年为此建立的制度）。《预算组织法》允许行政机关支出专项账户中的额外收入，也就是比预算预测更高的那部分，但必须告知议会（条款21）。

健康和社会保险资金不受预算组织法管理，也不包括在国家预算中。1996年7月，社会保险融资组织法（LOLFSS），规定了议会批准预期收入（大部分是工薪税[①]）、支出目标和社会保险资金融资的工作框架。议会每年对社会保险融资法的讨论，必须与国家年度预算法案的讨论协调进行。然而，社会保险融资规定了强制性的方案和相关的组织。不过，对每个部门没有设立约束性的支出限制，并且议会只对七个类别的社会保险收入进行表决。这阻碍了一些工作，例

---

① 社会分摊金（Charges sociales）从经济观点来看是工薪税，从法律观点来看是社会费用。

如，阻碍建立卫生支出的优先权。在 2001 年，为了解决 1996 年社会保险融资的一些不足之处，参议院提交了修订的组织法（www.senat.fr/leg/pp100 - 268.html），但没有被采纳。

4.1.3 预算总额的定义

2001 年的预算组织法和 1996 年的《社会保险融资组织法》（LOLFSS），不是从综合性的定义列表开始，尽管一些术语被定义在文本的个别条款中。例如，预算组织法规定总收入包括预算收入和融资收入，总支出包括预算支出和融资支出（条款 2 - 6）。预算组织法还定义了财政收入和支出（条款 25），并要求为平衡预算的融资显示在年度预算的列表中（条款 34. I. 8）。

宪法要求，社会保险资金的财政平衡，显示在社会保险融资年度法案中。财政平衡的概念在社会保险融资法中缺乏明确的定义。更重要的是，广义政府的综合平衡没有法律上的定义，尽管财政政策和预算战略是建立在这一平衡基础上的。

4.1.4 财政规则

在宪法修正案下（条款 88 - 2），法国对于为建立欧洲经济和货币联盟而转换竞争力达成了一致意见。然而，国内法并没有加入欧盟提出的量化财政规则。尽管如此，《预算组织法》（条款 50）要求，预算预测的编制要"考虑到它的欧洲义务"，间接提及了欧盟的指令，如马斯特里赫特条约中关于赤字和债务的义务要求，以及《稳定与增长公约》中关于"至少在经济周期上的预算平衡"之义务要求。国家预算中没有设定"黄金法则"。然而，地方政府法典在地方政府预算[①]中应用了类似的规则。

4.1.5 预算编制和向议会陈述的时间表

《预算组织法》规定：10 月的第一个星期二，是将年度预算草案提交给议会的截止日期（条款 39）。法国的财政年度在 1 月 1 日开始（LOLF，条款 1）。为了满足 10 月份的截止期限，预算编制过程在前一年的 12 月开始，并开始更新中期预算框架。对于预算编制的关键步骤，存在着内部的非法律性约束的截止日期（OECD，2003，table 16）。

4.1.6 行政部门内部的审批流程

宪法规定，在议会之前，总理对政府规划负责（条款 39）。《预算组织法》（条款 38）规定，财政部长在总理的授权下编制预算草案。行政部门内部编制和批准预算草案的时间和大部分程序，由其内部自行决定。总统也能在形成年度预算草案中发挥作用。尤其是预算组织法阐述了预算草案由总统牵头在内阁会议上

---

① 指导原则在地区会计部门得到了严格的执行。

讨论（宪法条款9）。在实践中，总统、总理和财政部长的角色，要取决于政治局势。正常时期里，当内阁会议上出现预算冲突时（这种情况很少发生），总统做出最后决定。相反，当总统和总理来自不同的政治集团时，最终的预算决策由总理在没有总统参加的内阁委员会会议上决定。

4.1.7 预算法涉及的其他文件

中期宏观经济框架和财政战略。在提交给议会两院的年度预算法草案中，预算组织法（条款48和条款50）要求，政府同时呈送国民经济形势报告，包括：

- 以国民经济核算为基础的宏观经济预测。包括假设的基础和预测方法。
- 需要提交该预算年度之后至少四年的中期发展预测，包括对一般性政府的收入、支出和结余的拆分。对国家预算收入和支出的中期预测，其中，支出需要按照功能进行分类。国家预算收入和支出的中期预测，是《预算组织法》所要求的。社会保险融资法也要求关于收入和支出的中期预测。
- 经济和预算政策的主要方向，应考虑法国对欧洲的承诺。

新措施与现有的支出政策。1959年的年度预算法之特别法典，区分了基于现有政策和新政策的不同支出。预算基于此被采纳，现有的支出通过单独表决来决定。这种区别被2001年的《预算组织法》废除了，此后新措施被引进到特定项目之中，需要每年重新检视，以证明每一欧元都花的值得。为了在一般措施中加强公务员的功能，规定了在预算中只提出总量。一旦议会采用了预算，行政部门根据计划来增加薪水。

与绩效相关的信息。附在预算草案中的财政战略报告，应该包括任务和项目列表，以及涉及下一个年度预算的项目绩效指标（条款48）。每个项目的计划绩效草案都附在预算中，包括目标、成本以及过去和预期的由绩效指标衡量的效果（条款51）。

税式支出、或有债务和财政风险。关于计划的税式支出之附加解释，被要求与预算一起呈送（条款51）。《预算组织法》要求，新的债务担保需要经过议会的批准，由公共或私人实体发行的债券改由国家来接管，也需要议会的批准（条款34）。所有目前的政府担保都需要依据2004年底的法律建立；2004年的预算执行报告附加了那些由政府同意但议会不知情的所有担保（条款61）。《预算组织法》未要求在年度预算草案中附加任何其他显性的、隐性的或者或有的债务。提交财政风险报告也并非法律责任。

法律要求的其他资料。《预算组织法》（条款51）详细说明了年度预算草案应该附加的其他资料。包括"国家"以外的公共实体之税收优惠用途、对预算陈述中可能变化的影响分析，以及与多年期支出承诺授权有关的预期年度支付时间表。未来就业情况的预期（根据类型或合同分类）以及就业波动的原因，也应该附加进去。

4.1.8 议会和其他宪法实体的预算

各个议院在财政上是独立的（参阅涉及两院职能的1958年11月的法令，条款7）。同一法律还规定，每个议院的预算都由审计法院办公室主任主持的一个联合委员会编制。

《预算组织法》对非行政的国家部门没有规定明确的预算规程。然而，该法为"公共权力"设想了一项特定的任务（条款7），每个部门都可以接受一份或多份拨款。可以允许为国会、参议院、法院和总统单列预算拨款，无须提供任务陈述和绩效指标。审计法院不单独列示——它的预算不是单独的任务，这与经济和社会理事会不同（也是一个宪法主体）。后者在新预算术语下有单独的计划任务，即经济和社会理事会的目标在国家的48项任务中，尽管审计法院作为更重要的实体，却没有自己的任务。

4.2 议会的预算程序

议会从政府那里逐渐地接收了更多的预算草案的资料。特别地，在预算草案提交给议会之前，国会和参议院有机会就政府提交的先期预算报告进行讨论。预算组织法程式化了这个过程，这被认为是关于预算方向的辩论。

4.2.1 预算审批的时间表和国会预算辩论的限制

预算法草案必须在10月的第一个星期二提交至议会（LOLF，条款39）。年度预算法——为国家和为社会保险融资——必须由政府发起，而不是议会发起（Gicquel，1998）。宪法（条款39）规定，年度预算草案必须首先在国会（National Assembly）讨论，也就是说，政府不应将预算法草案先行提交给参议院。条款象征性地解释了国会的政治优先性。

宪法规定了两院讨论年度预算的严格的时间限制。这些规定的主旨在于，加速议会的讨论，确保在1月1日前通过预算法及社会保险融资法。10月初接受预算草案之后，完成国会对议案一读的天数由法律做出规定：国会有40天时间（宪法条款47），参议院有20天（LOLF，条款40）。从10月初接受草案的70天内，是对议会做出关于预算之最后决定的限制。这个限制包括在两院委员会审核中。当两院委员会意见相左时，总理可以建立联合委员会来解决僵局（宪法条款

45)①。如果没有遵守 70 天的期限,政府根据特别法令来通过预算②。同样地,对议会决定社会保险融资法草案的 50 天期限,也包括在宪法条款 47 – 1 中。

4.2.2 临时预算

如果 12 月 31 日前没有接受预算,行政部门经由宪法授权(条款 47 和 47 – 1),可以采用临时国家预算和临时社会保险融资法案。对于国家预算,支出(服务表决,services votés)是根据前一年的政策确定的(LOLF,条款 45);这也是为什么保留"服务表决"这一概念的唯一原因。

4.2.3 修正权

宪法不允许议会提议创立新的支出、提高国家总支出或降低收入的任何修正案(条款 40)。议会只可以通过改变总量下的任务细分,来改变被提议的国家预算支出的构成。

即使议会建议修正,另一个宪法条款也允许政府通过自己的预算版本。条款 49 授权总理在内阁会议中达成协议后,就实施政府预算草案的职责。如果他(她)这样做了,该文本则被直接认定为法律,除非国民大会在 24 小时内提出谴责动议(这将导致政府倒台)。20 世纪 90 年代初期,在通过年度预算的时候,这项条款被少数派政府使用过(Hubert,1996)。这项条款成为可能,是基于早先就政党对政府预算政策支持的一种认同。

4.2.4 资金的批准

每年的预算都会重新发布对政府筹集税收和其他收入的授权,期限是 12 个月,这项授权在国家预算的第一部分,由议会单独投票(LOLF,条款 34)。尽管税收是根据总额进行计划的,但在执行中,允许对指定给地方政府和欧盟的收入进行代扣代缴(条款 6)。预算草案经两部分投票,在对预算法第二部分开始讨论前(条款 42),也就是对更加详细的拨款进行投票之前(条款 43),议会首先批准通过收入、支出的总量上限(针对一般的预算、附加预算和专用账户)和结余。如果不遵从这个程序,宪法委员会可以宣布其违反宪法,取消全部的预算草案(在 1979 年发生过③)。为了保证及时更新从 1 月 1 日起征收税收的年度授权,宪法(条款 47)包括了一项应急程序,在《预算组织法》(条款 45)中进行了详细阐述:授权征集税收的特别临时法,必须在年度预算草案采用之前通过。

---

① 总理可以在议会两院一读之后,就建立联合委员会。将这个联合委员会同意的文本提交到两院,两院提议的修正应是政府可接受的,当然,两院也有权拒绝。这些程序是基于宪法委员会的决定。

② 有法律效力的法令,通常需要经过议会批准。然而,对于预算法而言,政府可以根据不需要议会批准的法令来通过(条款 47)。当然,这项宪法规定从未被使用过。

③ 参阅宪法委员会 1979 年 12 月 24 日的 79 – 110 号决议,www.conseil-constitutionnel.fr/decision/1979/79110dc.htm。

4.2.5 拨款的性质、结构和持续时间

2006 年以前，根据政府部门和支出的经济类型（工资、其他经常性支出、投资等）进行预算拨款，后来，支出的经济类型在现有政策和新政策之间被分解了。2001 年的《预算组织法》采用基于任务和项目为基础的拨款结构，取代了原有的拨款结构。议会特别希望看到政府项目的成果，并且避免通过行政单位来接受预算而导致政府职能上的持续性重叠（Arthuis，2003）。

尽管从 2006 年开始，年度预算是根据任务和项目投票产生的，但计划被分解为 7 个不同的支出类型（工资、其他经常性支出、投资等）（LOLF，条款 5）。除了一项例外情况，这些纯粹是象征性的，预算项目管理者可以在它们之间重新分配。例如，投资和项目运转费用不经议会授权，就可以被预算管理者调换（在 1959 年的法令下，是没有这种情况的）。人员经费就是这个例外：每项计划的上限都受到约束（LOLF，条款 7）。此外，预算法必须约束工作人员数量的上限（条款 7 - Ⅲ）。

在《预算组织法》下，针对一般国家预算的每个项目、每一个附加预算和每一个专用账户，议会授权一个最高支出额。开支的授权用于承诺和现金支付（LOLF，条款 34）。对于承诺，议会授予权力并批准一个上限，允许国家参与涉及未来支付的契约性协议。预算授权的承诺没有时间限制（LOLF，条款 8）。相反，现金支付的授权是 12 个月期限内签发的付款单或实际付款的上限（LOLF，条款 8）。对于人员经费支出，法律说明承诺和支付是一样的。

对于大部分支出，预算总额有上限约束。对于特定的支出（债务还本付息、政府保证金，以及《预算组织法》条款 10 中列举的其他类型），这种限制不具有约束性。这些项目必须支付，不考虑可能的项目失误。如果批准的预算项目发生任何额外的开支，那么财政部必须告知两院的议会预算委员会超支的原因。部长也必须在财政年度结束前，建议在追加预算中进行修正（LOLF，条款 10）。

4.2.6 拨款的结转和未来拨款的借用

上一年承诺授权的结转，一定要在政府令中加以说明（LOLF，条款 15）。对于现金支出授权，最高可以结转项目支出的 3%。对于超过这一上限的非人员经费支出，任何结转都必须在新的预算法中重新授权（条款 15）。在预算已经确定的情况下，从下一个年度拨款中借款，被允许为支出承诺（条款 9）。

4.2.7 核准公共债务

在批准总财力的前提下，每年核准可协商的国家债务的净增加，这属于预算的第一部分（条款 34 - 9）。国家贷款受到有约束的限制（除了以外币借给同法国有货币联盟的国家以外）。《预算组织法》还建立起追踪贷款受益人违约的机制（条款 24）。

法律在公共部门债务的计划存量方面没有设置限制，《预算组织法》也不需要建立谨慎的债务水平。这符合预算组织法只处理收入和支出（而不涉及债务、其他负债或资产）的宪法限制（条款34）。与其他欧盟成员国那样，法国至少一年一次向欧盟报告广义政府债务水平。法国经济、财政和工业部更新了由内阁（而不是议会）批准的法国三年稳定计划。经欧盟委员会评定之后，欧盟理事会接受计划的正式意见，特别是涉及马斯特里赫特条约的事项。

4.2.8 已通过预算之颁布、否决和发布

所有的法律，包括年度预算，必须由共和国总统在通过后的 15 天内公布（宪法条款10）。在 15 天期限内，总统可以要求议会重新审议预算。颁布的法律在官方公报上公布。

4.2.9 追加预算（修正案）

追加预算具有法律效力——一项"调整的"法律（LOLF，条款1）。法律调整是改变预算收入、支出拨款和初始预算之财政平衡状态的唯一方式。它们必须显示预算平衡正在如何变化：调整的法律将授权追加的净借款需要由贷款或其他财政业务承担。调整的法律还将对行政部门使用的预拨经费手段做出重要的修改（LOLF，条款13和35）。预算组织法没有限制每年法律调整的次数。正常情况下，每年至少会进行一次调整，偶尔会调整多次，特别是当多数派政府变化时期[①]。

4.2.10 其他议案对预算的影响

当新法律或规章容易受到收入或支出改变的影响时，在下一次预算追加的议会授权变更时，一定要评估其对财政平衡结果的影响（LOLF，条款33）。

4.3 预算的执行

4.3.1 支出授权的分配

拨款对于各部委而言是具有效力的（LOLF，条款7-Ⅳ）。在预算组织法（LOLF）中，并不包含在预算年度间如何分配预算授权的明确条款。这是由法令（decree）来完成的。

4.3.2 预算授权的取消和其他的年度内支出控制

为了防止预算持续失衡，特别是如果收入出现短缺，在财政部做出报告后，根据法令，行政部门被授权取消预算拨款，取消的最高额度可达预算拨款的 1.5%（LOLF，条款14）。不过，在法令公布以前，必须要告知相关的议会委员会。1.5%是否适用于包括附加预算和专用资金在内的全部预算，还是仅

[①] 1981 年，随着总统和立法选举及宏观财政政策方向的主要变化，有四部修正的法律。

适用于一般预算，这在法律中是不明确的（相关讨论，请参见 Arthuis，2003，pp. 38 - 40）。

在预算组织法中，支出的三个阶段被分成承诺（commitment，engagement）、签发支付令（payment order issuance，ordonnancement）和支付（payment，paiement）。1922 年通过了一部法律，对支出承诺实施集中管理①。这部 1922 年的法律，创立了财政部专有的财务总监（financial controllers）职位（1922 年的法律，条款 2）。财政总监（在每个支出部门中都设置）的主要任务是，针对大部分非人员经费支出承诺和付款通知，以及委托给非中央预算管理者②的每项拨款，开展预先管理。财务总监需要准备由其审核的支出和收入业务运作的年度报告（1922 年的法律，条款 7）。为了使财务监控专注于控制预算执行和对特定情况的预先管理，该文本做出了修改。

大部分的国家支出计划，针对开支授权，具有法律约束的最高额度。相反地，对于社会保险支出，《社会保险融资组织法》并未能设置有约束的限额，也未能对该法做出修改，以通过改变政策来防止超支。在社会保险机构的开销上，在社会保险融资年度法中，只作了象征性的限制要求。对于 ONDAM（国民疾病期）之下的健康消费设定了总额。可是，法律不要求政府编制一份详细的报告，来证明其选择和优先序是符合项目之目标的。在 2001 年，参议院建议修正 1996 年《社会保险融资组织法》，以改进某些支出控制的弱点，但这些拟议的修改没有得到足够的政治支持（参见 www.senat.fr/leg/pp100 - 268.html）。

4.3.3 紧急支出、超额支出和应急资金

对于"普通的"紧急需要，行政部门可以根据法令增加一定的预算拨款，其前提是不影响预算平衡，并且通知议会两院的预算委员会（它们可以在 7 天的期限内提出反对意见）（条款 13）。在这种情况下，可能使用额外的税收收入或取消其他预算拨款。新拨款的累计金额，被限制在年度预算批准的总拨款的 1% 内。在任何这种法令发布之前，内阁会议必须首先征求最高行政法院的意见，并且在下次调整预算法案时，必须得到议会批准。

在特别紧急的情况下，或者国家利益处于危险关头的时刻，行政部门可以根据法令增加议会的拨款，即使这会导致预算赤字增加（条款 13）。在这种情况下，政府法令在征求最高行政法院的意见之后发布，并一定要立刻请求议会

---

① 在 19 世纪，部长（相当于组织者）提交超过批准限度的支出。对于控制债务，1890 年的年度预算要求，每个部门由部长个人任命的"支出承诺管理者"记录支出承诺。由于这些管理者并不独立于部长，1922 年的法律，将所有的管理者置于财政部的集中权力之下（Bouvier et al.，2002，P.410）。

② 由于许多国家支出在巴黎以外执行，纳入支出承诺的权力，被委托给第二组织者（部门首长），这个过程被认为是信用授权。

批准。

年度预算法包含未分配的为自然灾害或其他不可预料的支出,包括当预算被通过时尚不明确的人事薪酬措施（LOLF,条款7）。这些授权是依据财政部长的报告并根据项目分配的,随后由法令付诸实施（条款11）。

4.3.4 年内拨款的调剂和流用

《预算组织法》（条款12）区分了流用（virement）（同一部门内部的不同项目间的预算授权交换）和调剂（transfers）（不同部门间的项目之预算授权交换）。允许政府部门内的流用,最高可达计划授权总量的2%。允许在具有服务同样目的的项目之间的调剂。流用和调剂由法令授权,但是必须在财政部的报告由议会委员会审核之后。

4.3.5 现金规划以及政府资产和债务的管理

《预算组织法》没有为年内政府资产与负债的管理设立原则或规程。法律关注的焦点是对国库（法国经济、财政和工业部的下属部门）可利用资源的现金管理（条款25）。这些财力包括由地方政府、各种公益机构筹集的强制性存款和某些政府拥有的金融机构之特定资金（包括法国信托局,它是管理公共资产的巨型证券投资组合）。这些规定反映了国家资金的集中化现金管理。

4.3.6 内部审计

预算组织法没有提及内部审计或内部控制。对于支出管理,法国经济、财政和工业部——通过财务总监——在支出承诺上实施事先控制。法国经济、财政和工业部公共会计理事会（the Public Accounting Directorate）中,也有一个内部审计机构。在支出部门内,内部检查机构并不执行内部审计实体的所有功能。一些审计活动由财务审查官（the Inspectorate of Finances）来执行,财务审查官是法国经济、财政和工业部的内设机构,直接对部长负责。总体上,财务审查官在行政部门内履行内部审计的职能。法令（不是法律）规定,财务审查官对于公共会计师和相关授权人员拥有检查权,法令对审查官做出了特别规定。财务审查官的报告有时会在部长决定之后向公众发布。

4.4 政府会计和财务报告

4.4.1 会计制度

在预算会计（收入和支出）和涉及所有财务事项的总会计之间,是存在区别的（LOLF,条款27）。所有的账目必须是"定期的和精确的,对国家平衡和财政状况的真实记录"。预算会计的时间范围包含了年度终了之后为接受收入或支付而宽限的20天期限（条款28）。《预算组织法》的一个新特点是在记录国家交易的会计中引入了权责发生制（条款30）。由社会保险融资管理的活动并不要求引入权责发生制。特别是，对于记录公共养老金计划的未来债务，并没有法律约束。

除了一些国家专属的特点，新的会计基础和私营部门会计并没有什么区别。会计准则由公营和私营部门的会计专家组成的委员会制定，并且经议会委员会审查（条款30）。随着以适用于私营部门的13项原则为基础的新会计准则的发布，这项要求在2004年实现了（MINEFI，2004c）。虽然《预算组织法》不要求审计法院在推进新会计准则中发挥作用，但在实践中它参与了为此目的而建立的工作组。另外，因为会计惯例中的任何变化都必须附加到每年的《预算执行法》（Budget Execution Law）中（参阅第4.4.4节）（条款54-7），审计法院可以对会计系统发生的任何变化做出评论。

1962年的公共会计法令被认为是基本的法律文件①。法令规定，部长是负责执行收入和支出（先于支付阶段）的主要授权人员。法令为国家也为国有公共机构建立了公共会计的一般原则。规定了授权职能与会计职能的不相容原则。公共会计师必须根据法国经济、财政和工业部制定的会计科目表，来运用复式记账法。这项法令没有涉及权责发生制，也没有直接地、最大限度地涉及那些源自私营部门应用的公共部门会计准则。预算组织法明确规定，对政府会计的安排与公共会计师的个人责任，应该包括在年度预算法中（条款34-Ⅱ.7f）。

4.4.2 政府的银行业务安排

《货币和财政法典》（the Monetary and Financial Code）要求，法兰西银行（中央银行）提供银行业务或国家可能要求的其他服务，其前提是协议有所规定且支付的服务报酬能够补偿成本。特别强调的是，法国经济、财政和工业部的国库部门，可以在法兰西银行中持有银行账户（货币和财政法典条款，L 141-8）。《预算组织法》没有明确地规定在中央银行里建立财政单一账户。然而，自1857年以来，单独的财政银行账户就已经在法兰西银行中建立了。所有的政府交易都通过这个账户进行，包括与附加预算、财政专户（special treasury accounts），以及与那些必须在财政部存入资金的公共部门之间的交易。对于支出部门是否能够开设银行账户，《预算组织法》也没有规定。实际上，财政部专门为支出部门提供银行和会计服务；因此，各部门在自己的账户内保留资金，被认为是难以置信的。

4.4.3 向议会的年内报告

《预算组织法》和《社会保险融资组织法》致力于金融的和非金融的报告义

---

① 作为贯穿法国法律服务的立法，将公共会计法令作为一项基本文案（www.legifrance.gouv.fr/html/aide/lois_reglements1.htm），只有法令具有这种地位。1962年被更新的法令，符合《预算组织法》的新会计条款（条款27-30）。

务，这些报告在议会对国家预算法案和社会保险金融法案分别进行的辩论中将会使用。要求广泛而综合的报告（这是《预算组织法》相对于1959年法律的一项创新）。

第二季度[①]——**用于预算前讨论的报告**。政府提供关于国民经济发展和公共财政展望的报告，包括经济和预算政策的主要方向，需要将法国对欧洲的承诺考虑在内（LOLF，条款48）。这个报告会引起国民大会和参议院之间的讨论。政府还必须在6月1日前提供年度执行情况的报告（参考下节）（LOLF，条款46）。也要求审计法院提供关于预算执行的初步报告。

10月——**向议会提交预算**。下一年的预算法草案连同由《预算组织法》条款50~51要求的几个文件——如对经济、社会和预算情况，以及预测的报告（至少是以后4年）——最迟在10月份的第一个星期二提交（条款39）。一些附件可以在截止期限之后提交，但至少必须在国民大会审查收入或批准之前的5天提交。

其他月份。预算组织法并不要求定期（例如每月）向议会和公众提交年内预算执行报告和（或）财务账目。尽管如此，法国经济、财政和工业部每月在政府公报和网站上，都要公布预算执行及财政和债务运作的详细摘要。

预算组织法规定，经济和预算报告需要附上对每项补充预算法的建议（条款53）。1922年通过并于2002年修订的《支出承诺控制法》规定，需要提供预算执行信息，但仅限于关于开支承诺的月报（而非现金支出）。这些报告被提交到议会两院。该法律还要求前一年的支出承诺，需要在4月30日前提供给议会。

4.4.4 年度决算和报告

预算执行法（the Budget Execution Law）。收支预算执行的年报作为法律被采用（LOLF，条款37）。传统上，预算执行法草案附带审计法院的"合规性声明"（declaration of conformity）（参看下文）。作为法律文件，预算执行法：

- 批准在法律权限内由政府制定的年内拨款修正，特别是针对那些预拨经费（条款13）。
- 增加对超出政府管理的且具有正当理由的预算超支拨款；
- 收回未结转的尚未用完的预算拨款。

对于每项计划，附加预算必须说明预算分配和最终效果之间产生差异的原因（条款54）。这就需要将专用资金包含在内，它之前一直是被滥用的资源。预算执行法也正式地确认收入、支出和财政交易的最终结果。

[①] 《预算组织法》规定了"最后一个季度的例会"。依照宪法（条款28），例会在10月份的第一个工作日开始，并在6月份的在最后一个工作日结束。通常地，预算方向的辩论在5月或6月期间举行。

年度绩效报告。要求政府准备一系列绩效报告是《预算组织法》的主要创新。年度预算法草案应该附上每项计划预计的年度绩效（条款 51）。12 个月之后，基于每个项目事前和事后绩效指标的报告，对每个项目实际的预算支出效果，依照实际经济指标进行解释。另外，由于薪金和就业仍然是集中管理，有必要解释为什么法定就业水平及成本与计划内容可能存在的差异（条款 54）。关于绩效战略、目标和指标的指导方针已经发布（MINEFI，2004b）。

4.5 外部审计

外部审计部门是审计法院，它是根据自 1807 年的法律建立的，并在 1958 年的宪法中得以确立。另外，依据 1948 年的法律创立了预算和金融纪律法庭（Court of Budgetary and Financial Discipline），它在审计法院未覆盖的领域内具有竞争力。在法国和其他一些大陆国家，这样的法院被认为是全部控制体系的三支柱之一：行政控制（部门内部对行政部门开展管理）；政治的和议会的控制（由法律机关行使）；司法控制（由司法部门行使）。规定了审计法院、其地区分院，以及预算和财政纪律法院的权限之法律，编入到法国财政管辖权法典（the Financial Jurisdictions Code）中。

4.5.1 管理的、财务的和运作的独立性

审计法院其实是一个公共权力部门，它的存在要早于议会[①]。宪法只提到审计法院需要协助政府分支机构，来管理国家预算法，并实施社会保险融资组织法（后者的作用直到 1996 年宪法修正案，尚未被规定下来）（条款 47 和 47 - 1）。宪法和法律都没有明确地提及审计法院的独立性。尽管如此，法院的独立性由事实认可，它的成员具有地方法官的法律地位，并且是完全独立于行政和立法机关的。这种地位在各种场合下都会得到宪法委员会的支持。

日常的运作，包括对 22 个地区审计部门的工作授权范围[②]，审计法院是独立的。法律确立了法院具有充分的权力履行其职责（《财政管辖权法典》，L111 - 9）。因此，根据来自七个成员部门的提议，审计法院通过了三年滚动计划[③]。鉴于其作为司法部门的独立性，宪法委员会宣布，要求审计法院向议会呈送其年度

[①] 核对法国国王账目的会计师事务所，是在 14 世纪正式成立的。三个世纪后，第一个法国议会在 1791 年的宪法中才正式建立起来（Magnet，1997）。

[②] 法国 22 个行政区域的每一个。《财政管辖权法典》为法国海外部门和其他部门确立了特别的审计安排。

[③] 请参阅审计法院的内部结构：www.comptes.fr/FramePrinc/frame01.htm。

工作计划草案，这一义务是违宪的①。由于缺乏协调审计法院与议会之间工作计划的正式程序，议会委员会要求的合并调查已然经历了种种困难（Poncelet, 1997, P. 128）。不过，《预算组织法》（条款 58）强制要求，审计法院需要回应来自议会预算委员会的帮助诉求。

审计法院在人员聘任和晋升方面并不独立于行政部门。第一，院长和法院七部门的主席根据内阁会议的法令为终身任命。议会不参与这种决定。这与其他欧洲国家的审计法院形成了鲜明的对比（包括奥地利、比利时、德国、意大利、荷兰、葡萄牙和西班牙）。另外，法律不包括关于审计法院院长或主席免职的任何条款（如重大过失）。第二，法律体制对法院院长招募和提升职员能力做了严格的限制。尤其是，有严格的配额要求从公共管理学院的国立学校招募的大部分职员。晋升必须根据资历和年龄（《财政管辖权法典》，L121－122 和 R121）。由于这些限制的存在，就难以招募到职员，例如，中级岗位难以招募到具有私营部门审计经验的审计师。然而，新就业者对于贯彻包含在《预算组织法》中的新资质要求，可能是需要的。

审计法院的财政独立性没有明确地被法律确认。审计法院的年度预算从未有过单独的预算标题。一直以来，审计法院的预算包含在法国经济、财政和工业部的年度预算中。法院对于其自己的年度预算，与法国经济、财政和工业部关于"适当"财务水平的磋商是不公开的。2001 年《预算组织法》的一个合乎逻辑的结果，就是将审计法院的使命和项目，从法国经济、财政和工业部中分离出来。然而，在贯彻预算组织法中，它打算把法院放在"公共资产的管理和控制"这一功能下。"金融司法管理"的计划管理者是审计法院的院长，在决定管理和控制公共财政的全部任务中，院长的发言权是唯一的。

4.5.2　审计制度的覆盖范围

审计法院有非常广泛的审计职责，不仅覆盖国家部门，而且覆盖全部公共部门。审计覆盖的范围包括国家预算、国家公共设施、公营企业（自 1976 年以来）和社会保险组织（自 1950 年以来）（《财政管辖权法典》，L111－1~6）。另外，它可以审计基于私法而成立的某些部门，尤其是那些接受国家或欧盟财政资助的部门（L111－7）。法律中特别列明了这些部门中的一部分（L111－8）。审计法院只有超越公共会计师的权限。自 1807 年的法律被采用起，法院就没有超越政

---

①　议会在 2001 年通过的《预算组织法》条款 58 之第一子条款要求：审计法院向议会提交年度工作计划草案，并征询意见，两院有 15 天的时间表达意见。由于审计法院是司法机构，并且法官本质上是独立于行政和立法机构的，宪法委员会宣布，如果它不得不为发表的意见向议会提出它的工作计划草案，法院的独立性将会受到影响。请参见宪法委员会 2001 年 7 月 25 日的第 2001－448 号决议。

府部长的管辖权（L131-2）——他们避开了任何法庭的控制（他们被免除了预算和财政纪律法庭的管辖权）。相反，在不受来自部长命令保护的情况下，导致重大的管理不善的高级公务员的活动或财务渎职的行为，由后一种法院（预算和财务纪律法庭——译者注）来处理（L321-1，2）。

4.5.3 审计类型

法律强调传统的财务合规性审计。作为司法部门，审计法院判断公共会计师的账目（L111-1），它的延期提交由法令确立（L131-1）。法院必须根据文件和实地考察，来核实收支账目的规范性，以及公共资金使用是否合理（L111-3）。由于每个首席公共会计师的账目必须整合在一起，法院也审计国家的一般账户，并发布"声明书"，附在预算执行法草案中（LO132-1）。这个声明表明财务账目是内部一致的。

2001年的《预算组织法》，要求审计法院核证权责发生制会计账户，这将引起法院审查方法发生变化（Joxe，2001；Cieutat，2001）。至今，《财政管辖权法典》并未做出改变，以反映预算编制、会计和审计中新的绩效导向。实际上，法院和它的地区法庭的大多数审计活动，转向绩效审计，也不是强制性的。这构成了法律所要求的"公共资金的良好使用"的重要组成部分（在其他一些欧盟国家中，标准更加明确，通过三项标准判断：经济性、效率性和有效性）。

对于公营企业，要求审计法院进行财务和管理审计（L111-4）。对于社会保险组织，要求进行年度核对（L111-5）。法律没有明确地要求绩效审计，例如，社会保险组织是否完成他们制定的年度目标。不过，在实践中，审计法院完成了绩效审计。

4.5.4 调查权

审计法院被授权获得他们需要的所有必要信息（L140-1）。不能以专业保密作为不提供信息的理由，更不能拒绝审计部门进行审计（L140-4）。根据法律中的名义货币条款（L140-1），拒绝提供信息要受到罚款处置。对于技术调查，法院可以聘用外部专家（L140-3），尽管实际上这种情况并不经常出现。

4.5.5 报告义务和发布

财政管辖权法典要求三项重要的年报。第一，审计法院的活动年报，呈送给总统并提交给议会（L136-1）。这份报告需要包含部长和其他国家机构在未公开发表的详细报告中针对法院建议而做出的回应，并根据法律要求进行公布（L136-5）。第二，预算执行法草案的年度报告，一旦由审计法院完成就提交给议会（LO132-1）。《预算组织法》（条款58）要求这份报告要附上预算前的辩论。第三，社会保险融资组织法执行的年度报告，连同社会保险组织的账目分析和对法院建议的反馈，编制完成后就要提交给议会（LO132-3）。

这些公共报告代表了法院报告的"精华"。每年编制超过1000份的新闻公告（Magnet，1997），主要针对各部委、地方政府和其他政府机构的特殊财务管理活动。法律不要求发布报告，尽管最近几年已经发布了一些主要的报告，大部分还是听凭审计法院处理。关于地方政府法定审计的地区办公账目的报告，如果有相关要求，对公众是可公布的。

4.5.6 调查结果的执行

部长和其他高级管理人员对审计法院建议之回应的编制和发布，会形成被审计部门采取后续措施的意向。1996年以来，法院对部长的其他公告必须在3个月的延迟回应期后，提交给议会委员会或调查委员会（《财政管辖权法典》，L135-5）。近些年，对于同法院有关的议题，议会已经表现出更大的兴趣，并且接收比过去更多的信息。最后，虽然审计法院是司法机关，但在这一点上，它在后续审计建议上，并没有什么重要的影响，这些建议通常包含在报告（reports）中（与非司法型的外部审计机构一样），而不包含在裁定（rulings）中。

参考文献

Arthuis, Jean (2003), Mise en œuvre de la LOLF: un outil au service de la réforme de l'État, Senate Report No. 388, Paris, www.senat.fr.

Auberger, Philippe (2001), "Promouvoir une véritable réforme de l'ordonnance du 2 janvier 1959", Revue française de finances publiques, No. 73, pp. 61-64, January.

Bigaut, Christian (1995), Finances publiques, droit budgétaire: le budget de l'État, Ellipses, Paris.

Bouvier, Michel, Marie-Christine Esclassan and Jean-Pierre Lassale (2002), Finances publiques, 6th edition, Librairie générale de droit et de jurisprudence, Paris.

Bouvier, Michel and Gabriel Montagnier (2001), "Le poids de l'Union économique et monétaire dans la réforme de l'ordonnance du 2 janvier 1959", Revue française de finances publiques, No. 73, pp. 45-56, January.

Bouvier, Michel (2004), "Nouvelle gouvernance et philosophie de la loi organique du 1er août 2001: aux frontières du réel et de l'utopie", Revue française de finances publiques, No. 86, pp. 193-218, April.

Camby, J-P (2002), La réforme du budget de l'État: la loi organique relative aux lois de finances, Librairie générale de droit et de jurisprudence, Paris.

Caudal, Sylvie (2004), "L'évolution des dispositions constitutionnelles relatives à la matière financière", Revue française de finances publiques, No. 86, pp. 13-38, April.

Cieutat, Bernard (2001), "La Cour des Comptes et la réforme", Revue françaisede finances publiques, No. 76, pp. 107 – 122, November.

European Union (1992), Protocol (No. 5) on the excessive deficit procedure, http: //europa. eu. int/abc/obj/treaties/en/entr8f. htm.

Hochedez, Daniel (2004), "La formation de la loiorganique du 1er août 2001: l'élaboration de la proposition de loi organique", Revue française de finances publiques, No. 86, pp. 107 – 125, April.

Hubert, John D. (1996), Rationalizing Parliament, Legislative Institutions, and Party Politics in France, Cambridge University Press, Cambridge.

Gicquel, Jean (1998), Les rapports entre le parlement et le gouvernement dans la Constitution de 1958, Constitutional Court question No. 9 concerning the Constitution at 40 years, www. conseil-constitutionnel. fr/dossier/quarante/q09. htm.

Joxe, Pierre (2001), "Revaloriser le débatbudgétaire et moderniser les institutions financières", Revue française de finances publiques, No. 73, pp. 31 – 35, January.

Magnet, Jacques (1997), "Les institutions supérieures de contrôle des comptes et le pouvoirl égislatif: aperçu de droit comparé", Revue française de finances publiques, No. 59, pp. 105 – 114.

Mekhantar, Joel (2003), Finances publiques-Le budget de l'État, Hachette, Paris.

Mer, Francis and Alain Lambert (2003), Rapport sur l'évolution de l'économienationale et sur les orientations des finances publiques, report to the National Assembly in the name of the Prime Minister, Paris, June, www. finances. gouv. fr/minefi/publique/publique2/index. htm.

MINEFI (2004a), Rapport sur la préparation de la mise enœuvre de la loiorganique no. 2001 – 692 du 1er août 2001, report presented by Messrs Nicolas Sarkozy and Dominique Bussereau, Ministry of Economy, Finance and Industry, Paris, June.

MINEFI (2004b), The Performance-based Approach: Strategy, Objectives, Indicators (La Démarche de performance: Stratégie, objectifs, indicateurs), methodological guide for applying the LOLF, prepared jointly by the Ministry of Economy, Finance and Industry, the Budget Committee of the National Assembly, the Budget Committee of the Senate, the Court of Accounts, and the InterministerialProgramme Audit Committee, Paris, June, www. lolf. minefi. gouv. fr.

MINEFI (2004c), Central Government Accounting Standards-France, Ministry of Economy, Finance and Industry, Paris, www. lolf. minefi. gouv. fr/architecture/index_presentation. html.

National Assembly (1999), Rapport du groupe de travail sur l'efficacité de la dépense publique et le contrôle parlementaire, January, www. assemblee-nationale. fr/dossiers/depense/rapport. asp.

OECD (2003), Chapter 3 in OECD Economic Surveys: France-Volume 2003, Issue 11, OECD, Paris, November.

Philip, Loïc (2001), "Moderniser la dépense et la gestion publiques", Revue française de finances publiques, No. 73, pp. 83 – 85, January.

Poncelet, Christian (1997), Introduction to "La Cour des comptes et le Parlement", Revue française de finances publiques, No. 59, pp. 125 – 129.

Querol, Frances (2002), Finances publiques, Ellipse Marketing, Paris.

Revue française de finances publiques (2001), "La loiorganique relative aux loisde finances", No. 76, November.

Revue française de finances publiques (2003), "Mettre en œuvre la loi organique relative aux lois de finances", No. 82, June.

Rochet, Claude (2002), Les établissements public nationaux, report prepared for the Interministerial Committee on Reforming the State, Paris, available at www. ladocumentationfrancaise. fr/brp/notices/024000644. shtml.

Rochet, Claude (2003), Conduire l'action publique: Des objectifs aux résultats, Pearson Education France, Paris.

Rouban, Luc (1995), "Public Administration at the Crossroads: The End of the French Specificity?", Chapter 3 in Jon Pierre (ed.), Bureaucracy in the Modern State, Edward Elgar, Cheltenham, United Kingdom.

Saidj, Luc (1993), "Réflexions sur le principe de séparation des ordonnateurs et des comptables", Revue française de finances publiques, No. 41, pp. 64 – 72.

Saidj, Luc (2003), Finances publiques-Cours, 4th Edition, Dalloz, Paris.

Trotabas, Louis and Jean-Marie Cotteret (1995), Droit budgétaire et comptabilité publique, 5th Edition, Dalloz, Paris.

德 国[*]

实例研究的结构

1. 概述
2. 预算制度法律中的原则
3. 预算制度中法律基础的建立与行动者的权力
4. 预算周期各阶段的法律规定

---

[*] 德国的实例研究得益于来自联邦财政部预算司的官员以及 OECD 同事的建议,包括经济部的埃克哈·德沃泽尔(Eckhard Wurzel)。

1 概述

1.1 控制预算过程的法律框架

德国在各级政府中具有非常广泛和详细的预算过程之法律框架。基本法（Grundgesetz - 以下简称 GG）或宪法详述了预算过程中关键人员的角色。宪法分别详细地阐述了联邦和州（the Länder）的财政职责。它规定联邦和州能够独立地准备、通过和执行自己的预算。宪法也包含整整一章涉及预算管理。

丰富的法律（参见专栏1）和法规补充了宪法。最重要的预算法始于 20 世纪 60 年代晚期。这些预算法律展示了预算原则与宏观稳定性的一致性。德国法律制度的特点是：《预算原则法》（the Law on Budgetary Principles，Haushaltsgrundsätzgesetz - 以下简称 HGrG），不仅适用于联邦政府，同时也适用于州政府（Länder governments）和所有地方政府（Gemeinden - 自治市，municipalities）。《预算原则法》的第一部分阐述了关于预算编制、预算执行、政府会计和独立外部审计的职责。预算原则的法律要求进一步详述在单独的预算规范中，一个适用于联邦政府（联邦预算），另一个单独的规范适用于 16 个州。每个规范都具有法律地位。由于都是基于共同的预算原则框架，州预算规范与联邦规范中都包括相似的条款。州预算规范——包括原民主德国的规范——不在本研究中评论①。在 1985 年，《联邦审计法院法案》被通过了，明确阐述了政府治理结构和外部审计程序。

专栏1　德国：主要的预算制度法

- 1949 年的基本法（宪法）
- 1967 年的《促进经济稳定与增长法》（Stabilitäts-und Wachstumsgesetz）
- 1969 年的《预算原则法》
- 1969 年的《联邦预算法》和 16 个州预算法
- 1985 年的《联邦审计法院法案》

---

① 1969 年的法律最初适用于联邦德国。1990 年的统一条约后，预算原则经过修订也适用于原民主德国，之后每个东部地区都采用了单独的预算规范。

> - 《政府间关系法》——尤其是团结协定和来自联邦及州政府的均衡补助法
> - 设立社会保险资金的系列法律
>
> 来源：Tschentscher，2002，联邦财政部（1995 年和 2000 年）；www.bundesrechnungshof.de/en/veroeffentlichung/800.html。

与一些联邦制国家对比，德国并未就不同政府层级之间的财政协调政策，做出正式的安排，宪法要求在联邦和州预算管理中考虑宏观经济均衡（德国宪法条款 109）。宪法也在设想联邦法律的采用，也同时适用于联邦和地方政府的法律，以管理预算并保证多年期财政计划的实施。因此，《促进经济稳定与增长法》要求构想未来五年的计划。法律也促进负责的财政管理：不管是联邦还是地方政府，在制定各自的经济和财政政策时，都必须考虑整个国家的目标。《促进经济稳定与增长法》体现了严格的凯恩斯主义经济理论，这种理论在 1967 年该法案通过时被广泛认可。这个法律中的一些条款，包括设立和使用逆周期准备金以防止经济过热，对于存在高失业率和潜在的低经济增长时，这些做法其实也没什么用处[1]。另外，按照德国宪法［条款 109（4）］所要求，保持无利息的逆周期准备金，是一种具有争议的现金管理方法[2]。

为了保证政府间的协调，《促进经济稳定与增长法》（StWG，s.18）和《预算原则法》（HGrG，Part 2）建立了一个协调机构，即财政计划委员会（the Financial Planning Council）。在地方政府协会的建议下，这个机构包含联邦财政部和经济部部长、州财政厅厅长以及联邦参议院（代表地方利益的第二议院，详见 3.1.1 节）指定的四个自治市的代表。作为协调机构，财政计划委员会的宗旨是准备连续的中期财政规划，并为全国范围内的财政政策确立优先级别。在《预算原则法》下，各级政府都必须提供给财政计划委员会执行其功能的必需资料。地方必须代表自治市提供所有相关信息。所有公法实体和所有社会保险体系——不论国家层面还是地方层面——都包括在报告要求之内。这样，财政计划委员会就能够获得监督国家预算发展的全部必要信息[3]。财政计划委员会的决策在政治上

---

[1] 《促进经济稳定与增长法》的另一个目标是承担起货币政策之外的政策调整，并保证财政政策更快地发挥作用。为此，可以根据法令实施新的短期财政政策工具（反周期资金、限制性借款和尽快增加或减少税收），因此避免需要议会批准新的法律。更详细的讨论请参考 Hunter（1978）。

[2] 不能有效利用在资本市场上筹借的政府资金，并且同时在中央银行建立无利息的政府存款。这样的政策为中央银行提供了隐蔽的补贴。

[3] 履行一般政府职能的实体范围，在一定程度上是不完全的，这使得采用商业会计的私人法律实体，被排除在报告要求之外（参见 IMF，2003，paragraph 4）。

是有约束的,但是没有法律约束。

法制国家(Rechtsstaat)的观念,或者法律规则,在德国是非常发达的,遵守公共管理的法律是非常重要的。德国宪法要求,政府在发布一般性的行政法规之前,需要取得联邦议会的同意(德国宪法,条款84),还要说明"在行政法规的执行过程中,联邦监督的合法性和适当性"[德国宪法,条款85(4)]。由单独的法律设立岗位的公务员,以通过专业方法服务于政治当局为骄傲。如果一个人接受过法律培训,成为公务员会更加容易。

尽管法律规则非常强调需要确保适当之法律结构的正常运行,仍然有一些预算决策发生在正式宪法框架之外。这是党派政治的主要结果和联合政府的需要。执政党之间的联合协议展示了预算政策的框架。20世纪90年代以来,这样的协议变得更加详细,甚至可能包含宪法的"黄金法则"之外的财政规则(参见第1.2节)。尽管这些协议没有法律约束力,并可能不被重视①,尽管如此,它们还是组成了一个重要的非正式体系,成为对正式预算过程之法律体系的补充。先于内阁的决策开辟了第二战场,在这个领域中,较少正式的安排,而是由党派政治的需要来补充法律之框架。正式内阁会议之外的部长间磋商,可以在内阁产生正式决策之前,对有争议的预算议题达成一致意见。关键的决策者都是政党的重量级人物,他们也许是联邦议院(参见第3.1.1节)的成员,也许不是(Sturm and Müller, 2003, P. 194)。

最后,德国是欧盟成员之一,欧盟已然发布了宏观经济稳定性的预算规则。尤其是,马斯特里赫特条约限制了广义政府财政赤字最高为GDP的3%,以及广义政府债务的上限为GDP的60%。这些量化限制并不包含在国内立法中。然而,实际的预算决策反映了政党之间权力的相互影响,特别是政党之间组成的联合政府。虽然议会的预算(或财政)委员会产生了一些影响,但议会的主要作用限于使已经被联合政府采用的决策合法化。任何对欧盟条约的不尊重,反映了对联邦和各地方具有法律约束性的支出目标,在政治意见上达成一致的困难。这些目标要求在广义政府收入、支出和赤字层面上,均能够实现这些目标②。

1.2 预算制度法的改革

第二次世界大战之后,财政赤字受到严格的控制,德国宪法只允许在特殊情

---

① 例如,1994年的联盟协议规定新政府的目标在于,将公共事业费用降低到低于统一前之GDP水平的46%。然而,1994年后,公共事业费用却继续增加(参见Wurzel, 2003, figure 21)。

② 送达财政计划委员会的协议,包括对联邦、各州和各种社会保险组织总支出的特别目标,可能产生法律约束。尽管如此,支出目标仍不保证达到总的赤字目标(IMF, 2003, paragraph 80)。

况下，才能出现赤字。然而，在 1965~1966 财年，普遍认为在衰退期间平衡预算是不适当的。政治机会的窗口开启了宪法改革，并采用了新预算法，体现出流行于 20 世纪 60 年代的凯恩斯主义经济思想（详细参见 Sturm and Müller, 1999, pp. 70-71）。这些原则上的创新包括：

- 在预算管理中，联邦和州政府需要考虑四项宏观经济变量，即稳定的经济增长、稳定的价格、高就业率以及外部平衡；
- 允许为财政投资支出而借款（"黄金法则"）；
- 年度预算的编制，应依据五年期的中期规划来进行①；
- 由高级别的财政计划委员会，来协调全国范围的预算计划，并能够在所有层级上对预算计划进行评估；
- 引入了详细的预算分类和统一的以现金制为基础的会计，并应用于所有的政府层级。
- 平行的预算（parallel budget）——由结转的现金储备来提供资金——被取消。未使用资金的结转被缩减了。

由于采取了改革，尽管联邦和州的适应性预算立法（the Law Adapting Budget Legislation of the Federation and Länder），在 1997 年底已然通过，但德国仍保持了一个详细的分行列支预算制度（line-item budget system）。这部法律（修订的预算原则法和联邦预算法）规定：

- 在支出部门的预算管理中，对于预算授权之调剂的适当扩展，允许有较大的灵活性；
- 年终结转规则的取消；
- 更大程度地激励预算部门提高额外收入；
- 针对中央政府的预算活动，采用成本收益会计；
- 为各种具有预算影响的措施，承担进行效率分析的义务。

和其他国家不同，德国没有绩效导向预算的全国性运动，这种运动伴随着以收付实现制为基础的会计制度改革。尽管如此，在 2000 年试行的"产品预算"（product budgets）被启动了，2004 年用于六个联邦政府机构中（Federal Ministry of Finance, 2004）。其目的在于，在基于投入的预算之上，增加产出取向。产品预算是附加在主预算之上的，表明了在产出领域中一项授权的绩效，并且数量和成本的分配来源于成本—结果会计（cost-result accounting）。然而，引进以绩效为导向的改革，要求将目前非常详细的拨款结构尽可能简单化。

---

① 虽然中期财政规划早在 20 世纪 60 年代就已制度化了，但是年度预算计划并非从中期规划中产生的。根据德林（Derlien, 1995, P.82）的叙述，二者的顺序正好相反：中期计划根据年度预算进行更新。

就修改会计制度而言，在地方政府一级上进行了一些权责发生制的试验（Lüder，2002）。首先，修改了一些市政预算法案以允许试验。1999 年，维斯洛迟市（Weisloch）成为第一个引入以产出导向和权责发生制预算与会计制度的德国城市。第二，一些地方也开始了变化［尤其黑森州（Hessen），1998 年，其一些地方政府决定在未来十年间引入权责发生制会计］。然而，这些努力是在预算原则法（HGrG）之要求以外的，预算原则法不允许地方政府放弃传统的"财政性"（cameralistic）会计制度①。1969 年的法律似乎引证了这种对创新的约束。

法律中的重要变化——甚至可能是宪法本身——都要求引进根本上的预算和会计改革。然而，在统一后的德国，要想在议会两院获得至少 2/3 的票数（这是修订宪法必须达到的票数），比 30 年前要难得多。对改革的另一个阻碍在于，政治和行政之间传统上的尖锐差别。公务员中专业和忠诚的观念，使得无论当时政府提出了什么政策主张，都有望得到强有效的贯彻实施②。因此，一旦取得了预算改革的必要政治共识，公务员必然会做出回应，但对专业的忠诚可能使他们不大愿意主动地推进改革（与其他国家相比）。最后，尊重法律的文化也起到了约束作用。根据政治家向宪法法院提出的议案数量判断，针对法律模式的思考，或许在政治家当中比在公务员当中更加普遍。不管反应如何，法律的重要性对于预算制度的变革，似乎存在着限制。

2　预算制度法律中的原则

在法律中体现预算原则被认为是很重要的。全国生活水平的均等化是一项基本的宪法原则，这对预算支出政策和赤字水平具有重要意义。另外，与一些欧洲大陆国家不同，德国在其宪法中合并了几项预算原则，尤其是：

- 年度预算；
- 及时性——预算必须在财政年度开始前通过；
- 所有收入和支出的普遍性；
- 统一性——所有收入和支出都包括在单独的预算法律中；
- 总体的经济均衡性；
- 预算必须是平衡的；
- 预算内容的限定性；

---

① 大约在 250 年前，奥地利发明了供公共部门使用的财政性收付实现制会计，并且首先在奥地利、比利时、芬兰、德国和荷兰使用（Lüder，2002，footnote 3）。

② 请参考 Derlien（1995）关于效力于执政政府之意愿的调查结果。

- 各级政府具有预算自主权。

年度性原则规定了现金支出被限制在 12 个月的期限内，并且一般在年底失效。这不意味着预算授权局限于 12 个月（参见后面更充分的讨论），也不意味着详细的预算仅仅预测一个财政年度。普遍性原则体现在宪法中："联邦的所有收入和支出都包含在预算中"（条款 110）。这项原则蕴含着以总额为基础的收支记录，没有抵消性（offsetting）。均衡原则反映了在起草联邦和州预算时，要考虑保持宏观经济稳定。平衡预算的要求是就会计角度的收入和支出而言的，并非从经济角度。这表示预算必须明确收入（包括经由借款增加的收入）覆盖所有的支出，包括维持支出的债务。预算内容限制：年度"预算法规只应包括像适用于联邦的收入和支出这样的条款，并且要制定预算法规的周期"［德国宪法条款 110（4）］。例如，这意味着任何有关债务水平的法律条款，会被法律文本采用，而不是预算法。

除了宪法之外，与预算有关的法律详细说明了这些原则，或引入其他原则，包括：

- 专一性：收入按来源分类，支出按特定目的分类（《预算原则法》；联邦预算法）；
- 效益和经济（《预算原则法》）；
- 针对现金支出和未来的债务，单独制定预算（《联邦预算法》）。

专一性原则，或"单独概算"原则，形成了非常详细的预算。通过坚持这项原则，议会发挥的影响遍布了预算的细节。但一部分后果是，议会在批准整体财政战略上，比较缺乏积极性。

"透明和可靠性"原则被认为是联邦财政部固有的。透明原则源自"平衡"预算的宪法要求，广泛而详细的分类系统也是如此。政府部门也注意到可靠性原则要求收入和支出尽可能精确地估算出来，一个详细、统一的预算分类系统，能够保证这一原则的实现（Federal Ministry of Finance, 2000）。

3 预算制度中法律基础的建立与行动者的权力

3.1 行政机构和立法机构

3.1.1 概述

1949 年的宪法（基本法，即德国宪法，GG）为联邦政府建立了两院制议会，由经过普选出来的 603 名议员组成的联邦众议院和联邦参议院组成，他们代表 16 个地方政府在联邦层级上的利益。联邦众议院制定和修订宪法、联邦法律和年度预算。总理是政府首脑和政治领袖。总统作为国家元首的权力有限，总统由议会两院组成的联邦会议选举产生。

德国是一个联邦制国家，分为三个层次：联邦（federal），州（Land）和地方（municipal, Gemeinden）。基于州宪法，州有自己的政府（由州议会选出）、行政当局和独立的司法机构。每个州和地方自治区都是一个拥有自己权力的公共实体。16个州具有相当大的制定法律的权力，并且负责许多联邦法律的管理与执行。

3.1.2 内阁会议和部长个人的角色与责任

联邦宪法建立联邦行政的三项原则：总理原则（the chancellor principle）、部门原则（the departmental principle，Ressortprinzip）和内阁原则（the cabinet principle）（Derlien，1995，P.78）。政府由联邦总理和部长组成（德国宪法，条款62）。联邦总理不经辩论由联邦众议院选举产生（德国宪法，条款63），并且经总统正式任命。联邦总理挑选自己的部长，这些部长经总统正式任命和解除职务（德国宪法，条款64）。联邦总理确立政府的政策指导方针，联邦部长们在其责任范围内管理部门（德国宪法，条款65）。部门原则的一个重要方面是：作为职责的一部分，部长个人向议会报告或当庭作证、回答问题以及为任何错误承担责任。这被认为是超越行政事务的政治至上之法律表现（Döhler and Jann，2003，P.99）。宪法没有明确地涉及（部长的）"内阁"的内涵。其中的"政府决定部长之间的意见分歧"，暗含着存在一个学院式的机构来决定政府事务——学院原则（the collegial principle）。

部长的数量不受法律限制。部长数量的确定，主要考虑协调党派利益以应对政治上的紧急状况，并运用联合政府中党派内部的力量。2004年，除了联邦总理办公室（the Federal Chancellor's Office）之外，有13位部长。传统上，财政部部长（Minister of Finance）和经济部长（Minister of the Economy）一直都存在，尽管后者在预算事务中的作用已经逐渐减弱。

3.1.3 各部委和行政分支机构的设立

支出部门。这些部门的建立不需要通过法律。内阁决定设立、合并或废除支出部门。例如，2002年，根据行政法令，合并了经济部与劳工部。因为联邦政府有国家层次上的任务，因此联邦政府比州政府拥有更多的支出部门。然而，由于宪法将行政管理主要赋予了州政府，因而联邦的支出部门规模相对较小，并且除了几个例外（例如海关），联邦支出部门没有地区办事处。

支出部门的内部结构由部长决定。每个支出部门都有自己的预算机构。财务官员负责准备预算，他们在预算谈判上发挥着强有力的作用（Sturm and Müller，2003，footnote 2）。

行政机关（联邦级别）。宪法考虑到"公法下的独立的联邦机构，是基于公法而建立的。联邦对呈现新功能的事务有权立法，联邦机构的建立，应该经过联邦参议院和大多数联邦众议院成员之赞成"［条款87（3）］。没有建立各种形式的联邦机构的制度法。1976年的管理程序法案提出了某些半自治实体的循环定义，即执行公共管理功能的各单位都是公共机构（Döhler and Jann，2003）。"公共机构"（public authorities）的主要特点是建立它们的法律形式（参见专栏2）。公法上的"独立机构"（independent authorities），按照它们是直接还是间接地由支出部门管理，来加以区分。2001年，在联邦级别上，大约有114个直接机构和330个间接机构（British Council，2001）。

除了在建立公法机构的授权法中有特殊规定以外，所有行政机构都接受政府部门的监督。这种科层制结构来自于部长责任制的宪法原则。原则上，部长具有无限的权力，包括拥有关于机构的预算、人事和政策的权力。然而，实际上，管理的程度各有不同。例如，联邦银行是一个间接公共机构，并且财政和经济部长原则上可能是董事会成员或列席会议。但这种情况并不经常出现，部分原因是1992年的联邦银行法案强调，联邦银行（the Bundesbank）"不受制于来自联邦政府的指令"（条款12）。

专栏2　德国：公共机构

特点和类型

- 机构可能由公法或私法建立；
- 公法下的机构可能是直接的，也可能是间接的（联邦）机构；
- 直接机构通常覆盖政府的核心职能；
- 间接机构，包括许多社会保险和职业管理机构，具有合法地位；
- 机构类型并不按照功能进行区分（例如，根据他们是否为决策性质的、提供服务的或认证活动来分类）；
- 私法实体主要是企业，并较少受到来自部委的监督。

管理结构

学院式的监管委员会对于直接的公法机构是不常见的，对于间接的公法机构相对更多，并且常常是私法机构。

通常由联邦或州政府部长任命主管（对所代表的机构负责）和副职（常常对内部管理负责）。

来源：Döhler and Jann，2003.

一般情况下，公法机构是其监管部门之预算的一部分——他们的预算由部门由上而下地分派——审查对资金的使用是否合规。一些机构大量提高收入。法律要求将这些纳入联邦的预算收入。联邦政府预算只批准给类似劳动市场管理的机构（为了支付失业救济）和社会保障总署（为了支付养老金）的转移支出。

2000年修订的联合程序规范［s.4（6）］，要求部级部门（包括下属机构）准备任务说明书、目标协议和基于经验基础的财务、人事和质量控制。一般而言，联邦机构同议会的关系是疏远的。机构官员可能被要求向议会委员会作证。但在实际中，通常是监管部门的官员向议会提供证词。

在公法下建立的公共机构具有公司地位。许多是国有企业，包括公用事业公司和国有银行。一些是研究机构或文化部门。有两种类型的私法实体（详见Döhler and Jann，2003，P.102和附录）。"负责管理"（Charged administration）的机构一般是最自由的，可以免于来自部门的监督。

3.1.4　高级公务员的职责

没有专门的法律规定高级公务员在预算规划和执行中的角色和义务。但所有公职人员的职责和权力都充分地规定在法律中。主要的区别是在公务员（civil servants）和公共雇员（public employees）之间。前者受公务员之公法管理，而后者受私法下的合同协议管理。所有高级公务员属于第一种类型。

宪法授权联邦政府为州政府颁布制度法，考虑涉及州、自治市和其他依公法建立的法人团体内的个人法律地位（德国宪法，条款75）。制度法已经被采用，尤其是《公务员权利和义务范围界定的法案》。联邦公务员法案详细说明了联邦公务员的权利和职责。法律规定所有政府一级的公务员终生受到雇用并福利优厚，作为交换，他们应忠诚并敬业。这种终生职位要求符合一定的标准，法律教养是其中之一。在不具有公务员地位的政府雇员（数量超过全部政府雇员的60%）的雇用合同中，一般没有这些特权。（Lüder，2002，P.226）

宪法要求"联邦最高当局雇用的公务员，应从各州中按适当比例录用"（德国宪法，条款36）。尽管行政部门给予了重视，但这个要求并未受到严格的约束。

由联邦总统任命和解雇所有联邦公务员，尽管总统可以委派这项职能（德国宪法，条款60）。实际上，有关部门的部长执行着高级任命权力。传统上，德国的部门内部没有政治性的职员（Derlien，1995，P.79）。但是，国务秘书和内阁部门的首脑可以因党派原因而被任命或免职。这项规定不适用于部门下辖的半自治机构的领导者，在大多数情况下，他们是相关部长任命的职业公务员。对于一些间接机构，建立这些机构岗位的法律规定，其雇员不适用公务员法。

3.1.5　议会委员会的建立和角色

宪法建立了3个永久性的议会委员会——针对欧盟事务、针对外交和国防事务、针对上诉事务（条款45）。德国宪法中没有提及与财政有关的永久性委员会。然而，在其议事规则下，联邦众议院有权创建永久性的委员会。在2003年，有21个永久性的委员会，包括预算委员会、财政委员会和经济事务委员会（参见 Bundestag, 2003）。按照行政管辖区，其他的专门议会委员会广泛地在联邦议院中建立起来。

在批准年度预算草案方面，联邦议院预算委员会起着重要的作用。联邦议院的议事规则中就此没有特别说明，但是按照惯例，预算委员会主席都由在野党成员担任（Wehner, 2001）。在每届议会任期开始，为每个部门预算任命报告起草者。在四年的议会周期之中，这些报告起草者深入地了解了相应部门的目标和财政计划。针对拟定的审议意见和提出的修正结果，报告起草者连同主席共同承担责任。

预算委员会除了在全体大会预算草案二读时，提出修正案的作用之外，还有另外两个重要功能。第一，它的小组委员会——审计委员会——需要保证在联邦审计法院之年度报告中提出的建议，被纳入到预算过程之中。这个小组委员会可以要求联邦审计法院检查预算执行、会计或程序的特殊方面。第二，在第96号议事规则下，在预算一读后，如果全体大会发现存在更高的公共开支，预算委员会可以质询申请的预算支出是否符合预算状况。和其他委员会的讨论不同，预算委员会的报告将直接提交全体会议二读，而不是提交给负责的专门委员会主席。因此，负责的委员会对于接受或拒绝预算委员会的观点不是自由的。宪法规定预算收支必须平衡（德国宪法，条款110），全体会议应当保证为新的支出提供收入保证。预算委员会为收入保证提出建议，不能确保收入就会导致预算草案不被通过。

宪法阐述了联邦参议院起草自己的程序规则（德国宪法，条款52）。与众议院相同，它为审查预算草案成立了永久性的财政委员会。由包括州政府的财政专家组成的小组委员会，来协助财政委员会的工作。两个议院的任何联合委员会都是根据联邦议院的程序规则建立的（德国宪法，条款53a）。还建立了一个调解委员会，这个委员会主要用于解决两个议院之间的预算纠纷。

3.1.6 其他宪法主体的建立和角色

宪法创建了宪法法院（德国宪法，条款93）和其他高等法院。与预算制度法关联的是联邦行政法院（裁定行政部门决策和行动的纠纷）、联邦经济法院（处理税收纠纷）和联邦社会法院（处理社会保险纠纷）（德国宪法，条款95）。德国宪法还授权联邦政府，针对公务员的纪律诉讼或投诉，成立联邦法院（德国宪法，条款96）。

3.2 次国家政府的角色和职责

宪法在三个级别上设立了单独的和自治的政府。虽然联邦法律优先于州法律（德国宪法，条款31），但是宪法的目的在于提供给州政府有力的立法权。特别地，除非宪法中另有规定，政府权力的运作和政府职能的免除，是州政府的职责所在（德国宪法，条款30和条款70）。宪法详细规定了联邦专有的立法权领域（例如，外交事务、联邦水道和航运、边防、中央警察、通信），也规定了联邦和州存在并行立法权的领域（条款70~74a）。社会保险机构，作为一个管理职能涉及多方面的机构，无论在联邦还是州政府层级，都是作为直接的法人团体接受管理的。

宪法详细说明了涉及政府间财政关系的重要议题。涉及收入、收入分配和收入管理的立法权都有详细的描述（德国宪法，条款105~108）。尽管一些税收由某一级别政府独享，但大部分主要税种的收入都在三级政府之间共享。来自共享税收的收入还会基于财政均等化，在各州之间进行横向再分配，联邦也会通过一般或特别附加转移支付，对财力较弱的州进行纵向分配。这两种转移支付都受到专门法律管理。宪法还授权联邦根据特殊目的来增加转移支付，例如，公共交通（德国宪法，条款106a）。联邦也可以通过专门的预算来补偿州或自治市［德国宪法，条款106（8）］。

原则上，为了保证有效率和效能，宪法规定每一级政府应该独立地负担其必须完成的任务。宪法规定了联邦和州的支出责任。州政府的主要责任包括教育、大学系统和卫生。可是，在这些以及某些领域，比如社会保险，联邦和其他政府的支出责任是重叠的。另外，宪法规定，在州政府代表联邦政府履行职能，或者联邦政府对该职能的履行有提供资金的法定义务之时，联邦政府需要为州政府提供资金（德国宪法，条款91a，91b和104a）。值得注意的是，许多投资项目由三级政府共同出资。最后，全部政府支出的大约1/3（包括转移支付）由次级联邦政府管理（sub-federal governments），较之一些OECD成员国，这一比例要低很多（例如，加拿大和瑞士），但是高于奥地利（OECD，2003，图1）[1]。

州宪法、预算原则法和个别的地方预算规范，为预算编制、执行、会计和审计设置了法律职责。尽管政府间的预算关系非常复杂[2]，但各方面的人员都十分清楚，这一部分要归功于，作为协调联邦和州之间事务的财务规划委员会所起到

---

[1] 请参考沃泽尔（Wurzel，2003）绘制的表格，在各级政府中功能性支出的分布。

[2] 各种出版物都介绍了政府间财政关系，包括财政报告（Finance Report）和联邦财政部网站上公布的宣传册，www.bundesfinanzministerium.de/Anlage20651/Finanzbeziehungen-Bund-und-Laender.pdf。

的重要作用。

4 预算周期各阶段的法律规定

《预算原则法》不只是规定原则，还规定一些适用于联邦和州预算的详细的法律义务。除了议会批准阶段外，预算过程的所有阶段都包括在《预算原则法》中。这些预算阶段也在 17 项预算规范中进行阐述，这些预算规范是具有法律地位的。下面仅介绍这些规范中适用于联邦政府（BHO）的内容。

4.1 行政机关编制和呈送预算

法律规定了行政机关内部准备和批准预算法草案的程序。这与大多数国家不同，就后者而言，是由行政命令和（或）协议来指导行政机关的预算审批程序。

4.1.1 预算制度的覆盖范围

每个级别的政府都要单独地准备和采用预算。法律中没有枚举组成各级政府的众多机构单位。官方统计的定义是用于建立覆盖每级政府之机构单位的基本准则。行政法规给出了覆盖的范围和报告的标准[①]。所有政府的统一预算包括了遵循以现金为基础的政府会计原则的所有体系，但不包括在法律上的独立的机构和企业，它们使用商业会计[②]。

4.1.2 预算外资金和指定用途的收入

在德国宪法和联邦预算中，包括了"所有收入将服务于所有支出"的一般覆盖原则。但是，宪法允许设立联邦专用资金，在预算中"只向有收入来源的那些部门分配"（德国宪法，条款 110）。另外，"如果通过法律规定或者在预算中已然规定了免责条款，那么收入就可以被指定为专用于特定目的"（《预算原则法》，s.7）。这样的资金，只有从国库中支出或收取的，才会包含在预算之中（《预算原则法》，s.18）。

根据这些法律，单独的法律为大约 720 个机构设立了主要的社会保险资金（IMF，2003，paragraph 4）。对于这些资金的平衡通常有法律要求。对于一些资金（例如养老基金），为了实现零赤字的目标，针对由联邦政府弥补年度赤字的

[①] 定义的分类包含在联邦预算分类下的行政管理规章中。

[②] 如果这些服务是由政府机构完成的，那么服务项目就要作为政府活动进行报告，但是如果他们由建立在私法之上的公营企业来完成，那么就不必进行报告。因为后者包括在国民核算的规定中，将"统一政府"（consolidated government）的概念，向着 IMF 政府财政统计或国民核算体系中"广义政府"（general government）的定义调整，是有必要的。乌兹尔（Wurzel，2003，paragraph 31）论述了德国和欧洲在官方分类上的差异。

转移支付，需要由法律来制定规则。这种资金的转移由联邦预算来拨款。但是，资金的收入和支出需要由管理委员会批准。这些都不显示在年度的联邦政府预算之中。

预算外资金数量和规模随着时间而发生改变，并广泛地应用在预算外活动中。1991 年，德国统一后，这种资金的数量和规模开始提高，导致了广义政府赤字的升高（Sturm and Müller, 2003, table 4.4）。预算外资金的亏损不受制于德国宪法条款 115 关于赤字上限的要求（Burmeister, 1997, P. 227）。2003 年，德国大约有 42 项预算外资金：16 项属于联邦政府，26 项属于州政府[①]。

4.1.3 预算总额的定义

宪法规定了纳入不同层级政府的收入和共享收入类别。所有的税收收入和非税收入都被规定出来（德国宪法，条款 106 – 107）。宪法还规定了"预算收入和支出要平衡"［条款 110（1）］，尽管没有详细说明"平衡"的具体含义。

《预算原则法》定义了事前"财政平衡"的含义：收入和支出之间的差额（明确规定的融资交易除外）［《预算原则法》，s. 10（4）］。"借款计划"被定义为债务收入减去偿债资金。部门预算的收入包括税收、行政性收费、资产出售收入和非流动性贷款收入。支出根据经济目标规定：人员经费、一般商品和服务、债务服务、补助与津贴和投资，预算原则法［s. 10（3）］中给出了更多的细节。

《联邦预算法》不仅规定了事前的财政平衡（如上述预算原则中的规定），还规定了事后的"盈余或赤字，是实际收入与实际支出之间的差额"（条款 25）。往年预算执行产生的盈余"应当被用于降低借款需求、偿还债务或作为平衡经济周期的储备金"。原则上，大多数赤字都通过借款来弥补（对比预算原则法 s. 17）。

4.1.4 财政规则

宪法中的"黄金法则"规定："来自借款的收入，不得超过预算估计中用于投资的总支出"（德国宪法，条款 115）。类似的"黄金法则"也被写进州宪法中。对于黄金法则，联邦宪法允许两种例外情况：（1）避免扰乱宏观经济平衡；（2）可以由联邦立法授权的特殊资金。第二种例外早在 20 世纪 90 年代就出现了，当时，预算外资金用于东部各州的紧急财政需求。

关于投资的定义，德国有过讨论：投资包含什么，以及投资应该基于总价还是净价[②]。1989 年，宪法法院就 1981 年赤字的合宪性进行了评论，要求议会制定更严格的投资规定。至今，还没有形成新的立法（尽管预算原则法在 1990 年做了变动，要求针对"不可避免的"赤字情况，做出解释性说明）。投资以总价

---

① 联邦政府层面的信息，列示在 2003 年的财政报告和 IMF（2003）的脚注 29 之中。
② 关于这次争论的更多信息，请参阅格里尔（Greel, 2003）第 14 页。

概念为基础：不仅包括固定资产的总量购买，还包括为支持投资的转移支付和补贴（IMF，2003，box 2）。使用总价而不是净价概念，与德国的收付实现制会计体系相一致，在收付实现制下，折旧和其他资本费用被排除在经常性费用之外。

直到2002年，法律尚没有明确规定，起草预算时要考虑到德国对欧洲的义务。但是，自2002年以来，《预算原则法》（s.51）要求"维护欧盟框架内的预算纪律"。财政规划委员会（其秘书处设立于联邦财政部）应该考虑到经济和财政因素，然后提出关于预算纪律的建议。它检查预算建议书——特别是引入了一项共同的支出过程——按照欧盟对于广义政府赤字和债务的要求，也就是说，所有三级政府中都要涵盖所有预算外资金。在向欧盟呈送的广义政府预算计划中，联邦财政部的国家预算会计数据，向着欧洲会计制度中规定的国际标准靠拢。

4.1.5 预算编制和向议会陈述的时间表

对于联邦预算，联邦预算法要求"预算法草案和预算草案在财政年度开始前，呈递到众议院和参议院。通常，不应晚于联邦众议院9月1日开会的第一个星期"（条款30）。为了在截止日期前完成，联邦预算还要求负责部门预算的各机构，在政府要求的日期前，将概算提交至联邦财政部（条款27）。这个日期通常在3月初。然而，当联邦财政部向部门发出年度预算通知时，预算编制过程大约在3个月前就开始了。通知中包括一项更新后的五年财政计划和关于准备预算草案的指导方针。

4.1.6 行政机关内部的审批流程

根据法律要求，联邦财政部要审核收到的各部门概算，修改概算（经与部门磋商）并准备预算草案［《联邦政府预算》，s.28（1）］。一旦准备就绪，联邦财政部将预算草案提交到联邦总理府，由内阁批准。联邦部长可以获得联邦政府关于重要财政事项的决定。如果这样的决定与联邦财政部长的意见相左，财政部长可以挑战政府的决定。程序规定在联邦政府的议事规则中［《联邦政府预算》，s.28（2）］。这些法律规定反映出：不是所有的预算矛盾都可以在技术层面上进行解决，可能还需要在部长级别上加以解决。在完成这些步骤之后，预算法草案和预算由联邦政府采用［《联邦政府预算》，s.29（1）］，时间通常在7月初。

特别地，法律要求外部审计机构获得内阁部门的概算草案。联邦审计法院可以评论外部审计部门［《联邦政府预算》，s.27（2）］。典型的情况是，联邦审计法院的代表以顾问身份，出席部门级别的预算磋商会议，但他们不参与高级别的磋商，更高级别的决策更多是由政策考量来驱动的。

法律还规定了内部行政安排："每个管理收入和支出的机构，都要任命一位财政官员，除非这项任务由机构首脑担任。财政官员应该直接服从机构首脑的安排。财政官员要对编制所要求的财政计划和预算概算草案文件负责。财政官员还要对执行预算和可能授权的任务负责"(《联邦政府预算》,s.9)。

4.1.7 预算法的相关文件

中期宏观经济框架和财政战略。伴随议会中的预算辩论,法律要求将未来五年的财政计划(财政政策战略的定量概算)提交给立法机构,最迟与预算草案同时提交(《预算原则法》,s.50)。财政计划只能由政府通过(《促进经济稳定与增长法》,s.9)。只需要向议会呈送有关信息。第一年的财政计划规划了当前的财政年度,第二年是预算年度,余下的是对未来三年的计划。按照法律要求,财政部部长负责起草财政计划和根据经济发展形势进行每年更新的职责(《促进经济稳定与增长法》,s.9)。联邦部长(即各支出部门的部长——译者注)在其职责范围内起草投资方案。这些投资方案阐明了每年在项目上的直接支出,以及联邦财政对第三方投资的补助(《促进经济稳定与增长法》,s.10)。

对于联邦政府,要求联邦财政部在提交预算法草案和预算草案的同时,提交一份关于当前公共财政总体状况和对经济可能产生之影响的报告(《联邦政府预算》,s.31)。这个财政报告是一份关键的预算文件,因为它能为评价预算草案提供丰富的信息。法律并没有规定该报告的具体内容。报告通常包括一份一览表和预算解释;中期联邦财政计划;宏观经济环境和税收政策的描述;联邦、州和地方财政关系的描述;与欧盟的财政关系;联邦债务、承诺和义务;联邦专用资金的信息;政府资产和私有化活动的概览。

关于中期财政计划,根据惯例(而不是法律),联邦财政部需要准备以下事项:

- 以之前两年的经济发展为基础,准备宏观变量,做好后三年的周期中性(cyclically-neutral)的经济发展预测;
- 区分有确切规定的支出和总体规定的支出(例如工资);
- 对于收入和支出,在预测中需要包含可能的政策变化,但不需要详述;
- 不需要强制性地将年度预算与中期财政计划紧密衔接。

已发布的财政计划大约包括支出的40个功能类别。然而,联邦、州和地方政府的行政部门,要对大约7000~8000个支出细目(expenditure titles)和1100个收入条目(revenue items)进行详细概算,因为这些部门都要参加中期计划的执行。

新措施与现有的支出政策。对于投资性支出,法律要求了解新项目和进行中项目的详情(《促进经济稳定与增长法》,s.9)。法律中没有对经常性支出预算强调这样的区别。

与绩效相关的信息。使用详细的经济和功能分类,来起草每一个部门的预算。拨款不以明确的规划和活动(项目)为基础。因此,在提交预算草案时,法律并不要求附带（项目的）绩效指标。

税式支出、或有债务和财政风险。每隔两年，联邦政府需要向联邦众议院和参议院，连同预算概算一起，提交对联邦行政部门以外机构之财政补助的调查，以及对企业或经济部门之财政支持的分列清单。要求调查各行业的税收优惠，包括先前收入的评估（《促进经济稳定与增长法》，s.12）。随着政府提出立法请求，对于何时可以取消税收优惠，以及取消对企业的补助，法律要求对其适宜时机做出评估。

关于或有债务，宪法要求为采取担保或未来财政年度的其他必要支出，进行联邦立法授权（德国宪法，条款115）。因为这项宪法要求，相关部门可以获得或有债务的完整信息，包括当提出贷款担保时需要的相应预算补贴是多少。

法律不要求在预算中提出风险评估，而且预算中也不包括详细的风险分析。任何已发布的关于财政风险的预算评估，趋向于一般化（IMF，2003）。另外，法律没有要求准备针对周期性之长期收入和支出的预测，面对经鉴定的当前社会援助计划成本中人口统计的不确定性，这种收支将可能存在风险。

法律要求的其他信息。根据法律，在所有级别的政府上，要求三种附加预算（《预算原则法》，s.11，《联邦政府预算》，s.14）。第一，附加预算要包括收入、支出和根据目标分类（经济分类）和功能分类的未来承付款，并通过一个矩阵图说明这两种跨类别的分类系统。这种附加预算用于收入、支出和未来承付款的授权。第二，要求关于自求平衡项目的摘要。第三，必须显示设立岗位的公务员、未设岗位的工薪人员和被雇用者的岗位摘要。

对于间接机构（参见专栏2）和专用资金，在预算法案中只显示净流动资金。法律要求——作为附加预算或解释说明——关于资金的收入、支出和未来承付款的授权方面的简明信息（《预算原则法》，s.18，《联邦政府预算》）。对于每个机构，确定的公务员的职位必须在预算中加以说明。联邦预算要求以下单位之类似收入和支出的摘要：（1）完全地或部分地由联邦政府支持的公法实体；（2）不属于联邦管理但接受联邦政府拨款的机构。对于第二类机构，可以授权联邦财政部对其给予报告例外。

4.1.8 议会和其他宪法实体的预算

宪法机构是财政上的独立实体。针对联邦财政部和联邦总统及联邦议院、参议院、联邦法院和联邦审计法院等机构的首脑之间，就预算草案可能产生的预算争论，法律制定了条款。尤其是，"联邦财政部长应就任何偏差向联邦政府报告"[《联邦政府预算》，s.28（3）]。如果预算草案与上述五个宪法机构的概算相偏离，并且没有解决这种差异，那么没有达成协议的这些问题，将被附加在预算草案中[《联邦政府预算》，s.29（3）]。

4.2 议会的预算程序

以《宪法》为首的法律,规定了在议会中通过并采用预算草案所应该遵循的步骤。

4.2.1 预算审批的时间表和国会预算辩论的限制

所有级别政府的财政年度都是日历年度(《预算原则法》,s.4)。每个财政年度都要准备预算,包括年度期间的预期收入、可能花费的资金以及财政年度内可能的全部未来承付款的授权(《预算原则法》,s.8)。预算可以包括两个财政年度,每一年分别准备(《预算原则法》,s.9)。宪法规定在财政年度开始前,预算应被议会通过(专栏3)。与首先向参议院递交的非预算法形成对照(德国宪法,条款76),宪法要求年度预算草案要同时递交给联邦议院和参议院。联邦预算法要求联邦预算法草案(the draft federal budget law)连同预算草案(the draft budget)呈送联邦议院和参议院的时间,通常不晚于联邦议院9月1日开会的第一周(s.30)。议会进行预算辩论的时间大约有四个月。

联邦参议院的评论由议长提供给联邦总理,总理再转交给联邦财政部。如果有必要,财政部可以就参议院的评论做出回应,将其提交给联邦总理,并经由政府通过。这些回应将立即由联邦总理提交给参议院议长。

联邦议院的议事规则规定,所有的议案(包括预算法草案)需要经过三读。一读之后,每个部门预算的预算委员会的报告起草人,需要核对各功能领域的详细概算。预算委员会主席的作用是综合处理他们的调查结果,并准备提出对政府预算法草案的修正报告。因为宪法要求,任何逐渐增加预算支出的议会立法,都需要政府的同意,预算委员会关于支出方面的几乎全部工作都用在改变支出构成上,而不是试图改变总支出。另外,因为预算会提出一些改变许多公务员和薪金水平的细节,联邦议院关于涉及员工安置的财力讨论,常常是引起预算争论最多的部分(Bundestag, 2003)。

专栏3　德国:议会中的预算过程

- 两个议院同时了解预算草案[德国宪法,条款110(3)]。
- 联邦参议院中的第一阶段。参议院必须在六周内陈述其立场[德国宪法,条款110(3)]。

- 联邦议院中的一读——通常在9月份，联邦财政部长进行预算演讲，并概括政府的财政政策战略。
- 联邦议院预算委员会检查预算概算并准备报告，如果有必要可建议修正。
- 联邦议院中的二读。预算委员会展示调查结果，全体大会对部门预算展开辩论，并就各部门预算进行单独决策。
- 联邦议院中的三读。对预算进行整体表决。
- 联邦议院将决议转达给参议院[德国宪法，条款77（1）]。
- 如果必要，根据调解委员会（the Mediation Committee）的建议，对修正案进行表决。
- 联邦参议院中的第二阶段。联邦参议院可以展开否决[德国宪法，条款77（3）]。反对意见可以被联邦议院的相应票数（规定的多数票）拒绝[德国宪法，条款77（4）]。
- 预算法案由联邦总统签发成为法律（由联邦总理和联邦财政部长会签）。
- 在联邦法律公报上公布预算。

4.2.2 临时预算

在财政年度开始时，如果预算还没被通过，宪法授权联邦政府进行支付以维持既有法律义务，继续以往预算中已经批准的项目或转移支付，以满足联邦法律义务的要求（德国宪法，条款111）。对于收入不足以弥补支出的范围，授权行政部门借款维持当前的业务，借款限额为前一年度预算总额的1/4（德国宪法，条款111）。

4.2.3 修正权

宪法严格限制议会的修正权。议会立法所导致的政府提交的预算支出的增加，或涉及可能在未来导致新的支出，都需要政府的同意。类似的条款适用于涉及收入减少方面的法令（德国宪法，条款113）。另外，政府可以要求联邦议院对这类立法延期表决。宪法规定，政府阻拦议会立法的限定时间为六周（德国宪法，条款113）。

4.2.4 资金的批准

税收收入评估工作组是独立的，成员包括来自联邦政府和州政府的代表，在春季（3~5月之间）复核税收收入，并且在议会批准阶段更新数据。后者由预算委员会在"解决"会议（settlement session）上使用，这个会议最终确定年度预算所包含的估计数。收入是以总额为基础，并根据目前的预算法案进行预测

(每年不必更新每项预算法)。预算委员会详细地核对所有的概算、支出和收入。在联邦参议院考虑各部门预算之前,联邦议院需要对各部门预算分别做出单独决议。

4.2.5 拨款的性质、结构和持续时间

"预算"(不包括附加预算)由三个主要因素组成:预算法(《联邦政府预算》,s.1)、总预算、部门预算[《预算原则法》,s.10(1)]。预算法规定了总支出。总预算由以下三部分组成:在部门预算中的收入、支出和未来承付授权;财政平衡将如何实现之摘要;新的借款和偿付旧债[《预算原则法》,s.11(4)]。部门预算非常详细,要求包括单个机构的收入、支出和未来承付授权,将其分成章节和细目。预算原则法中详述了收入和支出的经济分类[s.10(3)]。未来承付的授权在支出条目(expenditure items)中分别列明[《预算原则法》,s.12(2)]。对于各部门,预算被分成各章节(chapters)和细目(titles)。细目在预算中是最小的单位,确定支出或特殊项目的目标。大概有7000~8000个细目(Sturm and Müller, 2003, P.198)。

收入和支出的预算是完全独立编制的。允许存在例外情况,特别是对于出售资产的收入或额外开支的发生,前提是在附加预算(或附注中)展示了详细的计算[《预算原则法》,s.12(1)]。如果对于效率性和经济性有所助益的话,独立的自我管理之机构,可以根据净值基础来分配资金[《预算原则法》,s.12(3)]。就法定项目而言,收入按照初始状态来估计,年度现金开支和未来承付的授权根据目标和预算注释来估计。解释性说明并非法定要求,除非另有要求[《预算原则法》s.12(4)]。对于支出,细目可以分解成指向同一目标的标题(heading)。弹性预算管理也得到应用(详见后文)。

宪法规定,预算应分别包括在一个或几个财政年度的法案中。可以制定预算之某些部分的条款,这些条款可以适用于不同持续时间或不同财政年度[德国宪法,条款100(2))]。一般情况下,对未来收支的授权职能,在财年结束时才开始使用。然而,它可以在并非针对未来承付授权的法律中提出来,其有效期直至下一个财政年度的预算法案颁布[《预算原则法》,s.27(1)]。

4.2.6 拨款的结转和未来拨款的借用

投资支出和来自专门指定用途收入的支出可以结转。其他支出也可以结转,前提是该支出是用于跨越几个年度的指定特殊目的,并且结转有助于提升效率性和经济性[《预算原则法》,s.15(1)]。对于结转支出,未支用的结余款项可以在财政年度结束后,直到第二个财政年度结束前,累积用于特殊目的。财政部部长允许结转具有正当理由的特殊情况下的支出,条件是资金依然花费在下一个财政年度内已经被批准的措施中[《预算原则法》,s.27(1)]。1997年的联邦和州

预算立法修改法案,通过灵活管理的方式,放宽了支出结转的资格条件,扩大了这些条款的适用范围(请参阅后文)。同时,在使用部门预算中尚未花费的资金时,也彻底废除了需要分析其储蓄影响的要求。

4.2.7 核准公共债务

宪法要求借得的资金和抵押担保、抵押物或其他承诺,这些行为的后果可能导致在未来财政年度中产生支出,故需要在联邦立法授权中进行明示,或准许计算涉及的最高额度(德国宪法,条款 115)。年度预算法必须确定财政部部长用于弥补赤字和保证有效现金管理的最高借款额度[《预算原则法》,s. 13(1)]。这项授权对当前财政年度是有效的,或直到下个年度的年度预算法案公布以前是有效的[《预算原则法》,s. 13(2)]。法律可以规定,来自借款的收入被指定用于特定支出[《预算原则法》,s. 13(3)]。

"担保的同意或可能导致未来财政年度支出的任何其他特定条款,应在确定总额的条款中要求法律授权。贷款担保的承诺需要财政部部长的同意。财政部部长应该参与磋商"(《预算原则法》,s. 23)。

依照欧盟的马斯特里赫特条约要求,广义政府赤字不超过 GDP 的 3%,总债务不超过 GDP 的 60%。成员国一年向欧盟报告两次本国的债务和广义政府平衡水平。对于德国,联邦财政部报告由内阁批准的公债方案。议会从未在广义政府债务总额上规定最高限额。

在联邦参议院的批准下,法律授权联邦政府可以通过法令,来限制任何层级政府的借款额度(具有法律效力)。这种限额适用于专用资金和行政实体。政府可以调低议会批准的年度预算中的借款额度,避免干扰一般经济平衡(《促进经济稳定与增长法》,s. 19)。联邦议院有权推翻这样的法令。允许在公共实体(例如,自治市或自治市协会)之间转移未使用的借款权(《促进经济稳定与增长法》,s. 21)。

4.2.8 已通过预算之颁布、否决和发布

随着联邦议院法案的三读和获得参议院的同意,年度预算法由财政部部长、联邦总理和联邦总统签署同意。联邦总统和联邦总理都无权否决由议会两院批准的预算。预算一旦在联邦法律公报上发布,就成了法律。

4.2.9 追加预算(修正案)

预算规范中包含了涉及追加预算的条款。对于联邦政府,它叙述了规范的第一和第二部分(分为一般条款和预算编制条款)适用于:(1)修正预算法草案和预算草案;(2)对(已采用的)预算法和预算的补充(《联邦预算法》,ss. 32–33)。法律不限制某年内追加预算的次数。唯一的限制是,要求追加预算的草案,必须在财政年度结束之前递交(《联邦预算法》,s. 33)。

4.2.10 其他议案对预算的影响

宪法规定"由联邦政府提出、参与或引起新增预算支出的法案，应获得联邦政府的同意。这也应适用于引起削减收入的法案"（德国宪法，条款113）。另外，只有在预算已经做出授权的条件下，可能导致联邦或州政府在未来财政年度形成支出的措施，才能够获得许可（《预算原则法》，s.19）。

4.3 预算执行

预算执行受《预算原则法》和预算规范管理。对于联邦政府，法律授权联邦财政部发布涉及财政和预算管理的行政法规（《联邦预算法》，s.5）。详细的规章已然发布了，规章对联邦部门和附属部门具有约束力。16个州也发布了类似的规章。

4.3.1 支出授权的分配

对拨款资金的管理，应当关注是否满足覆盖了各种目的之所有支出（《预算原则法》，s.19）。支出（和收入）只能以财政部部长或其书面授权的机构为基础，来制定授权（《预算原则法》，s.32）。法律增加了部长可以批准例外事项的权力。

4.3.2 预算授权的取消和其他的年度内支出控制

财政部部长可以阻止支出："如果收入或支出状况的发展需要这么做的话，财政部部长可以要求承诺或支出需经过他的批准"（《预算原则法》，s.25）。近些年使用过这类冻结支出的手段。当花费超过财政部设置的资金额度时，支出部门在授权拨款之前，需要向财政部部长申请获得的资金（Sturm and Müller，1999，P.198）。对于贷款提供资金的投资支出，承诺和支付都需要财政部部长的预先批准（《预算原则法》，s.21）。预算规范的条例还包含如何实施这些规定方面的细节。

4.3.3 紧急支出、超额支出和应急资金

宪法授权超过预算拨款的支出，需要经过财政部部长的同意，但只在无法预见的和迫不得已的情况下，才可以这样做。细节可以由联邦立法规定（德国宪法，条款112）。对于联邦预算而言，"如果在特殊情况下追加预算可以及时被采用或者如果支出可以被延期到下一年度，这类需求不应被认为是紧迫的。如果超过的支出不属于预算法中规定的超过具体金额的任何一种情况，也不应要求追加预算"（《联邦预算法》，s.37）。

当经济活动衰退和一般经济均衡需要加以干预的时候，法律授权联邦政府预算可以包括不详细说明的支出项目。这类项目的支出需要由联邦议院批准，以及联邦参议院的同意（《促进经济稳定与增长法》，s.8）。

关于所有政府级别上的工资支出，"薪水的支付如果导致当前或随后财政年度中要追加支出，那么支出的总规模需要经过财政部部长的同意"（《预算原则法》，s.24）。类似的，会导致收入减少的行政性收费降低，也需要部长同意（《预算原则法》，s.24）。不管预算规定的总额是多少，法定支出（如公务员的定期支付和养老金）必须支付。

4.3.4 年内拨款的调剂和流用

部委之间预算授权的调剂（transfers）通常是可能的。流用（virement）——对于同一政府部门内部细目和章节之间的调换，在传统上是受到限制的。在1998年预算之前，在支出细目之间允许流用："除非存在某种行政性或实体性关联的话。若编制的预算支出没有任何目的性的详细阐释，则不能认为是合法的流用"[《预算原则法》，s.15（2）]。1997年晚些时候，随着联邦和州预算法的通过，放宽了行政支出的流用规则。新规则在第四部分（工资，除了篇411），第五部分（非人事管理支出），篇711（建筑项目）和第八部分（其他资本支出）中允许流用。此外，这些部分中每项预算的20%可以和其他部分交换。更多灵活性管理的影响受到了一定的限制，因为只有约全部联邦支出的6%受到影响（尽管涉及104个章节和大约3000项预算细目）。其主要原因在于，一些重要的联邦政府支出，包括社会保险、交通、津贴和利息支付，并不受新立法的影响。

4.3.5 现金规划以及政府资产和债务的管理

有效的现金管理原则被合并在法律中，尤其是"收入应如期并全额地收集上来"及"资金要花在必要的时候"（《预算原则法》，s.19）。另外，对于联邦政府，联邦预算法典规定"流动收入应滚存于联邦银行……从而保证适当的现金管理，而不至诉诸借款授权"（《联邦预算法》，s.62）。

联邦预算也包含资产兼并（"只是要求联邦政府之未来任务的绩效"）和资产出售（"出售并不要求联邦政府的绩效"及"基于预算中的例外允许，就其完全价值进行出售"）条款（《联邦预算法》，s.63）。还有涉及房地产的条款（《联邦预算法》，s.64）。

授权执行委员会以宏观稳定性为理由，行使年度内对政府借款的控制。《促进经济稳定与增长法》规定了操作程序的细节。特别地，法律要求财政规划委员会的专门委员会准备优先借款申请的季度时间表，包括涉及的数量、借款协议和条件。这个时间表受到财政部部长的约束。在同联邦银行的磋商中，部长可以针对资本市场的恶化，来制定延缓时间表（《促进经济稳定与增长法》，s.22）。要求每个地方采取适当的措施，保证地方、自治市和其他次级实体的借款，不超过联邦一级决定的水平（《促进经济稳定与增长法》，s.23）。如果联邦财政部长有要求，地方和特殊基金就需要将借款需求形成报告（《促进经济稳定与增长法》，s. 24）。

4.3.6 内部审计

直到1997年，法律要求政府以事前控制的形式实行内部财务控制，包括收入、支付、承诺费用的承付、资产和负债（《联邦预算法》，s. 100）。联邦预算要求每个机构要设立财务官（《联邦预算法》，s. 9）。每个内部审计办公室（称为事前审计办公室）根据其权力互相协调，它直接从属于这个部门的首脑。要求联邦审计法院对内部审计办公室首脑的任命和更换做出同意，并且要求每个内部审计办公室向联邦审计法院提交审计报告。1997年之后，这项法律要求从预算原则中删除了。事前审计办公室由部门的内部审计取代，内部审计在任何时候都可以检查特定的事务。基于分权制，所有部门都以自查形式进行内部审计。

4.4 政府会计和财务报告

4.4.1 会计制度

宪法要求年度会计不仅覆盖收入和支出，还要覆盖资产（"所有权"）和负债（德国宪法，条款114）。在1969年，当这项条款被包括在宪法中时，可以理解为政府的会计系统成了修正的收付实现制。"对于每个财政年度中所产生的所有收入和支出，应分别登记"（《预算原则法》，s. 34）。"收入和支付应按年度在账户中记录下来，并且与预算或其他规定一致"（《预算原则法》，s. 33）。财政部部长可以要求记录承付款和钱款的进出，所有账目的收入和支出都要有文件作为依据。法律规定了几种例外，包括记账周期结束后，在未指定的补充会计期间发生的交易。

4.4.2 政府的银行业务安排

法律中明确界定了所有收入的统一收入基金的概念："所有收入作为所有支出的费用。例外情况须由法律规定"（《预算原则法》，ss. 7~8）。然而，法律不要求以财政部部长的名义开设财政单一账户。也没有法律规定政府银行技术细则与联邦现金办公室（federal cash offices）相一致。1992年的联邦银行法案，授权中央银行为联邦、特别基金、州政府和其他公共机构，办理任何金融业务（除了准予拨款外）。然而，实际上，几乎所有联邦政府的金融业务，都通过代表财政部的由联邦银行管理的账户来实现。

4.4.3 向议会的年内报告

年度预算辩论（一般在9月）。对法律要求和实际信息已于上文讨论过了。财政报告的范围是广泛的。法律没有明确说明议会必须要有符合欧洲承诺的财政战略。

1月。要求联邦和州政府在每年1月向联邦议院提供年度经济报告（《促进经济稳定与增长法》，s.2）。该报告应包含如下内容：

- 专家委员会对年度报告的评论[①]；
- 联邦政府当年的经济和财政目标（年度规划）。这个规划应采用与国民核算账户同样的方法，除非替代性账户是必需的；
- 对当年计划的经济和财政政策措施的调查。

其他月份。法律不要求定期（例如季度）将预算执行报告呈送给议会和公众。但实际上，联邦财政部每月会发布联邦财政进展的报告（包括15页的英文摘要）——收入、支出、余额、联邦借款和担保的债务。包括提前公布报告发布的时间。联邦财政部还定期提供广义政府之财政发展的相关数据，特别是向欧盟和其他国际机构。

4.4.4 年度决算和报告

宪法要求"财政部部长代表联邦政府，向联邦议院和参议院提交年度会计账目，以便实现受托责任的解除；账目包括收入、支出、资产和债务"（德国宪法，条款114）。法律要求财政部部长为结账设定日期（《预算原则法》，s.36），并提供结账的说明报告（《预算原则法》，s.41）。

为了达到这些法律要求，法律中规定了全国统一的会计账目之步骤，"责任机构应提供每个年度的已结清账户（closed accounts）。根据已结清账户，财政部长将为联邦政府每个财政年度制定统一的预算账目"（《预算原则法》，s.37；《联邦预算法》，s.80）。预算原则法详细规定了对收入、支出和融资的要求（《预算原则法》，ss.38~40；《联邦预算法》，ss.81~83）。一旦现金账户和预算被结清，法律要求形成解释性报告（《预算原则法》，s.41；《联邦预算法》，s.84）。在联邦级别上，要求有额外的汇总信息，包括超支和预算外支出、专用资金和准备金、间接联邦机构、不纳入预算的出售资产收入，以及"财产"账户（"property" account）（包括特定资产和债务的资产负债表）。基于审计需要，财政部部长向联邦审计法院提供统一的年度决算的日期，法律对此并未规定。

联邦实体的会计须遵循商业法典规则（即使用商业复式会计准则，来准备年度决算和报告），可以免除联邦财政部的报告要求。他们必须尽可能接近联邦部门之会计要求，来准备其会计核算（《联邦预算法》，s.87）。

[①] 专家委员会（"三智者"，three wise men）和他们的报告职责，在1963年关于专家委员会的法律中规定。

4.5 外部审计[①]

联邦审计法院，包括九个地区审计办公室，在联邦级别上执行外部审计功能。联邦审计法院的法律基础和工作程序，主要在宪法、《联邦预算法》和1985年《联邦审计法院法案》中加以规定。州一级也有独立的审计法院——他们在州级别上履行与联邦审计法院在联邦级别上类似的任务。其法律基础建立在州宪法和法律上，本节不涉及这方面的内容。

4.5.1 管理的、财务的和运作的独立性

联邦审计法院不是政府的立法、司法或行政机构的一部分。它有独立的地位，并只接受法律约束。这个特别的功能将外部审计部门从内部审计部门中区别出来，内部审计同部门和各种机构结合得更加紧密。在功能上，联邦审计法院向联邦议会和联邦政府提供帮助（《联邦审计法院法案》，s.1）。

根据联邦政府的提议，议会选举联邦审计法院的院长和副院长，任期12年（《联邦审计法院法案》，s.5）。联邦审计法院的职员（大约设立了700个岗位）是由成员（院长、副院长、高级审计主任和审计主任）、审计经理、审计员和后勤人员组成。宪法规定，联邦审计法院的成员享受同样的独立审判权（德国宪法，条款114）。关于它们的职责，受适用于联邦最高法院的法官条例同样的规章管理（《联邦审计法院法案》，s.3）。就内部而言，其决策是合议的，包括"学院派"（colleges）和"评议会派"（senate），其构成和功能规定在联邦审计法案中。

在预算编制过程中，联邦审计法院的预算，享受与其他宪法机构同样的保障。如果联邦政府未经联邦审计法院同意，通过了背离联邦审计法院评估的预算草案，那么联邦审计法院的未经改变的概算必须呈递给议会（《联邦预算法》，s.29.3）。因此，议会能够获悉联邦审计法院和联邦政府之间的意见分歧。与联邦审计法院年度预算有关的账目，每年由议会两院审查，并由其批准（《联邦预算法》，条款101）。

联邦审计法院院长负责全面管理（《联邦审计法院法案》，s.6），包括职员的招聘。然而，成员必须能胜任审计工作，并且至少有1/3的成员能胜任司法部门的工作（《联邦审计法院法案》，s.3）。

4.5.2 审计制度的覆盖范围

联邦审计法院有着非常广泛的审计职责，覆盖了"联邦的全部财务管理，包

[①] 这一部分主要是基于"德国最高审计机关的命令"，www.bundesrechnungshof.de/en/veroeffentlichung/brh_frame_veroeffentlichung.html。

括其单独的财产资金"(《联邦预算法》,s.88)。这项权利几乎覆盖了联邦法律下建立的所有的公法公司和社会保险机构[①],以及在私法下建立的企业(联邦政府是利益相关者)(《预算原则法》,ss.53 和 55;《联邦预算法》,ss.104 和 111)。另外,联邦审计法院可以审计联邦行政部门范围之外的机构,如果这些机构执行一部分联邦预算或由联邦进行偿还工作,或接收联邦的补助(《联邦预算法》,s.91)。联邦审计法院可以根据自身情况限定审计的覆盖范围。当职责重叠时,与州审计法院进行联合审计(《联邦预算法》,s.93)。

4.5.3 审计类型

宪法要求联邦审计法院审计账目并做出决定,这两方面的公共财政都需要恰当且有效地管理(德国宪法,条款114)。审计检查正确的财政管理规章和原则是否被遵守了(《联邦预算法》,s.90)。联邦预算法规定:

- 财务审计("是否坚持了预算法令");
- 遵从性审计("根据付款凭证正确地记录收入和支付");
- 物有所值审计("有效且经济地管理资金"和"以较少的人力或物力,或以其他方式更有效地发挥功能")。

除了审计外,联邦审计法院还承担着咨询职能。第一,对于联邦预算法典的贯彻而言,在发布行政法规之前,必须咨询联邦审计法院(《联邦预算法》,s.103)。这尤其会影响涉及财务交易和会计制度的规章。就这部分内容来说,一旦涉及联邦预算资金的管理,或出台影响联邦收入和支出的新的联邦规章,这就需要联邦当局立即通告给联邦审计法院(《联邦预算法》,s.102)。第二,联邦审计法院参加联邦财政部和部门之间的预算磋商[《联邦预算法》,s.27(2)]。第三,联邦审计法院向议会提供在与议会拨款委员会主席预备性交谈的过程中以及委员会商议期间的证词。法律并没有要求联邦审计法院参与议会内关于预算的商议,议会建议的特别情况下可以有代表参加。当联邦审计法院通知和建议所有议会政党的报告起草人以专业和政治中立的态度参与议会时,联邦审计法院为拨款委员会充当有价值的信息来源。

4.5.4 调查权

联邦审计法院被授权为执行其功能获取所有必要的信息:所有的文件必须在法定时期内提交(《联邦预算法》,s.95)。

4.5.5 报告的责任和发布

宪法要求联邦审计法院直接向政府、联邦议院和参议院提交预算报告(德国

[①] 在以下情况下,例外情形会与联邦财政部和联邦审计法院一致:(1)公法机构对联邦政府财务没有实质影响;(2)对于负责卫生、长期照护、事故或养老保险的机构,如果没有收到任何联邦补助金(或者联邦政府的担保义务),就原则而言,这是不合理的(《联邦预算法》,ss.111-112)。

宪法，条款114）。联邦预算详细阐述道："联邦审计法院应为议会两院编制年度观测，包括联邦政府关于预算账户和资本账户清偿的必要结果"。任何机密的观测只应让有权限的人看到（《联邦预算法》，s. 97）。除了年度报告以外，联邦审计法院可以在任何时间向议会两院通告特别重要的事项，同时向联邦政府通告（《联邦预算法》，s. 99）。法律不要求将这些报告披露给公众，尽管这些报告根据规则向公众公布了。此外，就向议会报告而言，联邦审计法院每年承担大约600项审计任务，对接受审查的机构提出相关报告。

4.5.6 调查结果的执行

考虑到联邦参议院的意见，联邦议院将查明在联邦审计法院年度报告中凸显的实质性问题，并决定应采取的行动（《联邦预算法》，s. 114）。联邦审计法院没有单独的权力来执行其调查结果——它必须凭借论据来说服议会委员会。随后，议会必须保证：联邦议院确定截止日期，要求联邦政府将采取行动的报告提交至议会。当这样的行动未能达到预期效果时，两院中的任何一方可以再次提起此事项（《联邦预算法》，s. 114）。作为一种实践（不是法律要求），联邦审计法院发布审计影响报告，说明审计建议是否以及如何得到了议会的支持，以及已经采取了何种补救行动。

预算制度法的持续。预算制度法是永久性的，除非被废止或修订。然而，预算原则法颁布修正案需要众参两院的同意，联邦宪法和联邦预算法只需要联邦议院的同意，尽管联邦参议院可能会提出反对意见。

参考文献

British Council (2001), "Agencies and internal control: the German example", a paper presented at the Seminar on Modernising Government in Europe: Learning from International Experience, British Council, Italy, 15 – 16 March, www. britishcouncil. it/ eng/governance/MGE/I/index. htm.

Bundesrechnunghof (2002), The Bundesrechnunghof and its Regional Audit Offices, Public Information Service of the German Federal Audit Office, Bonn, www. bundesrechnungshof. de/en/veroeffentlichung/brh_frame_veroeffentlichung. html.

Bundestag (2003), German Bundestag: Legislation, German National Parliament, Berlin, www. bundestag. de/htdocs _ e/legislat/index. html (summary information available in English).

Burmeister, Kerstein (1997), Außerbudgetäe Aktivitäten des Bundes. Eine Analyse der Nebenhaushalte de Bundes unter besonderer Berücksichtigung der finanzhistorischen Entwicklung, Lang, Frankfurt.

Creel, Jérôme (2003), "Ranking Fiscal Policy: the Golden Rule of Public Finance", Observatoire français des conjonctures économiques (OFCE), Economic Research Department, No. 2003 – 04, OFCE, Paris, July.

Derlien, Hans – Ulrich (1995), "Public Administration in Germany: Political and Societal Relations", in Jon Pierre (ed.), Bureaucracy in the Modern State, Edward Elgar, Cheltenham, United Kingdom.

Döhler, Marian and Werner Jann (2003), "Germany", Distributed Public Governance: Agencies, Authorities and other Government Bodies, OECD, Paris, pp. 97 – 112.

Federal Ministry of Finance (1995), Haushaltsrecht des Bundes (available in translation as Federal German Budget Legislation), Bundesministerium der Finanzen, Bonn, April.

Federal Ministry of Finance (2000), The Budget System of the Federal Republic of Germany, Bundesministerium der Finanzen, Berlin, October.

Federal Ministry of Finance (2004), Accountability and Control in the Federal Republic of Germany, Bundesministerium der Finanzen, Berlin, January.

Hunter, J. S. H. (1978), "The West German Economic Stability and Growth Law", in P. Bernd Spahn (ed.), Principles of Federal Policy Coordination in the Federal Republic of Germany: Basic Issues and Annotated Legislation, Research Monograph No. 25, Centre for Research on Federal Financial Relations, The Australian National University, Canberra.

IMF (1986), A Manual on Government Finance Statistics, Bureau of Statistics and Fiscal Affairs Department, IMF, Washington DC.

IMF (2003), Germany: Report on the Observance of Standards and Codes Fiscal Transparency Module, IMF Country Report No. 03/286, IMF, Washington DC, September.

Lüder, Klaus (2002), "Government Budgeting and Accounting Reform in Germany", in Models of Public Budgeting and Accounting Reform (OECD Journal on Budgeting, Volume 2, Supplement 1), OECD, Paris, pp. 225 – 242.

OECD (2003), Multilevel Governance and Financial Transfers, GOV/TDPC (2003) 21, OECD, Paris.

Sturm, Roland and Markus M. Müller (1999), Public Deficits: A Comparative Study of their Economic and Political Consequences in Britain, Canada, Germany and the United States, Pearson Education Limited, Essex, United Kingdom.

Sturm, Roland and Markus M. Müller (2003), "Tempering the Rechtsstaat: Managing Expenditure in Re-unified Germany", in John Wanna, Lotte Jensen and Jouke de Vries (eds.), Controlling Public Expenditure: The Changing Roles of Central Budget Agencies Better Guardians?, Edward Elgar, Cheltenham, United Kingdom.

Tschentscher, Axel (2002), The Basic Law (Grundgesetz), Jurisprudentia Verlag, Würzberg, Germany.

Wehner, Joachim (2001), "Reconciling Accountability and Fiscal Prudence: A Case Study of the Budgetary Role and Impact of the German Parliament", The Journal of Legislative Studies, Vol. 7, No. 2, summer.

Wurzel, Eckhard (2003), Consolidating Germany's Finances: Issues in Public Sector Reform, OECD Economics Department Working Paper No. 366, OECD, Paris.

日 本[*]

实例研究的结构

1. 概述
2. 预算制度法律中的原则
3. 预算制度中法律基础的建立与行动者的权力
4. 预算周期中各阶段的法律条款

---

[*] 日本的实例研究得益于财务省预算局玉田松山（Yutaka Sunayama）的评论，澳大利亚国立大学的田中秀明（Hideaki Tanaka）以及 OECD 同事们的帮助。

1 概述

1.1 控制预算过程的法律框架

日本有一个预算制度的综合性法律框架。控制预算过程的法律制度之基础，就是1946年的《宪法》，1947年的《公共财政法案》（PFA）和1947年的《国会法案》（参见专栏1）。宪法规定了公共财政的一般性原则。它要求税收和政府支出由法律确定。它还要求内阁（宪法实体）向国会提交预算草案。在最后决定预算方面，众议院（下议院）有超过参议院（上议院）的优先权。最后，宪法建立了审计委员会（BOA），来审计政府的年度决算，以保证政府财务管理的公共受托责任。

宪法中没有规定预算规则，其主要由《公共财政法案》管理。和许多国家不同，这部法律规定了行政部门内部的预算过程。在预算编制过程中，内阁发挥了很强的作用。《公共财政法案》包含预算和会计制度的一般性原则，包括财务省和各支出部门（line ministries，也可译为条线部门——译者注）的预算编制与执行程序。对于由内阁发布的预算规划，《公共财政法案》采用指导方针加以补充。这些指导方针包括：（1）基本原则；（2）全部预算支出需求的上限，全部预算支出包括即将到来的财政年度中的公共投资、自由裁量支出和非自由裁量支出；（3）预算编制的详细过程。1947年的《公共会计法案》规定了加强国库资金的原则，以及在各支出部门记账的技术规则。要求各支出部门需要依法将其税收缴纳到国库资金中，并禁止用于其他目的。

专栏1　日本：主要的预算制度法

- 1946年宪法修正案（www.kantei.go.jp/foreign/constitution_and_government/frame_01.html）；
- 1947年《公共财政法案》之修正案（www.mof.go.jp/english/budget/brief/2002/2002-35.htm）；
- 1947年《国会法案》之修正案（www.mof.go.jp/english/budget/brief/2002/2002-35.htm）；

- 1947 年《公共会计法案》之修正案;
- 1947 年《审计委员会法案》之修正案（www.jbaudit.go.jp/engl/law/index.htm）;
- 1947 年修订的《地方自治法案》;1948 年修订的《地方财政法案》;1950 年修订的《地方税收法案》;1950 年修订的《地方拨款转移法案》;各种证券交易税法案（包括 1955 年修订《地方道路转让税法案》）。

来源：日本内务省、财务省、国会和审计机构各自网站上的法律都是有效的，还可参阅 http://homepage2.nifty.com/paper/lawcollection.htm 英文版的法律部分。

《国会法案》规定了国会的预算过程：成立预算委员会，是为了全权负责审查内阁的预算草案，并在众、参两院之间发生预算冲突时进行协调。1947 年的《审计委员会法案》（BOAA），规定了审计委员会的权限和组织、审计的覆盖范围以及为增强会计职责和管理国家预算的审计过程。最后，各地方政府法案（即 1947 年的《地方自治法案》、1948 年的《地方财政法案》、1950 年的《地方拨款转移法案》和制定用于收入的各种法案）赋予地方政府编制各自预算的权力。这些法律与其他法律一起规范了各级政府间的财政关系。

所有与预算相关的法律都具有紧密的联系，均着眼于保证国家预算的规划和实施，以实现国家的目标和政策。然而，预算安排是碎片化的，并且政府会计是复杂的。法律不要求政府及时地提供全部财政政策立场的信息，比如年中预算报告。另外，补充预算也被广泛采用，部分原因在于，预算制度法没有要求以中期预算框架来规划财政政策。法律框架的另一个独特特点在于，将国家预算分为一般会计和特别会计。此外，一些政府分支机构的预算（公营公司）也包括在预算中。借款被包括在一些特别会计的收入中。法律不要求基于国民核算基础的统一的广义政府报告，政府也不编制这样的账目。

1.2 预算制度法的改革

早在 20 世纪 40 年代后期，预算制度法就已经执行了，后续进行了一些次要的修正，并一直坚持着详细的投入导向年度拨款。

《公共财政法案》禁止发行任何政府债券，除了为公共工程和类似支出融资以外（条款 4）。如果政府不能用现有收入覆盖现有支出，那么就需要一部特别法律来代替《公共财政法案》中的条款 4。在 1975 ~ 2004 年期间，采用新的法律来处理宏观财政稳定性议题（财务省，2004，pp. 26 - 32）。第一，国会在

1975 年颁布了一项特别法律，使政府能够发行财政赤字债券，以刺激由于 1973 年石油危机引起的经济萧条。特别法律最初只影响了几个财政年度。然而，它每年都被更新（除了几个年份外），以推翻《公共财政法案》中的指导原则。这导致政府债务迅速地增加，政府债务在 2003 年达到了 GDP 的 155%（OECD, 2003）。

第二，1997 年制定了《财政结构改革法案》（FSRA）（专栏 2），以加强财政持续性并减少公债的发行。1998 年初，政府修订了《财政结构改革法案》，允许政府发行附加债券，并且由于亚洲经济危机对国内的影响，将财政整顿目标从 2003 年延伸至 2005 年。1998 年，经济进一步恶化时，《财政结构改革法案》在当年 12 月被终止了。

专栏 2　日本：1997 年《财政结构改革法案》的主要内容

● 恢复"黄金法则"，截止到 2003 财政年度，债券净发行额被限制在公共投资水平上。

● 旨在减少一般政府赤字（不含社会保险），到 2003 财政年度，赤字要低于 GDP 的 3%，并保证税收总额、社会保险缴款和财政赤字的总额不超过 GDP 的 50%。

● 对最为重要的支出施加上限，比如社会保险转移支付、公共工程支出和教育支出。

《财政结构改革法案》的经验，为旨在财政整顿的未来立法提供了教训（Tanaka, 2003）。第一，一个新法案在经济低迷期间的支出控制上，需要更多的灵活性。第二，每一类支出的上限不应只把初始预算作为目标，也应考虑最终的预算（上限只关注初始预算，但是支出能够通过追加预算不断增加）。除非严格地约束支出，否则可信性就被破坏了。

近年来，政府出台了一系列广泛的政府改革，这些改革在公共财政管理领域具有重大影响。在 2001 年，随着内阁府（Cabinet Office）与经济和财政政策委员会的创立，首相和内阁的领导力得到加强。委员会的主要目标是调查和审议重要的经济和财政政策事务，比如整体经济管理、财政政策管理、预算规划（包括编制预算草案，这曾经全部是财务省的工作）（详见下文 3.1.3 节）。也采取了重要的措施来提升政府政策的透明度和受托责任。1999 年 5 月，国会颁布了关于行政团体之信息可获得性法律，使得个人可以要求支出部门和相关机构公开其公共财政管理信息。2001 年的《政府政策评价法案》（the Government Policy Evaluation Act 2001）用于评估每个部委和机构的政策，使日本迈入绩效管理的初始阶段。

2　预算制度法律中的原则

日本将一些传统的预算原则合并入它的预算法律框架之中。但是透明度和绩效的现代原则尚未正式地体现在预算制度法中，只是在宪法和公共财政法案中做了一般性说明。特别地，宪法要求行政部门对公共资金的税款和支出的使用，要获得国会的优先授权。宪法还规定了受托责任原则（条款 90），根据需要，每年政府支出和收入的决算，要经过审计委员会审计，以判断公共资金的花费是否符合有关的法律法规。行政部门履行的财政活动也要向国会负责。国会审查预算的执行是否符合支出目的，并且批准由审计委员会审计过的财务决算（the final fiscal accounts）（条款 90）。

通过《公共财政法案》补充的宪法，阐述了年度预算的原则。宪法要求为每个财政年度准备预算草案（条款 86），4月1日开始到下一年的3月31日结束（《公共财政法案》，条款 11）。预算的估计需要涵盖 12 个月的内容。年度预算在预算年度开始前提交。所有的交易都需要评估其全年的影响。当政府需要为项目进行支付时，只存在原则上的一个例外。这就是国会可以批准项目的多年期总额（《公共财政法案》，条款 14 之二）。

一致性（unity）和普遍性（universality）原则在预算过程中起着重要作用。公共财政法案要求所有的收支都包含在年度预算中（普遍性原则，条款 14）。然而，一致性原则在三项分开的预算中没有得到充分的重视（一般会计、特别会计和政府分支机构），尽管这三项预算不是在同一文件中，但都需要提交到国会获得批准。虽然收支是统一的，但不显示以国民账户为基础的整体预算平衡。

在《公共财政法案》中规定了明确性（specificity）原则，要求收入和支出要在预算文件中详细地展示出来（条款 23）。要求收支预算按照有关的部门和机构分类。在其内部，收入根据其性质加以分类，而支出按其目的来分类。

体现在《公共财政法案》中的预算平衡原则，要求预算支出通过预算收入和融资进行平衡："每个财政年度的支出应该与同一财政年度的收入平衡"（条款 12）。《公共财政法案》规定，收入作为实收的资金，需要成为符合各级政府需求的支付来源。支出被定义为支付的资金，以满足既定财政年度中各级政府的需要（条款 2）。尽管《公共财政法案》要求，支出需要由本年度收入（包括为公共工程支出的借款）来进行拨付（条款 4），但如前文所述，特别法律高于既定的这项原则。

最后，财政透明原则在很多方面符合国际标准（IMF，2001a），包括呈现给国会和公众的数量丰富的信息，但在一些关键领域还有拓展的空间。例如，政府向国会提交的资料中，并未规定一般会计、特别会计和政府分支机构的预算需要加以合并。在提交的预算草案中，也没有将中央政府、地方政府和社会保险制度的信息加以整合。

3 预算制度中法律基础的建立与行动者的权力

3.1 行政机关和立法机关

3.1.1 概述

日本是一个由三级政府组成的统一的议会国家（中央政府，地方政府——主要是都道府县，自治市）。行政权归宪法下的内阁所有。只有内阁有权准备预算草案，并将其在一月初提交给国会。国会有两院：众议院（HR）和参议院（HC）。征税和支出的拨款需要有国会的授权。预算草案首先在众议院中开始审议，得到众议院全体大会的批准后，大约在三月初送交到参议院（这并非法律规则所要求的）。

3.1.2 内阁会议和部长个人的角色与责任

宪法阐述了由首相和其他部长组成的内阁所拥有的行政权（条款65和66）。内阁的首长是首相，根据国会决议从国会成员中任命（条款67）。宪法规定内阁拥有各项权力，包括（1）忠诚地执行法律；（2）管理公务员；（3）准备预算和向国会递交预算。根据2001年1月的法律重新建立了内阁府合并了几个部门，包括以前的首相官邸（the former Prime Minister's Office）和经济企划厅（the Economic Planning Agency）。内阁府负责全部政策规划并协调支持内阁的战略职能[1]。1947年修订的内阁法规定了内阁的运作程序，并规定内阁成员的人数不多于17人[2]。宪法要求内阁大臣对行政权的运作担负集体责任（条款66）。

3.1.3 各部委和行政分支机构的设立

在1948年《国家组织法案》修正案（NOA）中，阐述了建立支出部门、委

---

[1] 新的内阁府构成了三个相关组织之一：新的首相办公室（the new Prime Minister's Office）（秘书和顾问）、内阁秘书处（少数职员，大约50~100人，处理政府战略议题）和内阁府（处理大范围议题，如一个省）。

[2] 目前17位内阁的主要成员，包括首相、公共管理、民政事务、邮政和电信、司法、外交、财政、教育、文化、体育、科学技术、卫生、劳动和福利、农林渔业、经济、工商业、国土、公共建设和交通和环境各个部的部长。更多的细节请参阅 www. kantei. go. jp/foreign/constitution_and_government/the_cabinet_law. html。

员会和机构的一般原则①。《国家组织法案》只规定了一般原则，支出部门、委员会和机构的清单，包含在附录中。每个部门必须有其自身的机构设立法律，具体说明它们的职能（条款4）。因此，作为中央政府组织改革的结果，2000年建立了《财务省法案》。拥有预算局和税务局的财务省，负责中央政府的财政管理。财务省编制国家预算，将其提交给内阁批准，并监督各职能部门的预算执行情况。

2001年在内阁府下创立的经济和财政政策委员会（CEFP）②，与财务省共同负责财政政策和编制预算（1999年内阁府设立法案）。对内阁来说，虽然它是一个咨询委员会，但负责审议一些关键的议题，包括经济和财政管理政策以及预算规划的指导原则。预算过程中最主要的一件事，是由经济和财政政策委员会准备预算规划指导方针的初稿。财务大臣是经济和财政政策委员会成员之一，帮助制定经济和财政管理政策。与之相比，公共管理、民政、邮政和电信部门的部长，对地方政府的财政和管理负责。

每个公营公司的活动目的和范围，规定在自身的机构设立法中。大部分政府资金以认购资本、贷款和转让的形式，在国家预算中报告。尤其是，62个最大的公营公司的损益表和资产负债表被提交到国会。公营公司，以及一些政府在其中保有股权的私有公司，承担着与普遍性服务条款和其他非商业性目的有关的公共政策义务。

3.1.4 高级公务员的职责

对于预算管理方面的高级公务员，没有特别的法律规定。所有的公务员都受到行为规范的约束，这种行为规范来自于经过2000年修订的《国家公共服务伦理法案》。按照行为规范，要求公务员在涉及其职责之绩效的信息收集上，不得非公正、歧视性地对待公众，并明确了他们是全体国民的公仆，而不是为特殊集团服务的。

3.1.5 国会委员会的建立和角色

宪法阐述了国会是国家权力的最高机构，并且是唯一制定国家法律的机构（条款41）。《国会法案》要求预算应该首先提交给众议院，并且预算委员会被确立为审查预算草案的常务委员会，该预算草案由内阁分别提交给众议院和参议院（条款41）。在预算考量上，当参议院做出与众议院不一样的决定时，由《国会

---

① 更多的细节，请参阅 www.kantei.go.jp。
② 经济和财政政策委员会是在2001年进行行政改革时建立的内阁中有代表性的委员会。其目的是让首相在经济和财政政策方面展示充分的能力，充分地反映知识渊博者的意见。成员包括内阁总理大臣（首相）、内阁官房长官、内阁府特命担当大臣（经济财政政策）、财务大臣、经济产业大臣、总务大臣、日本银行行长以及政府外部的四人组成。

法案》第五章（两院之间的关系）补充的宪法（条款60）要求专门的程序——通过国会委员会的调节程序，使两院在预算上达成一致意见。协商委员会由从两院选出的成员组成。如果协商委员会不能达成协议，或者如果参议院在收到众议院的预算之后30天内，没有形成最终的决议，那么众议院较之参议院更具优先权。这个程序推进了两院的预算审议过程，并且保证预算草案在国会通过的时间不会过度地延长。

3.2 次国家政府的角色和职责

宪法修正案为地方政府的运作提出了基本原则。第一，地方政府的组织与运作，应该按照地方自治原则颁布（条款92）。第二，立法机关的成员和行政机关的首脑，应该由直接选举选出（条款93）。第三，地方当局有权经营他们的财产、事务以及开展行政管理，并在法律范围内颁布自己的规章制度（条款94），这些规章赋予了相关地方政府若干权力。

主要的法律之一是修订后的1947年《地方自治法案》（LAA），法案建立了都道府县（prefectures）和自治市（municipalities）两级结构（自2004年4月起，包括东京在内的47个县和3100个市），并规定了选举出来的委员会和行政实体的结构、组成及权力。地方自治法案还规定了地方当局的地位，包括他们和中央政府以及其他地方当局的关系，为他们的财政事务和其他重要的管理事项做出了法律规定。

尽管在事实上授权地方当局征收税收（1950年修订了的地方税收法），但是管理服务供应的基本模式依然是集中的，并且大部分地方政府的收入依靠中央政府的援助。地方筹集的收入占地方总收入的35~40%。1948年修订的《地方财政法案》，也授权地方当局为金融资本支出和公营企业支出发行债券（条款5）。然而，都道府县必须获得总务省、民政、邮政和电信部门的批准，自治市在发行债券前要求地方当局的批准①。除此之外，地方当局也接受中央政府的直接补助，以及各种共享税的收入（专栏3）。国库支付金（National Treasury disbursements）是一种补助款，该款项在使用时，中央政府根据《地方财政法案》预先确定用途。税收共享安排的法律基础，由各种交付税（transfer tax）法案提供，包括1955年修订的地方道路交付税法案。

---

① 2000年修订了地方分权法。从2006财政年度开始，县和市必须分别与政府部门和辖区协商。如果政府部门和辖区对发行债券未能取得一致意见，县和市仍然可以发行公债，但需要事先向县和市的议会作出报告。

> **专栏 3　日本：中央政府给地方政府的补助金**
>
> ● **指定用途的补助金**。国库交付金是中央政府给地方政府支付的特殊用途的资金。有三种形式的国库交付金：(1) 国库强制性分享，这是在中央和地方政府的共同责任下，企事业单位的应付款；(2) 国库补助金，是给地方当局的补助金；(3) 国库支付给那些本是中央政府的责任，但出于方便和效率的目的，任务被委托给地方政府的支出资金。
>
> ● **共享税，主要为了均衡**。根据《地方拨款转移法案》，一部分税收是共享的，目的在于调整地方政府财力的不平衡，保证地方政府能够提供管理服务的标准水平以及为公众提供基本的公共投资。其总额与国家税收的一定百分比有关联：所得税、公司税和酒税的 32%、消费税的 24%、烟草消费税的 25%。
>
> ● **特殊目的之共享税**。地方交付税是因特殊目的将部分国家税收转移给地方政府。一个典型的例子是燃料方面的地方公路税，比如汽油，这项税由中央政府收集，然后转交到县和市，成为地方公路交付税。

根据 1950 年修订的《地方拨款转移法案》，地方当局的收入和支出概算，需要在内阁批准后，呈送至国会，以供参考和公布（日本自治体国际化协会，2002）。相应的规划将会显示，地方政府的收入是否能够满足提供一定水平的公共服务，并足以完成法律义务。过程包含测算地方当局的全部收支总额；如果收入不足，那么中央政府就需要对地方政府提供支持，具体包括：修改地方税收体系、增加地方拨款交付、发行债券或其他援助方式。

4　预算周期各阶段的法律规定

4.1　行政机关编制和呈送预算

4.1.1　预算制度的覆盖范围

《公共财政法案》适用于国家预算（条款1），它被分成一般账户和特别账户（条款13），以及政府分支机构的预算。国家预算包括所有部门、委员会、机构和一些公营公司。国家预算以一般会计、31 项特别账户（截止到 2004 年 4 月）

和九个政府分支机构预算的形式,提交到国会①。所有部门被包括在一般账户中,但是只有若干部门被授权建立特别账户和政府的分支机构。地方政府的预算排除在公共财政法案的应用之外——它们由《地方财政法案》修正案管理。

4.1.2 预算外资金和指定用途的收入

由于各种特别账户和政府分支机构的存在,因而预算是碎片化的(财务省,2004 年,P.3)。特别账户只能由法律建立(《公共财政法案》,条款 13)。政府设置了特别账户,以执行专项工程、管理和经营专项资金,或将收入和支出同一般账户进行区分。所有的特别账户都需要提交到国会审查,没有国会的授权,不能拨付支出。每个特别账户通常有其独特的收入来源;某些特别账户可以通过借款或接受一般账户资金的方式,来处理账户的收支不平衡。政府的贷款计划是通过特别账户来管理的——财政贷款特别账户,它是财政投资和贷款计划(FILP)的主要部分。国民退休金和卫生保健服务也由特别账户来运作(例如,国民退休金特别账户和劳动保险特别账户)。

特别法律建立了若干政府分支机构。尽管中央政府向这些机构提供补助,但这些机构仍旧是完全资本化的,他们中大多数的预算无须经过国会的批准。然而,与政府政策紧密联系的九个机构(七个公共金融公司和两个银行)②的预算,要接受国会的批准。因为这些机构的大多数不是"广义政府"(general government)——国际货币基金组织的政府财政统计手册定义的(IMF,2001b)——内的机构单位,他们不能被认为是预算外资金。他们只能算是准财政活动,政府出于财政政策目的而利用的企业,可能是金融企业,也可能不是。这些企业接受各职能部委的监督。根据法律,要求每个公有企业的预算和财政计划,都要得到财务大臣和负责该企业的部长之批准。

4.1.3 预算总额的定义

法律没有给出各种预算总额的定义。对于一般账户,预算的指导方针要求,明确地设定下一年度的大多数总支出上限。定义"政府"的困难在于,被广泛使用的特别账户,其中一些是广义政府部门之外的。

4.1.4 财政规则

直至 1975 年,曾严格执行着一个版本的黄金法则,以限制为投资支出融资而发行建设债券的行为。其后,该原则被允许政府发行除了建设债券以外的特殊

---

① 尽管这些预算是分别编制的,但被提交到国会后,同时被批准。一般会计预算,通常称为"预算",包含政府的主要计划,比如公共工程、社会保障、教育、科学、国防和经济合作。所有的国家税收,即使与地方政府分享,也被作为一般会计的收入,除了几个专用目的的税收以外,包括公路税。

② 这样的例子包括国民生计贷款公司,政府房屋租赁公司,农、林、渔业贷款公司,市政企业贷款公司,为国际合作的日本银行,以及日本开发银行。

财政赤字债券的新法律所取代。《财政结构改革法案》为减少政府赤字建立了中期财政目标，但是这个法律在1998年被废除了。2003年，政府修订了改革和远景规划，旨在将广义政府支出维持在2002财年的水平上（大约GDP的39%），并于21世纪第二个十年的早期，实现总体的预算盈余。虽然这个规则没有法律约束力，但它在内阁中有较大的力量，而内阁恰好负责为年度预算制定许多重要的决策。

4.1.5 预算编制和向国会陈述的时间表

宪法只要求内阁准备预算草案，并向国会提交预算草案。《公共财政法案》规定，在本财政年度的1月份，要将预算草案经由内阁提交到国会（条款27）。预算过程时间表的大部分条款（专栏4）体现在《公共财政法案》、指导方针或规章中。

专栏4　日本：预算过程的时间表

- 4月1日：开始新的财政年度。
- 4～8月：各职能部门准备预算请求。
- 7～8月：由经济和财政政策委员会，按指导方针检查预算申请，并由内阁发布。
- 8月末：各职能部门向财务省提交预算请求。
- 9～12月：详细审查各职能部门的预算要求，并与财务省进行双边讨论，为内阁批准预算草案作准备。
- 12月初：依照指导方针，由财务省编制预算规划，并由内阁批准。
- 12月中旬：由财务省向国会陈述预算。财务大臣和各条线部门为解决遗留的争议，进行财政磋商，通常是一些政治上的重要事项。
- 12月下旬：内阁批准预算。
- 1月上旬：向国会提交预算。
- 3月：国会批准预算。

来源：日本财务省，2004年。

首相和其他大臣向财务大臣提交最初的收支概算［所谓的"预算请求"（budget requests）］。预算、结算和会计的政府条例要求，预算请求在8月末提交（4月1日开始的下一财年之前的7个月）（条款8）。在此之前，财务省与首相

及内阁府磋商后，提出支出上限。经济和财政政策委员会详细地讨论指导方针的内容，并在内阁批准后将其通知给各职能部门[①]。《公共财政法案》要求财政大臣协调各职能部门的预算请求，并准备概算，概算通常在 12 月被内阁批准（条款 18）。其后，由财务大臣准备预算文件，并在 1 月根据内阁的决定，提交给国会（条款 21 和 27）。

4.1.6 行政部门内部的审批流程

与大多数国家不同，日本行政部门内部的预算批准，取决于内部规章，法律（《公共财政法案》）包含涉及内阁批准预算的几项关键条款。大约在 12 月初，内阁发布"预算规划的一般原则"，财务省按照《公共财政法案》的要求完成预算草案。财务省与有关的各职能部门进行磋商。在意见达成一致之后，内阁在 12 月末正式提交预算草案。《公共财政法案》要求，内阁在本财政年度的 1 月份，向国会提交预算草案和补充文件（条款 27）。

4.1.7 预算法涉及的其他文件

《公共财政法案》规定，五个领域应该包含在呈送至国会的预算中（条款 16）。《公共财政法案》的其他条款详细说明了这五个领域，即：

- **总则**。总则着重于综合性，包括公共债券、短期国债、临时借款以及其他由国库负担的债务之上限规定；公共工程的开支范围；其他预算执行必需的事项（条款 22）。
- **预算收支**。行政部门按照《公共财政法案》所规定的程序来起草概算。详细的收支概算必须附加在预算中。
- **连续性支出**。这些支出包括建筑业和制造业，属于年度预算原则的一个例外（条款 14 之二）。同样的条款，限定了长达五年的连续性预算权。这种支出的范围和持续时间受制于国会的决定。
- **批准结转至下个年度的支出**。由于支出性质或其他原因，不太可能在预算通过后的财政年度内支出完毕，如果可能出现这种情况，则应服从于国会决议的管理（条款 14 之三）。
- **可能由国库负担的未来债务（合同授权）**。这个制度允许政府为项目制定合同，这些项目很有可能在给定的财政年度内引发债务，或在随后的年份中产生所有的或部分的支出。预算草案中必须包括此类合同的金额（条款 15）。对于可能的未来支付，政府需要得到国会的预先批准。

[①] 指导方针设立了整体预算支出需求的上限，包括对于下一个财政年度的公共工程和社会保障。这些上限通常依据与以前财年之总量相比增长（减少）的绝对额或百分比表示。另外，指导方针规定了政府的财政目标、政策性建议和部门预算的准备程序。

中期宏观经济框架和财政战略。虽然预算是基于《公共财政法案》（条款14）规定的单年度预算原则来编制的，并且没有法律要求提交中期预算框架，但是为了给政府进行经济和财政政策决定提供基础，政府还是制订了中期财政计划。财务省通常在一月末国会开会时，发布"中期财政规划"（Medium-Term Fiscal Projection）。内阁府根据宏观经济模型也制定中期计划。这种预测为国会提供了有关当前预算政策的中期财政影响信息，尽管它没有为后续年度设定主要支出总体（或特定）类别之上限。

新措施与现有的支出政策。《公共财政法案》不要求预算草案中的新政策和现有的支出计划之间，加以明显的区分。但实际上，前述财务省的中期预测是基于既有政策的[①]，然而内阁府的预测是包含了一些政策变化的，比如结构性改革。

与绩效相关的信息。2001年的《政府政策评估法案》要求，各条线部门（职能部门）在向财务省提交预算请求时，需要提供某些评估信息。尽管许多评估信息是由各部门发布的，并将总务省（the Ministry of Public Management）准备的综合评估报告提交给国会，但这种资料不包括在预算文件中。尽管如此，国会在制定预算决策时，还是会使用与绩效有关的信息。

税式支出、或有债务和财政风险。法律并未要求政府在预算中包含税式支出和主要财政风险的说明。但是财务省通常向国会预算委员会提供关于税式支出的报告。报告说明了由于若干年度的税式支出导致的收入减少情况，也包括预算年度内的税式支出。

政府担保需要有国会的批准。相应的，政府担保和赔偿的每个合同的详细资料都包括在预算文件中。此外，大量的债务和解除（流量）及结转至以后年度（存量）的各项担保，都在"国家负债表"中给予报告，并与年终决算一同提交给国会。

法律要求的其他资料。《公共财政法案》要求年度预算应当有相当多的补充资料（条款28），包括政府控制的公司（专栏5）。实际上，62个最大的公营企业的损益表和资产平衡表，都需要提交到国会备案。

专栏5 日本：伴随预算草案的文件

- 收入预算的详细说明。

---

① 发布在政府官网上的财务省的计划构想都是有效的，详细参见 www.mof.go.jp/english/budget/brief/2004/2004f_04.htm。

- 各部门和机构计划支出的申请。
- 之前3年（包括当年）财政年度之决算报告的说明。
- 之前3年（包括当年）财政年度国库资金的报告说明。
- 关于国库券和借款说明的报告，预计的余额、公共债券和借款兑现年度的列表。
- 之前3年国家资产报表的报告。
- 之前3年政府投资的公司的资产负债表和损益表。
- 会引起国库券等负债措施（包括偿还计划）的相关报告。
- 持续性支出的报告。

4.1.8 国会和其他宪法主体的预算

宪法主体，尤其是参、众两院和最高法院（以及审计委员会）准备预算的方式，与其他支出部门存在着差异。《公共财政法案》对这些宪法主体规定了专门的程序，给予它们准备自己部门预算的权力，并连同内阁协调的所有拟议预算，直接提交到内阁（条款17）[①]。《公共财政法案》要求，财务大臣要遵循内阁的决议，对宪法主体提出的预算额度进行必要的调整（条款18）。当内阁对这些预算额度做出决定时，《公共财政法案》要求其事先询问这些机构负责人的意见（条款18）。此外，如果内阁降低这些机构提出的申请额度，《公共财政法案》要求内阁在预算中加以说明（条款19）。

4.2 国会的预算程序

4.2.1 预算审批的时间表和国会预算辩论的限制

按照宪法和国会法案，国会审查过程从众议院开始。国会法案中涉及国会预算审查的主要条款如下：

- 可以在每个议院中建立预算委员会作为常务委员会，来考虑拟议预算（条款41）。
- 要求预算委员会公开举行关于整体预算的听证会，并听取有关各方的意见（条款51）。
- 允许做出预算修正案的提案（参见下文第4.2.3节）。

众议院预算委员会批准预算后，往往并不提出修正案，预算在众议院全体会

[①] 行政部门内的支出部门向财务省提交预算概算（即从一个政府部门到另一个政府部门），而国会、法院和审计委员会直接将其预算提交给内阁（即从一个宪法组织到另一个宪法组织）。

议上投票。在批准之后，预算被送交至参议院，它的预算委员会以和众议院同样的方式对待预算。同样地，预算委员会将预算送交参议院全体会议批准。倘若在4月1日前预算被批准，预算从财政年度开始之日生效。国会两院在预算上有不同意见的情况下，宪法和国会法案规定了特别调节程序（详见上述第3.1.5节）。

4.2.2 临时预算

当内阁认为难以在4月1日前批准正式预算时（譬如，即将来临的大选之类的原因），《公共财政法案》（条款30）允许内阁准备一份临时预算，以覆盖财政年度的特定部分，以免政府因缺少资金而停摆。一旦正式预算被国会批准，临时预算就作废了。以临时预算为基础的支出或合同，将被视为以正式年度预算为基础。法律没有详细地规定临时预算的范围，但实际上，临时预算中的支出，对于直到正式预算被国会批准之前，使政府正常运行的必要拨款，做出了严格的限制。

4.2.3 修正权

国会法案规定国会有权修改预算草案。法案要求，修正预算的请求，要有众议院至少50位成员或参议院至少20位成员的支持（条款57之二），但法案并未设置修改预算草案的定量限制。然而，宪法规定只有内阁可以制定预算请求。而且，国会法案要求，针对预算中增加总额的修正案，两院或预算委员会要给予内阁提出意见的机会（条款57之三）[1]。虽然内阁无权否决国会制定的预算修正案，但一般的理解是，国会不能对政府的预算请求进行重大的修改。由于国会内阁制的性质，行政部门直接依赖于国会内多数派的支持，并且国会和行政的构成是相互交织的，所以通常来说，行政部门的预算草案不需要经过重大的修改就可以通过[2]。和其他国会制政府一样，国会尝试拒绝行政部门的预算草案，如果获得了成功，就相当于对政府的不信任案。

4.2.4 资金的批准

宪法规定：除非法律允许或法律规定的情况下，不可施加新的税收或修改现有的税收（条款84）。《公共财政法案》规定，任何额外收费和任何垄断价格或实际上属于政府服务的收费，都要根据法律或国会决议来决定（条款3）[3]。另外，国会批准内阁编制的年度收入预算草案，并按照收入之来源加以安排。

---

[1] 这项条款是模糊不清的，"预算"作为术语包括收入和支出。依照字面解释，它表示增加花费或收入的提案需要内阁之考虑。另外，因为法律没有论及"预算"减少的可能性，这样就产生了这样一个问题，不经内阁之考量，国会是否可以减少税收。

[2] 自从第二次世界大战以来，已经修改过四次（Tanaka, 2003）。

[3] 公共财政法案条款3已被特别立法废除了（1948年的公共财政法案条款3是涉及例外情况的法案），条款指出："只要当前的经济紧急状况依然存在，政府可以不经立法或国会批准，自行决定或修订由公共财政法案条款3规定的价格。"

4.2.5 拨款的性质、结构和持续时间

预算拨款规定了政府支出的最大限额，虽然法律并未明确说明。关于拨款的结构，《公共财政法案》要求包括特别账户在内的预算，按行政（administratively）（部门和机构）来分类，并按照支出目的划分为不同的款（paragraphs，kwan）（条款23）。在部门内，《公共财政法案》要求将款进一步细分为项（articles，kou）。项是国会拨款的单元，预算文件所包含的详细数据也分解到项。预算主要以支出的经济分类进行批准，并通过按项目和功能的混合分类进行更加详细的补充。为了与分类相一致，要求各条线部门来实施支出。

4.2.6 拨款的结转和未来拨款的借用

拨款周期通常是一年，除非是持续性支出。对于像建筑业和制造业这类需要几年才完成的项目，政府可以跨越几个财政年度来持续支付，不过要预先接受国会决议的管制（《公共财政法案》，条款14之二）。除非有国会授权，否则连续支出不能超过五年。不存在永久性拨款。

在财政年度内不可能花完的支出，在特殊情况下，被允许转入下一个财政年度。在财务省批准的情况下，如果由于支出的性质或预算批准后的任何原因，事先接受国会决议的控制后，《公共财政法案》允许将支出结转到下个财政年度（条款14）。为了得到财务省的批准，《公共财政法案》（条款43）要求，各职能部门准备结转拨款的说明，说明结转的理由以及项目需要结转的支出数额。如果获得批准，被批准的支出数额就可以结转，并在下个财政年度使用。各职能部门需要向财务省和审计委员会报告结转支出的使用情况。

4.2.7 核准公共债务

宪法要求所有的承付款项均纳入经国会授权的政府债务（条款85）。承付款项包括债务和潜在的债务，如担保。《公共财政法案》规定，公共债券或借款只允许用于有限的情况，例如，在不超过国会决议批准的总额内，为公共工程支出筹资，并将还款计划呈交给国会（条款4）。所有涉及公债发行的事项（包括某些例外），都禁止由日本银行接手（条款5）。公债或借款总额的限度，必须包括在年度预算的一般规定中，并经国会批准（条款22）。此外，每个财政年度中，当前交易产生的盈余，相当于总额一半以上的盈余，除了其他法律要求的其他方面以外，都用于赎回公债和偿还借款，这些盈余是来自两个财政年度产生的盈余（条款6）。

4.2.8 已通过预算之颁布、否决和发布

对预算的颁布没有法律要求，因为预算在颁布之前不被视为法律。宪法和《公共财政法案》要求，政府预算在批准后要对公众公开。宪法规定，内阁应该定期向国会报告财政信息（条款91）。《公共财政法案》规定，国家预算的内容

及其支撑信息，一经国会通过就应该对公众公开（条款46）。

4.2.9 追加预算（修正案）

《公共财政法案》规定了追加预算的法律基础。允许内阁准备和向国会提交追加预算草案，对最初的预算进行修正（条款29）。对追加预算的数量没有法律约束。内阁可以编制追加预算，并在下列情况下将其提交至国会：（1）用于补充符合法定合同的政府义务所需资金之不足，或补充预算以便配合附加的支出（或预算制定新合同的要求）；（2）因预算制定后出现的其他原因而修改预算。

由于促进经济或消除自然灾害影响的各种原因，也会进行追加预算。最终的预算常常不同于最初的预算，它可能与前一年相比以紧缩的状态进行规划。频繁使用追加预算，会对最初的预算形成潜在的信用风险。

4.2.10 其他议案对预算的影响

当对预算议案的修改会导致预算的增加或需要预算行动时，国会法案要求，议院或预算委员会应给予内阁就增加预算总额之修正案，发表意见的机会（条款57之三）。

4.3 预算执行

4.3.1 支出授权的分配

《公共财政法案》控制着预算执行过程。《公共财政法案》要求，内阁根据细目和条目，向各条线部门分配拨款（条款31）。财务省需要就拨款信息向审计委员会汇报（条款31）。执行预算的全部责任赋予了各部门和机构的领导者，随后加以细化分解（条款32）。对于支出，《公共财政法案》要求各职能部门准备支出计划的草案，并提交给财务省批准（条款34）。另外，财务省还需要准备提交内阁决定的支出执行方针，其中要考虑国库资金的状态、收入、融资和支出这些因素。当财务大臣批准支出计划草案时，要求他（她）向各条线部门和日本银行报告。

4.3.2 预算授权的取消和其他的年度内支出控制

法律并未规定行政部门有权取消支出授权。在实际中，当执行部门需要取消拨款时，需要剔除追加预算。

4.3.3 紧急支出、超额支出和应急资金

宪法要求国会为应急资金（contingency fund）授权，并可以扩展至属于内阁责任的初始预算中用于意料之外事件的资金（条款87）。基于此，内阁在年度预算中会准备一定额度的未分配支出，不规定任何特殊目的，国会将审查提出的额度是否适当。一旦预算草案被国会批准，内阁可以为它认为的意外事件拨付款项，例如，自然灾害或经济衰退。《公共财政法案》规定了使用应急资金的程序。

财务省拥有管理和使用应急资金的权力（条款35）。为了使用应急资金，《公共财政法案》要求，各条线部门准备使用应急资金的文件，并提交给财务省，包括具体理由说明、使用支出的数额和计算所需要支出的依据（条款35）。然后，财务省检查和调整请求，并寻求内阁的决定。当内阁批准财务省的建议时，可以执行支出。使用应急资金后，要求各条线部门准备和提交资金使用情况的报告。随后，财务省准备综合报告，在随后的国会例行会议召开之时，获得其批准。

4.3.4 年内拨款的调剂和流用

《公共财政法案》严格限制各条线部门对预算支出授权的使用。《公共财政法案》禁止各条线部门使用任何与预算中批准的拨款目的不同的支出（条款32）。《公共财政法案》还禁止各条线部门在部门之间和分支机构之间的预算授权调剂（条款33）。只有预先经国会批准才可以调剂授权，考虑到贯彻预算的必要性，可以得到财务省批准之后，调剂预算拨款。希望在目（在"项"级别之下）级别上调剂预算支出权的支出部门，只有得到财务省批准才可进行操作（条款33.2）。如果部门愿意在项（articles）之间调剂资金，则需要得到国会的批准。

4.3.5 现金规划及政府资产和债务的管理

财务省负责编制现金计划并管理政府资产和债务。为了履行财务省批准的计划，需要将来自日本银行的国库资金，分配到各条线部门（修订的1947年《公共会计法案》，条款2）。各条线部门签发日本银行提供的支票，要求支付所需的资金总额（条款28）。为了避免任何贪污的可能，《公共会计法案》还要求将拨款和记账的责任分开（条款26）。《公共财政法案》规定了管理国家公共财产的法律基础。除非法律授权，国家财产不能作为支付进行交换，或在不适当的价格下出售。国家财产需要以最有效的方式管理（条款9）。

4.3.6 内部审计

各职能部门的财务活动在财务省的控制下开展。《公共财政法案》要求，各条线部门按照财务省发布的指导方针，来实施预算，预算需要内阁批准。此外，在修订的1947年公共会计法案下，财务省要求各条线部门报告收支情况，对预算执行情况进行实地检查，并遵循内阁的决定，给予预算执行必要的指导（条款46）。虽然财务省有权要求现场检查预算执行情况，但在实际中很久没有这样做了。取而代之的是，自2002年以来，财务省对预算执行情况展开了项目抽样调查，审查各条线部门是否富于效率性和效果性地执行了预算。内部审计程序在各条线部门的管理方针中进行规定，内部审计接受审计委员会的审查。

4.4 政府会计和财务报告

4.4.1 会计制度

《公共财政法案》规定了政府账户由一般账户和特别账户构成（条款13）。支出授权是收付实现制，因为《公共财政法案》指出"支出意味着已到位的资金"（条款2）。法律中使用的"收入"这一术语，意味着收到的资金是作为满足支出需求的来源，而"支出"意味着，满足各种要求的已支付的资金（条款2）。非现金交易排除在外。

4.4.2 政府银行业务安排

国库资金账户是在日本银行内记录，一般账户和特别账户的收入进入该账户，并且用于满足两类会计发生的支出（1947年公共会计法案修正案）。所有的国家资金都被记录为政府在日本银行的存款。它们被分为活期存款、独立账户或特别账户，并且账户发生的收入和支付只能在日本银行内部操作（财务省，2004，P.16）。

4.4.3 向国会的年内报告

宪法规定，每隔一定时间（至少是每年），内阁需要向国会和公众报告国家的财政状况（条款91）。因此，内阁每个季度都向国会和公众汇报上一个季度的预算执行情况。还有对国库账户收入和支出的月度报告，在本月结束后的2个月后提交（IMF，2001a）。

4.4.4 年度决算和报告

宪法要求审计委员会（BOA）审计政府的年度决算，并连同审计委员会的审计报告一起，由内阁向国会提交决算（宪法，条款90；《公共财政法案》，条款40）。财政年度结束后，为了财务省准备年度决算，《公共财政法案》要求，各条线部门需要向财务省提交部门账目。根据各部门提交的账目，财务省汇总收入和支出情况，并说明负债情况（条款37）。在内阁批准后，要求在11月30日（即财政年度结束后的8个月内）前，将年度决算送交审计委员会（条款39）。

法律并未要求政府准备特殊报告，例如，长期预测、财政政策意向说明或预算预测中主要的财政风险。

4.5 外部审计

4.5.1 管理的、财务的和运作的独立性

审计委员会是依据宪法建立的，宪法要求审计委员会进行年度审计和审计说明（条款90）。宪法将审计委员会的组织和职能的细节纳入立法中。鉴于此，《审计委员会法案》在1947年被采用。与许多国家不同，审计委员会不是设立在

国会之下,而是设立在内阁中。不过,审计委员会法案规定,审计委员会在运行、任免和财务上是独立于内阁的(条款1)。

审计委员会由包含三个行政长官和总执行局在内的审计署(Audit Commission)组成,以保证委员会在管理和决策上是独立的(条款2)。委员由内阁任命并经国会两院同意(条款4)。审计委员会主席按照委员们的决定由内阁任命(条款3)。他们的任期是七年,并且能继续连任一届(条款5)。只有由于精神或体力的原因或违反岗位职责,委员才能根据国会两院的决议离开职位(条款6)。不要求委员辞职,除非他(她)被刑事法庭严重处罚而定罪(条款7)。为了加强审计委员会的财政独立性,《公共财政法案》为其规定了特殊的预算过程,并将其提交给内阁。

4.5.2 审计制度的覆盖范围

审计委员会法案要求,审计委员会审计中央政府和公营公司的所有财政和非财政的事务(活动)(条款22和23)。公营公司包括政府部分拥有的或由政府投资的实体。审计包括:

- 政府的收入和支出。
- 政府现金和财产的接受和分配。
- 法人实体的会计,如果一半以上的资本由政府投资。
- 由政府拥有的或监管的有价证券,以及由政府监管的现金和财产。
- 通过实体(而不是代表政府)的现金、财产和有价证券的接受和分配。
- 接受补贴、奖励津贴或其他财政资助机构的会计,例如,来自政府的直接或间接的贷款或损失补偿。

4.5.3 审计类型

审计委员会法案要求审计委员会审计年度决算,以确保其准确性,并从准确性、合规性、经济性、效率性和效果性的角度,改正决算的错误(条款20):(1)支出(结算账户)是否公平地反映了预算的执行和财务状况;(2)会计是否符合预算要求和法律法规(合规性);(3)项目是否以经济效率的方式实施(经济性和效率性);(4)是否达到项目目标(效果性)。一直以来,前两个标准曾经是主导,但是自20世纪90年代以来,对经济性、效率性和效果性的审计,变得逐渐重要起来(OECD,2000)。

4.5.4 调查权

那些服从审计委员会审计的机构,需要依照规章向审计委员会提交说明,连同支撑性文件(条款24)。审计委员会可以派遣人员定期或不定期地进行实地审查(条款25)。如果出于审计需要,审计委员会可以要求提交书面的文档或报告,或者可以质询问题或要求有关人员出庭(条款26)。

4.5.5 调查结果的执行

作为审计结果，如果审计委员会认为，政府主管财政业务的官员故意地或因严重过失，给政府带来了重大损失，可以要求对渎职官员或者涉及的其他领导者个人进行纪律处分（条款31）。如果审计委员会裁定，掌管现金或财务的官员负有赔偿责任，相应的各部门领导者，就需要命令责任人，按照做出的裁定，来支付赔偿（条款32）。此外，如果审计委员会认为，负责政府财政业务的官员，在离任时犯罪，则需要将此事通告检察厅（the Public Prosecutors Office）（条款33）。

参考文献

Council of Local Authorities for International Relations（2002），Local Government in Japan，Council of Local Authorities for International Relations，Tokyo.

IMF（International Monetary Fund）（2001a），Japan：Report on the Observance of Standards and Codes-Fiscal Transparency Module，IMF，Washington DC.

IMF（2001b），Government Finance Statistics Manual 2001，Statistics Department，IMF，Washington DC.

Ministry of Finance（2004），Understanding the Japanese Budget 2004，Ministry of Finance，Tokyo，www.mof.go.jp/english/budget/brief/2004/2004.htm（in English）.

OECD（2000），Economic Surveys of Japan，OECD，Paris.

OECD（2003），Economic Outlook 74，OECD，Paris.

Tanaka，Hideaki（2003），"Fiscal Consolidation and Medium-term Fiscal Planning in Japan"，OECD Journal on Budgeting，Vol.3，No.2，OECD，Paris，pp.105－137.

韩 国[*]

实例研究的结构

1. 概述
2. 预算制度法律中的原则
3. 预算制度中法律基础的建立与行动者的权力
4. 预算周期中各阶段的法律条款

---

[*] 韩国的实例研究得益于以下诸君的意见：洪桑君（Hong Sang Jung），企划预算部部长；财政与经济部及审计监察院的几位官员；包括金英姬（Sang-In Kim）（政府事务和民政部）在内的 OECD 的同事。

1 概述

1.1 控制预算过程的法律框架

韩国有一套全面的法律来管理预算过程。其中宪法作为法律框架的基石，规定了基本的预算规则和预算过程中的主要参与者。行政部门编制国家预算草案并由议会（国会）审核和批准。审计监察院（the Board of Audit and Inspection, BAI）在保证预算制度的可问责性上发挥着关键作用。地方政府具有中央政府授予的预算自治权。宪法也管理其他基本预算规则，如临时预算和追加预算。尽管有相对详细的条款，宪法仍将许多预算权委派给各种较低的法律，特别是《预算和会计法案》（BAA）、《基金管理框架法案》（FAFM）、《国会法》（NAA），以及《监察院法》（BAIA）（专栏1）。

专栏1 韩国：主要的预算制度法

- 1948年《宪法》修正案
- 1948年《国会法》修正案
- 1961年《预算和会计法案》修正案
- 1991年《基金管理框架法案》修正案
- 1963年《监察院法》修正案
- 1961年《公营企业预算与会计法案》修正案
- 2002年《管理法定开支的基本法案》
- 2002年《国库资金管理法案》（现金管理券）；1950年《政府资产管理法案》（公共资产）修正案；1949年《公共债券法案》（债务）修正案
- 1949年《地方自治法案》修正案；1963年《地方财政法案》修正案；1961年《地方共享税法案》修正案；1990年《地方转移支付资金法案》修正案

来源：企划预算部英文网站 www.mpb.go.kr，国会英文网站 www.assembly.go.kr/index.jsp，审计监察院英文网站 www.bai.go.kr。

国家预算包括一般账户预算（the general account budget）、专用账户预算（the special account budgets）和公共基金（public funds）（OECD，2003）。一般

账户预算通常系指，代表中央政府主要财政活动的狭义的预算。由各种法案设立的专用账户预算（当前有 22 种），则有其特殊目标或者有为这些目标而设立的专项收入。相关法案也设立了公共基金，以为指定的目的而筹集资金（当前是 57 项）。一般账户和专用账户由《预算和会计法案》制定规则，而公共基金则适用《基金管理框架法案》（FAFM）①。《预算和会计法案》是全面管理中央政府预算过程的基础性、一般性的法律。它详细规定了作为核心预算机构的企划预算部（MPB）和执行过程中各部门之间的程序规则。它的主要条款包括：国家预算都包括什么；应向国会提交什么文件；国家预算编制应遵循什么程序；国家预算应如何执行和报告；使用的会计制度是什么。然而，《公营企业预算与会计法案》（PEBAA）对铁路②、邮政事业、通信、公共采购和粮食管理的预算和会计程序的相关规定，更具弹性。与此相反，《基金管理框架法案》为公共基金的管理制定了特殊的规则。根据有效、透明和问责制原则，它对公共基金的设立、交由国会批准的文件，以及公共基金的管理，均提出了要求。它要求有关部门每年将基金管理计划草案提交给国会批准，程序上类似于国家预算。

国会由自己的法律（《国会法》，NAA）来管理议会的预算过程。它建立了特别预算和安排委员会（预算委员会），专门检查和批准年度预算草案，并起草年度基金管理计划草案。它还规定了预算委员会的构成和程序。《监察院法》（BAIA）建立了审计监察院（BAI）及其程序规则，以保证政府和其他公共部门的可问责性。

现金资金、公共资产和债务的管理，由《国库资金管理法案》（现金管理），《政府资产管理法案》（公共资产）和《公共债券法案》（公债）来管理。最后，各种地方财政法案（地方自治法案，地方财政法案，地方共享税法案，地方转移支付资金法案），规定了详细的预算程序和财政管理。

1.2 预算制度法的改革

直到 20 世纪 90 年代晚期，60 年代使用的主要预算制度法案都没有实质性的改革③。因为在过去几十年间，预算绩效一直表现良好，与其他 OECD 成员国相比，韩国的预算法律制度被认为不需要改革。甚至在经历了 1997 年开始的亚洲金融危机后，公债总额在 2001 年也只占 GDP 的 22% 左右。在 OECD 的各成员国

---

① 例如，更多讨论请参见 Koh（2000）and MPB（2001）。
② 由于已然计划实行私有化，《公营企业预算与会计法案》（PEBAA）从 2005 年起不再适用于铁路。
③ 在过去几十年间实施的改革包括：对新的大规模基础设施项目的可行性研究，对大规模项目总投资评估的严格管理，中期财政计划的引进（非法定），绩效导向预算的试点项目，导致较低公共开支的预算激励机制。这些都使《预算和会计法案》有较小的改变。更多信息请参考 MPB（2002）。

中，远低于74%的平均水平①（OECD，2003）。在这种情况下，韩国采用投入导向来维系其年度预算制度，由中央预算主管机构严格控制预算的执行，在控制公共支出上也缺乏正式的财政规则。

在1997年的金融危机期间，预算系统的运作方式开始引起人们的注意，针对以往保守的财政管理，需要在财政政策上进行更为激进的变化②。特别是政府开始发行公债来刺激经济，从而导致公共债务的增加。就中期而言，公共支出也有一些潜在的上行压力，包括那些由金融部门重组方案（financial sector restructuring programme）引发的支出（主要是由政府担保的债券融资）；用于养老金、医疗保健及失业救济的支出扩大（OECD，2003）。最后，许多公共基金多年来的稳定增长，将整体财政管理变得更加复杂，尤其是基于公共基金和国家预算分别审核的事实（MPB，2002）。

面对这些挑战，政府针对预算制度法进行了一些改革（MPB，2004a）。

第一，为了增强透明度，加强国会对公共基金的监督，《基金管理框架法案》在2001年和2003年进行了实质性的修订。目前，所有的公共基金都需经过国会的批准。修订前，公共基金并不受国会的监督和批准，尽管它们所需的资金是从预算中的课税或以转移支付来提供的。这些修订减少了国家预算在运作中的碎片化。

第二，2002年颁布的《管理规定开支的基本法案》（the Basic Law on Managing Statutory Expenses）增加了征收和执行准税收（quasi taxes）的透明度③。为了防止相关部门出台设立新的准税收、加强准税收的透明度，法案要求相关部门在创建新的准税收之前，需要获得企划预算部的批准，并向国会报告这些税收每年将如何征收和使用。该法案加强了国会对公共财政管理的控制。

第三，2004年，预算制度法的一个"爆炸式"改革（a "Big Bang" reform）在国务会议（State Council）层面（参阅后面第3.2.1节）和国会中进行了讨论。2004年7月，企划预算部提出了国家预算议案（the National Budget Bill）（MPB，2004b）。新的法律草案致力于加强国家预算的财政持续性、透明性和绩效性，如果获得通过，将带来长远的影响。其中提及的全面预算改革（参见专栏2），将

---

① 较低的公债主要可以用财政保护文化来解释，这种文化在行政机构和公众中都很盛行。另外，集中掌握在唯一的强大的政府部门——企划预算部（以前的经济计划委员会）——手中的预算起草和执行权，有助于对各部门实施预算限制。而且，根据谨慎保守的收入预测进行预算编制，导致超出规定的预计收入倾向。相反，在拨款方面，超额支出是罕见的。

② 在克服1997年金融危机中，预算之作用的更多讨论，请参阅Mun et al.，2002。

③ 准税收（Quasi taxes）一般定义为"一个公司需要交纳的所有非税收的财务费用"（MPB，2002）。这个定义是对准税收最广泛的解释，并且包含合法的强制执行的法定费用（如社会保险出资）和非自愿费用。

有助于控制财政风险,并在中期框架内促进资源的有效分配(Park,2004)。新的法律草案是对2001年提交给国会的财政责任法案的一个后续法案,但由于未能达成政治共识而未获通过①。

> **专栏2 韩国:2004年国家预算法案的主要规定**
>
> - 本法案将废除《预算和会计法案》和《基金管理框架法案》。
> - 政府需要向国会提交中期财政计划(包括汇总的预算平衡目标和公债目标)和国债管理计划。
> - "自上而下"的预算体系(top-down budget system)将取代现有的详细的增量预算(incremental budgeting)。
> - 追加预算将仅限于紧急情况。
> - 任何引起更高公共开支或更低收入的法案,将需要相应的融资计划。国会辩论之前,需要与企划预算部(MPB)或者财政与经济部(MOFE)进行磋商。

不论提议的国家预算法案是否被采用,2004年国务会议决定引进"自上而下"的预算体系,这对支出部门具有严格的预算编制上限(MPB,2004c;MPB,2004d)②。基于此,支出部门应在5月底之前编制预算请求,这是提交预算请求的法定截止期限。虽然未以法律形式规定(在编写本书时),这种变化将是公共支出管理体系中的一个转折点,因为它通过"自上而下"的途径,针对预算决策的制定,试图建立一个战略性框架,从而最终有望改变政府的管理行为和组织文化。

---

① 财政责任法案的主要规定是:(1)法案要求政府向国会提交三年期的财政计划,包括巩固预算平衡和公债的目标;(2)将对紧急情况的追加预算进行限制,并将减少公债作为任何预算盈余分配的优先目标;(3)任何将引起更高公共开支或更低收入的建议,需要包括如何抵消其负面财政影响的计划;(4)创立向企划预算部汇报的国家债务管理委员会(National Debt Management Committee)。

② 2004年9月,国家财政管理计划(2004~2008)[National Fiscal Management Plan (2004~2008)]被国务会议批准。这个计划表明了经济假设、主要行业或部门的预算总量、主要的优先公共开支,以及未来五年的国债。代表政府的企划预算部随同该计划一起向国会提交预算草案。支出部门需要在此计划给定的预算总额内,编制其预算草案。关于中期财政框架和"自上而下"的预算体系之更多信息,请参阅 Kim (2004) and Hur (2004)。

2 预算制度法律中的原则

预算的法律框架包括年度性、普遍性、平衡性、问责制,以及特殊性原则。不过,透明性、稳定性和绩效性等现代原则,却没有充分地呈现在预算制度法中。

由国会法定授权的原则包含在1948年的宪法(条款54,58和59)和其他法律中。新税的开征(包括准税收)或现行税收水平的变化,应该在执行征税或支出该项税款之前,经由国会授权。问责制原则也体现在宪法和《监察院法》中。审计监察院作为最高审计机构,审计政府的年度会计并向总统和国会提交审计报告。

经由《预算和会计法案》补充的宪法,规定了年度预算之原则。财政年度于1月1日开始,12月31日结束(《预算和会计法案》,条款2)。行政部门需要编制财政年度的预算草案(宪法,条款54)。预算概算以12个月为一个周期。预算文件中包含了财政年度的数据,在原则上,拨款需要在财政年度内执行(参见后面第4节中的特殊情况)。

一致性原则要求所有收入和支出均包括在同样的预算文件之中,但这一点并没有受到很好的重视。一般账户、专用账户和公共基金的预算文件,被各自独立地提交到国会。不过,经由国会批准的总收支,包括所有的中央政府财政活动(普遍性原则)。特殊性原则体现在《预算和会计法案》中。预算拨款是为特殊目的的(条款20)。每个部门的预算按照详细的经济和功能分类来起草。

《预算和会计法案》还规定了平衡性原则。法律要求预算支出和预算收入及筹资之间的会计平衡(条款3和18)。年度支出应该由收入,而不是债务或借款,来提供资金(条款5)。《预算和会计法案》只允许在无法避免的情况下发行公债或借款,并且事前要得到国会的批准(稳定性原则)。

各种评论都指出预算制度缺乏透明性(例如,参阅IMF,2001;OECD,2003)。透明性受到了高度分散和支离的预算结构的妨碍——一般账户、专用账户和公共基金。预算文件并不包括主要财政风险的说明,绩效原则也没有受到重视。为了致力于提高公共管理的绩效,在1999年开始推出一些试点项目。在这个制度下,26个机构编制并向企划预算部提交了绩效计划,绩效计划包括目标、战略和相关指标。可是,这些仅仅是根据国务会议的决定来实施的,而不是根据法律。

3 预算制度中法律基础的建立与行动者的权力

3.1 行政机关和立法机关

3.1.1 概述

韩国是一个具有中央政府和两级地方政府的单一制国家。韩国实行总统制，总统是国家的首脑。宪法明确了行政权归属于以总统为首的行政机关（条款66）。立法机关（国会）实行一院制，其主要功能是监督行政权并颁布法律，包括批准年度预算。可是，自从宪法禁止国会创立新的支出项目，或者说，不经行政机关同意，就不能增加预算概算，国会在修改预算草案上，就只能发挥有限的作用了。

3.1.2 国务会议和部长个人的角色与责任

宪法确立国务会议作为行政最高决策机构①（宪法，条款88）。以总统为首的国务会议，由总理、财政与经济部长（MOFE）、企划预算部部长及其他部长组成（不多于30人，不少于15人），审议属于行政权内的重要财政政策，包括预算草案、会计安排、国有资产处置的基本计划、导致国家债务的合同（《宪法》，条款89；《政府组织法案》，条款12）。部长是分别负责制——在法律上不要求他们对国务会议承担集体责任。

3.1.3 各部委和行政分支机构的设立

经修订的1948年《政府组织法案》的条款，对中央政府机构以及各部门的角色做出了规定。当前，中央政府机构的重组，也受到1948年《政府组织法案》的约束。因此，国会在政府部门的建立或重组上拥有很大的权力。在行政部门内部，财政管理和控制的职责在三个部之间分享：企划预算部、财政与经济部、行政自治部（MOGAHA）。企划预算部主要负责预算的规划、管理和执行。企划预算部也监督和协调民营企业，并为国有企业重组制订计划（《政府组织法案》，条款23）。财政与经济部负责编制宏观经济展望和税收预测（《政府组织法案》，条款27）。在年度期间内，中央政府预算的执行受到以下计划之管理：由企划预算部建立的预算分摊计划，以及由财政与经济部制定的月度财政计划，同时，财政与经济部的国库局掌管发放必要的资金。行政自治部负责地方政府的财政和管理（《政府组织法案》，条款33）。

条线部门（Line ministries）负责编制它们自己的预算草案，并在《政府组织

---

① 本书提及的一些其他国家中，国务会议也被称为"内阁"或"部长会议"。

法案》和《预算和会计法案》的规定下,将其提交到企划预算部,并经国会批准执行。预算草案编制期间,各部门需要在企划预算部提供的预算编制指导方针下,协调它们的政策重点。各部门对于将预算花费从一种预算类别调剂到另一种类别的自由裁量能力,是非常有限的。

经修订的 1999 年《行政机构设立与运作法案》,为行政机构规定了特殊规则,其目的是加强管理效率和管理服务质量。在 2004 年,26 个行政机构在该法案基础上建立起来①。机构负责人由公开竞争招聘而来,并且拥有人事、组织和预算运作的自主权。其组织运作的独立性受到保证,但必须为自身的绩效承担责任。在雇员任命和转岗、雇用合同员工和决定奖金分配方面,机构负责人具有相当大的自主权。为保障预算自主权,这些行政机构在行政机构专用会计之下运作,其特点是采用了企业的预算会计模式,在预算执行上也比其他一般管理机构更具有弹性。机构负责人需要向上级部门报告其运作计划,但没有义务向国民议会提交其业绩报告。

3.1.4 高级公务员的职责

公务员的职责和作用接受经修订的 1949 年《国家公务员法》的管理。关于高级公务员的职责和角色,并没有专门的法律规定。公务员体系是以功绩原则(the merit principle)为基础的(条款 26)。通过考试、业绩记录和专业评定,公务员依照他们的知识、技能和能力被任命和安排。每个公务员都需要为了公众的利益行使他(她)的职责,并在他(她)的岗位上尽最大努力。他们不被允许在私人公司或以利润为导向的组织中获取职位,也不能涉及政治活动。当履行他们的职责时,对于收到的任何敏感信息,都必须严格保守秘密。公务员还受到行为规范的约束,这在经修订的 1981 年《公共服务道德规范法案》和《公民服务道德法规》中有所体现。法案和法规规定公务员有义务忠于国家、诚实并服务于人民,并应具有职业诚信和人品诚信。

3.1.5 议会委员会的建立和角色

为了审查与批准预算草案和基金管理计划草案,《国会法》要求,建立特别预算和结算委员会(预算委员会)(条款 45)。法律规定包括:

- 预算委员会的成员数量是 50 位,应该代表谈判各方的要求,通过议长选择产生。
- 预算委员会成员的任期是一年。
- 在 5 月,预算委员会主席经全体大会选举产生,类似于选举议长的程序。

---

① 所包括的是政府新闻署、政府采购机构、韩国国家统计局、中央公营办公室,以及国家医疗中心。参考 MPB(2002)。

除了预算委员会以外，还有财政与经济委员会，在税收议案、收入规划以及财政与经济部的有关事项上，拥有管辖权。财政与经济委员会向预算委员会提交收入规划的报告，并由后者批准。

为加强国会对国家预算的监督，随着2003年颁布了《国会预算办公室法案》（NABO）以及对于《国会法》的修订，2004年建立了有大约100名人员的国会预算办公室。国会预算办公室的主要任务是，在涉及国会与预算有关的议会活动中，辅助国会的成员（NABO，2004）。特别地，国会预算办公室负责分析和评估政府的财政政策、国家预算草案和基金管理计划草案。

3.2 次国家政府的角色和职责

宪法规定了地方政府与地方议会的结构和自治原则，授予地方政府在法律法规限度内，颁布相关地方自治规章的权限（条款117）。宪法授权地方政府决定地方政府的结构和地方议会的组织及权力（条款118）。基于宪法赋予的权力，经修订的1949年《地方自治法案》规定了地方政府两个层级上的结构和功能：16个高级别地方政府（7个直辖市和9个省）和232个市（Shi）、县（Gun）和区（Gu）的低级别地方政府（截至2004年）。法案还要求，地方政府执行地方自治和集中托管事务（例如，中央和地方政府分担成本的国道维护）。经修订的1963年《地方财政法案》规定，地方政府拥有自主预算程序和在法律限度内独立于中央政府的征税权力。这两项法律都要求地方政府编制平衡预算。所有的地方政府借款，必须得到中央政府的批准，以确保地方政府财政行为倾向于保守（Kim，2003a）。

各级政府间的转移支付，要使地方政府财政能力之间的差异，在很大程度上减少到最小（Hur，2003；Kim，2003b）[①]。例如，对于首尔这样的大城市政府，当地方政府收入对总支出的比率高于94%时，超过80%的地方政府（248个中的194个）该比率低于50%（OECD，2003）。大部分财政缺口由中央政府转移支付来覆盖，包括税收分享和补助。三部法律管控着这些政府间的财政关系：《地方共享税法案》、《国库补贴法案》和《地方转移支付资金法案》（专栏3）。与其他OECD成员国不同，韩国有一部1971年《地方教育税收共享法案》。这部法律专用于地方教育，建立了地方教育税收共享机制。另外，2003年《地区均衡发展特别法案》（替代了《地方转移支付资金法案》，并于2005年实施）为地区发展设立了专用基金。

---

① 地方政府财政的更多信息，请参阅OECD（2001）；Kim（2003a）；Yoo（2003）。

> **专栏 3　韩国：各级政府管理财政关系的主要法案**
>
> • **1961 年《地方共享税法案》之修正案**：基于税收征收能力和需求，该法案规定了设计纵向税收分享制度，以均衡纵向和横向上的差异。法案建立了分配给地方政府的国税总额之固定百分比（15%，但 2005 年提高到 18.3%）。根据预定的标准，总额的 10/11 是一般性转移支付，特定地方共享税中，专项拨款只占一小部分（1/11），即有条件补助。
>
> • **1971 年《地方教育税共享法案》之修正案**：法案规定了分配给地方政府专门用于教育设施的税收总额之固定百分比（当前是 13%）。
>
> • **1963 年《国库补贴法案》之修正案**：国库补助是提供给地方政府特殊项目的等额津贴（有条件的补助）。基于中央政府对地方需求的年度评估，发放给每个经济部门的国库补贴，依据国家政策优先级次来分配。反映了在全国范围的目的，其中不考虑在地方政府决策中的其他方面。
>
> • **1990 年《地方转移支付资金法案》之修正案（2004 年底被废除）**：地方转移支付资金是在共享税与有条件补助之间的一种形式，并且由于其相当广泛的目的常常被称为"切块"补助（"block" grant）。它用来刺激地方资本投资于基础设施，如道路养护、农业和渔业部门、水体净化和地区发展。它由国家税收专门提供资金。
>
> • **2003 年《地区均衡发展特别法案》**：代替地方转移支付资金的地区发展资金，将于 2005 年开始实施，目的在于促进不发达地区的开发。

4　预算周期各阶段的法律规定

4.1　行政机关编制和呈送预算

4.1.1　预算制度的覆盖范围

《预算和会计法案》的目的在于，"为国家预算和会计提供基本的法律框架"（条款1）。国家预算体系的覆盖范围包括总统府，国会，司法部，中央各部门、机构和委员会（条款14）。地方政府的预算，排除在国家预算之外；他们首先接受《地方财政法案》管理。国有企业也排除在国家预算之外。

4.1.2　预算外资金和指定用途的收入

通过建立法案，专用账户预算（当前有 22 项）包含了为特定目的而指定用途的收入。专用账户的子类别有：（1）政府运营的专属企业（当前有 5 个，包括国有铁路、通信服务、政府供给和中介业务），（2）政府掌握和运用的专项基金（当前有 1 项，财政融资特别账户），（3）用于专门支出的指定用途的收入（当前有 16 项，包括国家物业管理、农业和渔业结构调整、军人抚恤金、邮政保险服务）。公共基金（当前有 57 项），通常根据《基金管理框架法案》进行管理[1]，也有它们自己的财源，只被用于单独建立的法案中指明的特殊目的之上[2]。2001 年和 2003 年经修订的《基金管理框架法案》应用以来，要求国会批准所有公共基金的管理计划[3]，专用账户预算和公共基金之间的区别缩小了，因为两者现在都需经过国会的批准（Cho，2004；Koh，2004）。可是，公共基金在财政管理方面仍然有更多的自主性和灵活性，并且在国务会议批准过程中，比专用账户预算更少受到审查。因此，各条线部门倾向于设立他们自己的公共基金。

由《国民健康保险法案》建立的国民健康保险基金，是唯一的预算外资金，其预算不受议会审批的控制。所有其他的社会保险基金，包括国民养老基金，就业保险基金和产业工人事故赔偿保险基金，都要有议会的批准。

4.1.3 预算总额的定义

预算的法律框架中不包括预算总额的定义。直到 2003 年，依据以往经济发展形势的分析结果，预算总额作为部门支出的总和计算进来。可是，对于部门或行业的新的总额体系，在 2004 年初由国务会议决定使用。支出部门现在需要在国务会议于 4 月份决定的预算总额内，编制他们的预算草案。预算总额作为有约束力的指导方针，支出部门据此编制其预算请求，这一过程直到 5 月底之前，这是《预算和会计法案》规定的向企划预算部提交预算请求的截止日期。

4.1.4 财政规则

宪法要求政府发行公债需要事先获得国会的批准（条款 58）。政府只能在国会批准的最大年度限额之内发行公债，额外借贷必须再次得到国会的批准。除了这种约束之外，政府不受任何其他在法律上有约束性的财政规则限制，如支出数目的上限和削减预算赤字的目标。

---

[1] 《基金管理框架法案》作为母法来运作。只有被列入《基金管理框架法案》中的公共基金，才可以由单独建立的法案确立。为了保护资金的稳定性和高效性，《基金管理框架法案》还规定了公共基金的资产运作。

[2] 比如农业管理基金、就业保险基金、国民养老基金、残疾人促进就业基金、促进旅游基金、信息促进基金、产业工人意外事故赔偿保险基金、国民健康促进基金、畜牧发展基金以及广播事业发展基金。

[3] 有 11 项在《基金管理框架法案》下不受国会批准的预算外公共基金，尽管它们在公共预算的地位上对国会有实质的影响，这类基金包括信用担保基金、住房金融信用担保基金、不良资产管理基金。可是，经修订的 2003 年《基金管理框架法案》要求，所有这些基金都要接受国会的监督。

4.1.5 预算编制和向议会陈述的时间表

预算年度开始于1月1日,结束于12月31日(《预算和会计法案》,条款2)。宪法和《预算和会计法案》为企划预算部和各条线部门规定了每个主要预算过程阶段的时间表(专栏4)。另外,1999年以来,为加强对重大公共投资项目的事前评估过程,《预算和会计法案》的实施,要求各部门在向企划预算部做出预算申请前,需要为公路、铁路、机场、海港和文化设施进行初步的可行性分析(条款9-2)。

专栏4　韩国:预算编制和审议时间表的法律要求

- 2月底:向企划预算部提交各部门新的和进行中的主要项目计划(《预算和会计法案》,条款25)。
- 3月31日:针对各部门下一财政年度的预算编制,由企划预算部发布预算编制指导方针,该指导方针由国务会议批准并经总统签署(《预算和会计法案》,条款25)。
- 5月31日:依照指导方针为收入和支出编制书面预算请求,并提交到企划预算部(《预算和会计法案》,条款30)。
- 10月2日:向国会提交预算提案(宪法,条款54,要求在下个财政年度之前的90天提交)。
- 12月2日:国会批准(宪法,条款54,要求在下个财政年度之前的30天批准)。

4.1.6 行政部门内部的审批流程

《预算和会计法案》为行政部门内部的批准程序规定了几个关键日期(专栏4)。从6~8月的大约3个月,各部门的预算草案经由企划预算部筛选。企划预算部根据各部门的书面预算请求,来规划预算提案的总量。在此过程期间,企划预算部复核各条线部门提交的单个预算项目之细节,考虑既往的绩效、资料的准确度以及被审查项目的潜在支出压力[①]。磋商和最终的协调后,预算草案在7月末敲定。对于剩余的待定项目,企划预算部和支出部门进行一系列的磋商来调节

[①] 在20世纪80年代初,预算授权采用了预算审查的新方法,一个实际上的"预算审议委员会"。这个委员会由预算部长助理、三位局长和一些主要的处长组成,审议由企划预算部之每个预算部门编制的预算草案。它的创立虽然没有书面规约,但这个委员会有助于显著地改进符合国家优先序的预算规划。

企划预算部和条线部门之间的分歧。之后，企划预算部向总统报告磋商结果，并敲定预算草案的内容。国务会议正式批准并经总统签署后，政府在财政年度开始之前的 90 天，将预算草案提交到国会。

4.1.7 预算法涉及的其他文件

预算草案有如下五项主要内容（《预算和会计法案》条款 19）：

- **总则**：为国家预算提供了总的指导方针，包括国家预算或借款的最高数额、临时借款的最高数额，以及其他预算执行的必要事项（《预算和会计法案》条款 26）。
- **收支预算**：这是预算提案的主要组成部分，表明收支的详细概算。
- **连续支出**：当政府需要跨若干年度支付时，《预算和会计法案》规定了连续支出的操作程序（条款 22），但不能超过五年。
- **结转将来财政年度的支出**：由于项目的性质，在财政年度内不能按预期完成的支出，采用分期方式支出。《预算和会计法案》要求这类支出应在预算中详细说明，并转入到以后的财政年度，事先要有国会的批准（条款 23）。
- **可能由国库负担的未来债务（合同授权）**：允许政府为特定年度需要承担债务的项目订立合同。预算草案必须包括对这类合同的评估，然后经国会批准（条款 24）。

中期宏观经济框架和财政战略。《预算和会计法案》并不要求预算文件包含关于中期预算总量的任何信息，因为当前的预算过程本质上只适用于单一财政年度。不过，《预算和会计法案》声明，企划预算部可以制订中期财政计划，以加强财政管理的效率和可持续性（条款 16）。依照这项规定，中期财政计划自 20 世纪 70 年代以来开始公布。中期财政计划是一个非正式的指导方针，且没有法律约束力，其主要内容是统一的中央政府的全部赤字和五年期的财政战略。基于预测的宏观经济体制的细节，以及除总赤字以外的财政总额，并不被提供。

《预算和会计法案》没有规定，在预算准备过程中，由哪个机构来负责宏观经济预测。可是，《政府组织法案》规定，财政与经济部在制定年度经济政策的过程中，制订宏观经济展望规划，企划预算部也参与到这一过程[①]。预算文件包括只为预算年度而作的宏观经济预测，公众无法获得与这些预测相关的宏观经济模型，也无缘去影响财政总量预测的核心参数。

---

① 在过去十年间进行了几次政府改组，特别是涉及负责宏观经济预测、预算以及协调的体系。在 1994 年，负责经济预测和预算的经济计划委员会，并入财政部，组建了财政与经济部。这立即导致作为从财政与经济部独立出来的企划预算委员会和国家预算署的机构设立被打破了。之后不久，企划预算委员会和国家预算署从财政与经济部中分离出来，合并创立了企划预算部，将财政与经济部（经济预测功能）和企划预算部（预算功能），分立成为两个独立的部门。

新措施与现有的支出政策。《预算和会计法案》要求，在 2 月底之前，各条线部门向企划预算部提交主要的新支出项目和现有支出项目（条款 25）。企划预算部利用这个资料作为参考，来评估下一个财政年度的支出压力强度。可是，预算拨款并不正式区分为新措施和现行支出计划，尽管企划预算部拥有为议会审查作为参考的新支出项目清单。

绩效相关的信息。《预算和会计法案》不要求预算文件包括与绩效相关的信息。但 1999 年开始了绩效导向预算的一些试验。在 2004 年，企划预算部向 26 个条线部门或机构发布了绩效导向预算的指导方针。挑选出来的试验项目，其关注面较为狭窄，也未正式与预算编制过程相整合。综合性的绩效报告也不交由国会审查。

税式支出、或有债务和财政风险。根据经修订的 1965 年《特别税收处理控制法案》规定的程序，从 1999 年起，财政与经济部开始向国会报告税式支出。尽管政府尽力减少税式支出，其占税收总收入的比例（包括免税和扣除）大约为 13%，仍然超过以往几年（OECD，2004）。税式支出主要是为投资、中小型企业、研究与开发以及刺激经济，提供激励措施。

有关政府担保总量的信息，每年要单独地向国会报告（《预算和会计法案》），由政府担保造成的或有债务应被量化。政府的其他隐性债务，例如国民退休基金，尚未公开。法律也不要求在预算文件中说明主要的财政风险。

法律要求的其他信息。《预算和会计法案》所要求的预算草案应包含的信息，如专栏 5 所示。

专栏 5　韩国：附在预算草案中的其他文件

- 预算编制的指导方针（条款 25）。
- 逐项解释收支预算的总额和净额。
- 解释导致国库负担债务的对策。陈述上一年度末国债和借用资金的实际赎回，推测上一年度末和本年度的目前金额、年度赎回时间表。
- 为由国库负担的债务采取措施，说明在上一年度为止的支出的预计金额和本年度之后的总额。
- 对于持续性支出，说明直到上一年末支出的预计金额、全部项目计划和进展情况。

> - 预算机构的人员数量和预算提案的薪酬假设。
> - 说明两年之前的年末国家财产价值、上一年和本年年末的估计值。
> - 如果由独立机构要求的预算额被减少，减少的原因和所涉及的机构领导者的意见。
> - 阐明财务状况所需要的其他文件和预算提案的内容。

4.1.8 议会和其他宪法实体的预算

《预算和会计法案》为国会、最高法院、宪法法院和国家选举委员会规定了特别预算编制程序，它们从宪法角度而言都是独立的组织。如果预算请求的总额被减少，那么企划预算部应考虑国务会议中受到影响的独立宪法实体的意见（条款29），并将附有总额减少之原因的预算草案，提交到国会。

4.2 议会的预算程序

4.2.1 预算审批的时间表和国会预算辩论的限制

国会在10月初开始审议预算，符合国会要求的预算草案，在财政年度开始前30天内被批准（宪法，条款54）。预算委员会的讨论和议会全体会议的辩论，需要花费多少时间，并没有法律限制。可是，《国会法》为审查预算草案规定了一般性程序（条款84）。

- 预算草案提交到国会以后，总统（有时是总理代表总统）在全体大会上发表演讲，主要针对下一个财政年度经济和财政政策之基本方向，以及预算草案的主要内容。
- 预算草案首先要呈送到相应的常务委员会，包括财政与经济委员会、教育委员会、农业、林业、海洋事务和渔业委员会、卫生与福利委员会以及环境与劳动委员会。常务委员会将在其职权范围内审查预算草案，并将报告提交给议长。
- 议长需要将预算草案随同相应常务委员会制定的报告，提交到预算委员会。
- 通过听取企划预算部对于预算草案的解释，以及通过审查预算委员会的专家顾问的报告，预算委员会开始检查预算草案。随后举行一般听证会和部长听证会，预算委员会将逐项减少或增加概算。
- 预算委员会需要考虑预先经过审查的常务委员会报告的内容。对于那些常务委员会推荐减少的概算，预算委员会在对预算草案作进行最终决定之前，需要得到常务委员会的批准。
- 预算委员会检查之后，议长召集全体会议。修正的预算由多数票批准。

经修订的 2001 年《国会法》（条款 84 - 2），规定了依照《基金管理框架法案》条款 7，来审查基金管理计划草案的一般程序。它要求国会在财政年度开始前 30 天内，批准基金管理计划草案。议会对公共基金管理计划的审查过程，与《预算和会计法案》中规定的程序和时间表相同。

4.2.2 临时预算

《宪法》（条款 54）对临时预算做了规定。如果在财政年度开始时，预算草案尚未通过，政府可以遵循以前财政年度的预算，在预算草案被国会批准之前，基于下列目的而分派资金：（1）基于宪法或法律而建立之机构和设施的维持与运作；（2）依照法律规定的强制性支出的执行；（3）以前预算中批准之项目的延续。审计监察院指出，这些支出或合同被视为是以常规年度预算为基础的，而后者是由国会批准的（条款 34）。

4.2.3 修正权

《宪法》规定，国会在未经过行政部门的同意下，对行政部门提交的预算既不能增加任何支出项目的概算，也不能创立新的支出项目（条款 57）。国会只有减少预算草案中支出概算的自由。可是实际上国会在修改预算草案上，有着可观的权力。相反地，国会拥有无限的权力来修改税收的议案，这可能导致政府提出的预算赤字增加或减少。

4.2.4 资金的批准

《宪法》明确规定，税收的类型和税率由法律决定（条款 59）。因此，只有当国会授权时，才能征收新税或修改现有税收水平。此外，2002 年《管理法定开支（准税收）的基本法案》要求，任何新的附加费（surcharges）只能经由法律来征收。由财政与经济部编制的收入预算，与支出预算一并提交给国会。它包括了税收、债务或借款以及其他非税收入在内的国家总收入计划。国会审查和批准收入预算草案。要求收入根据来源的性质分类（如税收，公债或借款，以及其他非税收入）。每种分类内，收入再进一步分成"章"（Jang）和"款"（Kwan）。这些都是《预算和会计法案》做出的总体上的基础性要求。

公共基金作为收入来源之一，有其独有的附加费。这些收入包括在基金管理计划草案中，并经由国会批准。

4.2.5 拨款的性质、结构和持续时间

拨款的性质和结构主要由详细的分行列支条目来展示。《预算和会计法案》要求预算草案（支出和收入）根据条目来分类（条款 20）。支出由功能（如经济、社会福利、国防），性质（如薪金、资本投资）或组织（如部门、机构）分类。在每一类中，支出进一步分成"章"（chapter ["Jang"]），"款"（section ["Kwan"]），条目（item ["Hang"]），子条目（sub-item ["Se-hang"]），子子

条目（sub-sub-item ["Se-se-hang"]）。现有的分类体系包括 2200 个条目和 6000 个子条目。国会针对逐个条目来批准支出。

除了需要多年拨款的持续性支出之外，拨款的持续时间通常是一年。没有永久性的拨款。由宪法（条款 55）和《预算和会计法案》（条款 22）授权的持续支出体系，使政府能够实现超过几年期间的支付。宪法规定，行政部门对于总额和持续性支出的期限，必要时可以预先获得国会的批准。《预算和会计法案》进一步规定，自所涉及的财政年开始，持续支出不应多于五年，并且持续支出时间的延长，只能在国会批准后进行。

4.2.6 拨款的结转和未来拨款的借用

在特定情况下，《预算和会计法案》允许将尚未用完的拨款结转到下一个财政年度（条款 38）。第一，允许结转的条件是事先得到国会的批准。第二，合同订立在当前财政年度，但由于不可避免的原因，实际支付不能在同一年度内完成，则可以授权结转。第三，各条线部门可以将企划预算部规定的特定行政支出的 5%，留到以后使用，而不需经过企划预算部的事先授权。

4.2.7 核准公共债务

《宪法》规定，当行政部门计划发行公共债券，或制定可能使政府产生债务的合同时，需要事先得到国会的批准（条款 58）。经修订的 1949 年《公共债券法案》负责管理公共债券和公共债务。法案要求，财政与经济部发行公共债券的总量，要事先获得国会的批准。政府有法律义务编制关于国债的综合性报告，并呈送给国会。《预算和会计法案》还要求，当政府决定担保由公共企业发行的债券时，事先需经过国会批准[①]。政府需要向国会提交报告。法律并不限制政府可能发行的债务担保的数量。

4.2.8 已通过预算之颁布、否决和发布

一旦预算草案被国会批准，通过的预算在总统签署后，新财政年度开始时自动生效。企划预算部和国会需要互联网上向公众公开预算信息。

4.2.9 追加预算（修正案）

在宪法之下，当有必要修改年初预算时，行政机关可以编制追加预算草案并提交给国会（条款 56）。《预算和会计法案》明确指出：只有在由于预算生效后发生的任何原因，而有必要修订国会批准的预算时，才能提交补充预算草案（条款 33）。批准追加预算的一般程序与年初预算的批准一致，实际上，通常不考虑

[①] 1997 年后，政府为金融部门改革而发行了相当于国内生产总值 27% 的担保债券。政府没有法律义务去说明这些债务全部成本的现值及其涉及的风险。目前，只有债务利息被包含在国家预算中。这会导致风险，也就是说，任何债务上的违约，都会产生高额的预算费用（OECD，2003）。

这些追加预算对于财政结果的总体影响。许多追加预算没有法律限制。近年来，每年有 2 到 3 项追加预算被采纳。

4.2.10 其他议案对预算的影响

法律没有就如何处理有预算影响的议案，规定任何特殊程序。可是，企划预算部要求，各条线部门将预算呈送国务会议时，应附上新立法草案的预算影响评估。

4.3 预算执行

《预算和会计法案》要求，各条线部门按照企划预算部发布的指导方针，来执行其预算，这些指导方针是经国务会议批准的。各条线部门如果偏离了法定的预算分配计划，必须与企划预算部协商或事先取得批准。对于预算执行计划中的任何变化，企划预算部都需要告知财政与经济部以及审计监察院。

4.3.1 支出授权的分配

《预算和会计法案》管理着拨款分配的一般程序。当预算生效时，各条线部门需要向企划预算部提交预算分配计划的草案（条款 35）。就这些计划而言，《预算和会计法案》要求，企划预算部编制年度报告分配计划，随后由国务会议审议，连同财政与经济部的财政计划一起，由总统签署。各条线部门需要遵照这些计划来执行他们的预算。

4.3.2 预算授权的取消和其他的年度内支出控制

取消拨款的管理，并没有特别的法律。当拨款计划被认为必须减少或取消时，可以使用追加预算。

4.3.3 紧急支出、超额支出和应急资金

预算采用后，为了应对不可预见的情况，《预算和会计法案》允许在年度预算中包含未分配的应急费用，且需要经国会批准（条款 21）。《预算和会计法案》规定应急费用受企划预算部的管理（条款 39）。必须使用应急费用时，各条线部门应当编制声明，说明其使用的理由、需要的数额和估计基础，并提交给企划预算部。对于大规模的自然灾害，各条线部门可以采用匡算数额的方式，来请求应急费用。审查各条线部门的请求后，企划预算部编制一份使用应急费用的报表，然后由国务会议批准并由总统签署。《预算和会计法案》进一步要求，各条线部门编制使用应急费用数额的报表，并提交给财政与经济部，然后经国务会议审议并由总统签署后，呈送到审计监察院（条款 40）。政府也应当在下个财政年度结束前 120 天内，将报表提交到国会以得到批准。

4.3.4 年内拨款的调剂和流用

《预算和会计法案》严格限制了拨款的用途。第一，禁止各条线部门在拨款

的使用中偏离国会批准之目的（条款36）。各部门也无权在下列预算类别之间进行调剂：预算中既定的部门或机构、"章"（chapters）、"款"或条目（sections or items）。出于预算执行弹性之考虑，如果事先经国会批准，可以将部分年度预算进行支付调剂，或将拨款用于国会批准项目以外的目的，这些行为则是《预算和会计法案》允许的。在这种情况下，在实施时需要得到企划预算部批准。各条线部门可以流用预算分类中最低层次的子条目（sub-items）和子子条目（sub-sub-items）之拨款，但只能在《预算和会计法案》（条款37）规定的情形下，并需经由企划预算部批准。

4.3.5 现金规划及政府资产和债务管理

2002年《国库资金管理法案》规定了现金管理的一般程序。法案要求，各条线部门在预算草案获批准后，编制他们的月度财政计划。然后，由财政与经济部来编制月度财政计划草案，财政与经济部是负责政府资产和债务的现金计划与管理的部门。计划草案主要根据各条线部门的建议以及预期的收入和支出来编制。计划草案提交到企划预算部，经国务会议批准和总统签署。

《政府资产管理法案》和《政府债券法案》分别规定了政府资产和债务管理的基本程序。预期出售或购买资产时，各条线部门需要与财政与经济部磋商。《预算和会计法案》要求，政府定期编制关于政府资产和债务的综合报告。

4.3.6 内部审计

针对本部门内部的预算执行（包括所有的机构和资金），各条线部门有着自己的内部审计机构（《预算和会计法案》，条款118）。企划预算部有权调查各条线部门是否正确地执行其预算，并在经由国务会议审议和总统批准后，向相关部门发出预算执行的相关指令（条款117）。

4.4 政府会计和财务报告

4.1.1 会计制度

尽管法律没有明确规定，政府账户还是以收付实现制为基础的。国家预算采用权责发生制会计准则的可行性，正在调研过程中。在此期间，《公营企业预算与会计法案》（PEBAA）要求一些专用账户（包括国家铁路专用账户、交通服务专用账户、政府供应专用账户、粮食管理专用账户，机构专用账户）以权责发生制标准来记录。另外，《基金管理框架法案》要求公共基金以权责发生制标准记录。

4.4.2 政府的银行业务安排

并未设立储存所有收入并支付所有支出的单独的综合账户。有两个主要的独立的政府银行账户。第一，《国库资金管理法案》要求，在韩国银行（中央银行）中，设立一般账户和专用账户的普通银行往来账户。一般账户和专用账户的所有收入，都应该存入该账户，所有支出都应从该账户中支出，这种银行往来账户需要经过财政与经济部的批准。第二，拥有自身专项收入来源的公共基金，在韩国央行中开设有专用账户。这些账户得到了设立这些公共基金的单独法律之许可。每个银行账户均由负责每一具体公共基金管理的单独部门来管理。

4.4.3 向议会的年内报告

法律没有规定政府向国会做出预算执行年内报告之义务。可是，《国会法》（条款53）要求，如有必要，政府应该向议会预算委员会报告任何与预算相关的问题。

4.4.4 年度决算和报告

《预算和会计法案》要求，财政与经济部为中央政府的交易编制决算，并经由审计监察院的审计。为此，要求各条线部门编制其财政年度的收入、支出和公债账目，并在下个财政年度的2月末之前，提交到财政与经济部（条款42）。《预算和会计法案》进一步要求，财政与经济部按照同样的预算分类，来编制综合账目，该账目将交由国务会议审议并经总统批准（条款43）。之后，要求财政与经济部在下个财政年度的6月10日之前，将其提交给企划预算部与审计监察院。审计监察院需要审查账目，并将审查结果于8月20日之前，反馈给财政与经济部（条款44）。最后，要求政府在下个财政年度结束前120天之内，向国会提交年度决算。因此，法律允许在预算执行和向议会提交年度决算之间，有差不多9个月的延迟时间。

除了上述报告以外，法律不要求政府向国会提交专门报告，譬如长期规划或大选前的财政报告。与年内报告相同，如有必要，预算委员会可以要求政府向委员会报告任何与预算相关的议题（《国会法》，条款53）。

4.5 外部审计

4.5.1 管理的、财务的和运作的独立性

宪法建立了在总统直接管辖下的审计监察院，并规定了其主要角色和组织结构（条款97~条款100）。《监察院法》允许在总统之下建立审计监察院。它还确立了审计监察院在行使其职权上的独立地位，包括其行政官员的任命和免职、其组织以及它的预算规划（条款2）。包括院长在内，审计监察院由七个委员组成，任期为四年（条款3）。院长经国会同意，由总统任命（条款4）。其他委员通过院长的推荐由总统任命（条款5）。一个委员受到公开的弹劾或受到更严重的惩罚，或当一位委员由于长时期精神上或体力上不能胜任其工作时，他（她）才能被解雇（条款8）。

另外，《预算和会计法案》为审计监察院的财政独立性，规定了特殊程序

（条款29）。如果请求的预算数额被减少，企划预算部需要在国务会议听取审计监察院的意见，并附上它向国会提交的预算草案的理由。

4.5.2 审计制度的覆盖范围

审计监察院有权审计所有中央和地方政府，直接的或间接的公营企业。包括：

- 中央政府的账户。
- 地方政府的账户。
- 韩国银行账户以及中央政府或地方政府持有多于50%股份之机构的账户。
- 由审计监察院规定的强制审计的由法律建立的机构账户。
- 在《政府组织法案》或其他法律下建立的属于中央政府的组织，以及随附的由行政官员分配的职责。
- 地方政府的组织和随附分配的公务人员的职责。

4.5.3 审计类型

《监察院法》要求，审计监察院审查收入和支出的决算，以保证其编制符合所涉及的法律法规，并监督行政机构和公务人员职责执行情况，以便改进和提升公共管理的运行（条款20）。在达成这些目标的过程中，审计监察院有注重财务审计的传统：资金是否按照法律和程序的规则被花费。最近，审计监察院正在拓宽其职权范围，并执行一些绩效审计。法律并不限制审计监察院实施绩效审计。在2004年，与200~250项一般性财务审计相比，审计监察院进行了70~80项绩效审计（OECD，2003）。

4.5.4 调查权

《监察院法》赋予审计监察院委员多种审计和检查权。在必要的情况下，审计监察院可以要求当事人或证人出庭回答问题，或聘请有知识和经验的个人给予专家意见或评估（条款14和条款28）。《监察院法》要求个人服从审计和检查，向审计监察院提交审计监察院认为必要的会计报表、证据和其他文件（条款25）。如有必要，在进行审计和检查时，《监察院法》还允许审计监察院封存仓库、保险柜、文件和物品（条款27）。

4.5.5 报告的责任和发布

宪法要求，审计监察院每年向总统和国会报告审计与检查结果（条款99）。《监察院法》阐述了其中包括的内容（条款41）：

- 政府收入和支出的年度决算。
- 在审计过程中被发现的任何违反法律法规的事件。
- 应急资金的花费是否得到国会的批准。
- 需要的纪律处分或训诫及其结果。

4.5.6 调查结果的执行

《监察院法》规定了审计监察院调查结果执行的程序。主要的执行工具包括：

- 赔偿责任（条款31）：在回顾审查结果后，审计监察院将依据法律裁定会计主管或任何其他人是否负有赔偿责任。
- 请求纪律处分（条款32）：审计监察院还可以要求相应的责任部长对公务员采取纪律处分。
- 要求改正（条款33）：审计监察院在审计和检查结果中，如果发现违法或不正当交易，它可以要求相应的责任部长加以改正。责任部长应当在审计监察院规定的时期内遵循这类要求。

参考文献

Cho, Sung Il (2004), "Proposals to Consolidate Public Funds", informal paper presented at Korea Development Institute (KDI), Seoul (in Korean).

Kim, Dong Yeon (2004), "MTEF Framework and Implementation Strategy for Korea: Key Issues for Introducing MTEF and Top-down Budgeting in Korea", paper presented at the International Conference held by the Korea Development Institute and the World Bank, KDI, Seoul, 15 March.

Kim, Junghun (2003a), "Local Government Financing and Bond Market Financing in Korea", paper presented at the Korea Development Institute Seminar on Local Government Financing, Korea Institute of Public Finance, Seoul (in Korean), 24 January.

Kim, Junghun (2003b), "Devolution of Fiscal Functions", paper presented at a Joint Conference of the World Bank and the Korea Development Institute on Developing and Strengthening the System of Intergovernmental Fiscal Relations and Fiscal Decentralization, KDI, Seoul, 22 July.

Koh, Young-Sun (2000), Budget Structure, Budget Process, and Fiscal Consolidation in Korea, KDI Working Paper, Korea Development Institute, Seoul.

Koh, Young-Sun (2004), "Proposals to Consolidate Special Accounts", paper presented at Korea Development Institute seminar on Consolidation of Special Accounts and Public Funds, KDI, Seoul (in Korean), 13 September.

Hur, Seok-Kyun (2003), "Intergovernmental Allocation of Tax Bases in Korea", paper presented at a Joint Conference of the World Bank and the KDI on Developing and Strengthening the System of Intergovernmental Fiscal Relations and Fiscal Decentralization, KDI, Seoul, 22 July.

Hur, Seok-Kyun (2004), "Successful Installation of MTEF to the Korean Fiscal System", paper presented at the International Conference held by the Korea Development Institute and the World Bank, KDI, Seoul, 15 March.

IMF (International Monetary Fund) (2001), Report on the Observance of Standards and Codes: Republic of Korea, IMF, Washington DC.

MPB (Ministry of Planning and Budget) (2001), Korea's Budget, Maeil Business Newspaper Co. Ltd., Seoul (in Korean).

MPB (2002), How Korea Reformed the Public Sector, Ministry of Planning and Budget, Seoul.

MPB (2004a), "Fiscal Reforms in Korea", Keynote speech presented by the Minister of Planning and Budget at the Korea Development Institute-World Bank Conference on Knowledge Partnership, KDI, Seoul, 4 April, English available at www.mpb.go.kr.

MPB (2004b), The National Budget Bill 2004, Ministry of Planning and Budget, Seoul, http://210.114.108.6/epic_attach/2004/R0407040.pdf (in Korean).

MPB (2004c), The Innovation in Budget Formulation: the Top-down Budget System, Ministry of Planning and Budget, Seoul (in Korean).

MPB (2004d), National Fiscal Management Plan (2004–2008), Ministry of Planning and Budget, Seoul (in Korean).

Mun, Hyungpyo, et al. (eds.) (2002), 2002 National Budget and Fiscal Policy, Korea Development Institute, Seoul (in Korean).

National Assembly Budget Office (NABO) (2004), Mission of NABO, National Assembly, Seoul, English available at www.nabo.go.kr.

OECD (2001), OECD Territorial Reviews Korea, OECD, Paris.

OECD (2003), OECD Economic Surveys Korea, OECD, Paris.

OECD (2004), OECD Economic Surveys Korea, OECD, Paris.

Park, Sumin (2004), "MTEF Implementation in Korea: Top-down Allocation", paper presented at International Conference held by the Korea Development Institute and the World Bank, KDI, Seoul, 15 March.

Yoo, Ilho (2003), "Strategies to Enhance Accountability and Efficiency of Local Government Expenditure", paper presented at a Joint Conference of the World Bank and the KDI on Developing and Strengthening the System of Intergovernmental Fiscal Relations and Fiscal Decentralization, KDI, Seoul, 22 July.

新 西 兰[*]

实例研究的结构

1. 概述
2. 预算制度法律中的原则
3. 预算制度中法律基础的建立与行动者的权力
4. 预算周期中阶段的法律规定

---

[*] 新西兰的实例研究得益于以下人士的意见：新西兰财政部的罗杰·贝克特（Roger Beckett）和肯·恩沃伦（Ken Warren）；审计总署的温迪·文特纳（Wendy Ventner）；以及 OECD 的同事，包括经济部的戴维·瑞依（David Rae）。

1 概述

1.1 控制预算过程的法律框架

自20世纪80年代中期以来，预算制度法就已经开始现代化了，这反映了一种雄心勃勃的空前改革（Scott，2001）。为预算和财政管理实践带来了根本性变化的一系列法律，在十年间陆续颁布，直到1994年（专栏1）。此后，进行了一些修正和变动。1986年《宪法法案》、修订的1989年《公共财政法案》（PFA），以及修订的1994年《财政责任法案》（FRA），都是管控预算过程的基础法律框架。1988年《国家部门法案》（SSA）则管控着核心预算机构。

专栏1 新西兰：主要的预算制度法[*]

- 1986年《宪法法案》
- 1989年《公共财政法案》之修正案
- 1994年《财政责任法案》
- 1988年《国家部门法案》之修正案；1986年《国有企业法案》之修正案
- 2001年《公共审计法案》之修正案
- 2004年《国家授权机构法案》（The Crown Entities Act 2004）

[*] 在2004年，1989年《公共财政法案》和1994年《财政责任法案》合并到《公共财政（国家机构管理）法案》中。

来源：所有的法律都可以在 www.legislation.govt.nz 获取，由议会法律办公室保存。

1986年《宪法法案》承认，议会是最高立法机关，并掌管公共财政。这个法案包括了预算制度的原则：强调皇室不能征税，不能增加借款，也不能花费除了议会法案规定之外的公款。这些规定都在正式法律文件、法院和议会裁决上有记录的（请参见State Services Commission，1995；Governor General's Office，2004）。

《公共财政法案》管控着公共财政资源的使用，尤其是：（1）为议会详细审查政府管理的皇室资产与负债提供框架，包括支出提案；（2）为公共财政资源的使用建立责任规则；（3）针对皇室、部门和皇家机构，规定最小财政报告义务；（4）通过对增加贷款、发行证券、提供担保、银行账户操作和基金投资，提供法定授权和控制，以保护公共资产。

《财政责任法案》为公共财政管理提出了透明度和问责性原则。法律要求，政府定期通过预算政策陈述、财政战略报告和经济及财政更新，来明确其短期和长期财政意图。同时，提出了对这些报告的最低披露要求。1989年的《公共财政法案》，在微观水平上已然改变了公共部门组织中管理和决策制定的安排，以实现更高的效率以及更负责任的政府服务，而1994年的《财政责任法案》重点则在宏观财政政策的要求上，尤其是减少公债和达成营运盈余（Janssen，2001）。在2004年，1994年《财政责任法案》被合并在"财政可问责性"章节中，成为修订的《公共财政法案》之一部分（对于指导新立法，请参阅 Treasury，2004）。尽管2004年的修正案没有明显地修改预算制度，但新的公共财政法案允许拨款更具有灵活性。几位评论者先前已经注意到过分强调产出（outputs），会以牺牲效果（outcomes）为代价（例如，Audit Office，1999；Petrie and Webber，2001；Rae，2002）。

1986年《国有企业法案》（SOEA）和1988年《国家部门法案》是管控公共机构财政管理的另外两部重要法案。《国有企业法案》允许政府通过与私营部门企业相似的组织形式，来提供运营服务。法案的目的则是增加国有企业的效率和盈利能力。

《国家部门法案》着重于核心政府公共服务的行政管理安排。该法案建立了部门的首席运营官（departments' chief executives）和部长之间新的问责关系。政府部门的领导人——他们是职业公务员（不是政治任命官员）——不再实行终身任用制，只在对部长履行合同责任的固定时期内被任用，部长因此成为公务员的"买主"。在法案之下，首席运营官对雇用他们自己的职员负有完全的责任，这与那些私营部门中的情况类似。作为预算管理灵活性增强的结果——大部分投入控制是不严格的——首席运营官负责为部长带来产出。

2001年《公共审计法案》彻底改变了包括总审计长办公室（OCAG）在内的相关法律。作为一名议会官员，总审计长（CAG）独立地向议会和公众承诺，公共部门组织遵照议会的意向，根据绩效来运营与问责。法案还规定了总审计长的职责、义务和权力，公共实体的审计范围和程序，以及向众议院报告的责任。

《国家授权机构法案》有望在2004年采用。这部法律为各种不同类型的"独立机构"（arm's length agencies）提供了分类框架，这类机构（大部分）创立于20世纪90年代，施行分权且可问责的政府政策，以管理公共部门资源。

1.2 预算制度法的改革

预算制度的深远改革分为三个阶段：市场化（the marketisation）（1985~1991年）、战略性（the strategic）（1992~1996年）和适应能力（the adaptive capacity）（1997年至今）这样三个阶段（Pallot, 2002）。1985年之前——传统的和管理主义阶段——政府财政管理制度遭到严厉的批评，因为它缺乏清晰的目标和结果的可问责性（Treasury, 1989）。这些项目的目标和政府总体目标之间的关系总是不清楚。会计系统不能衡量全部资源的利用，因为其中不包括全部资本成本。由中央机构管理的体系剥夺了高效经营的自由，并导致糟糕的中央决策。该体系是用于管理公共服务生产的投入而不是其绩效。这些失败，以及20世纪80年代糟糕的宏观财政绩效，导致以提高和加强公共财政管理的效率和可问责性为目的之新法律的出台（Janssen, 2001）。部长获得了检查优先支出和评估部门效能的新工具。

除了大量的财政赤字和越来越多的公债外，理论界对这项改革持鼓励的态度（Schick, 1996; Scott, 1996）。管理理论提出允许国营部门管理者有更多自由裁量权的制度，除非他们有行动的自由，否则他们就不应对结果负责。因此，管理者被授权：（1）在允许的预算内，做他们认为恰当的花费和雇佣；（2）在考虑运营费用和其他购买费用的基础上，自己做出选择；（3）不受事前控制的运营他们的机构。虽然管理学说解释了一些公共部门创新，但它没有解释政府对合同式安排的追索权，或者解释政府对产出的强调。新制度经济学、代理理论以及交易成本经济学，对这些创新给出了知识基础。制度经济学认为，管理者的利益可能会背离所有者的利益，从而导致不好的或无效率的结果。为促进适当的行为，通过提交绩效报告和详细审查，来规定对管理者的事前表现准则。运行良好的政府部门应该是：（1）有清晰的目标，即告诉管理者期望的是什么，并使他们的绩效能被测量；（2）透明地解释这些目标以及达成这些目标的方法；（3）对完成有共识目标的管理者和其他人给予激励；（4）为提高机构人员可问责性，提供激励和相关信息。根据1988年《国家部门法案》的一段规定，所有终身任期的部门主管，都成为有固定合同期限的首席运营官。

在1989年，《公共财政法案》制定后大约18个月内，所有部门完成了从收付实现制到权责发生制的预算编制基础转化。1994年《财政责任法案》要求，政府建立并公开中长期经济和预算目标以及战略和主要结果的说明。《财政责任法案》定义了财政可问责性原则，在面对变化了的选举制度时——从英国继承的单议席单票制（the first-past-the-post-system），转向混合成员比例代表制（a mixed member proportional representation system），以期确保稳定的宏观财政战略。

2001 年，政府咨询委员会回顾了 20 世纪 90 年代新财政管理系统的运作。阐明了发生变化的四个领域：更好地提供综合化服务；解决国家部门中的碎片化、改善部门间的联合；增强人文文化；以及改善中央机构的领导能力。作为回应，政府在 2003 年采用了公共财政（国有部门管理）议案（请参阅 Minister of Finance and the Minister of State Service，2003）。议案的内容如下：

• 对《公共财政法案》和《财政责任法案》的整合与修正，包括：在保留向议会报告与负责的同时，拓宽了拨款，允许部长有更多的灵活性；加强部门信息披露，以保证预期和实际绩效中更广泛的信息披露；强化审计长的职能，在有理由相信某项支出违法或与拨款不相符的情况下，审计长有权让部长向议会报告。

• 对《国家部门法案》的修正包括：扩展了国家公务特派员的授权（the State Services Commissioner's mandate），向更宽泛的国家机构提供领导和指导，特别是道德标准、价值观念和标准方面；并在国家部门中促进高层领导能力的发展。

• 采用的新《国家授权机构法案》包括：在部长和国家授权机构委员会之间构筑战略合作，以建立绩效期望并报告绩效；通过清晰且始终如一的角色和关系，来阐述部长和单个国家授权机构之间的关系；加强国家机构与国家授权机构的融合；以及提供全部政府信息。

最后，试图加强议会的作用——尤其是财政与经济委员会（FEC）——2003 年 12 月修订了众议院的议事规程。尽管财政与经济委员会对国家授权机构和国有企业的监督被加强了，但只要保留了"财政否决权"（financial veto），预算过程中议会的作用就依然较弱——这种否决权是针对议会修改政府预算草案的任何建议（除了在很微小的方面），政府所拥有的拒绝权力。

2 预算制度法律中的原则

预算制度法包括所有主要的传统原则（权威性、年度性、普遍性、一致性和特殊性）以及现代原则（可问责性、透明性、稳定性和绩效性）。

作为预算制度法的基本原则之一，权威性原则体现在 1986 年《宪法法案》和《公共财政法案》中。宪法明文规定，除非经过议会的批准，否则就不能动支公共资金（s. 22）。《公共财政法案》规定，支出只可以用来解决拨款费用、取得或开发资产而产生的费用，以及皇家债务的偿还。因此，不仅在公共资金的支出方面，也在资本项目关联的引致债务方面，议会的拨款都是基于权责发生制的。

《公共财政法案》中也规定了其他传统原则。预算估计涵盖了从 7 月 1 日到次年 6 月 30 日的 12 个月期限（年度基础，s. 2，PFA）。普遍性和一致性原则要求，预算包括在总额基准上的所有收支，并纳入同一份文件之中。可是，有一些例外，如允许净拨款（net appropriations）。预算估计按照拨款部门或机构的拨款类型来编制（特殊性原则，s. 4，PFA）。

《公共财政法案》和《财政责任法案》采用了包括财政持续性、公共支出的效率性（efficiency）和有效性（effectiveness）在内的现代预算原则。《财政责任法案》要求，政府通过将皇家总债务减少到节俭的程度，并追求财政管理可问责性的原则，来保持健全的公共财政管理（稳定性原则，s. 4，FRA）。2001 年《公共审计法案》确保了政府对公共资源的使用权（或者经由议会授予的这一权力），是需要向议会负责的，授予审计长执行财政报告审计和绩效审计的权力。

1988 年《国家部门法案》建立了部门首席运营官与其部长之间的责任关系，所有的政府部门首席运营官，同其为之负责的部长之间，达成了绩效协议。绩效协议包括了年度里程碑，年度里程碑展示了要求完成的每一关键结果领域的特定效果（Treasury，1996）。预算制度法也强调了保持绩效导向的公共财政管理。

最后，《财政责任法案》和《公共财政法案》要求，财务报表要确保预算透明性的原则。部门、国有企业、国家授权机构和政府作为一个整体，需要依据一般公认会计实践做法（generally accepted accounting practice），来准备财政预测和报告。报告要求的细节在本案例研究的后续讨论。

3 预算制度中法律基础的建立与行动者的权力

3.1 行政机关和立法机关

3.1.1 概述

新西兰形成了集权的单一制政体形式。虽然经过改革，地方政府的权力仍然有限（OECD，1997）。行政部门由总督、总理、执行机构、部长和国有企业组成。立法机关有一个议院——众议院（HR）。每三年选举一次议会成员。选出来的多数党代表接受总督的邀请来组成政府。政府首脑是总理，由他挑选部长，再由部长组成内阁。

3.1.2 内阁会议和部长个人的角色与责任

内阁由部长组成并由总理主持。它在决定政府政策和启动立法中具有强大的作用。部长们作为一个整体必须有众议院的支持，并且为他们的决策承担集体的和个人的责任。2004 年的内阁由 20 位部长组成；另外，内阁之外有五位部长。

通常内阁部长得到许多选票①才可工作,这就是所谓的部长职责(portfolio)。

内阁的决策是通过负责的部门或机构的部长们来执行的。内阁支出管理委员会对部门预算和支出提案进行详细的审查。该委员会是内阁的一个小组委员会,由大多数高级部长组成,包括财政部部长。它由财政部副部长主持。委员会得到来自三个中央机构的委员会官员的支持:总理府(the Department of the Prime Minister)、国家服务委员会(the State Services Commission)、财政部(the Treasury)。在内阁中,财政部部长主要负责预算。财政部部长每月代表政府发表预算演说。财政部部长(the Minister of Finance)也是财政部(the Treasury Department)的负责首长。

3.1.3 各部委和行政分支机构的设立

对政府来说,财政部是重要的经济和财政咨询部门。大部分财政支出提案在实施前,由财政部向政府做出报告。财政部还负责开发和拓展公共部门财政管理政策的实施,并编制政府的财务报表。财政部工作的重要部分包括:政府年度预算内容的建议,以及协助编制预算文件和相关的法律。作为预算编制过程的一部分,财政部协调审查支出计划,进行财务分析,编制收支预测和监督收入和支出流水。财政部的上述职能并不规定在法律中,尽管新西兰财政部能够提供规定服务的详细的拨款制度法案,但它反映了对英国制度的继承。

国家授权机构(Crown entities)——从皇室分离来的法定部门,但不是国有企业(SOEs)——在提供各种公共服务中有重要的作用。国家授权机构由法律建立,并且政府通过所有权机制来控制其权益(Treasury,1996)。《公共财政法案》的第四个表格,列出了大部分国家授权机构或国家授权机构集团。国家授权机构可以根据理事会决议添加到这个列表,即政府可以创立新的机构。可是,国家授权机构只能够根据修改的《公共财政法案》删除。国家授权机构是多样的,包括研究机构、教育委员会、皇家健康实业、商业开发委员会等。议会对皇室做出拨款,但不对国家授权机构拨款。因为他们在法定上不是皇室的组成部分,国家授权机构有支出的自由,可是每个国家授权机构必须承担其蒙受的任何损失。国家授权机构(企业)将就皇室的采购需求提供服务,同时皇室也可以对国家授权机构(企业)进行额外的资金投资。2004年《国家授权机构法案》为国家授权机构建立了一项永久的治理框架,并要求向议会报告自身的绩效。

在1955年《公司法》的基础上,《国有企业法案》设立了国有企业。它们

---

① 支出概算草案被分成一次"投票"或多次"投票"来决定。一般地,除了涉及不止一个部门职责的领域之外,每个部门职责有一次投票。通常,每个部门只有一票,不过一位部长负责多个部门产出,则可以有若干张票。

的目的是提高相关服务的效率，比如邮政服务、广播、电力和传输装置。在该法案之下，国有企业有责任作为一个企业来成功运营。其董事会对财政部长和国有企业部长负责，禁止这些部长干涉企业自身的日常决策工作。国有企业有着与私营部门同样的借款权力，包括不经政府担保的借款权。当然，作为一个部门而言，国有企业的任何资本投资，都需要由议会来拨款。

3.1.4 高级公务员的职责

《国家部门法案》和《公共财政法案》规定了中央政府（部长，部门和国家授权机构）之核心财政管理系统的立法基础。部门行政官员按固定期限的合同被雇用。每个行政官员针对行政部门的角色和职责，对相应的部长负责；为该部门处理部门职责和任务；向部长们提供建议；向部门提供良好的指导；以及在部门活动上进行经济性、效率性和效果性地管理。

在新西兰公共服务行为规范中，描述了公务员的核心价值观。这个规范是在1988年的《国家部门法案》（s. 57）之下，由国家服务委员会委员长签发的。这些规范规定了公务员行为规范的指导方针。对于所有公务员而言，有三个方面的原则是被收录在规范当中的，特别指出公务员应该做到以下几点：以他们的专业能力及正直的态度，完全服从于政府及法律；公正、忠实、有效地履行他们的公务；不要因他们的私人活动给公共服务抹黑。

3.1.5 议会委员会的建立和角色

新西兰继承了威斯敏斯特的议会制度，根据这一制度，在预算事务中，议会原则上居于至高无上的地位。议会根据通过的拨款法案，向部长个人授予"供给"（权力资源），为特定目的之资金"投票"。议会的议事规程（SOs）建立了财政和支出委员会（FEC）作为众议院14个学科专责委员会之一（s. 187，SO，参见 Parliament，2004）。政府提交预算以后，财政和支出委员会可以检查任何投票本身，或提交到另一个专责委员会进行检查。每个专责委员会可以推荐一种投票变化。在提交预算的两个月内，所有的委员会必须将其检查投票结果的报告，转回众议院。直到专责委员会检查结束前，投票有可能不被通过。财政和支出委员会还会将每年的财政审查任务分配给专责委员会，以考察每个单独部门、议会官员、国家授权机构、公共组织或国有企业，在以往财政年度和当前运营中的绩效。

3.2 次国家政府的角色和职责

地方政府的结构由2002年《地方政府法案》（LGA）来管理，包括地区委员会（regional councils），区和市的委员会（district and city councils）（OECD，1997）。后两个委员会被称作"地方当局"（territorial authorities）。在某些很小的例外中，地区委员会所辖范围内规定了多个地方当局。在一些情况下，地方当局拥有地区委员会的法定功能。这些部门被称为"单一辖区"（unitary authorities）。2004 年的部门数量为 12 个地区委员会和 74 个地方当局。

在《地方政府法案》和其他中央政府职责下放的法律中，规定了地方政府的权力与职能。例如，在区域规划与环境管理方面，为了地方政策的发展和审批，1991 年《资源管理法案》将职责和权力下放给地区委员会和地方当局。公共卫生的特定事务也通过 1956 年《卫生法案》（第Ⅲ部分）下放给地方政府。

收入的来源在不同的次国家行政部门中，也有所不同。地方收入最主要的来源是财产税。对财产征税的权力，是由 2002 年《地方政府（等级）法案》（LGA）决定的。该法案规定，地方政府可以向土地的法定所有人征收财产税。税负可以根据财产不同而有所差别——对于决定社区中最适当的税负比例，地方议会有着相当大的自由裁量权。地方政府也被授权依照其债务管理政策进行贷款，该政策包含在其长期议会社区计划之中（LGA）。对于这一议会的计划、政策和决策之制定，《地方政府法案》合理而严格地规定了相关的磋商条款，并且规定，对于任何债务之支付或任何地方政府的负债，皇室不负有偿付的义务。尽管不占地方政府收入的大部分，来自中央政府的补助也是一种收入来源。中央政府补助仅限直接的项目补助（例如陆地运输项目）以及由中央政府所有土地之财产税来替代。中央政府既有专项补助，也有一般补助。地方当局的其他收入来源包括罚款和经营收入。

4 预算周期各阶段的法律规定

4.1 行政机关编制和呈送预算

4.1.1 预算制度的覆盖范围

预算概算被定义为"皇室计划的支出和债务的说明"（s.2，PFA）。《公共财政法案》规定，皇室（the Crown）就意味着女王陛下，包括所有的皇室成员和部门的阁员。议会、国家授权机构和国有企业的官员，作为由《地方政府法案》管理的地方当局，被排除在皇室之外。提交给议会的预算包括：涵盖中央政府中的所有部门和机构的预测，以及对皇室、部门和议会办公室拨款的请求。

4.1.2 预算外资金和指定用途的收入

年度拨款法案只适用于皇室。各种资金和法人实体的预算由委员会批准，而不是议会。对于国家授权机构和其他公共组织尤其是这样。2004 年《国家授权机构法案》将国家授权机构分成各种类别。其中大部分已经被单独立法，包括新西兰养老基金、地震委员会和意外事故赔付公司。尽管皇室对来自国家授权机构的服务之购买和对国家授权机构的资本注入，均包括在《拨款法案》中，但皇室自身的收入和支出却不属于拨款。可是，所有的国家授权机构、其他公共实体（包括中央银行）以及国有企业，都被包括在政府对全部运营收入和支出的预测中，并显示在其财政和预算战略文件中。

某些收入——例如所得税收入——没有指定专门用途。可是，净预算（net budgeting）——由部门和实体保留在自己名下的收入——由《公共财政法案》授权（参见后文）。例如，意外事故赔付公司筹集的税收为其支出而保留。

4.1.3 预算总额的定义

《公共财政法案》没有在其列表中定义财政总量，比如财政战略报告和其他文件所需要的"总运营收入"和"总运营开支"。可是，定义和覆盖范围在会计要求中得以明确。特别地，2004年修订的《财政责任法案》规定，"政府"的年度综合财务报告除了包括政府部门、所有国家授权机构、所有列在该法案另一个列表中的组织外，还包括所有的议会机构（包括总审计长办公室）和所有的国有企业（在国有企业法案列表中列明），以及新西兰中央（储备）银行[①]。

4.1.4 财政规则

《财政责任法案》体现了定性的财政规则。这些规则重点在债务水平和资本净值，以及财政风险和中期宏观财政稳定性上（专栏2）。收支运营平衡的规模（权责发生制下最重要的预算平衡）主要用来达成公债目标的主要财政政策。

法律允许政府偏离这些原则和目标，但只允许暂时的偏离，并且按财政部长的规定提交：（1）偏离的理由；（2）政府试图恢复这些原则的途径；（3）政府预期恢复这些原则的期限。

专栏2 新西兰：财政责任（法律规定）

● 减少债务总量到审慎的水平*，以便缓冲可能影响债务总水平的不利因素。当《财政责任法案》在1994年第一次通过时，新西兰的公债水平被判定过高。法案要求政府交易达成运营盈余，直到债务水平达到审慎的水平。政府应当通过运营盈余来减少债务，而不应简单地通过出售资产以达到审慎的债务水平。

---

① 2004年的法案明确说明，将国家授权机构纳入范围内，并首次将中央银行的收支包括进政府财务报告之内。

- 一旦总债务达到审慎水平,通常应在合理的时间段内,保持总债务的审慎水平,即总运营费用不超过总营运收入。原则上一旦达到审慎的债务水平,政府不应为筹集运营费用而借款。这个原则在中长期上适用。从短期来参考,周期性因素可能导致暂时的营运盈余或赤字。
- 资本净值的实现,可以对影响净值的不利因素提供缓冲,即保证经济若处于不利状况下,政府能够贷款而不会引起过高风险,以免陷于不可持续的净值状况。这个目标承认政府的财政实力依靠其平衡资产负债的总体状况,而不仅仅是债务。
- 谨慎管理政府面对的风险,即承认风险并尽可能采取措施进行管理。目的是要求政府积极地减少其资产、债务和表外业务项目(比如债务担保)的内在风险。政府应通过积极的保护税基和管理支出风险,来降低其现金流风险。
- 寻求能够使得未来年份税率水平稳定、可预测、合理的政策,即避免出现令人意外的未来税率。该目标反映出税率稳定对于私营部门编制计划及今后发展的重要性。

* "审慎的"债务水平的定义没有规定在法律中。它由政府决定并规定在其《预算政策说明》和《财政策略报告》中,并向议会和公众解释说明。政府被允许改变其对"审慎的"一词的定义,该定义由一系列决定因素决定,包括:经济结构、易受冲击性、人口压力、债务清偿成本以及政府资产负债结构。

4.1.5 预算编制和向议会陈述的时间表

《财政责任法案》要求,《预算政策说明》(BPS)提交到众议院的时间,不得迟于3月31日。预算政策规定了总体政策目标,用以指导政府即将公布的预算决策,这些政策领域主要聚焦于预算如何符合最新的《财政战略报告》。《公共财政法案》规定了向众议院呈送预算的日期——以首次拨款法案的形式——是财政年度开始后第一个月末前。众议院的决议可能需要一个不同的日期。实际上,政府通常在财政年度开始前一个月,就向众议院呈送预算了(财政年度开始于7月1日)。完整的预算时间表(专栏3)由政府决定——《公共财政法案》规定的截止日期主要是基于实际操作的。

> 专栏3 新西兰：政府预算编制的主要步骤和日期

8~11月：战略阶段。部长针对未来3年确定预算战略目标。内阁考虑那些政府希望在未来预算中取得之成果的相对重要性。部长为部门主要行政官员确定优先权，以指导编制预算报告书。战略阶段的决策是《预算政策说明》的基础。

12~2月：准备预算投票，并拓展预算举措。部长和行政官员为即将到来的年度编制预算草案和"采购合同"，并且为随后的两年制订预算计划。

2~4月：预算基线的审核。部门编制预算提案。只要总开支不超过经批准的基线，不同方面投入的组合可以有所变化。内阁考虑部长的请求及其提出的预算文件。部长应当将每次投票决定的开支，控制在一个合理的范围内。部长可以请求内阁改变关于基线的预测。

预算日（不迟于7月31日）：向众议院提交预算文件。实际上，预算常常在5月或6月被提交。

7~9月：众议院的财政与支出委员会审查预算文件，并在9月30日前向众议院报告。

9~10月：议会关于财政与支出委员会的报告展开辩论。众议院必须在政府递交预算文件3个月内，通过拨款议案。

4.1.6 行政部门内部的审批流程

自采用1994年《财政责任法案》以来，上述预算编制日程，以部长呈送《预算政策说明》不迟于3月31日为条件（即财政年度开始前3个月）。2004年对《公共财政法案》的修订，导致《预算政策说明》更注重预算优先序，这与政府的《财政战略报告》相一致（参阅后文）。随同《预算政策说明》——一个预算前的声明——内阁制订最终的预算决议。

4.1.7 预算法涉及的其他文件

在预算日，作为新财政年度首次拨款（概算）议案的附件，财政部部长必须向众议院提供下面的文件（s.2，FRA）：

- 支持首次拨款议案的资料，包括每次投票的一些细节、每次为开支进行的拨款，以及每次为资本支出的拨款（参阅专栏4）。
- 《财政战略报告》。
- 一份关于经济和财政的最新信息。

- 各个部门的未来运作目标，以及对下一个财政年度要求的更多详细信息。

专栏4　新西兰：支持首次拨款法案所要求的资料

基于众议院批准的2004年《公共财政（国家部门管理）法案》草案。

对于每次投票
- 拨款议案涉及的财政年度中与投票相关的金融活动之摘要。
- 预算比较以及对以往财政年度实际数字的估计。

对于每项拨款请求
- 拨款的范围、类型和期限，包括与该项拨款相关的投票。
- 拨款允许的开支或资本支出的最高水平。
- 简明的解释，包括预期的影响、效果或目的。
- 对拨款和将要执行拨款之部门负责的部长。
- 上一财政年度的每项拨款的相对票数和估算的实际费用及资本支出；可比较的实际开支和资本支出，时限为上个财政年度之前的四个财政年度中的每一个年度。

对于每项产出类拨款
- 每个产出类别的绩效测量和将要达到的预测标准。
- 多类别产出的开支拨款中，每项产出类别导致的开支预测。

对于每个部门
- 对部门负责的部长。
- 财政年度末，部门净资产的预计资产负债表。

对于永久性法律授权
- 关于每个开支或资本支出类别的对应信息。

财政部部长必须将任何可能引起上述文件或其他支持信息之格式或内容发生显著变化的建议，提交给众议院议长，并且议长必须将这些建议呈交至众议院。在这些建议生效之前，部长必须考虑审议这些建议的议长或众议院委员会委员的意见。

中期宏观经济框架和财政战略。《财政战略报告》（FSR）应当同年度预算一起提交。它描述了政府的长期目标和短期财政意图。《财政战略报告》应当包括10年或更多年份主要财政总量的预测，并阐释这些预测如何符合可问责性的财政管理原则。《财政战略报告》还必须评定其提出的长期目标与在《预算政策说明》中声明的长期目标之间的一致性。根据法律要求，改变政府长期财政目标需要有相应的理由。

就"短期"目标而言，《财政战略报告》必须表明，在报告所涉及的财政年度以及之后至少两个财政年度内，政府对全部运营费用、全部运营收入、平衡状况、全部债务以及总资产净值的计划。《财政战略报告》还必须对与预算政策声明中短期计划之间的不一致之处做出解释。如果短期计划不符合可问责性的财政管理原则，或与长期计划不一致，《财政战略报告》必须说明这种不一致的理由和政府计划采取的保证一致性的措施，以及该措施的预计期限。

经济和财政的最新信息，必须包含与拨款法案所涉及的财政年度以及之后两个财政年度的相关经济和财政预测，以及一份关于税收政策变化影响的报告，报告包括：自上一次提供最新信息以来，税收法规的变化以及税收立法的变化。法律要求经济预测包括国内生产总值、消费物价、失业和就业以及对外收支平衡的经常账户，连同一份关于这些数据所基于重要假定的报告。法律还规定了财政预测必须包括预期财务报表，该财务报表包含一份关于借款的报告和"适当反映预期财政活动和每个预期财政年度末财政状况所必要的所有其他报告"。

新措施与现有的支出政策。因为《财政责任法案》要求政府对已发布的中期财政政策中的任何变化进行解释，所以这里对政府有一个隐含的法律要求，即要求政府对比"现有政策"先前的情况，评价新财政政策措施的影响。

与绩效相关的信息。财政部部长必须提供每项针对开支拨款的资料，以支持呈交议会的《拨款法案》草案。尤其是，这些资料需要包含拨款范围内预期实现的产出和服务水平之绩效评估标准，以及预期影响、成果，或拨款目的以及其他相关信息。

部门首席运营官对其部门的财政绩效负责。他们必须保证每个部门向其责任部长提供关于部门未来运作计划的信息。部门年度计划报告（至少 3 年的展望）必须包括一份由责任部长签署的报告，其中包含的信息与政府绩效期望一致。这些报告必须提出和解释部门功能及计划运作的性质和范围、特定影响、成果或部门追求达成的目标，以及部门计划管理这些职能的方法。三个财政年度中的第一个年度需要额外的信息，包括一套财政预测报告，该报告中包含一份描述部门计划提供的每一产出类别的预期服务绩效报告。

税式支出、或有债务和财政风险。《财政责任法案》要求，将或有债务和财政风险包含在相关的预算文件中。《预算政策说明》和《财政战略报告》重点关注政府政策的中长期影响和各种替代政策。经济和财政的最新信息也应当尽可能地包含所有对财政和经济前景有影响的政府决策和其他情况（s. 11）。预期财政报告中包含量化的财政影响。不可量化的决策必须在财政风险报告中披露。如果这种披露导致偏见、危害或物质损失,那么政府应当化解这些决策的财政影响。例如,政府可能决定出售一项资产,但可能不希望公开其预期获得的价格,因为这种披露会损害到出售该项资产的谈判。

4.1.8 议会和其他宪法实体的预算

《公共财政法案》包括对议会机关之预算编制的条款(s.17)。在财政年度开始之前,每一个议会办公室的首席运营官,编制并向众议院提交该机构的收支计划、在年初和年末评估的财务状况报告、机关将提供的产出类别之说明以及对下一年现金流量的估算。在审议所提供的材料后,众议院将其呈送给总督(the Governor General),这些材料包括:各产出类别导致的成本估算、导致其他费用的估算、可能发生的资本支出估算,以及将这些估算列入该年度拨款议案投票的申请。

4.2 议会的预算程序

如果议会拒绝颁布预算,就表明对政府缺乏信任,并很可能促成大选。自引入混合比例的政府结构以来,大多数执政党只控制议会的少数席位。因此,为了确保提交的预算能够通过,执政党需要与其他各党磋商,以保持足够的政治支持来实现预算的发布。

一旦预算被提交,议会就几乎不再有影响预算范围和结构的权利,这些事项几乎完全由政府单独决定,因为政府拥有高于任何修正建议的财政否决权。甚至议会对预算的简短辩论的时间安排,都要由政府决定。在其他威斯敏斯特国家,管理议会预算过程的程序不在法律中规定,而主要是由众议院的议事规程(SOs)来规定(参见 Parliament,2004)。

4.2.1 预算审批的时间表和国会预算辩论的限制

管理议会参与预算前辩论和预算辩论的主要措施如下:

• 财政和支出委员会在发布预算政策报告的六周内,向众议院提交它对该报告的复核(议事规程,318)。

• 支出委员会报告递交后,将就财政预算报告和支出委员会报告进行辩论(议事规程,318)。在政府做出最终的详细财政战略之前,该辩论为议会中所有党派的代表,针对即将采用的预算参数,提供了表达观点的机会。

• 预算提交后,概算交由财政和支出委员会审查,可能检查投票本身或将其提交给任一个特别委员会进行审查(议事规程,322)。

• 每个特别委员会决定是否推荐接受投票结果并进行拨款。所有的委员会必须在预算提交的两个月内,向众议院报告他们的概算审查结果(议事规程,323)。

- 财政和支出委员会必须在预算提交起两个月内，向众议院报告《财政战略报告》以及与预算相关的最新经济和财政信息（议事规程，321）。
- 主要拨款议案的三读辩论，必须在自预算提交起三个月内完成（议事规程，325）。三读辩论应包括涉及《财政战略报告》的内容，与预算相关的经济和财政最新信息，以及财政和支出委员会关于这些文件的报告。
- 当议案经过三读后，议案就经众议院通过，只要得到总督的同意就成为法律（年度拨款法案）。

议会议事规程也允许政府选择概算辩论的日期。政府决定在特定日期中哪些表决开放辩论，以及当天的辩论进行多长时间。在行政权与立法权分离的国家，政府在议程设置上有这样强大的作用是不可思议的。

4.2.2 临时预算

"预付供应"（imprest supply）是关于临时开支授权的议会条款。预付供应授权政府在指定的限额之内，可以为了任何目的而花钱或形成费用及债务，只要其后得到某项拨款法案的支持。预付供应法案在财政年度开始前被通过，在财政年度（通常是）前两个月，也就是主要拨款法案通过之前。第二次预付供应法案与拨款法案一起通过，为达到特定成果需要增加拨款时，可以由内阁调用。内阁根据预付供应法案批准申请的拨款数额，并同意在财政年度结束之前，以补充概算议案的形式，将这些拨款申请呈送给议会。如果在一次投票中出现财政中性转移（a fiscally neutral transfer）的情况，内阁就委派财政部部长和选举部长（the vote minister）联合批准这项请求。每笔预付供应法案包含一项条款，条款规定在此法案授权之基础上，所有花费的公共资金和引致的费用和债务，应当按照同年拨款法案的方式来管理。

预付供应法案拥有独立的法律地位。《公共财政法案》没有就其具体应用之管理，提出任何指导原则。通常，第一次预付供应的适用期限是两个月，因为在财政年度开始后，预算通常尚未被作为法律而采用（它必须在9月末前通过）。如果预算被延后采纳或大选很可能发生的情况下，预付供应可以被延长。

4.2.3 修正权

1996年2月以来，《众议院议事规程》允许委员会提出一些针对表决规模与分配上的改变。可是，同样的规章，又允许政府行使财政否决权来否定这些改变之提议。特别是，政府可以阻止众议院通过其认为将对以下方面造成一定影响的议案、修正案或动议案：（1）政府的财政总量；（2）表决的结构（议事规程，312）。这是一种极为强大的约束，因为议会不能改变营运费用、营运收入、营运收支平衡、公债和资本净值的总量或结构。一旦行使财政否决权并公布相关证明，该否决就不能被众议院推翻。被否决的议题不能在众议院继续被表决。可是，当众议院辩论议案、修正案或动议案时，可以辩论行使否决权的理由（议事规程，313）。

4.2.4 资金的批准

1986 年《宪法法案》规定，"众议院不得通过公款拨款或征收任何公共收入的议案，除非拨款或征收的收入已经由政府支付给众议院"（s.21）。此外，该法案还规定，"除非在议会相关法案的基础上，政府征税、贷款或接受任何贷款形式的资金，或动支任何公款，都是不合理的"（s.22）。因此，涉及公款的议案，必须在政府使用公款之前，呈交众议院批准。国家授权机构的收入不在公款定义的范围中，并且在一定的条件下可以被保留和使用（请参见后文）。

4.2.5 拨款的性质、结构和持续时间

《公共财政法案》要求，对于皇室和议会机关，每个财政年度的所有费用和资本支出都根据拨款法案进行。费用和资本支出只能在拨款范围内使用，并且不能为其他目的而动支。单独拨款的适用范围如下：

- 由部门、议会机关或代表皇室提供的每种产出类别或产出组别发生的费用。某些产出类别可以被编制成组，以便总体地向产出组拨款，而不是针对组内的每个产出类别。向部门的拨款通常采用基于产出类型的拨款模式。
- 每项救济金和其他不可补偿费用的种类。这些支出由部长代表皇室进行，一般支付给个人。比如退休金、失业救济和国内定向救济。
- 每项为借款而发生的费用的种类。比如利息支出、捐赠、借款以及其他财务费用。
- 每项资本支出的种类。

这些拨款都是以权责发生制为基础进行的，因此行政部门在为费用和资本支出而发行债务上，是受到限制的，此外，宪法进一步对使用公共支出来清偿这些债务做出了限制。

永久性法律授权代表了那些不由拨款法案授权的费用或开支，用于某些特定的情况，比如：宪法意义上独立于政府管理的措施是合适的（例如，法官的工资）、保持必要服务或诸如偿债开支的连续性，或者提供偿清债务的承诺，如债务偿还和税收返还支出。

4.2.6 拨款的结转和未来拨款的借用

在拨款法案基础上，虽然对费用和资本支出的授权通常在财政年度末就失效了，但多年拨款依然有可能实现。一项拨款法案可能为多于一个财政年度提供对费用发生或资本支出的授权，该授权最多可持续五个财政年度。

4.2.7 核准公共债务

《公共财政法案》规定除非经由法案专门授权，皇室借款或任何人借钱给皇

室都是不合法的。如果有利于公共利益,法律可以授权财政部长代表皇室来借款。该权力不能委托。《公共财政法案》包含涉及借款的一些其他条款,包括"皇室不对国家授权机构的债务承担责任"的条款、借款中介的合同、借款和担保的条件与协议。皇室出借除法规规定的钱财也在禁止之列。

除法规规定外,皇室不能进行担保和保证。可是,如果出于公共利益的必要或权宜之需,财政部部长可以作书面担保或向个人、组织或政府保证。部长决定该保证的条款和条件。可是,如果皇室的临时负债超过 1000 万新西兰元(NZD),《公共财政法案》要求,财政部部长向众议院提交已经发出的担保或保证,由部长提供其认为适当的细节。

虽然借款由议会批准的法律正式授权,但公债的总水平——直接的和担保的——不受新西兰元数额的正式限制。不过议会审查并公布每年的财政战略报告,该报告包括财务报告的预测,包括未来的债务总水平。由议会通过批准新的借款和(或)使用年度预算的盈余,来间接控制债务总水平。

4.2.8 已通过预算之颁布、否决和发布

1986 年《宪法法案》规定,由众议院通过的拨款议案,在元首或总督同意并签字之后,即成为法律(s.16)。与所有法律一样,经采纳的拨款法案在立法机关的网站上公布。

4.2.9 追加预算(修正案)

《公共财政法案》对追加拨款议案做出了规定,追加拨款法案被用于改变首次拨款法案提供的任何资料,或提供一些不包括在首次拨款法案中的资料。追加预算被用于改变产出实现的配置、提高产出水平、向部门注入新资源等。可能需要追加预算以对不可任意支配支出的增加做出反应,比如福利救济或为新政策措施提供拨款。可是,由于财政管理可问责性的要求,追加拨款通常限于主要概算中全部预算水平以内的资源调剂上。随着 2004 年《公共财政法案》修正案颁布,产出种类分组有了更大的灵活性,因此产出中的重新分配所需要的追加预算资源更加难以预测。尽管每个财政年度通常只有两次追加拨款,但采纳追加预算没有数量上的限制。

4.2.10 其他议案对预算的影响

没有法律条款要求,具有预算影响的议案,需经由《财政责任法案》或其他委员会审核。

4.3 预算执行

4.3.1 支出授权的分配

一旦某项拨款法案或预付供应法案被通过,部门将就由其运作的皇室或部门

的银行账户收到资金移交的时间，与财政部达成一致。其后，公共支出的管理由两个阶段的过程组成：议会批准拨款、皇室或部门银行账户发放资金以结清账单。这些事项既可能同时出现，也可能相隔数年（如雇员退休金的发放）。

部门如果发生与拨款规定不符的开支，必须每月向财政部提供每笔拨款状况的信息。这个信息在每月末的十个工作日内转发给审计长。只要这类开支被认为是超过拨款范围之外的任何费用或资本支出，审计长就可以要求责任部长对任何拨款的违法情况做出汇报。

另外，如果审计长有理由相信，从皇室或部门银行账户中支付的任何资金，可能被用于不合法的或范围以外的目的，或超出拨款范围、财政限制的目的，或超出拨款时期或来自议会的其他授权，他（或她）可以要求部门或财政部停止向相关的皇室或部门的银行账户支付。

4.3.2 预算授权的取消和其他的年度内支出控制

拨款是一种许可权——并不强求政府使用经议会批准的拨款。这意味着政府不需要取消拨款的议会授权。当政府认为需要减少或取消一部分拨款是稳妥的方案时，可以启用追加拨款法案或预付供应法案。

4.3.3 紧急支出、超额支出和应急资金

虽然超出拨款的开支被定为非法，但《公共财政法案》授权财政部部长批准超过预算的开支。特别地，在每个财政年度最后 3 个月，财政部部长可以批准超支的费用和资本支出，但要在议会批准的当前拨款范围之内。这种超支的限额是以下二者中的更高额度：10000 新西兰元或规定拨款的 2%。这种授权必须包含在新拨款议案中。财政部部长不予批准的每项支出是否合法，也同样需要议会的验证。对于每项这种费用，在政府年度决算和相关部门的年度决算中，需要做出解释说明。

当出现国家灾难、社会上发生紧急事故或公共卫生或安全情况，政府需要宣布紧急状态时，《公共财政法案》允许政府使用紧急费用或资本支出。紧急拨款的应用范围不受限制，但其数额必须包含在皇室年度财政说明中，并以拨款议案的形式经议会批准。典型的，首先通过使用预付供应法案安排来应对灾难的花费。

4.3.4 年内拨款的调剂和流用

为特定目的而做出的拨款，比如采购或提供特定种类的产出、制定特定的福利或投资于特定的实体或资产。即使没有达到经授权的拨款限额，剩余的拨款份额也不能用于其他目的。可是，在下列条件下，《公共财政法案》允许，总督根据议事规则，可以将产出费用拨款调剂到其他的产出费用之中：

- 被调剂的份额不多于财政年度拨款的 5%。

- 在此财政年度期间内,没有调剂过该项拨款。
- 该财政年度对于全部产出费用拨款的总额不变。

由行政部门授权的这种调剂,需要根据拨款法案来批准。

4.3.5 现金规划及政府资产和债务管理

所有的公款必须掌握在皇室或部门的银行账户中(参见后文)。这使得通过财政部来集中管理皇室现金状况成为可能。根据《公共财政法案》的授权,财政部可以将任何资金投入到皇室银行账户,或以其认为合适的时期、方式或条件,投入任何部门的银行账户。为了最大化皇室金融资产和债务组合的长期经济收益,并管理涉及纳税人的政府债务风险,根据《公共财政法案》,于1988年建立了新西兰债务管理局(NZDMO)①。

4.3.6 内部审计

部门的财政管理由首席运营官向责任部长负责。《国家机构法案》规定,就其首要职责而言,部门的首席运营官应当对效率、效能以及部门的经济管理活动向对应的部长负责(s.36)。为了履行其职责,首席运营官应当将适当的内部审计安排落实到位。规模较大的政府部门通常设有向首席运营官报告的内部审计团队。

在报告期内,财政部的部务秘书对皇室的每组财务报表负责(这些财务报告提供了合理的交易记录,以确保这些交易在法定权限内适当记录了皇室的所有公共财政资源使用情况),以实现整个报告期内的精准运营。为保证这种报告方式,财政部要求,政府部门的审计服务提供者审查并报告部门内部控制的年度评价结果。

4.4 政府会计和财务报告

4.4.1 会计制度

《公共财政法案》(s.8)和《财政责任法案》(s.5)要求政府编制实际的和预测的财务报表,这些财务报告需要符合一般公认会计准则(GAAP)的要求,GAAP规定了编制和提交财务报告时应该遵循的规则。GAAP要求以权责发生制为基础来编制财务报表,但也规定了现金流量报表。1989年,政府开始按照GAAP来编制财务报表。政府部门首先在GAAP之上建立起权责发生制的拨款和会计。第一套皇室财务报表作为一个整体,早在1991年就开始编制了。1994年

---

① 新西兰债务管理局的主要职责包括:发展和保持一种促进皇室债务管理目标的组合管理框架;决定货币、期限和信用风险的组合结构;保持同政府政策和新西兰债务管理局的组合管理政策及程序手册相一致的方式,来管理风险并处理相关交易(请参阅 www.treasury.govt.nz/orgstructure/alm/nzdmo.asp)。

《财政责任法案》的引进,将财政预测的基础转向了权责发生制。

4.4.2 政府的银行业务安排

《公共财政法案》规定,所有的税收和政府收入必须存入皇家银行账户或部门银行账户。在财政部部长能够掌控的银行里,财政部可以开设、保有和运作皇室银行账户。因此,财政部与私营银行签订合同,该银行作为大多数部门和皇室活动的银行。掌握在政府银行账户中的资金,每晚都"归并"(swept)到属于新西兰储备银行的皇室银行账户。

《公共财政法案》允许由部门来开设、维持和运作部门银行账户,但必须在财政部部长可以掌控的银行才行。对于在何种条件下部门银行账户可以运作,在何时皇室或部门银行账户应该关闭和延迟运作,财政部部长可以给予指示。下列资金应当归并到部门银行账户:

- 可以由财政部分拨给部门银行的资金。
- 与部门税收有关的所有收入。
- 由出售或处置部门固定资产而取得的所有收入。

4.4.3 向议会的年内报告

《公共财政法案》要求,财政部在每个财政年度的每月末(除了最初的两个月和最后一个月)尽快编制从财政年度起始到本月末的统一的皇室财务报表(s.31A)。这些报表必须按照 GAAP 进行编制。《公共财政法案》详细说明了内容——由 GAAP 所要求的财政说明、借款说明以及附加材料和解释组成。法律还规定了 6 周的发表延迟时间(有几项例外)。

财政部的指令要求部门每月向他们的部长和财政部提供报告。主要包括预计和实际的比较:按类型的拨款;营运损益表(operating statement);现金流量和资产负债表;净财政影响。每一季度,要求部门报告提供的实际产出,以及质量、数量和各项成本,并与该季度的预计产出对比。

4.4.4 年度决算和报告

《公共财政法案》要求,在每个财政年度末,财政部尽快依照 GAAP 为皇室编制统一的年度财务报表(s.27)。该报表的主要内容包括:皇室的财务状况说明(资产负债表);营运损益表;现金流量表;借款说明,包括已安排的预算与实际借款之间的比较;未分拨的费用和资本支出的说明;紧急费用说明;由部门和议会办公室掌握的委托金的说明;以及需要正确反映政府财政运作的任何附加信息和解释。年度财务报表必须包含所有被报告实体的经济利益,包括:所有国家授权机构、组织以及国有企业(依照《公共财政法案》或国有企业法案之名录)中政府报告实体、所有的议会办公机构和新西兰储备银行。

在 8 月 31 日前,财政部应当将上一财政年度末的年度财务报表送交审计长

(s.30)。《公共财政法案》规定，财政部和财政部部长有责任保证财务报表公正地反映政府的绩效和状况（s.28）。《公共财政法案》进一步要求，财政部部长在报表被审计署转回财政部后10个工作日内，将年度财务报表连同审计报告和责任说明，呈交给众议院（s.31）。

《公共财政法案》还要求，每个部门编制年度财务报表，要求在每个财政年度结束后的8月31日前，将其送交审计署（s.35）。

《财政责任法案》（s.13）要求，财政部部长在12月发布每半年的经济和财政最新信息。报告包括对当前和之后3年的经济和财政预测，并以准备主要预算预测以来收到的相关最新信息进行了更新。

《财政责任法案》（s.14）要求，财政部部长在普通议会表决的投票日之前，发布大选前夕不早于42天且不迟于28天的经济和财政最新信息。

4.5　外部审计

总审计长办公室（OCAG）是根据2001年的《公共审计法案》（PAA）设立的法定机构。该机构是维护新西兰政府议会制度之财政廉政的宪法保障。公共机构组织应遵照议会的意图，面向绩效来加以运作和问责，总审计长就此一问题向议会提供了独立的保障。

4.5.1　管理的、财务的和运作的独立性

《公共审计法案》清晰地规定了总审计长在行使功能、职责和权利方面必须具有独立性。要做到可靠性，总审计长办公室的官职必须独立于接受审计的公共实体。为了保证独立性，总审计长：

- 是议会的一位议员（ss.7,10）。总审计长的年度计划草案，要提供给众议院的议长以供考虑。在考虑相关意见后，总审计长可以修改计划，应当实质上体现由众议院议长或任何委员会要求的对工作计划优先级别的更改，但不能另行制订计划[①]。
- 通过众议院推荐由总督任命（s.7），任期只一届，不超过7年（s.1，附件3）。
- 有一位副手，也是议会议员，并能行使总审计长办公室的所有功能和权力（ss.11,12）。
- 能够直接向议会和其他任何人报告。

---

① 每个财政年度开始前至少60天，《公共审计法案》要求总审计长编制和向众议院的议长提交记述总审计长提议的当年工作计划的年度计划草案。考虑来自众议院的任何委员会的评论以后，总审计长必须在每个财政年度开始前向议长提出完整的年度计划。

- 从议会常设授权支付薪金；薪资数量由上级工资委员会独立确定（s.5，附件3）。
- 直接向众议院申请资金，之后众议院向总督建议应包含在拨款议案中的所需要的总额（s.17，PFA）。

由总审计长任命代表其执行审计的审计员也必须是独立的。对审计员有严格的约束，包括：与受审计的实体有个人的牵连（比如家族之间）；与受审计实体有财政上的牵连；向受审计实体提供其他服务（比如担任评估）；以及依赖某个来源的收入。

4.5.2 审计制度覆盖的范围

总审计长办公室对公共实体拥有广泛的审计职责（ss.5，11，19），包括：
- 关于政府和所有其实体之财政状况的皇室财政报表。
- 总计41个部门和相关部门。
- 大约3000个国家授权机构，包括超过2600个学校董事会。
- 总计15个国有企业，包括运输业、公用事业和电信业。
- 所有的地方政府和包括市镇、区域以及地区委员会在内的子部门。
- 大约200个法定机构和其他公共团体，包括信托机构和航空管理局。

4.5.3 审计类型

在公共审计法案下，总审计长办公室可以执行如下事项：
- 涉及财务报表、会计以及被审计的公共实体之其他资料的财务审计（s.15）。
- 检查一个或更多方面绩效的绩效审计：公共实体正在高效地执行其活动的程度；是否符合法定职责；是否已经造成浪费或可能造成浪费；以及是否缺乏廉洁或是否理财审慎（s.16）。
- 关于任何涉及公共实体对资源使用事项的咨询，既可能应要求，也可能由总审计长办公室主动进行（s.18）。总审计长办公室也可以应公共实体的请求执行其他审计或保证服务（s.17）。

2004年修订的《公共财政法案》，加强了事前审计或控制在总审计长办公室中的作用。《公共财政法案》规定了政府为进行支出所必需的授权和条件：支出的目的必须合法；必须通过议会投票拨款；以及必须得到总督的批准。法案还阐述了从皇室银行账户拨出资金之前，总审计长必须保证资金用于合法的目的，并且在经议会投票拨款的额度内。检查政府是否遵循了"不经议会授权，就不能开支或借款"这一重要的宪法原则。

4.5.4 调查权

《公共审计法案》要求，首席运营官和公共实体的管理机构，需要保证总审计长始终能够获得涉及绩效以及与其职能、职务、权力的运作有关之实体的文件（s. 24）。总审计长办公室还可以：

- 要求被审计的实体向总审计长办公室出示实体或个人保管、照管或管理的文件，并向总审计长办公室提供关于任何资料的信息或说明（s. 25）。
- 要求个人进行口头或书面作证，出于检查个人的目的，总审计长办公室可以按照1961年《刑事法》（涉及伪证）条款108执行宣誓（s. 26）。
- 检查或审计任何个人在银行中的账户（s. 27）。

为了获得涉及其履行职责所需的任何相关文件、信息或其他证据，总审计长办公室可以在任何适当的时间内进入或停留在公共实体的运营场所；或进行搜寻文件、检查文件的工作，并制作文件或一部分文件的副本（s. 29）。

4.5.5 报告的责任和发布

总审计长办公室每年的主要活动就是审计政府的年度财政报表。根据《公共财政法案》（s. 30），总审计长办公室必须在收到年度财政报表30天之内，向财政部提供关于这些报表的审计报告。这样，财政部就能转呈给财政部部长，部长在收到审计报告之后的10天内，将其提交到众议院。总体而言，《公共财政法案》要求，在财政年度结束后的3个月零10个工作日内，将审计报告呈交到议会。

《公共审计法案》要求总审计长办公室编制和向众议院提交年度报告，报告包括：按照《公共财政法案》第35节编制的和按照该法案第39节经审计的财务报表；年度计划执行的账目；由总审计长办公室审计过的清单。除了年度报告之外，《公共审计法案》要求，总审计长办公室每个公历年至少一次向众议院报告总审计长办公室职能、职责、权力的执行和运作事项（s. 20）。此外，总审计长办公室可以向部长、众议院的委员会、任何公共实体或个人，报告其履行职能、职责、权力过程中，认为值得报告的事项（s. 21）。对于地方政府实体，总审计长办公室可以指导公共实体在面向公众开放的公共实体会议期间呈交报告（s. 22）。

《公共审计法案》还要求，总审计长办公室以报告的形式，向众议院发表其采用的或计划采用的审计标准、审计行为和询问及其他审计服务的规定（s. 23）。所有的报告都呈送议会，或在总审计长办公室的网站上公开发布（www.oag.govt.nz）。大部分报告的印刷副本也是可以获取的。

4.5.6 调查结果的执行

《公共审计法案》中没有特别的条款规定对调查结果的执行。可是，通过向议会呈送其独立的意见，以检视这些公共实体是否按照议会之意图来进行运作，并对其绩效负责。在监督政府的财政活动上，总审计长办公室向众议院提交的审计报告发挥了关键作用。

参考文献

Audit Office (1999), The Accountability of Executive Government to Parliament, Third Report of the Controller and Auditor-General, Office of the Controller and Auditor General, Wellington, www. oag. govt. nz/HomePageFolders/Publications/3rd-Report1999/3rd_Report_99. pdf.

Governor General's Office (2004), The Constitution of New Zealand, Governor General's Office, Wellington, www. gg. govt. nz/role/constofnz. htm.

Janssen, John (2001), New Zealand's Fiscal Policy Framework: Experience and Evolution, The Treasury, Wellington, www. treasury. govt. nz/workingpapers/2001/01 – 25. asp.

Minister of Finance and the Minister of State Services (2003), Pre-Introduction Parliamentary Briefing-Public Finance (State Sector Management) Bill, Wellington, www. beehive. govt. nz/mallard/public-finance/index. cfm, August.

OECD (1997), Managing Across Levels of Government, OECD, Paris.

Pallot, June (2002), "Government Accounting and Budgeting Reform in New Zealand", OECD Journal on Budgeting, Vol. 2, Supplement 1, OECD, Paris, pp. 163 – 186.

Parliament (2004), Standing Orders of the House of Representatives, as amended, Office of the House of Representatives, Wellington, www. clerk. parliament. govt. nz/publications/other.

Petrie, Murray, and David Webber (2001), Review of Evidence on Broad Outcome of Public Sector Management Regime, New Zealand Treasury Working Paper No. 01/6, New Zealand Treasury, Wellington, www. treasury. govt. nz.

Rae, David (2002), Next Steps for Public Spending in New Zealand: the Pursuit of Effectiveness, OECD Economics Department Working Paper No. 337, OECD, Paris.

Schick, Allen (1996), The Spirit of Reform: Managing the New Zealand State Sector in a Time of Change, a report prepared for the SSC and the Treasury, State Services Commission, Wellington, www. ssc. govt. nz/Documents/Schick_report. pdf.

Scott, Graham (1996), Government Reform in New Zealand, IMF Occasional Paper No. 140, International Monetary Fund, Washington DC.

Scott, Graham (2001), Public Management in New Zealand: Lessons and Challenges, New Zealand Business Roundtable, Wellington.

State Services Commission (1995), The Constitutional Setting, State Services Commission, Wellington, www. ssc. govt. nz/upload/downloadable_files/pcp_constitutional_setting. pdf.

State Services Commission (1998), New Zealand's State Sector Reform: A Decade of Change, State Services Commission, Wellington, www. ssc. govt. nz/decade-of-change.

Treasury (1989), Putting it Simply: An Explanatory Guide to Financial Management Reform, The Treasury, Wellington, www. treasury. govt. nz/publicsector/simply/default. asp.

Treasury (1996), Putting It Together: An Explanatory Guide to the New Zealand Public Sector Financial Management System, The Treasury, Wellington, www. treasury. govt. nz/publicsector/pit/.

Treasury (2004), Guide to the Public Finance (State Sector Management) Bill, The Treasury, Wellington, www. treasury. govt. nz/pfssm/guide-pfssm-bill. pdf.

北欧四国[*]

实例研究的结构

1. 概述
2. 预算制度法律中的原则
3. 预算制度中法律基础的建立与行动者的权力
4. 编制预算的宪法要求和其他法律要求

---

[*] 北欧四国的实例研究得益于各国官方的意见,包括丹麦国家审计署的汉斯·克里斯蒂安·霍尔特(Hans Christian Holdt)、丹麦财政部的伊凡·佩德森(Yvan Pederson)、芬兰国家审计署的皮亚·拉赫蒂和蒂莫·莱蒂宁(Pia Lahti and Timo Lehtinen)、芬兰财政部的托马斯·达斯蒂(Tuomas Pöysti)、芬兰议会财政委员会的阿尔波·里维诺亚(Alpo Rivinoja)、挪威财政部的埃斯彭·阿森和安尼克·霍尔萨特(Espen Aasen and Anniken Hoelsaeter)、挪威国家审计署的托拉·贾尔斯比(Tora Jarlsby)、瑞典国家审计署的马丁·恩格曼(Martin Engman)、瑞典财政部的阿克·哈马尔森(Ake Hjalmarsson)、瑞典主计局的理查德·默里(Richard Murray),还包括亚历山德拉·比比(Alexandra Bibbee)、乔恩·布隆达尔(Jón Blöndal)、佩尔·马蒂斯·康斯鲁德(Per Mathis Kongsrud)、马丁·乔根森(Martin Jorgensen)在内的OECD同仁。

1 概述

这项研究涉及丹麦、芬兰、挪威和瑞典[1]。

1.1 控制预算过程的法律框架

北欧四国共同的法律框架是成文宪法和至少一部外部审计法案。这些法案包含了国家预算制度的几项主要内容。丹麦和挪威没有正式的专项法规来管理预算程序。在 OECD 国家中，缺少预算制度法属于例外的情况。由财政部（丹麦）或议会（挪威）发布的预算规则取代了正式法律。芬兰和瑞典两国有国家预算法案，不过，瑞典直到 1996 年才采用了一项这样的法案。芬兰将预算原则系统地体现在法律中——它的宪法包括了非常之多的涉及预算的条款。在其他三个国家中，选择正式立法，还是选择不那么正式的方式，来为预算程序管理设立规则，似乎是随意的。在这些国家中，由于多党派政治特征的存在，对约束规则的需要似乎并不那么迫切，共识的达成则更具价值且完全必要。

宪法大体上规定了主要参与者的角色——议会、行政部门以及独立议会审计官（parliamentary auditors）的特殊安排，宪法规定外部审计官由议会选举产生。审计官的授权和职责详尽地规定在法律中，最近又作了几处修改（芬兰在 2000 年，挪威在 2004 年，瑞典在 2002 年），主要是澄清议会审计人员（他们常常是议会成员——MPs）和总审计长之间的关系，后者目前在议会之下掌控独立的国家审计署，进而提高审计官相对于政府行政部门的正式独立性。

议会的议事规则（除了有正式法律的瑞典外）规定了一些重要预算参与者的角色，尤其是议会委员会。在所有的国家，地方政府在实施预算政策上扮演着非常重要的角色。因此，所有国家都已采用了各种地方政府法规（专栏1）[2]。

---

[1] 由于距离的原因，冰岛也是北欧国家。近年来，冰岛已然引进了众多的改革，包括在 1997 年采用了新的政府财政报告法案，针对公共部门政府实体之不同类别，该法案引入了改进的权责发生制会计和预算（请参阅 http://brunnur.stjr.is/interpro/fjr/fjr.nsf/pages/gfradoc#Act）。

[2] 《地方政府法案》的内容，特别是专注于次国家层面政府之预算和债务管理规定的条款，不在本研究的考察范围之内。

> **专栏 1　北欧四国：主要的预算制度法或与之相近的法律**
>
> 北欧四国
> - 宪法。
> - 《外部审计法案》。
> - 《地方政府法案》。
>
> 丹麦
> - 预算"指导方针"（由财政部发布）。
> - 《议会（Folketing）议事规程》。
>
> 芬兰
> - 修订的 1988 年《国家预算法案》。
> - 《议会（Eduskunta）议事规则》。
>
> 挪威
> - 修订的 1959 年《预算规程》（由议会发布）。
> - 《议会（Stortinget）议事规则》。
> - 2002 年《财政管理条例》（由国王/内阁发布）。
>
> 瑞典
> - 1974 年《议会（Riksdag）法案》。
> - 1996 年《国家预算法案》。
> - 1998 年《国家借款和债务管理法案》。
>
> 注 1：另外，在丹麦和瑞典已经采用了借款和债务法（borrowing and debt laws）。
>
> 资料来源：主要是财政部、议会和外部审计署的官方网站。请参阅诸如瑞典议会（2003）。某些情况下，预算法或条例只在其本国语言中有效（例如，Denmark Ministry of Finance，2001）。

1.2　预算制度法的改革

在过去 20 年左右的时间内，丹麦或挪威引入了预算改革，但并没有采取新的法律。只是进行了一些对财政部（丹麦）或议会（挪威）已经实行之预算规则的修改。与之相反，在芬兰和瑞典，宪法和《议会法案》（瑞典专有的）被修订，并引入了《国家预算法案》。主要目的在于，为已然发生的实践提供法律框架，而不是作为一种需要引入的先决法律条件，随着时间的推移再变革预算制度。尽管在这两个国家中，管控预算程序的法律具有广泛性，已经发生的一些预算改革却没有改变正式法律。政府常常在明确授权的基础上，通过条例或法令来引进改革。甚至当新的预算制度法被采用时，这些法规在应用中依然具有相当的灵活性。

在1999年，芬兰在进行了30年的宪法辩论后，终于采用了新宪法（Nousiainen，2004）。宪法改革的一个主要目的是澄清总统和议会的作用——很大程度上与预算无关。另一个目的——整理宪法并使之现代化——使一些与预算相关的规定转移到宪法之中①。在宪法中的一些规定，包括创建预算外资金需要议会绝对多数赞成的要求，在OECD国家中是独一无二的。

预算制度法的变化，与丹麦、芬兰和瑞典宏观财政状况的显著改善，是同时发生的，尽管其间并没有简单的因果关系。随着20世纪90年代早期的经济急剧下滑，芬兰和瑞典大力缩减支出，而丹麦的经济情况则有所好转，消除了以前的高预算赤字，并扭转了公债不断增长的趋势。在2003年，这三个国家在广义政府交易上处于盈余状态——这在欧共体国家中是仅有的（Denmark Ministry of Finance，2003，图1）。对于丹麦而言，既然没有正式的预算制度法，那么这也就不是改进的缘起。在芬兰，1988年《国家预算法案》的修改，在20世纪90年代期间还相当微小——甚至直到今天，法律也没有对有法律约束力的中期支出目标提出要求。相反，所采用的财政规则是经由内阁赞同的，而不是议会（IMF，2003，p.29）。

瑞典在1996年采用了首部《国家预算法案》。法案的目的有二：一是澄清议会和政府在预算事务中的权力（Sweden Government Commission，1996），二是加强虚弱的财政纪律。采用法律之前，在1994~1995年开始的财政整顿计划，奠定了财政状况明显好转的基础。主要创新体现为新的二步预算程序（two-stage budget process），在详细的预算估计被采纳前，先由议会"自上而下"（top-down）地批准支出上限（Sweden Ministry of Finance，2003）。议会也批准具有政治约束力的政府全部滚动支出上限。虽然新法律有助于财政纪律的好转，但内阁和一两个政党之间，就中期财政预测和措施达成的不具有法律约束力的联合协议，对于显著改善财政绩效，具有决定性意义。

由于石油行业的存在，挪威的情况相当不同。宏观财政管理的重要挑战在

---

① 几个世纪以来的瑞典—芬兰传统，已然显示了宪法在两个主要工具之间分配：宪法法案（the Constitution Act）——最初是用来控制君主政体和行政的；《议会法案》（the Parliament Act）——用来掌控立法机构。目前，这种广泛的分割性在瑞典仍旧保留着。

于，如何更好地管理政府的石油资源①。关于这一点，1999年的法律建立了政府石油基金，来管理石油财富。政府编制了长期规划，但它在法律上并没有义务这样做。未来资源的利用是根据实际情况决定的，包括资源不可再生的现状，以及挪威的人口老龄化将向国家预算施加越来越大的压力（Norway Government，2001）。已经建立了政府条例，而非法律，使得政府石油基金也纳入了预算管理（参见下文，以及OECD，2004；Norway Ministry of Finance，2004）。

对于加强绩效导向的预算体系来说，法律的作用是微乎其微的。一些北欧国家在预算管理职责上，有着很长的地方分权历史。尤其在瑞典，相关部门下辖的准自治机构，以长期存在的宪法规定为基础。加强预算的绩效导向，需要为达到相应绩效结果而分散管理职责，因此，对于那些拥有非常集中和层级制度较强的传统国家而言，其受到的文化冲击较小。芬兰与其他三个国家不同，在20世纪80年代晚期"文化革命"（cultural revolution）开始之前，传统上有一个集权化的预算管理体系（Blöndal et al., 2002, P.144）。

根据法律（芬兰和瑞典）或规章（丹麦和挪威），议会通过引进不同的拨款类型的法律性质变化，加强了相关部门和机构预算管理的灵活性。尤其是，法律允许更多地使用"灵活的"拨款：延长了预算授权的使用期限（多年期拨款），并且在一定情况下，通常的硬性年度拨款，由于提供了更宽宏的年底继续使用预算开支权而被放松了，还可以从下一个年度的预算授权借款。

关于透明度和受托责任，与一些盎格鲁—撒克逊国家不同，北欧国家并未采用财政责任法案来要求政府透明、加强向议会进行财政报告的法律要求。一定程度上，这是因为这些国家有着长期开放的历史。在某些情况下，很长时间以来，北欧四国都采用了《信息自由法案》，详细规定了公众获取政府文件的宪法权利②。瑞典在1978年《出版自由法案》中规定："为鼓励意见的自由交换和详尽信息的可获取性，每个瑞典公民都有自由访问官方文件的资格"（第二章条款1）。尽管盎格鲁—撒克逊国家也采用这样的法律，但开始实行相对较晚（例如，英国直到2000年）。更具影响力的原因在于，与威斯敏斯特国家传统上的两党制政治安排相比，北欧国家是相当不同的。在北欧国家中常常是多党联合执政③，达成联合协议特别重要。例如在芬兰，1999年宪法要求，议会中的团体代表就

---

① 以石油为基础的收入，储存在政府石油基金中，并且用于向挪威以外的国家获取金融资产。财政部负责石油资金的政策方面，具体则由中央银行管理（Norges Bank，2004）。
② 瑞典的《信息自由法案》在1766年首次被采用——它是世界上最古老的这类法律。芬兰1919年的法案是第二古老的法律。请参阅http://home.online.no/~wkeim/foil.htm。
③ 在丹麦，从1909年以来，没有一个政党在议会中占据多数。瑞典在1976~1982年期间，存在联合政府。从1994年以来，社会民主党在没有形成联合政府的情况下，协商支持一个或两个政党。

政治和经济计划进行磋商，要在首相和新组建政府的指令之前。这样，在议会存续期间，执政党之间的联合协议——公共文件——就为财政政策提供了基础。关于其他信息的披露，政府自愿提供一定的财政信息（包括长期预测），然而，在其他国家，这些信息的披露都是由诸如财政责任法案之类的法律，来强制执行的。

大多数北欧国家的政府会计制度都已现代化了。丹麦在1984年采用的会计法案，规定会计需要计量资产与负债，以及收入和支出。芬兰和瑞典在其《国家预算法案》中也提及了一些一般性的会计要求。在瑞典，《国家预算法案》被采用以前，所有的政府机构都采用了完全的权责发生制会计。可是，在预算中采用权责发生制，则需要议会批准新的法律。通常，权责发生制会计的引入，被视为行政事务，而不需要修改任何现行法律。

总之，在这些国家中，并不依赖法律就进行了几项重要的预算改革。20世纪90年代，促成丹麦、芬兰和瑞典实质性财政稳定的坚定的预算决策，大部分是在没有改变与预算程序有关的法律下达成的。在取得宏观经济稳定目标方面，对财政持续性强大的政治承诺、非法律约束的联合或其他形式的政治协议以及欧盟的马斯特里赫特条约对于赤字和债务标准的劝说效果，似乎起到了很大作用。分配和技术效率的改进，大多没有引起法律的变化。不过，芬兰和瑞典还是通过法律增加了预算拨款的灵活性（在丹麦和挪威是由规章引进的）。瑞典通过法律形式列举了对于制定分配决策具有重要意义的27项功能性支出领域（functional expenditure areas）。因此，虽然有几项例外，但法律被认为是一种调节形式，而不具有主体性地位。这与一些大陆国家正好相反。最后，当法律被采用时，这些法律的撰写，通常使用一种能够使得其在操作上具有灵活性的语言。

2 预算制度法律中的原则

议会在预算和其他事务中的最高权威，在北欧四国中都是基本的宪法原则。例如，瑞典宪法（条款1）强调了一项基本原则："所有的公共权力来自人民"。议会是被选举出来行使权力的公民代表，这些权力中包括批准年度预算的权力。

预算的年度性原则通常合并在法律中，尽管在允许持续时间的变化和拨款灵活性方面，并不受该原则管制。普遍性原则得到了支持。可是，在总额的记录和报告中存在一些例外情况。例如，瑞典《国家预算法案》规定，完全自筹资金的政府机构，其收入和支出不计入年度预算，并授权政府决定其收入的使用。可是，在年度预算中，需要向议会报告预计的收支范围和自筹资金运作的性质。在丹麦，净值原则导致政府机构各项活动的扩大（参见 Beck Jørgensen and Mouritzen，1997）。

考虑到预算的统一性，所有的国家都同时批准收入和支出的年度预算。预算统一性原则包含在芬兰宪法中，它要求收入、支出和拨款的概算，均包括在国家年度预算中（s.84）。瑞典的《国家预算法案》规定，所有的收入、支出和影响国家净借款的支出，应当包括在提交给议会的预算草案中。预算统一性原则并没有体现在丹麦和挪威的法律中。

支出的特殊性原则在法律中也有所体现。可是，这个领域中的法律规定并不详细。最近几年里，随着预算重心从详细的投入向成果和产出的转移，所有国家预算基线的数额都显著地减少了。通常，法律约束不阻止新的拨款结构的引入，尽管拨款结构方面的变化，通常需要经由法律批准。

透明性、可问责性和绩效原则，在北欧国家中并非新生事物，在很长时间里都被社会所认同。宪法严格要求行政官员向议会负责。根据法律，政府活动的基本信息应当提供给公民。由于达成共识的重要性，问责性关系的制定常常是非正式的，并不在法律中规定。北欧国家并未通过引进严格的政治执行层面和预算管理者之间的契约关系，来增强预算绩效。主要由行政规章（这不在本研究范围内）确立行政机构向部门报告的要求。总之，实用主义原则（pragmatism）较之对教条主义（doctrinaire）原则的机械遵从，更加重要。

3 预算制度中法律基础的建立与行动者的权力

这一节考察预算程序中主要行动者的法律基础。重点是行政部门和议会之角色的宪法规定。

3.1 北欧四国的宪法

长期以来，北欧四国在许多宪法相关法律和内容上都差异很大。第一，宪法的采用时长不同，挪威宪法于1814年采用，而芬兰宪法则于1999年采用。第二，如大多数国家一样，丹麦、芬兰和挪威三国的宪法为单一文件。与此相反，瑞典有四部基本法律组成它的宪法：《政府法案训令》（the Instrument of Government Act）、《继承法案》、《出版自由法案》和《言论自由基本法》。在芬兰，1999年宪法统一了四部以前的法律：1919年的芬兰宪法，1928年的《议会法案》和两部关于部门职责的法案。经过30多年的考虑后，芬兰才决定采用宪法①。第三，宪法的内容差别很大。瑞典的四部基本法律的条款数量，到目前为止是最多的（表1）。

表1　　　　　　　　　　北欧国家：宪法的年代和体量

	丹麦	芬兰	挪威	瑞典
宪法订立年	1953*	1999	1814	1974
最后修订年	无	无	1995	2002
修订次数	0	0	38**	3
条款数量***	89	131	112	367****

注：　*1953年的新宪法本质上是以1849年的宪法为基础。
　　**大部分的修订，包括废除的10项条款，影响都较小。这里没有直接涉及1814年以来预算制度的宪法革新。
　　***该表显示了已编号的条款总数，即使已废除。各条款长度不等。
　　****政府法案训令有169项条款。其他三部宪法法案包含198项条款。

北欧国家比其他国家更加难以修改宪法。在北欧四国中，相关提议必须在首届议会任期内递交和批准，然后于立法选举后由第二任议会重新考虑和批准。通常还需要绝对多数同意（例如，芬兰和挪威要求2/3的多数票赞成）。在挪威，尽管自1814年以来宪法多次修改，但对修宪的严格要求和保守态度，很大程度上说明了宪法保留了很多过时规定的原因。尤其是挪威宪法没有根据议会制政体的原则来加以更新。由于议会制政体的采用，国王不再拥有任何实权，但是宪法的文字表述并没有相应改变（挪威议会，2001）。在丹麦，第二届议会批准宪法变动草案后，议案被提交给公民。如果大多数公民参与投票，并且全部选民中至少40%的选民支持议会通过修宪议案，宪法法案就将被修改（s.88）。公民投票率的严格要求，是自1953年以来宪法从未修改的主要原因②。

预算制度的宪法规定与宪法本身的体量，并不成比例。虽然瑞典的宪法到目前为止是北欧四国中最长的，但大多数宪法条文致力于阐明自由和权利。瑞典宪法与丹麦和挪威这些较短的宪法中包含的关于预算制度的条款，数量其实是大致相同的③。相反地，芬兰宪法有一个单独的章节，专门致力于阐明国家财政的相

---

①　20世纪60年代建立起了宪法委员会。可是，当委员会建议大力减少总统权力时，委员会在70年代被解散了。在80年代，另一位总统重新设立起委员会。在90年代，议会迫使政府进行宪法改革，重点是对共和国总统权力的密切关注（Nousiainen，2004）。

②　请参见丹麦外交部网站，www.um.dk/english/danmark/danmarksbog/kap1/1 - 9. asp#1 - 9 - 7。

③　这个陈述需要受到限制。在瑞典，除了它的四项基本法律外（宪法），还有接近宪法的《议会法案》，其中具有涉及预算程序的大量条款。

关规定。因此，芬兰宪法直接涉及预算制度的条款数目大约是另外三个其他国家的两倍。

3.2 立法机关

丹麦在1953年采用了宪法，瑞典在1969年发生立法变化①，抛弃了以前的两院制议会（表2）。挪威还保持着两院制议会，但该议会和两院制立法的惯例不同，是通过单一的全国选举产生的。1814年宪法（世界上第二古老的宪法）将整个议会划分为上议院（the Lagting）和下议院（the Odelsting）（条款49）。挪威议会成员1/4为上议院，3/4为下议院（条款73）。每项议案必须先在下议院提出（条款76）。下议院讨论后，草案需经上议院或者议会全体大会批准，之后经国王同意，才可成为法律（条款77-78）。年度预算和预算规章并非正式法律，由议会全体出席投票。可是，议会决议的影响力与正式法律相似。挪威宪法是北欧四国中唯一不涉及议会委员会的宪法。可是《议会议事规则》（Norway Parliament，2004）详尽地说明了12个规定的委员会。规则要求每个议会成员都被分配到一个议会委员会中。

表2　　　　　　　　　　北欧四国：对立法机关的宪法规定

成文宪法的措辞*	丹麦	芬兰	挪威	瑞典**
一院制议会	是	是	否（两个）	是
君主，总统或总理签署时议案成为法律	是，君主签发，议案通过后不迟于30天	是，总统签发，三个月内做出决定	是，国王有否决权	是，由总理签发时生效
议会建立自己的内部程序规则	是	是	是	是
议会建立委员会	是	是		是
建立了预算/财政委员会		是		是
议会成员可以询问部长关于公共利益的任何问题	是	是		
议会有权获得信息，并且内阁和/或适当的部长必须提供信息		是	是	是

---

① 20世纪60年代建立起各种宪法委员会，以讨论在立法机构和选举制度方面的改变。1969年完成了宪法的局部改革，导致在1970年举行选举，选出新的单一制的内阁（相关介绍请参阅 Sweden Parliament，2003，介绍部分）。

续表

成文宪法的措辞*	丹麦	芬兰	挪威	瑞典**
非议会成员的部长有权出席和参与议会辩论		是	是	
全体出席的议会会议是公开的（有一些例外）	是	是	是	

注：*在这一节和后面的章节中，宪法中的书面表述显示在所有相应的表格内。在给定国家中，有些列里面没有写"是"，这并不意味着这项规定就不存在或没有付诸实践。它仅仅意味着这样的表述不包含在成文宪法中，虽然它可能包含在其他法律或惯例中。

**在四部宪法法案外，瑞典还有一部接近宪法的法律——《议会法案》。可是它的条款没有在最后一列中记录。

芬兰宪法有大量的涉及议会委员会的条款，这与挪威形成了鲜明对比。条款规定了很多委员会，包括财政委员会①。在丹麦，这种条款没有规定在法律中，而是在议会的议事规程里（丹麦议会，2001）。规定设有24个独立的委员会，但是由议会的议事规程委员会来制订其他23个委员会之权限范围的规章。瑞典的《议会法案》列出了16个议会委员会。从国家收入到27个支出领域的支出限额设置（但不是支出本身，具体支出仍旧由16个特定委员会来确定），财政委员会在预算事务中具有重要作用。与之相对，丹麦设有市政事务委员会，而在瑞典，财政委员会也为地方政府财政处理一般性的事务（s. 4. 6. 2）。

北欧四国都在宪法中规定，议会具有从内阁和（或）部长那里获得信息的权利。在芬兰，"相关部长必须保证委员会毫不耽误地收到必要的文件"（条款47）。议会的个别成员也同样有权要求信息，但"正在准备的预算草案"除外（条款47）。瑞典宪法甚至规定了部门向议会负责的更有力的条款："宪法委员会应检查部长履行公职的绩效。为此委员会有权获取决策报告和所有记有政府事务的文件。任何其他瑞典议会成员都有权向宪法委员会提出有关部长行使公职或处理政府事务中的绩效问题"（《政府法案训令》，s. 12. 1）。

议会全体大会一般都向公众开放，这与开放和向公众提供信息的价值相一致。与此相反，委员会会议一般不公开。在芬兰，虽然议会委员会讨论问题不向公众公开，但宪法规定议会委员会的会议记录应该公之于众。在瑞典，委员会就关乎大众利益的议题召开听证会。

---

① 芬兰议会的议事规则规定，财政委员会必须有21位成员（s.8），而其他委员会有17位，这表明了财政委员会的重要性。

3.3 政府首脑

北欧四国中,三个是君主立宪制国家,芬兰则采用总统—议会的混合政体(表3)。虽然行政首脑——君主或总统——任命总理(政府首脑),但各国通常由议会提名总理。在瑞典,尽管并非必须,总理通常是多数党的领袖。在芬兰,总理甚至不必是政治家①。北欧四国中,三个国家的宪法规定,内阁/部长会议是批准预算草案的主体。在瑞典,宪法仅仅规定:"政府事务在政府会议上解决"。相反,芬兰宪法不仅规定"政府权限内的事务在政府或部门全体会议上决定",而且规定为了筹备事务,"政府可召开部长委员会"。与议会权威至高无上的原则相一致,芬兰宪法规定政府的决策权受制于法律。在这样的背景下,组建了由总理、财政部部长和代表联合政府中每个党派的一个部长组成的内阁财政委员会(Blöndal et al., 2002, box8)。委员会有广泛的权限并且几乎所有超过500万欧元的支出提案,都需经其批准。

表3　　　　　　　　　　北欧四国:对政治行政的宪法规定

成文宪法的措辞	丹麦	芬兰	挪威	瑞典
君主是国家元首(通常不需要宪法授权)	是		是	是
总统是行政首脑		是		
由总理或君主任命的部长们构成内阁	是	是	是	
由政府建立部长委员会		是		
所有的条例和重要的政府规章,都要交由内阁讨论	是			
部长们就其行动和(或)政府行为向议会负责	是	是		是
部长们因管理不善而接受议会弹劾	是			
政府或首相需要将其规划提交给议会	是(首相)	是		
政府可以发布次级法律	是	是	是	是
政府和(或)部长应该得到议会的信任	是	是		是

在北欧四国中,三个国家的宪法体现出部长对议会负责的要求。一般情况下,部长的行动都是以个人身份对议会负责。在丹麦,"部长应对政府行为负责;他们的职责由法规确定"(丹麦宪法, s.13)。虽然在瑞典强调集体责任,但宪法也包含审查部长个人绩效的条款。特别地,"瑞典国会委员会或任何议会议员都

---

① 在1979年,选举出了一个不代表任何政党的首相来领导政府。

有权以书面形式，向宪法委员会提出关于部长在其公务职责或管理政府事务中绩效的任何问题"（瑞典政府法案训令，第 12 章条款 1）。在芬兰，宪法要求部长公开他们的资产和在议会以外的职务。

每个国家的宪法都规定政府可以发布二级法律。芬兰是唯一由宪法规定了多个有权发布二级法律之机构的国家："总统、政府和部门，可以根据宪法或其他法案的授权发布法令"（s.80）。在瑞典，政府可以经法律授权在各个领域采用法律工具（税收除外）。法律工具提交议会审查和批准，并由议会决定。政府可以依次向附属机构委派任务（《政府法案训令》，第 8 章）。与丹麦和挪威不同，在瑞典，政府之决议不需要君主的签字。在挪威，临时法令由国王签署并保证其与现行法律不发生冲突（宪法，条款 17）。在丹麦，宪法阐述了国王"在王国的所有事务中有最高权威，通过部长们来行使，签发与政府相关决议，附有国王签名和一个或多个部长签名的决议是有效的"（ss.12, 14）。在实践中，国王签署政府决议不会提出异议。虽然由丹麦财政部发布的法令（指导方针）是预算制度法的重要部分，但发布它的权利并没有在宪法中明确提及。

最后，四部宪法中的三部明确规定政府得到议会的信任。在瑞典，如果议会"宣布总理或任何其他部长不再得到议会的信任，议长将解除有关部长的职务"［政府法案训令，s.6（5）］。如果总理被解职，整个政府就解散了。在挪威，宪法中没有规定议会制政体，但实际上政府也必须受到议会信任才行。

3.4 部门和行政机构

北欧国家的特色之一，就是部门对制定政策的影响被限制得相当小。与之相反，大部分行政职能由几百个半自治机构来行使，建立在这样的宪法条款上，公共机关（public authority）和议会都无权决定行政当局（administrative authority）将如何行使公共权力或应用法律[①]。芬兰宪法是唯一以法律形式规定部门的设立以及部门最大数量的国家，这属于法律或法令之下的内部组织事项。

虽然财政部不是根据宪法甚至法律设立的——在丹麦、挪威和瑞典——它们在北欧四国中对预算程序有着强有力的影响。在丹麦，政府部门的权力是通过财政部长在内阁和常任秘书的谈判过程中的相对强势而逐步形成的（Jensen, 2003）。特别地，丹麦的财政部与议会的财政委员会协调发布预算指导方针。在北欧国家中，与较小部门相对应的是自治机构。在瑞典，宪法建立了自治的行政当局。

---

① 请参见 Sweden Agency for Administrative Development (1999)。

3.5 公务员

公务员在准备和执行国家预算中起了重要作用。丹麦和瑞典的宪法要求根据法律建立公务员规章。因此，这两个国家采用了公务员法。其他两个国家对此虽然没有宪法要求，但还是采用了公务员法（World Bank，2001，Appendix）。最近几年里，这些法律已经进行了修订，允许通过与私营部门相似的标准来招聘更多的公务员。法律条款常常由雇主和工会之间的集体协议作为规章来加以补充，这些规章倾向于放弃前者对于公务员薪金合同的集权化管理。北欧四国中，三个国家的宪法规定行政部门单独任命公务员，与此相反，芬兰宪法允许议会委员会参与公务员的任命过程。在瑞典宪法规定，在国家管理的任命中应当注重的是，诸如优点或能力这样的客观因素。这与一些非北欧国家形成对比，那些国家任命公务员注重资历或教育程度等因素。

3.6 次国家级政府

北欧四国都向较低层级的政府提供足够的预算授权，次国家政府包括两个层级，第一层级为县级，最低层级为市级（瑞典除外，它没有地区级政府，但有两种市级政府）。卫生、教育和社会救助一般由次国家级政府分散负责。虽然北欧四国都是单一制国家——在三个国家中县级政府由中央政府任命①——但他们比包括美国在内的一些联邦制国家更加分散（参见 OECD，2003）。这种高度分散的原因是地方政府有相当大的税收权，除挪威外，地方政府谨慎地设立税收（Daugaard，2002，table 1）。尽管如此，大部分地方政府的收入或者来自中央政府的税收分配，或者来自由中央政府提供的专项或非专项补助（参见 OECD，1997，country notes）。

瑞典和芬兰宪法规定，地方政府有取得其自身收入的权利，并且国家对地方政府可以"施加责任"（芬兰）或"委派行政职能"（瑞典）。地方政府法案的有关规定，作为宪法条款的次要补充，已然超出了本研究的范围。

4 编制预算的宪法要求和其他法律要求

4.1 议会的权威

在北欧四国的宪法中，明确规定了议会在制定预算决策中的权威。芬兰和瑞

---

① 瑞典的国家管理部门不能被认为是独立的政府层级。

典有关于预算的一般性说明，而丹麦和挪威有单独的宪法条款规定，税收由法律决定，并且进行支出必须有法律依据（表4）。在芬兰和挪威，宪法还规定非税收入必须有法律根据。瑞典的宪法允许政府委派"税收以外的事项"（根据法律授权）。挪威是宪法规定特别支出需要法律授权的唯一国家（例如，每年向王室家族的支付金额；对议会议员的旅行津贴和报酬）。

表4　　　　　　　　　　北欧国家：宪法对议会权力的规定

成文宪法中的描述	丹麦	芬兰	挪威	瑞典
议会决定国家财政		是		是
不应征税，除非根据法令改变或废除	是		是	是
只对12个月征收税收，权限每年必须更新			是	
非税收入由法律设立		是	是	
君主规定议会征收的税款和关税			是	
议会通过预算法案之前，不能征税	是			
预算法案没有规定的支出不能支付	是			
议会拨款必与政府支出相符			是	
国家资金不应与议会的决定相左				是
预算必须平衡		是		
不能提高公债，除非议会授权（法令）	是	是	是	是
议会规定国家最高债务水平		是		
君主应保证国家机能根据议会的方式被利用，并以公众利益为重			是	
议会可以批准追加拨款	是	是		是

只有芬兰宪法笼统地提及预算平衡规则，它要求预算中的预测收入需要覆盖支出授权。芬兰更重要的宪法要求是：随着选举的进行，政府应当毫不耽搁地以报告形式向议会提交它的计划。虽然政府的"报告"不具有约束性，但在政府任期内或政府组成有了本质上的变化为止，报告的某些章节为指导财政政策提供了基础。例如，2003年4月之新政府的目标在于，维持中央政府财政平衡直到选举期结束，这段时期内致力于使广义政府盈余达到国内生产总值的3%左右，并且降低中央政府的负债率（Finland Ministry of Finance，2003）。

北欧四国的宪法都要求公共债务需要议会的批准。芬兰宪法详细阐述了议会当局同时关注债务水平和政府的债务担保。芬兰宪法还规定，政府资产和债务的管理必须经议会决定。瑞典的《政府法案训令》要求（s.9：10），政府进行债务担保需要经过议会的批准。

在丹麦和瑞典，宪法的相关规定由与债务有关的独立法案来补充。丹麦1993年的《增加政府贷款的授权法案》，授权财政部部长代表中央政府增加贷款直到最高限额（Denmark National Bank，2004）。瑞典的《国家借款和债务管理法案》没有规定贷款上限（Sweden National Debt Office，2002）。议会授权丹麦政府根据预算状况而贷取一定数额的款项。在瑞典，议会每年授权政府为实施议会相关决策而贷取所需要的款项。瑞典的《国家预算法案》允许政府在经议会批准的目标上和数额内做出债务担保。在挪威，由于石油储量很大，债务和资产管理有必要合并考虑。1990年《政府石油基金法案》提供了相应的法律基础，石油收入用于从挪威外部获得金融资产，并弥补非石油项目的预算赤字。

对于预算普遍性原则之规定，只有芬兰宪法规定，由议会选举社会保险体系管理委员会，以监督其管理与运作。芬兰在预算外资金的设立方面，也有很强的宪法限制，它"根据法律创立、经过绝对多数投票而接受，并且只在国家某项永久性职能的绩效达成，确实需要采取此种方式的情况下"（宪法，s.82）。最后，芬兰还要求国有企业的目标随同国家年度预算一并提交。

4.2 提交年度预算的时间

在北欧四国中，针对向立法机关提交年度预算草案的时间，只有两个国家做出了宪法说明。在丹麦，这是一项具体的规定：下一个财政年度开始前4个月。与之相反，芬兰宪法仅仅要求在下一个财政年度之前，恰好提交年度预算草案即可。芬兰1988年《国家预算法案》中没有包含更准确的日期。它强调"涉及阶段和程序的条款，需要遵守编制预算草案的政府指令"（s.10a）。实际上，年度预算通常在9月初就提交到议会（Blöndal et al，2002，box 3），即财政年度开始之前的4个月。

在瑞典，与宪法相似的《议会法案》规定：预算年度开始于1月1日，并且政府应于9月20日前，提交关于国家预算年度收支建议的议案（即预算议案）。因为大选通常在9月中旬举行，针对因政府的更迭，而造成9月20日不能提交年度预算草案的情形，该法律也做出了规定，如果这种情况发生，在新政府组阁日的10天内必须提交年度预算，但不得迟于11月15日（条款3.2.1）。

在挪威，提交的时间在成文法律中并没有规定，但在议会的议事规章中有说明："关于财政年度的皇家预算申请，要在议会召开后6天内提交给议会"（s.19）；议会在10月份的第一个工作日召开。"关于国家预算的报告也要同时提交给议会"（s.19）。实际上，财政部就每项预算中的目标和新政策都准备了报告。

尽管这些向立法机关提交预算的截止日期，有法律上之规定，但行政部门内部的预算编制时间表，则被认为是内部事务。芬兰1988年《国家预算法案》明确规定，关于预算草案准备阶段和程序的条款，应该通过政府法令发布。经由部长会议的展示和批准，北欧四国的财政部都会发布预算时间表，作为部门内部的预算编制指导方针。在和其他部门磋商后，这些时间表通常由财政部决定。

2002年春季（3~5月期间），瑞典修改了20世纪90年代中期引进的二阶段预算审批程序。现在政府有义务在4月份就经济和财政指导方针提出建议（以前这是选择性的）。不再提交27个支出领域的全部支出上限和特别上限，或对此进行投票。9月份的预算议案中已然包括了这些被取代的议题。改变的理由在于（相对于90年代中期引进的制度），议会不希望每年实行两次预算程序。

4.3　年度开始前未通过年度预算

出于对达成一致的强调，在新财政年开始前，北欧四国很少出现预算未通过的情况。不过，年初未通过预算的状态，在北欧四国中的如下三个国家中，是符合宪法的。

在丹麦，"如果对下一个财政年度之财政议案的审查，可能无法在财政年开始前完成，应在下议院议会召开之前，提出临时拨款议案"[s.45（2）]。在芬兰，如果"预算耽搁到新的预算年度之后，那么在某种程度上由议会来决定临时预算"（s.83）。类似地，瑞典宪法规定，当预算时期开始前无法最终通过国家预算时，在预算被批准前，议会应该按照这段时期的需要来批准拨款。另外，"议会可以授权财政委员会代表议会作这样的决定"（《政府法案训令》，条款9.4）。

4.4　预算的内容和拨款的类型

芬兰宪法体现了预算的一致性和年度性原则，但其他国家没有。芬兰宪法规定了预算授权——包括收入和支出——每年一次。在瑞典，虽然年度性原则得到支持，但宪法涉及了一个例外——议会可以确定拨款的时期跨度，而不局限于1年。丹麦和挪威的宪法则没有体现这些原则。

芬兰宪法和《国家预算法案》及瑞典的《国家预算法案》规定了多种形式的拨款。它们是：

● **固定拨款**。这些是不得超出的拨款——年度预算对支出的上限有法律约束。此外，对于固定拨款而言，任何没有使用过的预算授权，不可以在以后的财政年度里再使用。

● **多年度拨款**。这些也是不得超出的拨款。不过，没有使用的预算授权可以在以后的财政年度里使用，最多超过预算议案所在的预算年份两年（芬兰《国家预算法案》s.7）或三年（瑞典《国家预算法案》s.3）。在芬兰，多年度拨款被称为"可调剂"拨款（transferable appropriations），因为预算授权可以在年度之间调剂。

● **灵活拨款（瑞典）**。这些是可以在没有议会额外授权的情况下，通过使用授权预支（来自下一年度预算的预期授权），最高可以达到10%的临时超额拨款。这种超额拨款的申请授权，主要用于尚不可预见的支出，或者用于确保议会确定目标的实现。政府每年的此类议会授权申请，主要是社会福利方面的授权。灵活拨款中未使用的资金，可以结转用于以后财年的支出。

在芬兰，宪法允许净拨款（net appropriations）、调剂（transfers）、结转（carryover）以及预支未来拨款。同时，《国家预算法案》规定，拨款概算不能结转到以后的财政年度。可是，法律允许拨款概算的超支，只要这些超支都是根据需要做出的。存在应付项目情况下，拨款概算超支也可以被准许，超支上限为累积收入总额。后一种规定允许那些收取服务费用的政府机关，用这笔钱来支付超支花费，当然这需要基于相关法律之规定。

在瑞典，《国家预算法案》规定了以总额拨款作为一般原则。但可以存在例外。如果在某个特定领域中收入不能完全覆盖支出，那么对该领域的净拨款将包括在国家预算中。如果在某个特定领域中收入能够完全地覆盖支出，该领域的收入和支出都不包括在预算内。如果对政府提供的商品或劳务的需求是自愿的，则可以授权政府来决定源自这些商品或劳务之收入的用途。

在丹麦和挪威，还规定了多种类型的拨款，但并不是通过法律的形式。在丹麦，预算规则为不同类型的固定拨款和灵活拨款规定了很多细节，涉及跨年度拨款和有条件拨款，还有针对不同费用类型的拨款（人事、运营、建设），以及转移给国有企业的拨款。

在挪威，通过与每次拨款相联系的标签系统，议会的预算规则（s.7）允许：（1）经常性开支从一个预算周期结转到下一个预算周期，最高5%；（2）当既定的概算需要超支时，允许"拨款概算"超支；（3）预支支出，最多两年，主要针对基本建设、施工和原料以及其他议会认为必要的支出；（4）其他预算科目下未花费的预算之调剂。另外，尽管所有的政府部门都要根据净值来编制预算（实际上，高等教育部门就是在净额基础上编制预算的主要机构），但也允许依总量来编制预算。

4.5 预算法草案的附加文件

在丹麦、芬兰和挪威，法律并没有规定预算文件的要求。一般地，政府法规或法令阐明了对于部门的主要预算文件要求。当为年度预算确定明确的文件要求时，财政部与议会预算委员会合作，由财政部斟酌决定。对于部门下设的执行机构而言，部门通常通过财政部的指导中心来指导这些下属机构提供预算资料。在瑞典，《议会法案》规定，"预算议案要包括财政规划和根据支出领域的拨款分配方案"（条款3.2）。附加的法律要求在后文中有详细的描述。

4.5.1 中期宏观经济框架和财政战略

北欧四国中的两个（芬兰和瑞典）根据法律规定了中期预算框架的建立。实际上，四国都编制中期预算框架，并提交给议会（挪威在2005年才开始）。瑞典《国家预算法案》允许政府引进比一个财政年度更长时期的政府支出上限。如果政府不提出这种建议，它必须提出基于政策不变的情况下，政府收支和借款将如何发展的长期评估。

4.5.2 相对于现有支出计划的新举措

虽然四国没有明确的法律要求，主要的新预算政策变更必须呈交给议会。

4.5.3 与绩效相关的信息

虽然各国至少在一定程度上已然做到以绩效为导向的预算制度[①]，但法律还尚未规定需要提交与绩效相关的信息。瑞典《国家预算法案》仅仅要求政府向议会报告各个运营领域之目标和取得的成果。这项在1996年采用的概而言之的法案，仅仅确认了从20世纪80年代晚期逐渐推广的绩效导向的预算实践。

4.5.4 法律要求的其他信息

总体上，除了在债务范围内，很少有法律要求。在瑞典，《政府法案训令》（s.9:10）不允许政府不经议会事先同意而借款或承担其他财政债务。《国家预算法案》包含了对做出承诺和签发担保的更详细的规则。《国家借款和债务管理法案》要求，政府为债务管理而编制年度指导方针，并需要符合由议会设立的债务目标（Sweden National Debt Office，2002）。

对作为年度预算一部分的税式支出，北欧四国都没有向议会报告的法律要求。如果出于控制支出的目的来运用支出上限，那么这些限制就可能通过增加税式支出而被间接破坏，这就是一个重要的疏漏（就瑞典而言，可以参见Roseveare，2002，P.10）。

类似地，预算中主要风险的报告在法律中也不是必需的。实际上，只有两个国家——芬兰和挪威——在呈送预算时，报告可识别的风险（OECD，2003，Q.2.7.a）。在挪威，讨论的风险主要是宏观经济风险——与特定预算项目相关的风险（如福利待遇，entitlement benefits）通常不作认定。

[①] 例如，请参见 Blöndal et al.（2004）对丹麦的研究，Blöndal et al.（2002）对芬兰的研究，Christensen et al.（2002）对挪威的研究，以及 Blöndal et al.（2001）、Ekonomistyrningsverket（2003）、Gustafsson and Svensson（1999）对瑞典的研究。

4.6 议会委员会和议会的预算程序

在北欧四国中，预算委员会在批准预算的过程中具有关键作用，但是法律或议会条例对这些过程的规定程度有很大不同。预算草案首先由委员会研究，然后经立法机关全体会议批准。除芬兰和瑞典以外，这些步骤都不包含在法律中。特别地，芬兰宪法要求预算草案由议会财政委员会确认，它是宪法中提及的四个常务委员会之一（s. 35）。瑞典的《议会法案》规定，财政委员会在资金、贷款、债务和公共财政中具有广泛的职能，涉及审核国家收入估计、协调预算、政府会计、审计和管理绩效方面（s. 4.6.2）①。在丹麦和芬兰，宪法规定拨款法案在审查期间不能有延迟。在挪威，则缺少议会预算的批准程序之宪法规定。

在所有四国中，涉及议会委员会的宪法规定，通过议会规章或法律（只有瑞典）来加以补充。在挪威，议会的议事规则（Norway Parliament, 2004）中，提供了具体说明预算委员会预算职责的基础。特别对财政与经济事务常任委员会的职责以及采用预算的程序，有着广泛的规定。它的职能包括检查涵盖税收和关税在内的与经济、货币和财政政策有关的事项，以及与国民保险收入、国家担保、财政预算（fiscal budget）和国家预算（national budget）有关的事项（s. 12.2）。议会在10月初收到财政预算。1997年引入了自上而下的编制预算过程，"不迟于11月20日，财政与经济事务常任委员会应为每个部门的支出计划建议预算范围，并提供关于税收、关税和向自治市的一揽子拨款的建议"（s. 19）。在一周之内（即11月27日前），议会应为各个类别确定具有约束力的预算限额。其后，其他常任委员会检查支出计划并有权建议修正。议事规则明确说明：只要不偏离由议会确定的限度（为21个支出领域设立的限度），可以对每个单独支出计划中章节和项目的变化提出建议。第二阶段——始于11月末——在12月15日前必须完成（s. 19）。在这个阶段由议会制定的预算决议案是最终决议。相关规则规定在瑞典的《议会法案》之中。相反，丹麦议会的议事规则中没有规定财政委员会的作用（Denmark Parliament, 2001）。这些规则将这项任务正式委派给议事规则委员会。

北欧国家都有议会委员会与行政执行机构之间紧密合作关系的传统。财政部一般在专业问题上向议会委员会提供必要的建议。在挪威，议会已经进行了管理机制的更新，包括引进对议会委员会的公众听证会、延长全体会议的质询时间以及扩大审计功能（Christen et al., 2002）。在瑞典，议会的一般审查人员数量是35人，他们在预算事务中为党派和议会成员提供支持。

---

① 财政委员会的成员总数为11人，是所有委员会中人数最多的。

4.7 议会修正权，联合协议，两阶段的预算和财政规则

北欧四国中，芬兰宪法是唯一明确阐述议会有权建议修正预算草案的。与此相反，比如法国和西班牙的宪法，就没有北欧四国那种议会修正预算草案之程度的法律限制。实际上，议会确实使用了这项权力，并定期修改行政部门提出的预算。不过，在丹麦和芬兰，针对主要财政总量的变化方向，政党之间的协议建立了不具法律约束力的指导方针（关于丹麦可以参见 Blöndal et al.，2004；关于芬兰可以参见 Blöndal et al.，2002）。在芬兰，不仅财政委员会可以建议修正预算草案，在全体大会开会期间，议员也可以提出修正建议。在这种情况下，预算议案退还给财政委员会，它可以同意或建议进一步修正（议会规则，s.59）。

在瑞典，虽然原则上议会对修改政府建议拥有无限的权力，实际上却有着很强的限制条件。议会制定的决策是按照典型的自上而下的程序来进行。当议会在秋季（9~11月期间）编制预算时，就已被施加全面的限制了——此前在春季决定了国家支出上限。财政委员会准备和讨论后，议会首先为未来3年确定支出上限。之后，议会为下个财政年度中27个支出领域的资金确定分配总额。议会还对国家收入进行评估。这些事项由议会一次性投票决定。决定通常在11月20日前后作出，之后，专门委员会讨论在每项支出领域内拨款资金的详细分配。在此环节中虽然不允许超过议会决定的支出上限，但可以在每项支出领域内重新分配拨款资金。各委员会达成协议后，将建议提交到议会，每个支出领域内所有拨款详细的资金分配，由一次性投票决定。最后的决定通常在12月中旬做出。这个自上而下的决策过程和投票过程，可能增加这样一种可能性，那就是强大的少数党政府的预算草案只经很少的修改就被通过了。此外，1994年以来，少数党政府为保证议会投票时可靠的多数票，会与一到两个政党合作，在预算草案被提交到议会之前协商其内容。因此，近年来议会很少就呈交的预算草案做出修改。

挪威也经常存在联合政府。但由于石油收入在经济中的重要地位，财政管理目标与其他三个国家有着相当的不同。基于大量的政府总盈余（在2000年占GDP的15%）、长期需要为与老年残疾养恤金有关的未来义务提供资金（Norway Government，2001），政府的主要挑战是保证财政政策的长期可持续运行。关键问题是石油收入使用的速度和时间。对此，政府建立了这样一种财政规则，允许非石油预算存在一定的赤字，但必须与政府石油基金预计的长期实际回报保持一致。在2002~2004年期间，石油资金的使用超出了预期实际回报（OECD，2002）。不过，指导方针允许年度之间的偏差来平滑市场的波动。

总之，议会中支持政府的党派，有意愿投票支持政府提出的预算——如果离开政党间的联合或合作，政治上的代价是相当高昂的。在芬兰，总统可以否决被

采纳的预算。不过，议会可以重新通过不作出实质性变化的预算法案，这样不经总统确认就能够生效（宪法 s.77）。

4.8 追加预算

在北欧四国中有三个国家，其宪法授权政府提出追加预算。在芬兰，追加预算需要理由。宪法也允许任何议会议员"针对与追加预算有关的预算修正案，提出预算动议"（条款86）。在瑞典，"议会可以修正当前预算年度的收入概算，改变已经采用的拨款或在追加预算中采用新的拨款"（《政府法案训令》，条款9.6）。瑞典政府通常在四月的春季财政政策议案和九月的预算议案中，提交本财政年度的追加预算。不论是预算议案还是春季财政政策议案，都不作为法律而采用——只是简单的决定。

在丹麦，议会财政委员会可以批准政府修改年度期间的预算拨款请求。在年末，所有被批准的预算要求都添加到追加拨款议案里。在严格的法律基础上，这种操作合宪与否，其实是有疑问的，因为宪法规定"只有由下议院或由追加拨款法案通过的财政法案规定，才能进行支出"。在挪威，议会采用追加预算的权力是含蓄的、不明确的——宪法简单地规定"议会根据政府支出的需要，进行必要的拨款"（条款75）。

4.9 预算执行——委任权

与预算执行有关的大部分议题，比如支出权力的分配、年度支出管理的细节、现金规划和内部审计，都未在法律中规定——至少不是详细地规定。因此，每个国家中都有其监管的密度[1]。这与对执行机构高度信任是相对应的，议会主要关注结果，而不是控制预算细目或行政机构的日常运作。芬兰《国家预算法案》明确规定，预算执行和财政及会计管理组织所必要的条款，可以由政府法令发布（s.10b）。虽然这样的条款在其他国家里没有写入法律，但政府也得到高度的相关委托授权。瑞典宪法规定，政府有权在该领域发布法令。

尽管如此，芬兰和瑞典的《国家预算法案》详细说明了几个特殊的预算执行问题。例如，芬兰法律规定政府机构必须适当地安排其活动的内部控制，并且对内部控制的安排由每个机构的管理人员来运作。即使在这些领域，法律也规定政

---

[1] 例如在瑞典，为了支持1994年政府将薪金谈判权下放给机构，改变了政府机构的行政管理条例和公职机构条例。为了政府活动的受托责任和透明性，2000年的年度报告和预算文件条例，规定了需要提交给政府之强制文件的期限与内容（年度报告，绩效报告等）。上述条例连同2000年的会计条例、2000年的拨款条例以及1998年的费用及收费条例，规定了会计管理。授权一些机构发布补充条款以提供更多的细节。

府法令应当进行详细说明。的确，中央预算当局应该发布指令。在分散的预算管理体系下这是必需的——每个国家都有数以百计的执行机构。公务员的管理也是分散的。因此，雇用和薪酬条件都需要中央的指导方针。

4.10 拨款的取消和应急资金

在大部分国家里，政府可以决定不花费年度预算中已批准用于某项计划的资金。法律对此没有硬性的规定。瑞典《国家预算法案》明确地允许政府约束，而不是限制下属机构使用拨款。如果有适当的理由，政府也有权不拨出资金。相反，在挪威，拨款不仅意味着允许花费，也是指导政府机构如何花费其分配的拨款。这不由正式的法律规定，但以预算的指导方针加以解释。

虽然北欧四国在其预算中都有应急资金（OECD，2003，Q.3.2.c.1），但总体上，政府（及政府机构）使用这些资金的灵活性，在法律中没有规定。不过，在一些国家中，政府法规（例如丹麦的预算法案）控制着应急储备金的使用。在瑞典，政府拥有最高 100 万欧元的无限制自由裁量权。

4.11 政府会计

在丹麦、芬兰和挪威，宪法要求向最高当局提交年度决算。在丹麦和挪威，未审计的年度会计必须在财政年度结束后 6 个月内，提交给选举产生的议会审计官（在流行会计电算化的当今世界，这个截止时间较为宽裕）。在芬兰，宪法没有规定提交国家财政年度报告并随同预算一并提交议会的截止日期（s.46）。在瑞典，《国家预算法案》对政府提交国家预算收入和拨款结果的初步报告，规定了 4 个月的时间限制，以及向议会提交财政年度报告规定 9 个月的期限。实际上，包含全部会计资料的最终年度报告，大约在 4 月 15 日前提交给议会。

丹麦、芬兰和瑞典的法律包含附加的政府会计条款，尽管这些法律没有广泛且详细地阐述会计制度。芬兰《国家预算法案》规定，"国家会计需要与一般公允会计实践保持一致"（s.14）。瑞典《国家预算法案》更加明确：年度报告包括运作说明、资产负债表和现金流量表。丹麦 1984 年《国家会计法》较为粗略（只有六项条款）。它要求会计遵循和年度预算相同的形式，并覆盖所有的收入、支出、资产和债务。法律还要求部长对其所管辖的所有从属部门发布会计说明。

虽然没有硬性法律要求，芬兰和瑞典以权责发生制为基础，执行着全部政府会计。芬兰的预算拨款，除了资产折旧，也是以权责发生制为基础。瑞典的预算实行经改进的收付实现制，会计以权责发生制为基础（Lundqvist，2003）。丹麦在某些业务上采用了权责发生制。挪威保持着以现金为基础的会计制度和预算制度。

每个国家的条例都对年度决算的内容做出了主要的详细说明。芬兰是个例外，其法律规定"至少在预算项目的细节水平上，会计安排应当保证能够跟踪预算的结果。会计应当包括总量基础上的所有收入、支出以及财务交易。政府机关应安排监督收费活动的盈利能力，以便随其年度决算提交年度结果"（《国家预算法案》s. 15）。政府机构必须"对绩效和管理做出解释，并且监督运营成本、绩效和有效性"（s. 16）。

4.12 其他财务报告和特别报告

除上述规定以外，对于补充财务资料几乎没有其他的法律要求。瑞典《国家预算法案》详细阐述了向议会呈交国家预算收入、支出和债务时，政府必须对预算总额与预期结果之间的主要差异做出解释。实际上，政府的项目会定期提交给议会。这些与预算周期没有必然联系。例如，在芬兰，政府在3月份向议会提供它的计划，包括中期财政战略，年度预算则在9月份提交给议会。

4.13 外部审计——宪法和其他法律要求

由于开放性和问责性的重要性，四国的宪法都包含任命审计官来检查国家财政活动的若干规定（见表5）。宪法条款由独立的外部审计法补充。在北欧四国中的三个国家，新审计法的采用较晚（芬兰在2000年、挪威在2004年、瑞典在2002年）。在瑞典，宪法本身的改变引起了变化。三个国家修改法律的主要原因在于，强化议会进行控制的权力、重新加强审计官相对于行政部门的独立性、阐明政府结构，以及更多地强调经济性（economy）、效率性（efficiency）和有效性（effectiveness）的"3E"。丹麦在1991年和1996年修订了1976年的《总审计长法案》，以强化国家审计署的独立性，并提供从独立的行政单位获取会计资料的法律授权。

表5　　　　　　　　　北欧国家：对外部审计的宪法要求

成文宪法中的措辞	丹麦	芬兰	挪威	瑞典
议会监督国家的财政管理，并遵守预算		是		
建立了独立的外部审计		是		是
由议会任命若干审计官	是	是	是	
管理委员会和外部审计部门由议会指定				是
审计规则规定在法规中		是	是	是
规定了外部审计官或外部审计部门的主要目标		是	是	是
审计官可以自由查阅所有需要的文件		是	是	
审计报告要提交给议会以做决定		是		

北欧国家有由议会审计官来控制政府财政的长期传统。四国共同的特征是由议会选举或任命审计官，他们常常是议员。行政部门被完全排除在外部审计官的任命之外（相比之下，共和国总统在法国起了主要作用）。在丹麦、芬兰和瑞典（2002年以前），宪法要求由选举或任命产生的审计官人数不详；在挪威，宪法要求议会任命五位审计官。

每个国家的宪法通常都简略地规定了外部审计的目的。例如，在丹麦，审计官的作用是"检查年度公共会计，保证国家的所有收入都充分地收上来，并且不存在除财政法案或一些其他拨款法案规定以外的支出"（s.47）。在挪威，宪法界定审计官的角色为"检查并发布国家账目"（条款75k）。在瑞典，宪法简单地说明了国家审计署的功能是"审计国家开展的活动。更详细的规则体现在《议会法案》和其他立法中"（政府法案训令，条款12.7）。

外部审计官的任务，在独立的外部审计法中，以及议会公布的规章中（在挪威，是若干个规章），得到了充分规定。在继续推进传统遵从性审计的同时，还存在着对绩效审计的强有力的法律授权。与一些OECD国家不同，北欧四国多年来就注重绩效审计。这种分工反映在组织结构中。例如芬兰，只有一个财政审计机构，却有两个绩效审计机构。

在单独的外部审计法中，确立了审计的覆盖范围。包括国家账户，所有的中央政府部门和机构，大部分独立的行政机构和由政府拥有的和（或）接受预算补助的公营企业，在一些情况下（例如瑞典，而不是在芬兰），还包括议会账户。国家审计署并不审计地区和地方政府的账目，除了跟踪由中央政府提供了资金的次级国家层次上的账目。在芬兰，1995年采用的特别审计法规定，国家审计署审计在芬兰和欧盟之间财政转移的能力。在挪威和瑞典的情况下，法律要求国家审计署审计中央银行的账目。在丹麦和芬兰正好相反。

在北欧四国中都采用了管理和决策的学院式方法。北欧四国中相似但不完全相同的政府和管理结构，在最近产生了变化。在芬兰，1999年的宪法建立了两个独立的外部审计和管理机构。第一，设立了从议员中选出来的议会审计官（parliamentary auditors）。根据议会的议事规则（条款12）选出的五位国家审计官（以及五位副审计官），需要向议会提交年度报告。第二，宪法建立了独立的国家审计署（State Audit Office），其职责在法律中详细阐明（State Audit Office Act, 2000）。为了避免不必要的重叠，议会的国家审计官与国家审计署合作来组织其活动（Finland Parliament, 2000）。

丹麦也存在相似的双重议会结构。1975年的公共会计审计官法案，确立了六位审计官并规定了他们的任务。他们受到秘书处的支持——公共会计审计官办公室（the Office of the Auditors of Public Accounts）。在芬兰，这个办公室与审计长办公室（the Office of the Auditor General）不同，后者是根据1976年的《总审计长法案》设立的①。该法案规定只有一位审计长，经由议会常务规则委员会同意，由议会议长任命。

在瑞典，自宪法改变以来，三位审计长掌控着国家审计署（与丹麦的一位审计长不同），这是一个议会之下的机构。该机构设立有委员会，其成员由议会任命，他们的任务是监督审计活动，根据审计长的审计报告结果，为议会准备建议书，以及为审计长办公室决定国家预算拨款草案（《政府法案训令》，条款12.7）。《议会法案》（条款8.13）要求国家审计署的委员会委员不得少于11名。

在2004年中期，挪威关于外部审计机关的一项新法律得以生效。在这项法案下，以前的组织结构被保留。五位审计长组成外部审计机关的委员会，并且是单独的法人实体。委员会在政策事务上享有全部的权力。外部审计机关的日常管理职责，取决于委员会的主任。关于前一年国家会计之财务审计的年度报告，挪威议会对其发布和呈送，都有法律要求。法律包括涉及提交账目的专门条款，尤其是对账目的意见，应该在财政年度结束后，尽快转呈外部审计机关，至少由财政部决定截止日期。

在过去，四国的外部审计机关并不都是在议会直接管理之下的。在瑞典，直到2002年改革前，审计长和他（她）的副手及助理都由政府任命。旧的审计机关通过财政部而隶属于政府，它是根据国家法令而不是法律而来的，规定了旧机关的行动。芬兰存在一个类似的情形——直到2001年以前，国家审计署处于财政部之下。在丹麦，到1976年前，财政部之下有四个审计机构，议会之下有一个。在1976年进行了统一并建立了一个独立的审计总署。1991年修改了这项法律，以便审计长不再由国王根据财政部的推荐任命，而是由议长任命（参见United Kingdom National Audit Office，2001，pp. 61-72）。

国家审计署法包括调查和有权使用完成其工作所需文件的权力。有一半的国家将这类权力规定在宪法中。审计法对审计人员调查结果的执行，也有很强的规定。例如在丹麦，法律要求在6周期限内，回复审计综述（audit reviews）中的审计长意见（《总审计长法案》，s.16.1）。授权审计长追踪不令人满意的回应。如果必要的话，他（她）可以在六周内就要求直接与相关部长进行沟通。这时，部长必须就引发报告的原委和采取的措施，向议会审计官做出说明（s.18.1）。部长们的声明和审计长的意见共同构成议会审计官向议会提交的最终建议的一部

---

① 1976年的《总审计长法案》的英文翻译中，"公共会计委员会"这个术语的使用是误导性的。丹麦议会下院的议事规程，不包括议会24个委员会之一的公共会计审计官。而议会审计官办公室则是一个独立的法定单位实体，它是根据1975年第322号法律而创立的。

分。议会审计官向议会下院就审计决定提交报告，这是一项宪法要求。1976 年的审计法也要求审计长的年度报告提供给议会审计官，由后者决定延缓的时间。

最后，尽管发布年度审计报告的指导方针，已然体现在一国的宪法中，这也是最高审计机关国际组织推荐的做法，但在挪威的宪法中只是就发布略有提及。在瑞典，根据法律要求，关于 250 个政府机构的每一个审计报告，政府都要在机构提出其年度报告之后的 30 天内完成。国家年度报告的审计报告，在 5 月 15 日提交给政府和议会，并立即发布。在其他国家，议会审计官在全体大会上向议会作审计报告时，才会发布出来。

参考文献

Beck Jørgensen, Torben and Poul Erik Mouritzen (1997), Forvaltningspolitikken mellem Skyll og Karybdis, Projekt Offentlig Sektor-Vilkår og fremtid, Copenhagen.

Blöndal, Jón, (2001), "Budgeting in Sweden", OECD Journal on Budgeting, Vol. 1, No. 1, OECD, Paris, pp. 27 – 57.

Blöndal, Jón, Jens Kromann Kristensen and Michael Ruffner (2002), "Budgeting in Finland", OECD Journal on Budgeting, Vol. 2, No. 2, OECD, Paris, pp. 119 – 152.

Blöndal, Jón, Jens Kromann Kristensen and Michael Ruffner (2004), "Budgeting in Denmark", OECD Journal on Budgeting, Vol. 4, No. 1, OECD, Paris, pp. 49 – 79.

Christensen, Tom, Per Lægreid and Paul G. Roness (2002), "Increasing Parliamentary Control of the Executive? New Instruments and Emerging Effects", Journal of Legislative Studies, Vol. 8, No. 1, pp. 37 – 62.

Daugaard, Steen (2002), Enhancing Expenditure Control with a Decentralised Public Sector in Denmark, OECD Economics Department Working Paper No. 320, OECD, Paris.

Denmark Ministry of Finance (2001), Budgetvejledning (Budget Guidelines), Ministry of Finance, Copenhagen, www.fm.dk/visPublikationesForside.asp? artikelID = 3148 (in Danish), May.

Denmark Ministry of Finance (2003), Budget Outlook, Ministry of Finance, Copenhagen, www.fm.dk/db/filarkiv/8334/bo_eng.pdf, August.

Denmark National Bank (2004), Government Debt Management Policy, Denmark's National Bank, Copenhagen, www.nationalbanken.dk/DNUK/GovernmentDebt.nsf/side/Government_Debt_Management! OpenDocument (in English).

Denmark Parliament (2001), Standing Orders of the Folketing, Danish Parliament,

Copenhagen, www. ft. dk/? /samling/20031/MENU/00000005. htm.

Ekonomistyrningsverket (ESV) (2003), Performance Management in Swedish Central Government, ESV Paper 2003: 22, Swedish National Financial Management Authority, Stockholm, www. esv. se/download/18. 1b5340cf7258785a67fff485/pm. pdf.

Finland Ministry of Finance (2003), Stability Programme in Finland, Ministry of Finance, Helsinki, www. vm. fi/tiedostot/pdf/en/44686. pdf, November.

Finland Parliament (2000), Parliamentary State Auditors, Finnish Parliament, Helsinki, www. eduskunta. fi.

Gustafsson, Lennart and Arne Svensson (1999), Public Sector Reform in Sweden, Liber Ekonomi, Malmö, Sweden.

IMF (International Monetary Fund) (2003), "Experience with Fiscal Rules in Selected Countries", Rules-Based Fiscal Policy in France, Germany, Italy and Spain, Appendix II, IMF Occasional Paper No. 225, IMF, Washington DC.

Jensen, Lotte (2003), "Aiming for Centrality: the Politico-administrative Strategies of the Danish Ministry of Finance", in John Wanna, Lotte Jensen and Jouke de Vries (eds.), Controlling Public Expenditure: The Changing Roles of Central Budget Agencies-Better Guardians? Edward Elgar, Cheltenham, United Kingdom.

Lundqvist, Kristina (2003), Accrual Accounting Regulation in Central Government: A Comparative Study of Australia, Sweden and the United Kingdom, Swedish National. Financial Management Authority, Stockholm, www. esv. se/download/ 18. 1b5340cf5d5f9b3ab7fff318/Accrual%20Accounting%20Regulation%20in%20 Central%20Governments. pdf.

Norges Bank (2004), The Government Petroleum Fund 1990 – 1999, Central Bank of Norway, Oslo, www. norges-bank. no/english/petroleum_fund/reports/1999/3. html.

Norway Audit Office (2003), Strategic Plan 2003 – 2006, Office of the Auditor General, Oslo, www. riksrevisjonen. no/PDF/50858706. pdf (in English).

Norway Government (2001), The Long-term Programme 2002 – 2005, Report No. 30 to the Storting, Ministry of Finance, Oslo, http://odin. dep. no/fin/engelsk/ publ/white_papers/006071 – 040002/dok-bn. html.

Norway Ministry of Finance (2004), The Norwegian Government Petroleum Fund, Ministry of Finance, Oslo, http://odin. dep. no/fin/engelsk/p10001617/bn. html (in English).

Norway Parliament (2001), The Constitution, Norwegian Parliament, Oslo, www. stortinget. no/english/constitution. html.

Norway Parliament (2004), Rules of Procedure of the Norwegian Parliament, Norwegian Parliament, Oslo, www. stortinget. no/english/rules_of_procedure. pdf, March.

Nousiainen, Jaakko (2004), Background to the [constitutional] reform [in Finland], Ministry of Justice, Helsinki, www. om. fi/3344. htm.

OECD (1997), Managing Across Levels of Government, OECD, Paris.

OECD (2003), Survey on Budget Practices and Procedures, OECD and World Bank, Paris, http://ocde. dyndns. org.

OECD (2004), OECD Economic Surveys: Norway 2004, OECD, Paris.

Paulsson, Gert (2003), "The Evolving Role of the Central Budget Agency in Sweden" in John Wanna, Lotte Jensen and Jouke de Vries (eds.), Controlling Public Expenditure: The Changing Roles of Central Budget Agencies-Better Guardians?, Edward Elgar, Cheltenham, United Kingdom.

Roseveare, Deborah (2002), Enhancing the Effectiveness of Public Expenditure in Sweden, Economics Department Working Paper No. 345, OECD, Paris.

Sweden Agency for Administrative Development (1999), The Swedish Central Government in Transition, Swedish Agency for Administrative Development, Stockholm, www. statskontoret. se/pdf/199915A. pdf.

Sweden Government Commission (1996), Proposal for a State Budget Act in Sweden, Report SOU 1996: 14, Government Commission on Budget Law, Stockholm.

Sweden Ministry of Finance (2003), The Central Government Budget Process, Swedish Ministry of Finance, Stockholm, http://finans. regeringen. se/inenglish/pdf/budgetprocess_eng. pdf, August.

Sweden National Audit Office (1998), The Swedish State Budget: An Instrument for Governance and Management, Swedish National Audit Office, Stockholm.

Sweden National Debt Office (2002), Government Debt Management in Sweden, National Debt Office of Sweden, Stockholm, www. rgk. se/reports. htm, February.

Sweden Parliament (2003), The Constitution, Swedish Parliament, Stockholm, www. riksdagen. se/english/work/constitution. asp.

United Kingdom National Audit Office (2001), State Audit in the European Union, National Audit Office, London, www. nao. org. uk/publications/state_audit/State_Audit_Book2. pdf.

World Bank (2001), The Scope of the Civil Service in OECD and Selected CEE Countries, World Bank, Washington DC, www1. worldbank. org/publicsector/civilservice/cs_law_OECD. htm.

西 班 牙[*]

实例研究的结构

1. 概述
2. 预算制度法律中的原则
3. 预算制度中法律基础的建立与行动者的权力
4. 预算周期各阶段的法律规定

---

[*] 西班牙的实例研究得益于经济和财政部的爱德华·多萨皮·科戈尼（Eduardo Zapico Goni），以及 OECD 工作人员的评论，包括杰奎因·塞维利亚（Joaquin Sevilla）（经济和财政部）。

1 概述

1.1 控制预算过程的法律框架

就预算制度而言，西班牙拥有按等级划分的综合的法律体系[①]，包括宪法、组织法[②]、一般性法律以及条例（Cabrero，2002）。1978年宪法规定了管理预算过程的基本原则，并规定了关键预算参与者的角色（行政机关、立法机关、自治团体和审计法院）。议会审查、修改和通过政府提交的国家预算草案。宪法承认并保证自治团体（SGCs）、省和市的权利。宪法建立了审计法院（COA），作为处理国家和公共部门会计和财政的最高审计机关。为了详细说明宪法原则和规程，确立了多种主要的预算制度法，包括《总预算法案》47/2003（the General Budgetary Act，GBA，47/2003）、《总预算稳定法案》18/2001（the General Act on Budgetary Stability，GABS，18/2001），以及《审计法院组织法案》1982（the Organic Act on the Court of Accounts，OACA，1982）（专栏1）。

专栏1　西班牙：主要的预算制度法

- 1978年宪法之修订案
- 《总预算法案》47/2003
- 《总预算稳定法案》18/2001
- 《总预算稳定法案之补充组织法案》5/2001
- 1982年的《审计法院组织法案》和1988年《审计法院（功能）法案》
- 众议院和参议院议事规程

来源：众议院（www.congreso.es/ingles/index.html）；参议院（www.senado.es/info_g/index_i.html）；审计法院（www.cagindia.org/mandates/index.htm），经济和财政部法律的英译本。

[①] 宪法有169条，包括与预算相关的几项议题；《总预算法案》47/2003有182条，众议院和参议院的议事规程分别有206条和196条。

[②] 组织法（Organic laws）是一部由宪法规定的特定类型的法规，并且其在两个方面不同于一般法律。首先，与行使基本权利和公众自由有关的事项，在宪法中规定的自治法和一般的选举制度及其他法律，必须根据组织法来立法［s.81（1）］。其次，组织法的批准、修正或废除，需要众议院全体多数议员最终对议案投票决定［s.82（2）］。

《总预算法案》（2005 年生效）是调节国家部门财政运作之法律体系的最重要支柱。这是一部综合性的法律。第Ⅰ篇规定了包括国家部门在内的机构的完整目录，这是根据关于 1997 年《中央政府之组织和职能的组织法案》（OAOFCSA）定义的。第Ⅱ篇专门规定了一般国家预算（the general State budget），它被叙述为"在预算年度中，一般国家行政机关和它的自治机构必须履行的一系列经济权利和义务"（条款5）。这一节将预算稳定性确定为年度预算过程的基本原则。它还规定了政府内制定和批准预算内容的程序。《总预算法案》以为实现预算稳定性为导向而进行了建构和调整。法律规定了中期预算规划（MTBP）及其内容的细节（目的、方法、行动、投入过程和监督指标）。第Ⅲ篇覆盖了与其他行政部门的财务交易，包括欧盟和西班牙的自治区域。第Ⅳ篇包含国家债务和担保的管理规定。第Ⅴ篇规定了国家部门会计的一般原则。最后，第Ⅵ篇规定由国家行政总审计长（GCSA）来监督财政管理。

针对包括一般国家行政部门及地方政府在内的公共部门之预算政策，《总预算稳定法案》提供了指导方针。它为有效地应用预算稳定性原则制定了必要的规程，这项原则合并在欧盟的《稳定与增长公约》之中。第Ⅰ篇确立了预算稳定性原则：预算平衡或盈余、中期预算方案、分配和使用公共资源的透明性和效率。第Ⅱ篇规定了达到中期预算稳定的目标，它适用于所有公共行政部门和国家公共部门。一般性的规定为各级政府达到稳定性目标的预算政策，建立了基本指导方针。

《总预算稳定法案》颁布后，又颁布了对《总预算稳定法案》的补充组织法案（OAGABS 5/2001）。它为自治团体修订了财政体系的组织法案，并且建立了国家和自治团体之间在预算事务上的协调机制。尽管在内容上与《总预算稳定法案》有相似之处，但是将与自治团体的自治权有关的法律作为组织法案加以立法（条款81），则是宪法的要求（例如，《总预算稳定法案》）。在《总预算稳定法案之补充组织法案》实行过程中，《补充组织法案》对于组织权利的解释和执行，一定要符合《总预算稳定法案》，因为两部法案都是服务于完全相同的经济政治目标的工具。《总预算稳定法案之补充组织法案》确认了规定在《总预算稳定法案》中的预算原则（预算稳定性、中期预算法案、透明性和效率）适用于自治团体。为遵循预算稳定性原则，以及违反稳定与增长公约之自治团体和公共管理部门的连带责任原则，它还阐述了自治团体所需采纳的一些方法。

宪法正式建立了负责审计国家会计和财政管理机构的审计法院。宪法制定了审计法院的管理原则，并为进一步的立法做出了规定。因此，1982 年通过了《审计法院组织法案》，规定了审计法院的组成、组织和职责。这部法律详细说明了根据宪法授予审计法院的权力。它还认可审计法院在功能和任务的执行上完全独立的地位。此外，1988 年《审计法院（功能）法案》包含了审计法院在管理、财政和运作上的独立性，审计制度的覆盖范围、审计形式、法院的调查权以及调查结果的执行方面的规定。

最后，宪法允许议会有自己的规则——议事规程——以管理议会的预算过程，尤其是预算审核和批准（条款 72）。议事规程在两院里建立了一个常务预算委员会，并且界定了他们在预算过程中的作用。议事规程既约束着政府，也约束着议会。

1.2 预算制度法的改革

随着加入欧盟，西班牙开始了预算制度法的主要改革，在马斯特里赫特条约及《稳定与增长公约》的强制约束下，这些改革要求谨慎的财政政策。马斯特里赫特条约规定，除了例外和临时原因之外，成员国必须保持政府赤字总水平在 GDP 的 3% 以下，一般政府债务余额必须低于 GDP 的 60%。后来的国会决议要求成员国达到在中期"接近于平衡或盈余"的财政状况。西班牙面临的长期财政挑战也有助于其改革。像一些其他欧盟成员国那样，西班牙也需要管理高额的未偿还公债，应对社会迅速老龄化对于未来公共开支造成的负担，为降低高税负留有充足的余地，并将国营部门的资本开支维持在一个适当的水平上（Daban, et al., 2003；OECD, 2003a）。

《总预算稳定法案》的采用，是将《稳定与增长公约》的稳定性原则纳入国内法的首个重要措施。考虑到欧盟的要求和地区的高度自治，中央政府需要新法律以管理公共行政，并在所有政府层级内达到预算稳定（OECD, 2003a）[1]。依照宪法规定（条款 149.1.13 和条款 149.1.18）[2]，《总预算稳定法案》确定了预算稳定性框架，它适用于所有公共行政部门，无论其法律地位如何。当财政纪律在一些 OECD 国家中还没有被坚决地确立时，该法案起到了强化财政纪律的作用。法案在涉及预算效果和增强所有政府层级之透明度要求的信息方面，有了适当的改善（OECD, 2001）。《总预算稳定法案》在国家预算程序上做了重大改变，包括：（1）中央政府的支出由符合中期预算方案的支出上限来限制；（2）财政纪律主要由监督和同级压力来保证：不遵守预算承诺将受到处罚。《总预算稳定法案》将这项改革推广到各个层级的地方政府。

---

[1] 参阅 2001 年议会撰写的《总预算稳定法案》之目的陈述。
[2] 按照宪法规定，国家在涉及下列事项上拥有专属职权：涉及基本规则的问题，一般经济计划的协调，公共管理法律制度的基本规则，官员的地位，总之，保证所有在上述法律管理下的个人，都将接受平等的对待和适用共同的管理过程，自治团体本身组织的特点不受损害。

确定了预算稳定的一般性框架之后，进一步的改革则是为了应用《总预算稳定法案》的指导原则。废除《总预算法案》11/1997 及其附属的《皇室法令》1091/1988——25 年来这些法案为公共部门提出了预算、会计和支出管理的框架——而由 2003 年修订的《总预算法案》替代。新《总预算法案》的目标在于，（到 2005 年）引入以绩效为基础的预算管理制度。所有这些措施都是公共财政现代化过程之整体的一部分。虽然在 1977 年的《总预算法案》和它的后续修正案中体现出了一些改进，但仍需要对法律框架做进一步的修正[①]。

《中央政府之组织和职能的组织法案》（OAOFCSA）带来了不同于 1977 年《总预算法案》的新的机构组织和控制模式。根据 OAOFCSA，新近建立起来的自治机构和半商业性公共实体，需要纳入财政管理法律之中（Zapico Goni and Garces，2002）。另外，1980 年以后发生的实质性区域地方分权（OECD，2003a），改变了中央政府的主要角色，并且导致在政府层级之间建立新法律框架的需求。例如，在卫生部门，中央政府的角色从直接提供医疗服务，向协调不同地区的医疗体系转化，以便保证遍及全国的享有基本医疗护理的平等权利，并刺激地区改善公共开支的效率。

2 预算制度法律中的原则

所有重要的预算原则都包括在涉及预算制度的各种法律中。宪法要求每年起草国家预算，该预算包括国家部门的全部支出和收入（条款 134，年度性、普遍性和统一性原则）。预算年度和日历年度相同（《总预算法案》，条款 34）。体现在《总预算稳定法案》及《总预算法案》中的中期预算原则，补充了年度性原则。《总预算稳定法案》要求，在与管理批准和执行预算的年度原则相配的中期预算规划框架内，来编制国家部门的预算（条款 4）。《总预算法案》规定国家部门的管理，适用中期预算规划开支限度内由议会批准的年度预算（条款 27.1）。

《总预算稳定法案》，以及《总预算稳定法案之补充组织法案》和《总预算法案》，体现了预算稳定性、透明性、效率性或绩效性的原则（《总预算稳定法案》及其《补充组织法案》，条款 3；《总预算法案》，条款 26）。这些法案要求，在《稳定与增长公约》提出的预算稳定制度中，来开展预算的编制、审批和执行[②]。公共机构被要求包括在预算制度、法律文书及必要的程序中，保证其遵循

[①] 参见 2003 年议会为获得更多的信息而编写的《总预算法案》的目的陈述。
[②] 规定预算稳定性作为"根据在欧盟体系中为国家和地区账户及为每个国家的行政部门而建立的界定融资能力的平衡或结余情况"（对于公共部门在《总预算稳定法案》的条款 2.1 中）。

预算稳定性的目标。虽然权力被授予了自治团体，政府必须保证公共部门始终遵守预算稳定性目标（《总预算稳定法案》，条款7）。造成预算赤字的例外情况，必须有合适的理由给予解释，并且确认与其相关的收支；应当准备中期经济财政计划，以便改正这种状况。

透明原则要求预算文件包括与符合预算稳定性原则相关的充分和适当的信息。绩效导向的预算也是预算制度不可或缺的一部分：所执行的预算应当维护其有效性、高效性和质量（《总预算稳定法案》，条款6）。体现在《总预算法案》中的专用性原则（条款42），要求各条线部门单独地使用他们的预算，专项预算是按照《总预算法案》中的规定，为在国家预算之下经批准的专门目的而设置的（条款41）。受托责任也是一项由审计法院保障的被广泛认同的原则（请参考后面第4.5节）。

3 预算制度中法律基础的建立与行动者的权力

3.1 行政机关和立法机关

3.1.1 概述

西班牙是一个单一制的议会君主制国家（宪法条款1），具有三级政府：中央政府、自治团体（区域级）和省市政府（地方级）。国王是国家的首脑（条款56）。国王拥有很多宪法权力，尽管大部分是象征性的（United Kingdom National Audit Office，2001）。他公布法律、召集和解散议会、提议首相候选人并任命或解除之、任命和解除首相推荐的政府成员（条款62）。

行政机关和立法机关有着严格的职责分工。行政机关的权力由首相掌握。政府行使执行权并依照宪法和法律发布规章（条款97）。政府由首相、副首相（一位或几位）、部长和根据法律设立的其他成员组成（条款98）。首相指导政府的行动并协调政府职能（条款98）。与此相反，立法机关的权力属于议会，议会由两院组成，众议院（the Congress of Deputies）和参议院（the Senate）（条款66）。参议院原则上是地方代表的议院，每个省有四名参议员。（条款69）。

3.1.2 内阁会议和部长个人的角色与责任

宪法规定了政府的功能和结构（条款97-107）。宪法规定内阁（the Council of Ministers）是制定最高决策的政府组织（条款107），《中央政府之组织和职能的组织法案》（OAOFCSA）为涉及成员的资格和受委托权限制定了规章。内阁在预算过程中发挥着根本的作用。它为预算编制制定一般性指令，并为中央政府的经济财政及货币政策提供指导方针。它负责解决经济和财政部长（MOEF）和其他部长之间在拨款上的分歧。预算编制阶段结束时，它决定税收条款的修正案，并批准将预算草案呈交到议会，宪法规定政府应为其政治业务行为对众议院（the Deputies）负责（条款108）。

3.1.3 各部委和行政分支机构的设立

宪法规定依法设立、指导和协调国家管理机构（条款103）。《中央政府之组织和职能的组织法案》规定，在相关部门和行政分支机构中，实行分等级的组织管理。可是，创立新的部门需要颁布其本身的确立法案。相反，只要不需要新的职员和附加预算经费，首相对改组现有部门拥有自由裁量权。

宪法规定由政府来编制预算，并且《中央政府之组织和职能的组织法案》规定，经济和财政部长掌管主要的预算权力和职责，包括按照预算立法的税收、支出和宏观经济预测。经济和财政部长分为财政国务秘书和经济国务秘书。前者掌管全部预算过程的主要职责，后者负责提议和执行政府经济政策的一般措施。各条线部门在他们负责的领域内准备议案和行政命令，并在国家级别上对政策管理负责。

OAOFCSA将一般政府实体划分为两种类型：拥有行政职能的自治机构（autonomous bodies）和以市场为导向提供商品的公共实体（public entities）（Zapico Goni and Garces, 2002）。前者发挥行政管理的作用，并完全根据一般公法管理，而后者发挥企业式的作用，并且除了受一般公法明确管理的某些特殊功能外，主要受私法管理。

根据《总预算稳定法案之补充组织法案》（条款5），自治团体的税收和财政委员会（TFC）在协调国家和自治团体的关系，以达到预算稳定为目的的预算政策上，发挥着关键作用。税收和财政委员会在国家和自治团体之间发挥着保证符合《总预算稳定法案之补充组织法案》指导原则的协调作用（条款5）。根据法案，税收和财政委员会承担新的高度相关的功能，以保证各个公共管理部门有效地达成分配给它们的稳定性目标。税收和财政委员会负责提交关于所有自治团体稳定性目标的报告，并决定预算稳定性目标中的每项措施是否充分（条款6）。

3.1.4 高级公务员的职责

宪法要求法律拟定公务员的地位，入职所依据的优点和能力的原则，作为工会成员权力的特点，以及在履职过程中关于公正性的保证。（条款103）。

3.1.5 议会委员会的建立和角色

两院的议事规程共同管理着议会委员会的建立。众议院（The Congress of Deputies）有15个常任委员会和其他专门委员会，参议院（the Senate）有16个常任委员会和其他专门委员会。两院的议事规程要求每个议院建立一个常任预算委员会，负责检查、（必要时）修改、批准国家预算（众议院议事规程条款 46，参议院议事规程条款 49）。

3.2　次级国家政府的角色和职责

1978 年宪法的采用，标志着地方分权过程的开始。2002 年公共医疗卫生服务向自治团体转移，西班牙成为 OECD 成员国中分权程度最高的国家之一。西班牙政府功能和体系的划分，接近于那些联邦制国家（OECD，2003a）。宪法阐述了自治团体、省份和自治市享有自治地管理各自利益的权利（条款 137）。现在国家被分为 17 个自治团体或区域，领土上包括 50 个省和大约 8000 个市。

宪法清晰地规定了国家和自治团体的司法权（条款 148 – 149）。国家只管理如下方面（条款 149）：（1）保证所有公民平等的基本条件；（2）国际关系；（3）保卫国家和武装力量，以及司法行政；（4）一般财政和国家债务；（5）基本立法和社会保险的财政体系；（6）环境保护的基本立法。相对而言，自治团体可以在下列方面享有司法权（条款 148）：（1）自行管理体系内的组织，其辖区内市政区域的变化；（2）环境保护管理；（3）在国家设定的经济目标内促进自治团体的经济发展；（4）社会救助、保健卫生。因此，自治团体的主要职责涉及社会服务（除去分摊养老金）、保健、劳务市场政策、教育、文化和一些公共建设。自治团体负责 1/3 的公共开支，雇用比中央政府多两倍的公务员（不包括社会保险）（OECD，2003a）。

与财政部的协调原则相一致，宪法也规定了自治团体财政自治权的原则（条款 156）。要求自治团体的预算以年度为基础进行编制，并且与国家预算周期同步，符合预算稳定性原则。他们必须报告自治团体所属实体和机构所有的收支情况。宪法清晰地规定了自治团体的资金来源（条款 157）：（1）国家将税收全部或部分地移交给他们；国家税收上的附加费和其他国家收入中的部分收入；（2）其自有的税收、收费和特殊收款；（3）跨区域的转移支付以及国家总预算的其他分配款；（4）从其财产中积累的收入和来自私法的收入；（5）来自信贷业务的收益。

在国家预算中，可以对自治团体进行与其承担国家服务和活动的责任量成比例的财政转移支付［条款 158（1）］。转移支付旨在维护自治团体之间的团结。部分转移支付是无条件的，其目的在于弥补各自治团体的支出责任与其自身收入之间的差额（正数或负数）。自治团体也接受有条件的转移支付，以便他们能保证在所辖范围内享有卫生和教育服务的最低供应，以及调整区域经济失衡。相比以前制度下的 45%，有条件转移支付的份额已经降低至总收入的 2%。

4 预算周期各阶段的法律规定

4.1 行政机关编制和呈送预算

4.1.1 预算制度覆盖的范围

为了解预算制度的覆盖范围，应该考虑国家部门（the State sector）和公共部门（the public sector）之间的差别。主要管理国家预算的《总预算法案》适用于国家部门，国家部门被界定为"一般国家行政部门（部委）、隶属于一般国家行政部门的自治机关、作为一般政府行政部门或与之相连的其他公共机构一部分的半商业性公共实体、作为社会保障系统之一部分的各实体以及国家商业性企业和某些其他实体"（条款2）[①]。国家预算覆盖所有的部门、机构、公营企业和由国家预算提供资金的公共实体，包括议会、司法机关、审计法院和其他法律组织。但自治团体被排除在外。

相反，要求建立中期预算稳定性目标的《总预算稳定法案》适用于"公共部门"，公共部门比国家部门有着更广泛的含义。公共部门不仅包括国家部门列举的实体，而且还包括自治团体的管理部门，这些部门和机构从属于自治团体和地方议会（条款2.1）。

4.1.2 预算外资金和指定用途的收入

西班牙的专项收入很少包括在预算外资金中，将专项收入纳入预算外资金是需要法律批准的（Kraan，2004）。一个例子是，由于检获毒品所得到的罚没收入，通过立法指定用于防范非法使用毒品的计划中。对地方政府的欧盟财政援助是预算外资金的另一个例子。

4.1.3 预算总额的定义

预算总额的概念由法律定义（《总预算稳定法案》，条款13）。中期预算规划（MTBP）将预算总额定义为，公共部门在年度预算经费分配过程中应该遵守的最高支出限制。年度国家预算必须遵照中期稳定性目标并致力于达到中期预算规划规定的目标。

4.1.4 财政规则

为了实现经济和预算稳定，《总预算稳定法案》规定了相应的财政规则

[①] 国家部门也根据《总预算法案》分成三类（条款3）：行政的公共部门（例如，一般国家行政管理部门，自治机构）；半商业性公共部门（例如，半商业性公营企业，国家经济实体）；公共基础部门（例如，国家部门中的基础部门）。

（参见前述内容）。当预算显示赤字时，要求政府向议会提供修正这种不平衡状况的经济—财政计划，它包括在接下来三个预算年度的收入和支出中需要采用的修正措施（条款 14 和 17.1）。如果存在盈余，国家行政部门可以用来减少其净债务，或者将其拨给社会保险储备基金，以应对将来社会保险体系的需要（条款 17.2）。

地方议会应当在其权利范围内，遵照预算稳定性目标调整他们的预算，尽管预算权属于自治团体（条款 19）。《总预算稳定法案》允许政府为地方议会决定预算稳定性目标（条款 20）。没有达到预算稳定性目标的地方议会，要在预算审批后的三个月内，编制一项中期经济财政计划，以调整赤字。这项计划经地方议会当局批准，并相应地呈送经济和财政部长，后者负责监督赤字的调整（条款 22）。

4.1.5　预算编制和向立法机关陈述的时间表

《总预算法案》规定，法律授权的经济和财政部长为预算编制发布规章（指导方针）（条款 36）。在指导方针中规定了内部规程的时间表；《总预算法案》只要求国家预算议案在 10 月 1 日前提交给议会（条款 37）。政府关于预算稳定性目标的协议，应当在 4 月 1 日前制定出来（参见专栏 2）。《总预算法案》详细说明了指导方针的主要内容，包括：

- 支出分配的指导方针，包括由经济和财政部长决定的编制预算草案的标准、量化限制和优先政策。为保证与这些条款的一致性，建立了支出政策委员会，其组成由经济和财政部长的命令决定。

- 部门和其他国家实体必须分别向经济和财政部长提交他们的预算草案，并需要符合在指导方针中确定的上限。劳动和社会事务部必须与卫生和消费部合作，为社会保险预算编制议案草案，并将议案提交给经济和财政部长。作为该程序的一部分，劳动和社会事务部的规章规定了如何编制社会保险系统的预算。经济和财政部长同劳动和社会事务部将关于社会保险预算的议案草案，提交给内阁批准。

- 对于每个项目来说，都应该在中期预算规划分配的限额之下，来报告年度目标。

经济和财政部长以符合中期预算规划下资源分配的方式，来编制收入预算，并且要遵从政府每年提出的经济政策目标。

> **专栏 2　西班牙：预算过程的时间表（以 2003 财年为基础）**
>
> - 1 月：向内阁阐明预算编制的主要框架。
> - 1 月 31 日前：关于预算稳定性目标（BSOs）的政府协议；预算稳定性目标的建议，呈送给税收和财政委员会（TFC）。
> - 3 月 1 日前：税收和财政委员会和地方政府内阁举行会议（就预算稳定性目标的建议，向地区和地方政府做报告）。
> - 3 月中旬：内阁会议批准预算稳定性目标，并将协议提交给议会。
> - 4 月 30 日前：议会批准或拒绝预算稳定性目标，该目标设置了支出总量的法律限制。
> - 5 月初：经济和财政部长将预算指导方针发送给部门。
> - 5 月：支出政策委员会举行会议。
> - 6 月：批准三年期的预算方案（budget scenarios）。
> - 7 月末：编制预算草案。
> - 8 月初和 9 月初：内阁辩论。
> - 10 月 1 日前：行政部门批准预算草案，并提交给议会。
> - 12 月 31 日前：议会辩论、批准年度国家预算法。
>
> 来源：Zapico Goni，2002

4.1.6　行政部门内部的审批过程

经济和财政部长在同各条线部门协商之后，将国家预算议案提交给内阁以供批准。如果各条线部门同经济和财政部长之间没有达成一致的协议，那么分歧将会由预算部长、经济和财政部长或内阁通过一个上诉程序来解决。一般在内阁开会之前，根据所涉及的所有部门的利益非正式地达成协议，如有必要，在总统在场的情况下来进行这项工作，总统拥有最后的决定权。

4.1.7　预算法涉及的其他文件

《总预算法案》要求，国家预算议案包含关于收入和支出的条款、附件和明细表（条款 37）。需要准备以下资料（《总预算法案》条款 33）：

- 国家部门的最高财政负担。
- 收入、支出、投资和金融业务，则由半商业性的和基础性的国家部门进行。
- 每个实体之责任绩效的年度目标。

- 税式支出的评估。

中期宏观经济框架和财政战略。经济和财政部长负责详细说明国家年度预算草案和中期预算规划中涉及的经济假设。根据预算稳定性目标，《总预算法案》为中期预算规划确定了基本框架（条款28～条款30）。在年度国家预算草案准备之前，经济和财政部长要起草中期收入、支出和平衡估计（专栏3）。各条线部门应当每年向经济和财政部长提交其中期预算规划。劳动和社会事务部为社会保险体系编制一份单独的中期预算规划。根据《总预算稳定法案》的规定，未来3年国家和社会保险体系的中期预算规划，必须与预算稳定性目标一致。中期预算规划的详细编制过程和结构，由经济和财政部长的指令建立。一旦中期预算规划由经济和财政部长起草完成，优先于每年国家预算草案的提交，转呈给内阁来做出决定。在批准阶段，如果发生不可预见的经济或社会条件变化，政府应该向议会提交修正计划（《总预算稳定法案》条款14.2）。

新措施与现有的支出政策。在制定中期预算规划的过程中，经济和财政部长含蓄地对现有的和新的承诺、计划或措施进行区别。此外，《总预算稳定法案》（条款12.2）指出，政府有义务明确地分析所有新法律、规章和措施，以确保它们在中期预算规划确定的限度之内。最后，一份关于预算编制构想的部门规章，为预算请求提供了形式参照，将正在实施的财政同新的项目或举措区别开来。

专栏3　西班牙：中期预算计划的主要内容

- 描述并确定客观、清晰且可衡量的项目（或项目组）之多年期稳定性目标。
- 规定达到目标的政策。
- 在年度拨款草案中，规定必要的财政、物资及人力资源，这对支出管理中心是有效的。
- 界定物力与财力投入。
- 提出与每个预算目标相关的绩效指标。这些指标能够以有效性、效率性、经济性和质量性的方式，来进行结果的度量、监督和评估。

与绩效相关的信息。《总预算法案》要求政府将与绩效有关的资料合并到预算文件中（条款35）。各条线部门应当将关于其预算草案中包含的每个项目的年度目标纳入提交给经济和财政部长的预算草案之中。以这些目标为基础，无论其

是否可量化，这些目标的执行程度都通过逐项评估来确定，并且这些资料应在各部门编制预算时就要考虑进来。

税式支出、或有债务和财政风险。1978年宪法和《总预算法案》（条款37）都要求政府连同收入预算，向议会提交税式支出的详细报告。报告包括税式支出的定义、向议会提交的任何新的税收优惠的解释、解释经济假设的方法记录、评估税式支出的程序和来源，以及根据税收类型和目的来分类的税式支出清单（OECD，2002；Kraan，2004）。法律不要求预算文件中包含或有债务和财政风险。可是，中期预算规划可以涉及这种债务和风险的部分信息。

法律要求的其他资料。《总预算法案》（条款37）要求国家预算议案附有补充文件，内容参见专栏4。

专栏4　西班牙：附在预算草案里的补充文件

- 项目支出的报告及其年度目标。
- 每项预算拨款的报告，附带与当前预算相比的主要修改说明。
- 由支出管理中心提供的财务明细附件。
- 根据地区分类的公共投资项目之中期预算规划的附件。
- 前一年预算的账户和平衡以及对当年预算的预测。
- 前一年社会保险制度的账户和平衡。
- 预算的综合财政报表。
- 经济和财政报告。
- 税式支出报告。

4.1.8　议会和其他宪法实体的预算

宪法规定（条款72），议会两院都有预算自主权。经过协调管理，将议会的预算草案合并入国家的预算草案中。审计法院也具有财政独立性（参见后文第4.5节）。

4.2　议会的预算程序

4.2.1　预算审批的时间表和国会预算辩论的限制

无论是宪法还是议会的议事规程，都没有明确规定议会批准预算的时间表。可是，宪法暗示议会辩论需要在10月1日开始，并在12月31日结束［条款134

(3) 和 (4)]。最近几年，在财政年度开始之前，国家预算议案就已经被批准了（由于政府的更迭，1996 年的预算是个例外）。

两个议院的议事规程都规定了清楚的、结构化的议会程序。众议院全体会议讨论针对国家预算草案整体的修正案。如果这些修正案被接受，被采纳的预算将作为新财政年度的预算发回给政府。如果被拒绝，众议院预算委员会审查预算文件。当众议院就议案表决时，该议案就进入参议院，参议院的审核程序与众议院一样。参议院可以修改议案、制定附加案或投票否决议案。在后一种情况，议案将返回众议院。在众议院第二轮投票中，可以以绝对多数否决参议院的投票结果。若未能达到绝对多数，在两个月后的众议院第三轮投票中，简单多数就足以否决参议院投票。

4.2.2 临时预算

宪法规定，如果国家预算议案在相应财政年度的第一天前仍未被通过，上一财政年度预算自动延续，直到新预算被批准为止［条款 134（4）］。当各条线部门准备其延长预算时，《总预算法案》限制其不得超过前一年度的总额（条款 38）。

4.2.3 修正权

议会对修改国家预算法案只有相对有限的权力（OECD，2002）。宪法规定，在采纳任何增加拨款或减少预算收入的非政府议案或修正案之前，需要政府事先批准［条款 134（7）］。两院的议事规程要求，所有在某个预算项目上增加支出的修正案，必须与相同部门对其他支出的减少一并提出。

4.2.4 资金的批准

宪法规定了国家独有的依靠法律授权来提高税收的基本权力，并且任何国家税收减免必须通过法律建立（条款 133）。国家预算议案不能设立新的税收——年度预算法只能修改现有的税收。只有在税收政策方面发生实质性变化时，才需要设立新的税收法律［条款 134（7）］。此外，一个财政年度的收入预算，连同支出预算，都应该由议会批准（参见后文）。

4.2.5 拨款的性质、结构和持续时间

《总预算法案》规定了预算分类的一般原则。国家预算的结构由经济和财政部长根据国家部门的组织、其收入和支出的经济性质，以及政策目的和目标，来加以决定（条款 39）。

根据三种主要标准将支出分类：（1）根据组织的形式分类（国家一般行政管理部门、自治机构、社会保险系统的实体和其他实体）；（2）根据项目分类，这些项目必须符合包含在中期预算规划中的支出政策的内容，并确立由各条线部门达到的目标；（3）根据经济分类，根据章节和支出性质来分组预算估计（经

常性业务，资本业务和金融业务）（条款40）。章节被分成条款、项目和次级项目。经常性业务显示人事成本、商品和服务的业务成本、财务成本和经常性转移。资本业务区分实际投资和资本转移。金融业务显示金融资产的状况和金融负债。

按照两项主要标准构成收入：（1）根据组织类型分类，那些自治机构，社会保险和其他实体中区分出一般国家行政管理部门的收入；（2）按照章节和其性质分组收入的经济分类（条款41）。章节进一步分为条款、条目和子条目。经常性收入显示直接税、社会保险支付、间接税、手续费、捐税和其他收入、经常性转移和资产收入。资本收入分为实际投资和资本转移。金融业务显示金融资产的状况和金融负债。

除了人事成本和商品及服务费用按条目层次（the item level）作出规定外，其他拨款是按照项目层次（the article level）作出规定的，而实际投资则按章节层次（the chapter level）进行规定（条款43）。支出应当是只为特定目的之花费（条款42），拨款是各条线部门能够花费的最高限额（条款46）。拨款通常是1年性的（与日历年度一致）。可是，在下列情况下允许多年性拨款（条款47）：

- 可以适用的数年拨款不应超过四年。每年支出限度设定为：第一年为最初预算的70%，第二年是60%，第三年和第四年是50%。
- 在特殊情况下，政府可以同意修改年数和支出限度。为此，有关部门提出动议后，经济和财政部长应当向内阁提交建议，并由内阁最终批准。

4.2.6 拨款的结转和未来拨款的借用

通常，禁止将未用拨款结转到下一个财政年度使用（《总预算法案》条款49）。可是，在某些特殊情况下这是《总预算法案》所允许的（条款58），特别地：（1）根据法律规定；（2）源自国家对自治机构财政联合支出贡献的拨款；（3）源自个人或法人对国家或自治机构联合财政支出贡献的拨款；（4）源自依赖完成某项行动的法定收入的拨款。

4.2.7 核准公共债务

宪法要求，政府只能依法签订财政债务并承担支出（条款133），为发行国债或签订贷款，政府必须经法律授权（条款135）[①]。《总预算法案》进一步规定了批准公债的程序（条款94-105）。国债的产生必须经法律授权，并且国家预算要为每个预算年度的国债平衡变化提供限制，这一项必须在涉及债务形成的财政事项中坚持（条款94）。

《总预算法案》要求，政府向众议院和参议院预算委员会提供财政事项平衡

---

① 在《总预算法案》中，国家债务被定义为，作为由国家通过公开发行债券借入的全部资本，贷款业务的协议，第三方债务的代位，以及任何其他国家支出资产的转移（条款92）。

的季度报告（条款93.1）。经济和财政部长需要向政府和议会提交年度报告，以解释随后年度的公债政策，报告还要反映前1年年末政府债务的当前余额。包含自治机构的债务（条款93.2）。

4.2.8 已通过预算之颁布、否决和发布

一旦预算草案在15天之内被议会和国王批准，经议会批准的国家预算议案就得到了赞同，可以发布并授权出版（宪法条款91）。

4.2.9 追加预算（修正案）

批准年度国家预算以后，政府可以提交涉及在相同财政年度内增加公共支出或减少税收的追加预算议案［宪法条款134（5）］。《总预算法案》为准备追加国家预算规定了程序。当支出不能被延期到随后的1年，并且没有其他可用拨款的情况下，在下列情况下允许追加国家预算（条款55）：

● 对拨款的需要如果产生于预算的非金融业务中，追加预算应当通过抵销应急费用或其他非财政资金，来提供资金（参见第4.3.3节和讨论非金融业务的脚注）。

● 对拨款的需要如果出现在预算的金融业务中，它将通过减少同样类型的支出，以公债形式提供资金。

由预算总局（the Directorate General of Budgeting）给出报告后，经济和财政部长向内阁提交追加预算草案。内阁批准后，议案提交到议会。对自治机构和社会保险的追加预算，通过与国家预算追加预算相似的程序来进行编制（自治团体条款56和社会保险条款57）。

4.2.10 其他议案对财政预算的影响

《总预算稳定法案》和《总预算法案》要求，在其法律规定和条例的草案阶段、编制与批准阶段，行政法案、合同和合作协议及公共部门的任何其他活动，都需要考虑其预算效果并严格服从预算稳定性之要求（《总预算稳定法案》条款6.2和《总预算法案》条款26）。

4.3 预算执行

4.3.1 支出授权的分配

批准国家预算后，在公共财政和财政政策总监（the Director General of Public Finance and Financial Policy）的提议下，经济和财政部长编制并批准一份包含国家收入规划的年度预算执行计划，并签发支付令（条款106.1）。为编制预算执行计划，公共财政和财政政策总监应当收集对国家预算可能产生影响的支付和收入方面必须考虑的国家部门的任何数据、预测和文件（条款106.2）。年度预算执行计划可以依照收入或支付预测中执行或变化的数据被修改（条款106.3）。

任何时候安排的支付总额，应当与年度预算执行计划相一致（条款107.1）。

4.3.2 预算授权的取消和其他的年度内支出控制

法律不要求政府花费所批准的全部拨款。在特殊情况下，国家机构相比最初预计有更多的空余资金，《总预算法案》授权经济和财政部长，可以部分取消或全部取消转移给这些国家机构的预算资金，而不需经过议会批准（条款45）。

4.3.3 紧急支出、超额支出和应急资金

《总预算稳定法案》为在预算执行期间使用应急费用规定了程序，该规定后来经《总预算法案》确认（《总预算稳定法案》，条款15；《总预算法案》，条款50）。为了负担批准预算时不可预见的必要开支，国家预算可以包含"预算执行中的意外事件基金"，其总额为全部支出的2%[①]。这份基金绝对不可用于政府自由裁量的财政项目或政策上。

应急费用的使用需要由经济和财政部长提出建议，并经内阁批准。政府应当通过经济和财政部长，向众议院和参议院的预算委员会提交他们的资料以及有关应急费用支出的季度报告。财政年度结束时留有的余额可以转入下一个财政年度。

4.3.4 年内拨款的调剂和流用

在各项拨款之间可以进行调剂，但必须在一定的情况下才可进行（条款52）。这些限制条件不适用于由行政调整或权力移交给自治团体所引起的调剂。概括来说：

- 在非财政支出和财政支出之间不能调剂，也不能将资本支出向经常性业务调剂。
- 不同预算部门的支出不能调剂。
- 不得减少强制性支出或在本财政年度内被延长或补充的支出（社会保险支出和公债除外）。
- 除非为了其他支出提供资金，在社会保险系统内不能减少支出。

同一计划的支出之间，或同一服务的计划之间，调剂是可能的；这些由各条线部门根据部门委托审计做出的有帮助的报告，来斟酌处理（条款63）。可是，经由经济和财政部长提议并在所涉及部门自愿的情况下，政府有权批准不同预算部门之间作为行政部门重组的预算调剂，并且经济和财政部长有权授权进行某些其他调剂（条款61）。

4.3.5 现金规划及政府资产和债务管理

经济和财政部长对现金计划和政府资产及债务管理负有全部责任（《总预算

[①] 支出包括员工支出，当前的和资本转移的支出，资本投资和债务偿还（这种支出形式在西班牙预算称为"非财政支出"，non-financial spending）。融资项目（被称为"财政支出"，financial spending），譬如购买金融资产和支付金融负债，则不包括在内。

法案》第Ⅳ和Ⅵ篇）。现金管理以单一账户原则为基础（参见后文）。依照经济和财政部长编制的预算支出计划，货币从国库单一账户中支付。经济和财政部长也享有在国家债务管理和程序上的权力（《总预算法案》条款98）。《总预算法案》要求，经济和财政部长向议会报告年度期间主要的公债担保和发行的公债的数额及特征。

4.3.6 内部审计

西班牙公共财政业务的内部控制体系非常强大，每一个部门或公共机构都有专属的内部控制部门。下一层次的控制由经济和财政部长规定，特别是国家行政总监（the General Controller of State Administration，GCSA）尽管雇用内部工作人员，但独立于所有公共机构（United Kingdom National Audit Office，2001）。《总预算法案》管理国家部门财政管理的内部监督的全部过程（第Ⅵ篇）。为达到下列目的（条款142），国家行政总监依照宪法阐明的条款和条件，来执行国家部门财政管理的内部监督（条款140）：

- 核实公共财政管理的法规是否被遵从。
- 核实业务记录和会计记录是否适当，以及它们在会计和陈述中的反映是否诚实且合规。
- 保证其监督下的行动和程序，遵守良好的财政管理原则，特别是《总预算稳定法案》中所包含之原则的执行。

4.4 政府会计和财务报告

4.4.1 会计制度

《总预算法案》为国家部门的会计安排规定了法律框架（第Ⅴ篇，条款119-139）。在国家行政总监的建议下，经济和财政部长有权（条款124）批准包含或拓展了公共会计原则的会计科目表。经济和财政部长还有权确定记录数据的标准、提交会计资料和规定的年度决算的内容，这些资料需要提交给审计法院（条款124）。在经济和财政部部长提出的指导原则下，国家行政总监在执行公共会计上扮演着重要角色（条款125）。

国家部门的会计被定义为"通过财政声明和报告、资产状况的可靠性、财务状况、国家部门的成果和预算绩效，目的在于对外说明或展示财政和预算信息制度"（条款119和条款120）。为管理公共部门，会计原则和会计科目表以改进的权责发生制为基础。相反，准商业性的公共部门（例如，准商业性公营企业、国家商业实体）采用经过一些修订的包含在商业法案中的规范和原则，以及私营企业采用的会计报表（权责发生制原则）（条款121）。

4.4.2 政府的银行业务安排

通常,国家和其自治机构的收入和支出,通过设立于西班牙银行的账户进行(条款108.1和条款13,西班牙《银行自治法案》13/1994)。在特殊情况下,经济和财政部长可以授权公共财政和财政政策总监在其他借贷机构开立账户。

4.4.3 向议会的年度内报告

国家行政总监需要将每月的预算执行信息,包括社会保险情况,提交给众议院和参议院的预算委员会(条款135)。该报告将被发表在官方公报以及经济和财政部长的网站上。

4.4.4 年度决算和报告

宪法要求将国家会计提交给审计法院进行审计(条款136)。《总预算法案》进一步规定了这个程序(条款127~条款134)。法案要求国家部门的所有实体在财政年度结束的3个月内编制年度账目,并将其交由审计人员处理(条款127)。这些账目由余额、经济和资产最终账目、预算的现金结余和年度报告组成(条款128)。国家部门的实体应当通过国家行政总监向审计法院提交所要求的会计资料(条款137)。

国家行政总监每年编制国家总会计账目(The General Account of the State),它是国家部门所有实体的总账,并且在下一年10月31日提交到审计法院之前,转发政府批准(条款131)。国家总会计账目包括:国家部门的经济上的、资金上的和资产上的状况;年度的经济和资产结果;预算执行平衡及目标的完成情况(条款130.3)。国家行政总监有权收集其编制的统一总账所必须考虑的不同实体的所有信息。

《总预算法案》要求政府向议会提交某些专门报告。例如,经济和财政部长每3个月应当提供应急资金的管理信息(条款50.3)。

4.5 外部审计

4.5.1 管理的、财务的和运作的独立性

宪法建立了审计法院作为审计国家会计和财政管理以及公共部门的最高机构[①]。审计法院直接对议会负责[条款136(1)],并且需要组织法案以为其成员、组

[①] 对于自治团体的审计,他们是否有自己的外部管理机构(地区的审计法院),应该作出区别。在17个自治团体中的九个,建立了地方审计法院,审计法院的权限不受损害,查证自治团体的会计,并向地方议会提出报告。对其余的自治团体,这项任务由审计法院承担。因此,审计法院在自治团体中承担较少的直接工作,这些自治团体有他们自己的审计法院,但它仍有监督权并可以承担后续工作。审计法院可以将它的一些司法功能委托给地方审计法院,但仅仅是涉及会计职责的行动,审计职能从未委托出去。参考United Kingdom National Audit Office (2001) 和 Kraan (2004),获取关于这一问题的更多信息。

织和职责制定条款［条款136（4）］。因此，由1988年《审计法院（功能）法案》补充的《审计法院组织法案》来管理外部审计程序。审计法院的内部结构规定在组织法案中①。

《审计法院组织法案》清晰地规定"在其职责范围内，审计法院是完全独立的，只服从于法律"。为保证审计法院的独立性，审计法院院长任期为3年，由国王依据审计法院的提议从12名顾问中任命（条款29）。顾问由议会任命——六个众议员和六个参议员——在两院中通过四分之三的多数投票决定，任期9年。解任原因、利益冲突或根据1985年《司法组织法案》规定的禁例，同样适用于审计法院的成员（条款33）。院长和顾问只能在任期期满时，由议会接受辞职，或者由于能力不足、利益冲突或严重的渎职，而被免职（条款36）。

为保证其财政和管理的独立性，审计法院起草它自己的预算，这项预算被并入国家预算的单独部门，并需经议会批准（条款6）。审计法院也有权雇用适当的合格专家，来监督、修订或核实公共部门的文件、书册、现金、证券、财产和股票，以履行其职责（条款7.4）。

4.5.2 审计制度的覆盖范围

审计法院的一项主要功能就是其对公共部门财政活动进行常规的、决定性的外部审计（条款2）。下列公共部门应当接受审计法院的审计，包括（条款4）：

- 国家行政管理。
- 自治团体和地方企业。
- 社会保险管理机构。
- 自治公共机构。
- 国有公司和其他公营企业。
- 西班牙银行（西班牙银行自治法案，条款13/1994）。

4.5.3 审计类型

《审计法院组织法案》要求，审计法院核实公共部门的经济和财政活动是否符合合法性、高效性和经济性原则（条款9）。在审计公共部门的会计和财政管理时，审计法院重点是：是否遵守宪法以及那些调整公共部门收入和支出的法案；是否遵守国家预算的制定和实施；是否采用了合理的公共支出措施，以增进高效性和经济性的标准（条款13）。绩效审计对审计法院是一项相当新的领域，它的大多数报告仍然注重财政合规性（United Kingdom National Audit Office，2001）。

---

① 审计法院的结构包含：院长、全体会议、裁决委员会、稽核组、审讯部门、审计委员会、检查办公室和秘书长（条款19）。

4.5.4 调查权

法律授权审计法院执行调查，公共部门机构应当提供与审计或司法责任有关的所有数据、状态说明、文件、记录或报告（条款7.1）。审计法院可以将公共部门实体在其职责内的不合作行为告知议会（条款7.5）。此外，违反审计法院（功能）禁令，可能导致由司法规定的制裁（罚款或刑事责任）（《审计法院组织法案》，条款7.4）。

4.5.5 报告的责任和发布

宪法要求审计法院向议会呈交年度报告（条款136）。此外，《总预算法案》要求，在收到国家总账会计的6个月内，审计法院要完成审查和审计（条款132）。在国家检察官的聆讯后，审计法院在其认为合适的时间编制报告，并连同其建议送交议会，同时将报告的内容通知政府。报告包括：国家和公共部门的账目分析；对国家和公共部门财政管理的评估；对相关部门是否遵守管理公共部门经济活动的宪法、法律和法规的意见；是否符合预算规定（地方的、区域的和全国的）；公共部门支出的高效性和经济性；国有公司的活动和其他国家补贴的使用；所在年份期间审计法院司法诉讼的报告（United Kingdom National Audit Office，2001）。

4.5.6 调查结果的执行

报告中的建议由议会考虑是否执行。议会与审计法院的相关事务，委托给包含两院48位议员的联合委员会处理。对于国家总账会计的报告，议会有权考虑并决定接受账目或要求更多相关信息。审计法院不发布单独的报告，但预计政府将按照由审计法院提出的建议行事。在绝大多数情况下，后续工作由审计法院执行。审计法院的报告将公布在政府公报上并引起媒体相当大的注意（United Kingdom National Audit Office，2001）。

审计法院的司法功能强化了报告建议的执行措施。这些措施仅限于对管理公共基金负有责任者做出裁定。这些措施旨在衡量公众利益受到的损害，以及要求相应的补偿，但不可实施任何罚款或处罚（OECD，2003b）。审计法院审查经由三个来源提交的案件（公诉人、受到影响的公共行政或公众请愿），并通过参考案例作出判决。由于以某种行为故意引起公款的损失或浪费，公务人员个人直接负有责任的情况下，他必须偿付全部损失的金额。公款损失或浪费的责任是个人行为（《审计法院组织法案》，条款42）。在某些情况下，尽管无法起诉个人的直接责任，但可以起诉本来可以阻止该行为的人（《审计法院组织法案》，条款43）。这被称为间接责任，特别是第二责任人在执行监督职责存在疏忽的情况下（United Kingdom National Audit Office，2001）。

参考文献

Cabrero, Olga (2002), A Guide to the Spanish Legal System, Law Library Resource Xchange, www.llrx.com/features/spain.htm.

Daban, Teresa, et al. (2003), Rules-Based Fiscal Policy in France, Germany, Italy, and Spain, IMF Occasional Paper No. 225, International Monetary Fund, Washington DC.

Kraan, Dirk-Jan (2004), "Off-budget and Tax Expenditures", OECD Journal on Budgeting, Vol. 4, No. 1, pp. 121 – 142.

OECD (2001), OECD Economic Surveys: Spain, OECD, Paris.

OECD (2002), Budget Practices and Procedures Survey, OECD and World Bank, Paris, http://ocde.dyndns.org.

OECD (2003a), OECD Economic Surveys: Spain, OECD, Paris.

OECD (2003b), "Case study: Spain", unpublished paper presented at OECD expert meeting on Accountability and Control in the Public Sector, Paris, 29 – 30 October.

United Kingdom National Audit Office (2001), "Spain", State Audit in the European Union, National Audit Office, London, www.nao.org.uk/publications/state_audit/st_spain.pdf.

Zapico Goni, Eduardo (2002), Budgeting for Results in Spain: Lessons learned after two decades of reform, OECD, Paris.

Zapico Goni, Eduardo, and Mario Garces (2002), "Spain", in Distributed Public Governance: Agencies, Authorities and Other Government Bodies, OECD, Paris, pp. 161 – 180.

英　国[*]

实例研究的结构

1. 概述
2. 预算制度法律中的原则
3. 预算制度中法律基础的建立与行动者的权力
4. 预算周期各阶段的法律规定

---

[*] 英国的实例研究得益于女皇陛下英国财政部、内阁办公室和债务管理局（经盖瑞·汉斯曼 Gary Hansman 协调）、国家审计署的西蒙·亨德森（Simon Henderson），以及 OECD 同仁们的评论，还包括了经济部的大卫·特纳（David Turner）。

1 概述

1.1 控制预算过程的法律框架

预算过程由基本立法、次级立法、已经发布的指南以及惯例①来共同监管。与其他欧洲国家不同，英国缺少能够涵盖预算过程中立法机构、政府和公务员之权利的最高成文宪法。尽管如此，议会还是采取了一些法律来支持预算制度（专栏1）。可是，这些规定不能完全覆盖预算过程，在一些情况下，议会立法仅能为某个特定的预算体系提供一般性的原则。

专栏1 英国：主要的预算制度法

- 1866年和1921年的《财政和审计部门法案》（Exchequer and Audit Departments Acts）（E&AD Acts）。
- 1911年和1949年的《议会法案》。
- 1968年的《国家贷款法案》，1998年修订。
- 1983年的《国家审计法案》。
- 历年来的《地方政府法案》。
- 1998年的《审计署法案》。
- 1998年的《权力下放法案》（针对北爱尔兰、苏格兰和威尔士）。
- 1998年的《财政法案》（36章）（《财政稳定法典》，CFS）。
- 2000年的《政府资源和会计法案》（GRA Act 2000）。

资料来源：政府会计（www.government-accounting.gov.uk——参见附件），皇家出版局（www.hmso.gov.uk）。

几个世纪以来，议会在预算事务中至高无上的地位，是众所周知的。虽然议会正式通过法律，但是，政府具有相当大的法规制定权力。体现在基本法中的原

---

① 惯例是一种理解和传统，包括王权（参见下页脚注⑤）。

则可以通过多种方式实施，包括授权立法（delegated legislation）①、敕令书（Command papers）② 或英国财政部的备忘录。

随着1866年《财政与审计部门法案》的创建，成文法律已经用于授予女王陛下财政部（H. M. Treasury）③ 相当大的预算制定权力（E&AD Act 1866）。因而，涉及预算制度就很少在法律中提及财政部部长（称为财政大臣，Chancellor of the Exchequer）。例如，涉及政府会计和财政职责的法律，充分体现了英国财政部的角色。这个长期存在的法外④机构（extra-legal body），享有从君主特权那里继承下来的相当大的权力⑤，特别是在拨款结构、公款发放、支出控制以及议会的控制上（相关讨论参见 Daintith and Page，1999）。

内阁部长在决定具体的年度预算上发挥着强大的作用。内阁也是一个法外机构。政府通过下议院中多数席位来控制议会事务，包括议会委员会的结构和组成。下议院的议事规程（内部程序规则）严格限制了下议院在批准年度预算上的作用。上院——英国上议院——对公共经费的议案没有任何更改的权力。

1932年，公共会计委员会（the Public Accounts Committee，PAC）和财政部达成了一项协定，确立了政府的连续支出功能（少数例外）应该包含在特定的法规中。英国财政部已经同意支持这项原则，这项协定被称为"1932年的公共会计委员会协定"⑥。

议会的作用反映了其与王室的历史关系，即君主寻求议会的批准和授权，为满足支出而提高税收。基本的宪法原则仍然是政府（代替王室），而不是议会，来建议支出和税收。如今，在预算批准过程中，议会拥有极少的权力。议会如何更有效地控制政府，提升议会监督的职能，确实存在着一些建议所指出的改进空间（Hansard，2001）。

---

① 大部分授权法是以"法定文件"（statutory instruments，SIs）的形式，由1946年的法定文件法案管理的。大约80%的法定文件以时效性为基础被议会采用（"反向程序"）（Hansard，2003）。如果议会在40天内没有提出反对的理由，法定文件就具有了法律效力。某些法定文件要求议会正式批准（主要的法案规定通过"正向程序"批准法定文件）。参见 House of Commons（2003）。

② 敕令书得名来自于以下事实，它们是政府大臣"根据女王的命令"提交给议会的。敕令书包括政府政策声明的白皮书。

③ 出于阅读习惯的考虑，本书以下如无特殊需要，统一翻译为"财政部"。——译者注

④ 法律管辖之外意味着该机构并非源自于法律而设立。在许多国家中，宪法要求在法律中明确地规定公务员、内阁和部长。

⑤ 王室特权来源于早年间的宪法认同，在那个时代，所有的行政权都属于君主。存在着独一无二的权力，用以执行那些法院所认可的政府运营之行动。

⑥ 在政府会计第2章附件2.1中可找到完整叙述：www.government-accounting.gov.uk/current/frames.htm，它是供政府部门适当操作和报告公款，而使用的会计和财务流程的指南。财政部发布政府会计（Government Accounting）并不涉及内阁。

1866 年,《财政和审计部门法案》正式确立了外部审计职能。当《政府资源和会计法案》在 2000 年被通过时,《财政和审计部门法案》也被普遍地修改和更新。1983 年,当主计审计长(the Comptroller and Auditor General,C&AG)成为议会议员,而不再是行政部门的领导人时,对法案又进行了一次重大的修正。在明确的法定基础上,这部法案提出了物有所值审计①(value-for-money audits)。

最后,在 1998 年,一些政府职能根据新法律向苏格兰和威尔士的下放,促使苏格兰创立了新的议会预算程序,并在全英国建立了新的法定外部审计机构(参见专栏 5)。

1.2 预算制度法的改革

20 世纪 80 年代以来,预算制度发生了显著的变化。虽然通过了支持某些变化的新法规,但政府借助于授权立法权或继承权,引入了许多预算改革(专栏 2)。敕令书被用来向政府和公众通报某些方面的变化。

专栏 2　英国:过去 20 年中的预算制度改革

通过成文法引进的变化

- 根据 1998 年《财政法案》引入了财政稳定性原则。法案要求,财政部向议会提交一份体现这些原则的行为准则,并要求财政部准备先期预算、预算和债务报告。
- 2000 年,在《政府资源和会计法案》中,引入了权责发生制预算和会计原则。

通过财政稳定法典引进的变化

- 政府财政管理的原则,财政与债务管理政策的目标及其运作。
- 各种先期预算、年度预算、债务报告的内容。

不是通过法律,而是通过内阁(财政部)之决议出台的变化

- 财政规则:(1)整个周期,政府借款仅能用于投资,而不能用于当前支出(一项"黄金法则");(2)依照 GDP 比例的公共部门净债务,要保持在整个周期的稳定和谨慎的水平上。

---

① 物有所值审计(Value for money audit),就是对政府有关部门、机构在履行职责时所达到的节省程度、效率和效益进行审计调查,并提出建议。——译者注

- 为财政监督确定支出总额和严格控制支出的程序。
- 设立130个具有相当大的行政自治权的行政机构（置于政府部门之下），包括他们的预算。
- 拨款结构的简化，在"规划"*的基础上，议会仅实施较宽泛的总量控制权。
- 公共服务的现代化，改进了会计责任和注重结果的预算管理，包括公共服务协议（PSAs）和绩效指标（Blair，1998；H. M. Treasury，2000）。

* 为简单起见，在本章中使用了"规划"（programme）一词。在资源会计之下，这个术语习惯用来指"对资源的要求"（Request for Resources，RfR），而不是"规划"。

20世纪80年代，随着行政机构的设立，政府部门的管理方式有了显著的变化。这些"长臂"机构由首席运营官领导，这些首席运营官在执行政府政策的特定方面，具有相当大的预算自主权和灵活性。大约75%的公务员现在都为这类机构工作，他们的预算是上级部门预算（parent department's budget）的一部分。这些深刻的变革不是通过议会新的立法引入的。

20世纪90年代，政府计划了一项主要的会计改革，最终通过了一项以权责发生制为基础的政府会计制度。2000年的政府资源和会计法案，取代了早在一个半世纪以前由法规引进的收付实现制。像其他法规一样，政府资源和会计法案中只包括最基本的要素。财政部被授权对执行这项法律负主要责任。财政部也对拨款结构提出建议。近年来，已经进行了相当大的简化：概算的数量（为政府部门拨款的单位）从1989~1990年的167项，减少到2004~2005年的52项。另外，每项概算内"规划"的数目常常只有一项；只有两个部门的规划数目超过三个。这是与30年前非常详细的单项现金支出相比较而言。

同样，1998年《财政法案》的一个章节中，要求财政部向下议院提交一份财政稳定法典。这份准则强调了五项财政政策原则，并要求财政部代表政府准备包括过去和未来预期的财政与债务管理进展报告，包括遵守政府财政规则的情况。

2 预算制度法律中的原则

与欧洲大陆国家不同，在传统上，英国尚未来得及对现有原则的兼容性进行大量的讨论，新的实践就已经纳入到法律文件之中了。在某种程度上，这反映了成文宪法的缺失。在英国，不成文宪法可以被看作不断发现过程中的价值体系，而不是一个包罗万象的准则集合。重要变化已然发生而法律尚未修订，宪法可以说一直在变化着。这样，在不成文宪法所"要求"的和实际状况之间，就少了摩擦。

虽然作为法律基础的原则已然不被重视，但长期以来形成的议会"控制钱袋子"（control of the purse）的原则，还是体现在法律中。包括：
- 税收和公共基金支出的法定授权。
- 经议会批准的部门活动的适当性和规则性。
- 财政部批准部门支出的委托权，要服从最终的议会权力。

近年来，包括"公开、公平和公正"（McAuslan，1988）及"开放和负责的政府"（Harden and Lewis，1986）的宪法价值，已经体现在法律中了。"五项原则"，即透明性、稳定性、责任性、公平性和有效性，被包括在财政稳定性准则中。财政稳定性准则的法律基础，在 1998 年财政法案"混杂的"章节中稍显隐晦，法案大部分涉及的是税收措施。

其他欧洲国家采用的某些（但并不是所有的）"传统"原则也体现在法律中。年度供给（annuality for supply）原则明确表示在法律中（2000 年的《政府资源和会计法案》，s.1）：对支出的专门规定只针对一个财政年度。普遍性原则——所有收入和支出都包括在与预算有关的文件中——没有体现在法律中，尽管得到实施。缺少一致性原则：分散的法律和法律程序，被用来批准年度收入和支出概算。特殊性原则需要具备合格条件。议会批准很宽泛的总量。对于目前的支出基本上是经过"规划"（programme）的专项支出，但不直接控制资本支出[①]。

3 预算制度中法律基础的建立与行动者的权力

3.1 行政机关和立法机关

3.1.1 概述

女王是国家元首，行政首脑（这个术语在英国使用不广泛——偏爱于"王室，the Crown"这个称呼）和整个议会的领导。可是，君主政治受到了很大的限制。依照惯例，女王遵循她的大臣们的建议。议会由三部分组成：女王、选举出的下议院和一个在很大程度上指定出来的上议院。立法必须由所有三方同意。

---

① 资本支出没有被明确地界定。

首相是主要政党的领导，随着立法选举自动地成为政府首脑。形式上他（她）由女王任命，通过首相的推荐，女王还任命内阁成员。内阁不是一个法人实体，但有着无处不在的决策权。女王陛下财政部（相当于财政部）具有皇室特权——不受法律管制。它是一个领导和整合预算过程的部门。

英国是一个单一制国家，传统上分为两个主要层级：中央和地方政府。选举出来的地方政府承担相当大的支出责任，但他们自己的收入有限。中央政府年度预算对地方议会的转移支付是相当大的。1999年发生的地区权力下放，导致了北爱尔兰、苏格兰和威尔士议会的建立。

3.1.2 内阁会议和部长个人的角色与责任

政府作为一个整体，几乎没有法律权力——主要是"女王陛下在议会"（Her Majesty in Council）的法令。虽然首相有广泛的权力，但一般来说，这些权力并没有正式声明。首相对其政府的传统权力的法律基础是拥有任免大臣、召集和解散议会，以及由首相行使的"王室"特权的王权。首相也是内务大臣（the Minister for the Civil Service），1968年财政部将这一权力转交给他（她），尽管行政部门的日常职责仍旧由内阁府（the Cabinet Office）的大臣掌管。

政府大约由100名大臣组成，他们是现任的议员或者是上议院的贵族。大约20名大臣是内阁成员，这些才是关键决策者。虽然大多数内阁成员是下议院中执政党的资深成员，但首相在他（她）的内阁中代表性地安置几名贵族[①]。内阁是一个法外实体——没有阐述它的角色和职责的法规或法定文件。虽然对内阁的规模没有正式的限制，但1972年的《大臣和其他人员薪金法案》将能够支付给国务大臣薪金的最大数目限制在19名。另外，保留了两个独特的大臣头衔。在缺乏提供薪金的资金时，这部法律将内阁大臣的人数限制为最多21名。

差不多所有的内阁大臣都是政府部门的首脑，这些政府部门是由无党派公务员来管理的。总的来说，大臣对其部门所实行的政策负有个人责任，并为政府所实行的政策集体负责。大臣对议会负有个人责任。

3.1.3 各部委和行政分支机构的设立

部门。对于合并或取消现有的部门或设立新部门，政府通常不需要议会批准。某些长期存在部门的法定权力都来源于这种特权，比如财政部或内政部。相比之下，直到1946年，几个部门根据成文法律才建立起来。可是，在1975年的《王室大臣法案》下，国务大臣之间的转接职能，可以通过行政命令来实现。在

[①] 这包括同时发挥三项作用的大法官：（1）具有部门职责的内阁大臣；（2）上议院议长；（3）英格兰和威尔士的司法首脑。作为宪法改革的一部分，为了更加清晰地区分行政、立法和司法权，在2003年，首相提议将这个700年前的职位废除掉。

法律上，国务大臣办公室是一个不可分割的整体（Simcock，1992）。至关重要的是，政府可以单独决定国务大臣的人数并设立新的部门。另外，1975年的《王室大臣法案》，授权根据法令解散（但不能设立）部门或办事处。这样，在过去大约30多年间，部门的废除、设立或合并，是在首相的倡议下执行的，而不经议会批准。

行政机构。20世纪80年代末以来，当政府希望改进政府部门中的管理和效率时，大约130个半自治机构被设立起来（专栏3），大部分都没有经过议会批准。每个部门编制一个年度报告。可是，大臣为机构绩效向议会负责，包括按照框架文件中规定的目标和指标的达成。虽然大部分行政机构不是根据法律设立的，但是资金运作却并非如此。1973年，首次采用的法律认定了五项经过考虑的专门商业活动，适用于概算和拨款过程外的融资。1990年的《政府贸易法案》，允许为部门的任何活动设立交易基金，这些部门的运营可以进行大规模的自筹资金。交易基金享受相当大的财政自主权，包括借款和投资，并且可以实施现金储备。由大臣对交易基金负责使用的自由裁量权，与财政部合作运用（Daintith and Page，1999，p.139）。

专栏3　英国：行政机关和其他实体

行政机构
- 机构是政府部门的行政单位，主要负责提供公共服务。
- 机构执行长官由部长任命，负责其部门内确立和完成机构的具体目标。
- 许多机构有内部管理委员会（不是外部管理理事会）。
- 大多数职员是公务员，遵从公务员准则。
- 他们必须提供机构的年度报告和账目。

非部门化的公共实体（NDPBs）
- 与大臣们保持一定距离而运营的实体。
- 都对议会负责。
- 两种主要类型：
  ▲**经营性非部门化的公共团体**：执行行政、管理、监管或商业功能；一般不是王室的一部分；雇用他们自己的职员；有他们自己的预算，有独立的合法身份。

> ▲**咨询性非部门化的公共团体**：由大臣们设立以提供建议；很少承担自己账户上的花费；很少有独立的法律身份。
>
> 来源：Wall and West, 2003。

非部门化的公共实体（NDPBs）。这些实体是广义政府的一部分。"经营性"非部门化公共实体一般都是根据议会的专门法案、皇家宪章或在公司法下被合法地组成为实体。管理结构一般不在基本法中作出规定。所有的非部门化的公共实体都受管理委员会领导，代表性的是由一位主席和若干位非行政人员组成。非部门化的公共团体行使范围广泛的行政、管理、经济、监管和咨询功能。2003年，有811个这样的实体。

国民医疗保健制度。国民医疗保健制度（NHS）最初建立于1948年，以向所有的公民提供普遍的医疗保健。1977年的《国民医疗服务法案》，为各种卫生机构和初级保健信托的建立作了准备。1990年的《国民健康服务和社区照顾法》进行了重大改革，到1995年，所有保健服务都由独立的国民保健服务信托机构提供，由它们自己管理。国民医疗保健制度由纳税人提供资金，由卫生部管理。国民医疗保健制度的大多数资源和资金，都是在年度概算中投票产生的，这种概算构成了年度拨款法案的一部分，换言之，当概算被批准时，议会批准国民医疗保健制度中的支出。

3.1.4 高级公务员的职责

公务员法则——不是法律。英国的所有公务员都是永久的和无党派的。与欧洲大陆国家不同，公务员制度从来没有受到确立公务员权利和责任的普通法之管辖。公务员的管理是由大臣代表王室行使君主特权的一个方面，单独发布关于管理公务员的指令（Cabinet Office，1995，2.15段落）。议会委员会呼吁法律支持给予公务员基本的价值和标准[①]。1996年，根据法定文件采用了公务员守则。守则规定了一般原则，比如"公务员应当尽力保证恰当地、有效率地使用公款"。它还鼓励公务员举报可能的非法活动，尽管没有规定详细的制裁。20世纪90年代末修订了守则，以在权力下放后保持统一的公务员制度：苏格兰和威尔士的公务员服从于守则的规定[②]。

高级公务员。1996年4月，由政府决定设立了高级公务员。这一相关框架限定了其范围，以防止部门或机构更改相应的条款和条件。高级公务员有共同的工

[①] 对于试图改变公务员的法律基础的讨论，请参阅 Daintith and Page，1999，第三章。
[②] 在1995年法定文件是一种枢密令。从那以来，对于所有修正之生效部分的一项非正式整合，请参阅 www.civilservicecommissioners.gov.uk/documents/orderincounciloct2003.pdf。

资、合同、职位评价和培训体系。虽然公务员的政治公平体现在公务员守则中，但还是越来越多地担心公务员的政治化（例如，可以参阅 www.the-hutton-inquiry.org.uk/content/report/chapter12.htm#a90）。正如公务员服务守则那样，所有的英国大臣也都如此（包括苏格兰当局），他们的内阁守则要求他们保持公务员的政治中立性。

会计主任（AOs）[①]。成文法为一些高级公务员的财务管理规定了特定的职责。1866年的《财政与审计部门法案》与2000年的《政府资源和会计法案》阐述了财政部（不是财政大臣）任命每个部门的官员作为它的"会计主任"（accounting officer）。会计主任通常是部门或机构的最高级官员，对全部组织、管理以及他（她）的实体之人事安排负责。尤其是会计主任负责"准备部门的资源账户和向主计审计长之呈送"（2000年《政府资源和会计法案》，s.7）。在财政部的备忘录中，详细规定了会计主任的其他职责，它强调了在部门所有财政决策中的个人礼仪、规则和物有所值（H. M. Treasury，1997）。财政部对会计主任的指导方针，适用于所有政府部门和机构，包括非部门化的公共实体、国民医疗保健制度信托交易基金。

3.1.5　议会委员会的建立和角色

根据议会议事规则（SOs）所授予的权力，设立了议会委员会。下议院的"特别委员会"（Select Committees）对于预算过程是最重要的。特别委员会对于任何一届议会都是"永久性"委员会；常务委员会（standing committees）不是永久性的：它是为考虑一项特定议案而设立的[②]。1979年以来，每个政府部门都已经有了特别委员会，它们受命进行的工作是"检查主要的政府部门的支出、管理和政策"（House of Commons SO No. 152）。另外，还有大约20个其他非部门的特别委员会，包括公共会计委员会（PAC）。预算委员会的主要任务是检查预算战略，并对政府的预算提出修正建议[③]。可是，财政委员会（the Treasury Committee）一直管理着对年度预算和先期预算报告的查询[④]。由34位特别委员会主席组成的联络委员会（The Liaison Committee），负责遴选哪一个特别委员的报告

[①]　苏格兰法律使用"责任官员"（accountability officer）这个术语，它更准确地描述会计主任的作用。

[②]　除了这些委员会之外，还有联合委员会（Joint Committees）、大委员会（Grand Committees）和私法法案委员会（Private Bill Committees）。请参阅 www.parliament.uk/parliamentary_committees/parliamentary_committees16.cfm.

[③]　相比之下，苏格兰议会建立了一个财政委员会（Finance Committee），它可以建议修正苏格兰行政部门的拟议预算。例如，2003/04年，财政委员会的八项修正都被并入到苏格兰预算议案（No. 4）中——拨款法案。请参阅 www.scottish.parliament.uk/S1/parl_bus/bills/b72s1ml.pdf.

[④]　对于加强特别委员会修订拟议预算的权力，每个特别委员会正式建立了一个永久性的财政和审计小组委员会（Brazier，1999，p.12）。

应该在下议院全体大会上予以讨论。

公共会计委员会是所有委员会中最有影响力的委员会之一，尽管它的重点是在事后预算结果上，而不是事前预算预测上。它由下议院的政党中以相同比例选出的 16 位普通议员组成。按照惯例，在野党议员担任公共会计委员会主席，这是 1862 年制定的永久性规定。它的权力是"审查相关账目所显示的公共支出，是否符合议会同意的拨款总数"（SO No. 148）。公共会计委员有权不定期召集有关人士来做报告。尤其是，会计主任（AOs）必须回答有关预算结果（budget outcomes）的问题。

所有的下议院议员都要遵守 1996 年首次发布的议员行为准则。上议院在 2002 年也采用了类似的行为准则。上议院有几个特别委员会，包括经济事务委员会，其职责包括经济管理。可是由于上议院不讨论涉及资金的议案，这些委员会不直接涉及预算事务。

3.1.6 其他宪法主体的建立和作用

英国的上议院是最高法院。根据 1967 年的《议会行政监察专员法》（the Parliamentary Commissioner of Administration Act 1967），设立了议会监察专员（Parliamentary Ombudsperson）。其主要作用是审查对管理不善的投诉。其他独立的机构包括选举委员会。

3.2 次国家政府的角色和职责

虽然近年来已经将某些政府活动领域的职责全部下放给苏格兰、威尔士和北爱尔兰，但英国仍是一个单一制国家。尤其是，在 1997 年决定设立苏格兰议会和威尔士州议会。为了支持公民的愿望，英国议会批准了 1998 年的《苏格兰法案》和 1998 年的《威尔士政府法案》。英国政府还批准了直接选举北爱尔兰议会，连同对北爱尔兰的执行委员会，大部分的省内事务都授权地方管理。然而，来自伦敦的直接统治，在 2002 年重新建立起来。

苏格兰议会在政府功能的各个领域中都有完全的立法权。但不包括由英国议会"保留的"领域，如防务、外交、经济和货币政策、就业立法、社会保障以及能源。苏格兰议会通过年度预算，来资助所有的苏格兰行政管理部门，包括教育、保健、农村事务、司法、财政以及核心服务。对于预算过程的指导方面，苏格兰议会采用 2000 年的公共财政和问责制（苏格兰）法案[①]。它为公共财力和财政（包括苏格兰统一基金以外的支付）提供了一个法律框架，并且明确了苏格

[①] 请参阅 www.scotland-legislation.hmso.gov.uk/legislation/scotland/acts2000/20000001.htm，尤其是建立审计苏格兰（一个公司实体）和苏格兰审计署（用于议会监督）。

兰审计和问责办公室（Audit Scotland and Accountable Officers）的责任。苏格兰预算的大部分财力来自英国年度预算拨款的整体补助。苏格兰议会只负责苏格兰预算的分配，包括制定向地方议会（地方政府）的转移。它还有权改变苏格兰的基本所得税率，尽管至少到2004年以前它有这种权力，之后就不能行使这种选择权了。

威尔士的情况完全不同，它没有完全的立法权，在那里只授权议会出台能满足威尔士不同需要的次级立法。这样，虽然威尔士议会通过了年度预算，却没有像苏格兰那样的公共财政和问责法律，然而，它可以出台地方政府（威尔士）次级立法。

在整个英国，都是由地方的当选议员驾驭地方政府。有些情况下有多层次的地方政府，他们每个都具有不同的责任。地方政府法案和其他英国法律规定了地方当局的法定功能。地方当局准备和批准他们自己的预算，通过地方财产税和其他地方性收入提供资金，比如服务性费用和收费。教育、社会保险和住房是最大的服务性费用的来源。由于支出分配超过地方收入，地方当局严重地依赖中央政府的转移支付，这类支付是纳入中央政府预算投票的。

4　预算周期各阶段的法律规定

英国的财政规程由三个总体上相互独立但又联系的周期组成。第一个是预算周期设定了广泛的财政细节、经济管理和征税授权。这最终形成了一项财政法案，该法案将税收政策的变化与税收管理体系的变化结合起来。该法案将财政大臣在预算概述中的要素付诸法律。它代表了预算过程在收入方面的高点。第二个是预算的概算阶段，该阶段紧随预算之后，以公共支出的授权为高潮。支出框架嵌入到财政框架之中，这种财政框架是经政府批准的决定全部支出范围的财政规则。第三个是报告周期，向政府和公众提供信息，以回应公共资金花在了什么地方，以及如何有效地使用公款。

4.1　行政机关编制和呈送预算

其实，并没有指导预算编制的法律框架，在这里财政部发挥着决定性作用。预算草案由财政部准备并提交内阁以供批准（经由一个小组委员会）。财政大臣在"预算日"的正式演讲中，向下议院呈交预算。传统上，预算中宣布的税收措施，以单一的、全面的财政法案形式，提交给下议院，该法案在预算日之后的某个时间公布。

4.1.1 预算制度覆盖的范围

预算草案的支出概算包括以下单位的资源使用和现金需求：所有中央政府（包括部门下属的机构）、议会两院、国家审计署、监察专员、选举委员会、转移给地方政府的单位（包括转移给苏格兰和威尔士议会及英格兰的地方议会）、医院和其他卫生保健组织以及一些非部门化的公共团体。概算中包括的机构单位由财政部决定，而不由法规规定。

4.1.2 预算外资金和指定用途的收入

与一些国家不同，养老金和社会保健基金纳入到预算之中。年度供给概算包括各种非基金性的公共养老金计划的净财力，这里包括教师、国民医疗保健制度的工作人员、司法机构、武装部队以及公务员的养老金。这些计划使他们从统一基金中获得资金支持。详细的概算包括——如"非预算"花费——从非统一基金提供资金的政府支出，特别是国民保险基金（NIF）。社会保障福利的各种制度受到各种法律的管理，特别是1986年的《社会保障法》（它为政府提供了制定规则的广泛权力，包括由雇主和雇员出资）、1992年的《社会保障缴费和补贴法案》，以及各种养老金法案。这样，虽然国民保险基金拥有单独的法定权力，但其资源需求明确地表示在年度预算中。这大大地超出了统一基金的现金需求净值，因为提供的大部分资金来自向国民保险基金缴纳的费用。

相比之下，交易资金的财务与会计是被排除在资源评估和会计体系之外的。人们期望的是，交易资金基金通过对其提供服务的收费来完全覆盖其成本（细节参见 Government Accounting, s. 7.2）。对于每个部门来说，支出的年度概算也规定授权保留一定的收入用以支持支出。这被称为"援助拨款"（appropriations-in-aid）（参见下文）。当然，议会需要批准这些资源净值。

4.1.3 预算总额的定义

在法律中，并未规定总收入、总支出和财政收支平衡。在1998年的《财政法案》之下（条款56），财政部提交议会的任何文件之内容，都必须依照财政稳定法典的有关规定，这个准则也是由财政部起草的（s.55）。因此，根据法律，在规定关键的预算总额上，财政部拥有完全的自由裁量权。在年度财务报表和预算报告（FSBR）以及年度经济和财政策略报告（EFSR）中，显示了预算总额，这是为了编制预算和监督总体财政状况而由财政部使用的。总收入和支出符合国民账户中规定的收入和支出——1995年的 ESA（EUROSTAT, 1996）。

在诸如财务报表和预算报告（FSBR）之类的预算报告中，在经常预算和资本预算之间做出了区分，在某种程度上，这是为了能够监督财政规则（参见下文）。密切监督的主要总量是：

当前的预算平衡（＝当前收入减去包括折旧在内的当前支出）＋投资净额（＝总投资减去资产出售减去折旧）＝借款净额

出于支出控制的目的，财政部已经规定了各种支出总量，在过去的几十年间，这些数字一直在变化（Parry and Deakin, 2003）。1998 年以来，财政部控制了两类主要的总量支出：部门支出限额（the departmental expenditure limit, DEL）和年度管理支出（annually managed expenditure, AME）。部门支出限额是在双年度支出审查（biennial spending reviews）中计划和控制的 3 年期支出。年度管理支出则不能像部门支出限额那样拥有合理且严格的多年期限额。它包括社会保障收益、地方当局的自筹资金支出、中央政府总债务利息、向欧盟机构和一些非现金项目的支付。

合计管理支出（TME）＝部门支出限额（DEL）＋年度管理支出（AME）＝经常性支出＋折旧＋投资净额

4.1.4 财政规则

1997 年以来，政府制定并积极使用了两项财政规则。议会并未通过法律来支持这些规则，两项规则包含在政府 1998 年的经济和财政战略报告（EFSR）中（请参阅 www.archive.officialdocuments.co.uk/document/cm39/3978/chap3.htm#fiscal）。第一个规则是"黄金准则"：它要求整个周期中政府将只能借款用于投资，而不能用于当前支出的花费。第二个是可持续的投资规则要求，公共部门净债务占 GDP 的比例，应保持在一个稳定而审慎的水平——目前界定为在整个经济周期中占 GDP 的比例要低于 40%。财政部负责规定和检测这些概念，比如"投资"和"净债务"。

4.1.5 预算编制和向议会陈述的时间表

对于收支估计的准备以及财政战略的时间表，由内阁和财政部自行决定。写入内阁和（或）财政部官方指导文件的唯一日期，可以在下议院议事规程中找到，即 8 月 5 日。这是在下议院讨论支出概算得出结论的最后一天。实际上在财政大臣的预算演讲日之前不久，内阁就批准了预算，最近几年这个日期一直为 3 月或 4 月①。

4.1.6 行政部门内部的审批流程

行政部门内部的预算审批程序，在法律中没有规定。财政部的预算理事会（H. M. Treasury's Budget Directorate），为下一年部门资金要求之技术性讨论，设立了议程和指导方针。总的来说，由财政大臣主持的内阁支出委员会（the Cabi-

---

① 传统上预算日在 4 月初。1993～1997 年的政府改变了预算日并且首次提出在初冬（11 月）里统一收支的预算。可是，1998 年的新政府恢复了 1993 年以前的春季预算时间。

net Committee on Expenditure）来批准预算草案，然后经由内阁签署通过。从20世纪90年代起，在公共支出系统（PES）中，财政部的管理和控制变得更加形式化了。在政府会计中可以找到这些内部规则和程序。

4.1.7 预算法涉及的其他文件

法律并未规定，伴随年度预算法的起草——即《财政法案》《统一基金法案》和《拨款法案》——是否需要相应的分析性预算文件。这些法律的采用——在收支上并非是同步的——是认可政府年度预算决策的一种法律程序。相比之下，法律要求财政部准备随同财政大臣预算演讲的文件。下面的讨论涉及这些文件。

中期宏观经济框架和财政战略。1998年的《财政法案》中（s.156），对于每个财政年度，要求财政部（不是财政大臣）向议会提交一份先期预算报告（PBR）以及一份债务管理报告。此外，财政部公布年度财务报表和预算报告以及经济和财政战略报告。这些都不是《财政法案》所要求的。

1998年法案中，财政部（而不是议会）决定文件的内容，以及将这些文件提交议会的时间。财政稳定性准则规定了财政部的框架（1988年的《财政法案》，条款155）。技术上，准则本身不是法律，因为它不经上议院批准（它构成了1998年《财政法案》的一部分，作为货币性措施，它不被上议院考虑），尽管它得到下议院的批准。财政稳定性准则要求，在整个议会任期内，政府阐述并解释其财政政策目标，这是与准则之原则相一致的。这些目标，以及所附的运作规程，应该在每项预算中加以重申（《财政稳定性准则》，s.9）。准则还设置了政府可以改变其财政政策目标和运作规程的条件（s.11）。

准则包括关于各类报告内容的一些细节。要求财政部在主要预算陈述之前至少3个月，发布先期预算报告。每年只能有一份先期预算报告，即使有更多的预算也不增加份数。先期预算报告本质上是咨询性的——它为政府当下考虑的财政政策之重大变化提出建议，还必须包括经济和财政预测以及经济周期对主要经济总量影响的分析。

财务报表和预算报告必须由财政部随同预算发布。在财政稳定性准则中规定了最低要求（ss.18，20~25）。主要包括经济和财政预测，以及对预算中提出的重大财政政策措施之解释。规定预测周期不少于自公布之日起两个完整的财政年度（这意味着2年就超过了预算年度），而且包括发布之前2年的对关键财政总量的对比数据。

还要求由财政部每年发布经济和财政战略报告，通常（但不一定）在预算日发布。财政稳定性准则规定了经济和财政战略报告的内容，包括：

- 政府的长期经济和财政战略，包括关键财政总量的长期目标。

- 根据这一长期战略对近期短期效果的评估。
- 短期前景和长期战略与欧洲承诺的一致性。
- 根据可信的假设，举例说明不少于未来10年的关键性财政总量的前景预测，以便阐明代际影响和财政政策的可持续性①。
- 分析经济周期对关键财政总量的影响，包括对经济周期调整的财政状况估计。

对于债务管理报告，财政稳定性准则规定，政府应每年报告政府债务的结构和成本，提供充分的信息，以便公众监督其债务管理政策的执行情况。财政稳定性准则还规定，政府应在年度债务管理报告中对它的机构设定移交事项，包括国民储蓄、国债发行计划的总规模、预计的债务到期结构、常规国债与物价指数挂钩的比例，以及国债拍卖日期。

新措施与现有的支出政策。法律中并未规定新项目和既有项目之间的区别。如果议会没有通过供应程序对资源进行表决，任何新的服务都不能获得资源。财政稳定性准则要求，财务报表和预算报告需要解释在预算中引进的重大财政政策措施，在必要时还要阐释，这些措施如何使公共财政恢复到符合财政政策目标、操作规则以及欧盟承诺的水平。

与绩效相关的信息。成文法和财政稳定性准则都没有要求向议会提交附带项目绩效的指标。可是自1991年以来，每个部门都会向议会提供不仅概述近期活动的年度报告，还要提交短期未来的支出计划。1998年的新政府恢复了对绩效的重视，确认了需要改进公共服务的规定。政府要求每个部门准备编制一份包含目标（aims and objectives）及绩效指标（performance indicators）的公共服务协议（PSAs）。2000年政府的审查导致了公共服务协议的修订。重点是部门之效果，包括行政机构对这种效果的贡献。这些都被规定在服务交付协议（SDAs）之中，这个协议是支持面向结果的公共服务协议的更详细文件（Ellis and Mitchell，2002）。公共服务协议和服务交付协议并非具有法律约束力的文件。如同在预算管理的其他领域里那样，财政部在监督上发挥了主要作用②。国家审计署负责确认用于针对公共服务协议的报告过程的数据系统。

税收支出、或有债务和财政风险。财政稳定性准则要求，财政规划包含"经济环境和财政展望的风险分析，包括政府决策和其他已经确定地被量化了的情形，或有债务的其他材料，以及在以往对关键财政和经济总量预测误差的缺陷"。

法律要求的其他信息。除了上面所说的以外，财政稳定性准则设定了需要提

---

① 在未来什么范围或程度上，政府拥有制定长期预测的自由裁量权。就这一点而言，财政部发布了50年时间跨度的财政持续性预测。

② 例如，针对服务交付协议，在互联网上发布了有效的财政部指导方针。

供的特别信息，包括：
- 根据部门及经济和（或）功能分类的支出和收入细目。
- 一份出售的公共资产所得收益的概述声明。
- 对重要会计事项变更的说明。财政部也可以邀请国家审计署对任何关键的财政计划下的预期变化进行审计。
- 政府借款结构，政府债务成本，以及债务管理局年度报告的其他细节。

4.1.8 议会和其他宪法实体的预算

在年度拨款法案中，下议院和上议院都有他们自己的概算。对于下议院，议事规则第144号规定，财政和服务委员会负责准备下议院的概算。这个特别委员会也监督下议院的财政状况。对于上议院，根据管理委员会的建议，在2002年成立了一个内务委员会。要求这个委员会对年度的和追加的概算达成一致意见，并批准上议院的年度报告。其他法律机构①也独立地编制自己的预算，并进行各自的估计。

4.2 议会的预算程序

对于预算总量有两个单独的议会流程：一个适用于收入，另一个适用于支出（专栏4）。在传统上，预算中公布的税收措施，以单一且全面的财政议案提交给议会，议案可以经下议院多数票予以修正。对于增加或改变政府的支出概算，下议院缺少有效的权力。对于实质上改变支出概算来说，它的主要选择是通过不信任投票来解散政府。这在近代英国历史上还从未发生过，主要是因为内阁和执政党的组织秘书（the ruling party's whip）②确保了对政党团结的维护。下议院对支出概算只有颇为简短的议会辩论，其有效性已经受到了怀疑，但改变目前这种制度的建议，还是未能成功③。

专栏4　英国：议会中的预算过程

- 财政大臣向议会作预算演讲，并概括政府的财政政策战略。
- 预算演讲的时间由政府安排。

---

① 这些机构包括慈善委员会（the Charity Commission）、选举委员会（the Electoral Commission）、林业委员会（the Forestry Commission）、邮政服务委员会（the Postal Service Commission）、议会理事会办公室（the Office of the Parliamentary Commissioner）和英格兰国民健康保险理事会（the NHS Commissioner for England）。
② 组织秘书是国会议员，其任务是作为党的领导，并保证党的成员出席和投票。
③ 例如，1999年的下议院程序委员会提议，应授权议会改变拟议预算，至少在内部投票。甚至这个怯弱的提议也被政府拒绝，由于"它会为破坏王室的财政主动权服务"。

> 税收措施可能在预算演讲的当晚生效。将一项财政议案提交给下议院。议案在会议上仔细审查，政府和反对党双方可以在会上建议修改议案和添加新条款。
> - 财政议案转到上议院只作为辩论用。上议院辩论了议案之后，接受御准。
> - 个别部门的支出经相关部门特别委员会仔细审查，但这不是强制性的。
> - 下议院的联络委员会（the Liaison Committee of the House of Commons）决定哪些特别委员会的报告，可以在全体大会上讨论。
> - 下议院做出批准主要概算和任何修正概算的决议。
> - 正式批准拨款草案法案。

在批准年度预算法上，上议院发挥不了实质性作用。1911年，当议会法案被采用时（在上议院拒绝1909年的政府预算之后），上议院丧失了它的预算否决权。如今，上议院可以将任何"货币议案"延期至多1个月。实际上，上议院的预算"辩论"只是一项一天的例行公事。类似地，自从1689年《权利法案》中承认议会至高无上的地位以来，王室的御准已经变为一种形式了。

4.2.1 预算审批的时间表和国会预算辩论的限制

与许多其他国家不同，主要的概算通常在财政年度（4月1日～3月31日）开始后才提交到议会，议事规则第54号规定，下议院考察概算的日期限制为每届议会3天，也就是一个议会年（a parliamentary year）。实际上，在议会夏季休会之前，王室需要同意拨款法案，这意味着不得迟于6月底提交概算。联络委员会推荐对哪项概算（或其一部分）开展辩论。

统一基金和拨款议案的议会会议，在概算的三天辩论之后举行，但这已经仅仅是一种形式而已了。1982年采用的议事规则第56号，免除了二读和三读之间通常必需的间隔时间，这暗示着政府为公共支出提出法定权力的建议，没有通过任何议会委员会的阶段（Erskine May，1997，p. 739）。这种实践在OECD国家中是极不寻常的。在统一基金的支付以年度拨款法案的形式成为法律之前，需要完成上议院中的手续和王室的御准。

4.2.2 临时预算

由于政府的预算草案常常在新财政年度开始之后才提交给议会，并且拨款法案通常直到新财政年度开始大约4个月才被采用，对于支出的临时法定授权不得不在4月1日之前就开始准备。为此，新财政年度开始的前4～5个月，针对即将来临的财政年度最初几个月的支出授权，由政府部门和宪法实体发布一项"临时拨款"（Vote on Account）①，下议院例行地给予批准。典型的拨款总额是当年度支出概算的45%。临时拨款由冬季统一基金法案授予权力，可以是在新财政年度统一基金以外下达的总额，以条线（in one line）的方式提供。年度临时拨款的总额和时间都没有法律依据。相反，它却是一项长期存在的惯例，这个惯例是由政府会计建立起来的，并在下议院中的议事规则中述及。

苏格兰的议会采用不同的程序，它更加类似于其他国家中的"常规做法"（standard practice）。如果在财政年度开始之前，年度预算法案尚未被苏格兰议会通过，那么（1）用于一个给定月份的财力总量，不得超过上一个财政年度任何授权总量的1/12；或者（2）沿用上一个财政年度同期内使用的总量〔（苏格兰）2000年《公共财政和问责法案》，条款17〕。

4.2.3 修正权

针对增加总支出、改变支出的构成，或减少收入，下议院不能提出修正案。这个限制的基础是下议院300年前之旧议事规则第48号所规定的，它阐述了"除非王室推荐，否则议会不能接受任何与公共服务相关的款项申请"。王室的推荐对公共资金设置了一项最高金额，同时也设置了服务的对象和目的（Erskine May，1997，p.740）。明显地，王室的代表不会建议修订财政大臣的拟议预算。另外，因为议会委员会不是由执政的多数党成员所控制，建议对主要的概算并不产生修正作用，因为这些都会被政府拒绝。在这样的情形下，下议院只能减少一项特定的支出。对纳入年度拨款法案中的概算之任何修正，其实都是很少的——核准的预算极其接近由政府在预算演讲中提出的主要概算。

4.2.4 资金的批准

执行委员会牢牢地掌握着税收的种类和税负水平。这是一个不在议事规则中规定的长期存在的惯例（Daintith and Page，1999，p.108）。议会是在财政年度开始之后很久，在一项财政议案中，才正式批准税收。每一年预算中税收措施的立法通过，在时间上是不同于当年的支出拨款的。

英国的大部分税收，包括所有的间接税收，都是永久性的。作为主要的例外，政府征收个人所得税和公司所得税的权力每年必须经由法律更新。这是通过一项年度财政议案来实行的，议案还规定了新的关税或调整永久性关税的税率，以便使收入与提出的支出和赤字目标相匹配。三个多世纪来，提高税收的建议——是由政府大臣发起的——起源于下议院筹款委员会（the House of Commons Committee of Ways and Means）。可是，这个委员会在1967年被废除了。如今，针

---

① 临时拨款的细节，在网站www.hm-treasury.gov.uk/media/D8ABE/Voteonaccount_04to05.pdf 上可以获取。

对下议院全体委员会认为任何有争议的财政议案草案之措施，大会仅仅进行为期1天的二读辩论。少数有争议的详细税收建议被送交到常务委员会（尽管名称为"常务"委员会，但不是永久的）。特别委员会可以提出许多修正案，但只有那些由常务委员会主席挑选出来的议案才能被讨论。在下议院三读之后，财政议案草案1天之内就通过上议院的所有立法阶段，因为禁止上议院做出任何修正[①]。

并没有单独的基本法规定税收的改变——下议院的简单决议就可以了[②]。凭借1968年的《临时征税法案》，某些收入和特许权税的变化，以及当前税收的确认（除了新税收的批准外），可以随着财政大臣的预算演讲而立即付诸实施[③]。征收的费用或通过部门出售资产的收益，可以在统一基金范围之外保留，并由他们使用。即将来临的财政年度中的预期总量，分别作为"援助拨款"在提供的概算中批准（参见下文）。如果征收的实际费用或资产销售的收益可能高于预期，部门不能使用这些收入，除非议会通过采用追加概算来提供授权[④]。

4.2.5 拨款的性质、结构和持续时间

规定概算的结构、性质和持续时间，以及属于议会控制的总量决定权，是财政部的特权。相比财政部对支出控制目标的使用权，议会的总量控制权限要大得多。由于2001~2002年采用了以资源为基础的会计（resource-based accounts），作为由年度拨款法案采用的概算总体结构，显示在表1中。

议会在两个基础之上来批准支出：第一，资源的消耗（可能未必系财政年度的支付承诺）；第二，对所有支付的净现金需求，将与拨款收益有关的现金收入考虑在内。支出以净值为基础，即扣除开支部门（机构）在征收过程中收取和保留的收入之后的开支。1891年的《公共账户和捐税法案（Public Accounts and Charges Act）》[s. 2（2）]授权部门的拨款费用，以补充其概算之用；这种费用不计入英格兰银行的财政专户。

[①] 禁令是根据两个法律渊源：（1）下议院的特权；（2）1911年和1949年的议会法案。古代的下议院的"权力和特权"是以持续了数个世纪的决议为基础的，即"在下议院向国王提供的所有援助中，税收比率不应该由上议院更改"（Daintith and Page，1999）。

[②] 预算演讲之后，一项单独的行动——"修正法决议"（amendment law resolution）——不经辩论就采用了。这为大臣宣布之税收变化的立即实施，提供了临时的法律基础。涉及预算演讲的其他税收决定必须在10天内生效，此时临时法律修正案失效。主要的决议必须依次根据财政议案——即御准的正式批准，在8月5日前确认（对于预算交付是在3月或4月）。

[③] 对于关税，根据1958年的《进口税法案》，必要的权力最终（不是临时）通过下议院的简单决议授予。同样地，1972年的《财政法案》，授权政府启动增值税指令，并最终生效。

[④] 对政府交易基金是例外，这种基金可以根据其他法律提供的权力，来花费剩余收入。任何年终剩余资金都无须存放在统一基金中。

表 1　　　　　　　　　英国：议会对部门采用的拨款形式

评估/需求	（1） 授权使用的净资源	（2） 统一基金以外的 补助金（净现金需求）	（3） 营业性资助拨款	（4） 非营业性资助拨款
规划 1	P1		A1	
规划 2	P2		A2	
规划 3	P3		A3	
其他				
总计	T1 = P1 + P2 + P3	T2	T3 = A1 + A2 + A3	T4

对于当前的支出，"资源利用净值"（net resources used）（表 1 纵栏 1）是管理性和经常性费用以及补助金（全部在权责发生制基础上）减去"营业性资助拨款"（operating appropriations-in-aid）（表 1 纵栏 3）之后的余额。后者是部门（机构）可以从他们自己收入中开支的总额。费用的保留等项目，在支出上受到财政部的监督（2000 年的《政府资源和会计法案》，条款 2）。因为资助拨款也以权责发生制为基础进行核准，2000 年的《政府资源和会计法案》规定，在批准援助拨款的年度之外，还应拨出款项用于现金交易。部门可以收取比显示在拨款法案中作为资助拨款更多的收入，他们必须将超出统一基金金额之外部分的收入归还。

资本支出也是以净值为基础进行拨款的，即扣除"非营业性资助拨款"后，从出售部门资产获得的主要收益。所有的援助拨款都在概算的脚注中做了全面的详细说明。那些存在疑问的项目收益，将不能作为资助拨款来使用。

在提供拨款的过程中，拨款的单位是下议院单独决定的概算。对于 2003～2004 年来说，有 58 项概算[①]。当提出的概算提交给议会时，对每个部门和每个项目（或对资源的请求，RfR），支出将拆分成以下项目：

a. 部门支出限额中的花费
- 中央政府的支出（有开支分目）
- 对地方当局的支持（有开支分目）

b. 年度管理支出中的花费
- 中央政府的支出（有开支分目）
- 对地方当局的支持（有开支分目）

c. 非预算支出

---

① 概算的数目超过了部门的数目，一个部门可能负责一个以上的概算。此外，为了表明他们的法律独立性，针对下议院的概算（行政），国家审计署和特别委员会，都由大会在同一天提出主要的概算，但是分别发布。

4.2.6 拨款的结转和未来拨款的借用

预算年度开始于4月1日。支出和资助性拨款是年度性的，并且原则上不向未来的收入借款（参见2000年《政府资源和会计法案》，条款1）。除了支出以外，这些是受议会控制的，财政部有其自己的内部支出控制。对于部门支出限额小计，在这里支出限额安排为3年（并且每两年进行修改）。财政部授权部门不受限制地推进其3年内的拨款总额。这就是所谓的年末灵活性（end-year flexibility）。目的是鼓励部门及其经营的机构进行中期规划，并避免年末激增的浪费现象。因为年度管理支出是按照年度进行的，未支用的资金不得结转。

4.2.7 核准公共债务

没有单独的公债法案。但是有为数众多的法规，其中几项规定了财政部在公债管理中拥有相当大的权力，包括了政府基于财政管理而提出的债务限额，以及依据1877年《财政法案》而发行有价证券。1968年的《国家贷款法案》（1866年《财政和审计部门法案》之修正案，条款21）建立了一项法定基金，即国家贷款基金（the National Loans Fund，NLF），用于中央政府通过贷款来运营财政。财政部对如何通过使用国家贷款基金贷款进行筹资，有着广泛的自由裁定权。

债务管理账户由英国债务管理局管理，这一制度是在1988年的财政法案下确立的，该法案对1968年的国家贷款法案进行了修正。财政部对收购、持有、转让或赎回有价证券方面具有广泛的权力，在最初的1968年法案的一览表5A中做了清楚的说明。2003年的财政法案修订了1968年的国家贷款法案，废除了债务管理局借债的上限。可是，全部政府借款都受到政府"黄金法则"的限制（参见上文）。年度债务/借款的政府指导方针，会在每次预算中重申——这是财政稳定性准则的一项要求。自1997年以来，连续的预算重申了可持续投资规则，规定公债净值在整个经济周期内将保持在GDP的40%以下。

2003年的《地方政府法案》，允许英格兰和威尔士的地方议会为资本支出借款，前提是支出的融资是地方当局的财力能够负担得起的。法案要求每个地方当局遵守一项专业的"审慎"准则，要求他们以一系列财政指标为基础，通过建立地方审慎的限制，来确定任何拟议的借款是审慎且可承受。不允许地方当局为与正常的商务活动中的财务管理不同的目的而借款[①]。地方政府以外币形式借款，需要得到财政部批准。政府（不是议会）以及威尔士的国民议会，根据国家经济环境的要求，保留推翻地方当局自我决定审慎限制的权力（条款4）。

关于债务担保，财政稳定性准则特别要求，经济和财政规划要包括或有债

---

① 此处不包括苏格兰（根据2003年的苏格兰法案，其地方当局的借款由地方政府管理），也不包括北爱尔兰。

务。对担保的核准需要得到财政部同意。《政府会计》第26章对部门规定了指导准则，并需要向议会报告。

最后，财政稳定性准则要求财务报表，包括符合欧盟承诺——尤其是《稳定与增长公约》的政府财政政策目标和规章之度量。在预算报告中还要监控债务的进展，采用马斯特里赫特条约的广义政府债务总额不得超过GDP的60%作为基准。

4.2.8 已通过预算之颁布、否决和发布

正常的议案在转到另一个议院之前，都需要经过同样的过程：一读、二读、委员会和报告阶段以及三读。可是，统一基金议案的二读和三读不经任何辩论，也没有委员会阶段。上议院的审议完全是形式化的，并经御准而成为一项统一基金法案。类似的程序发生在综合基金（拨款）法案上，相关的概算讨论之后立刻就被采用，并且为应用提出更详细的法律要求，为资源设置了范围和要求。

4.2.9 追加预算（修正案）

追加概算可以满足现有服务项目的新增需求数量，或根据法令覆盖政府新增服务的成本。追加概算的数目并没有法律限制。一般情况下，如果有必要，追加供给概算可以提交三次：夏季（6月）、冬季（11月）和春季（2月）。在下议院中概算日辩论额外支出后，额外资金的正式法定权限可以在夏季提供，将其并入年度拨款法案。相反的，如果在11月或2月寻求附加预算权，那么就要使用统一基金法案。冬季的追加预算，对年内花费提供临时法定权力的同样的法案（+1）被用于为年度结余（0）批准追加的支出。在2004年，下议院同意改革这个程序。依照目前的情形，从2004～2005年的议会会期开始就有两个拨款法案，一个在3月为财政年度的支出拨款，另外一个在7月。

如果支出超过年度概算，而又来不及寻求一项追加概算，那么超支将体现在政府资源会计上，将由主计审计长（C&AG）报告给公共会计委员会（the PAC）（参见后文第4.5节）。受制于公共会计委员会的报告，必要的规定取决于多数票的同意。财政部通常在2月向议会提出一项超支说明。议会对于超支的授权给予事后通过（即财政年度结束后的10～11个月）。不过，如此大规模的批准是罕见的。

4.2.10 其他议案对预算的影响

宪法之适当性原则是指，以持续性为基础所赋予的任何新功能，以及议会通过年度拨款法案提供的货币之外的资金，均应由特别法案授权，受财政决议支持。虽然没有法律规定这一原则，但公共会计委员会和财政部竭力支持它。尽管如此，有时政府对"良好宪法实践"制定例外说辞，并且可以使用年度拨款议案作为引进新支出政策的正式方法。在此之前，新的支出要经由双年度支出审核才

能被确定,为此,部门需要准备成本概算,包括对其他议案的支出影响。

4.3 预算执行

自从1866年通过《财政与审计部门法案》以来(其一部分内容仍然有效),预算执行就有了法律基础。可是,财政部在管理支出上被赋予了相当大的自由裁定权,其中一些权力是在1866年的法案之前授予的。"财政控制"(treasury control)主要通过行政手段来实施。

4.3.1 支出授权的分配

拨款法案正式提交给王室。然后女王向政府签署王室令以使法案生效,授权财政部从统一基金中向部门发放资金。这个程序规定在1866年《财政与审计部门法案》的条款14中。拨款法案并不单独授权单个部门的支出。这种授权是一项行政部门的内部管理事项。这是财政部几项特权之一,是用来分配其控制总量,并每隔一定时间监督预算实施的。

4.3.2 预算授权的取消和其他的年度内支出控制

1866年的《财政与审计部门法案》,允许财政部"时常限制向重要会计人员的赊欠账户发放或转移之金额"。这是一项行政措施,以使得账户中不必在任何时候都有充分的资金:他们只需要有足够的资金来满足当下之需要。控制支出由财政部来执行,管理则由议会批准的年度拨款小计。在高通货膨胀时期,发现以数量为基础的限制(volume-based limits),显然是并不适当的,于是在1976年引进了现金限制。20世纪80年代和90年代在控制总量方面做了进一步的改变。财政部的日常支出管理制度,是以部门支出限额和年度管理支出为基础,并与由议会"管理的"总量并行之工作。在行使管理中,财政部可以设置体现在拨款法案中那些总量之下的限额。实际上,财政部是基于全部财政规章,来运作部门支出的限额和年度管理支出的灵活性。因为财政部的管理制度法案比议会批准的那些总量更详细,财政部通常不需要取消议会的预算授权,就可以满足政府的财政规章。

4.3.3 紧急支出、超额支出和应急资金

对于资金的意外需求,需要提交到议会来讨论。"不规定具体内容的预算数"(vote of credit)是一种一次总付性(a lump sum)的需求,对于这些在财政年度之中提出的支出标的,只能阐述在一般性条款中。

拨款核准前的支出,可以从或有基金(contingencies fund)中拨出。该基金于1862年首次成立,在1974年的《或有基金法案》中被赋予了法定权力,它允许政府进行不经议会投票的临时性和紧急性支出。法案设立了资本基金,为上一财政年度授予提供支出资金的2%。对于从基金中动支任何临

时性垫款，法案并未作出规定，对此政府有自由裁量权。从政府会计方面出发，财政部负责管理来自临时资金的可偿还垫付之使用，其会计账目每年要提交给下议院。

概算中的储备金（reserves in the estimates）不同于临时资金的垫付。后者用于超过议会限制的融资支出，储备金包括在听凭财政部处理的年度概算中（和拨款中）。当在1998年引进新的支出管理制度时，部门支出限额仅有少许的"储备金"，并且年度管理支出只是略有"余裕"（margin）。尽管可能允许做出较小的新政策决定，但还是谨慎地保持少量的部门支出限额储备金，以便避免增加现有政策下的融资成本。对于使用储备金的财政部规则是严格的：通常需要归还，并且储备金的使用必须放弃年末结转的灵活性（Daintith and Page，1999，P. 187）。使用储备金的决定，通常由财政部的首席秘书做出[①]。

4.3.4 年内拨款的调剂和流用

财政部的一项特权是控制预算权力的调剂。在当前的资源会计框架之下，表2中论述了这些规则。

财政部在批准调剂上拥有自由裁量权。如果所提议的再分配方案被认为太多地违背了初始概算，那么它将以追加概算的方式提交给议会讨论。

表2　　　　　　　　　　　　英国：预算权力的调剂

在……之间的调剂（RfRs）	服从议会的管理（要求追加概算）	服从财政部管理
计划之间（资源的要求）		
1. 当前的	是	
2. 资本的	否	是
纳入管理成本，计划内（资源的要求）（RfRs）	否	是

4.3.5 现金规划及政府资产和债务管理

财政稳定性准则中的责任原则，"意味着政府要审慎运行财政政策，管理公共资产、负债和财政风险，目的在于使财政状况长期稳定。"法律已经授权给了财政部，尤其是在1998年对1968年《国家贷款法案》的修订，用以管理政府债务、现金和资产。

[①] 财政部的首席秘书（the Chief Secretary to the treasury）在英国内阁中是较低的职位。此职位设立于1961年，与财政大臣共同承担代表财政部的职责。

1997年5月，财政大臣宣布，作为对债务和现金管理的政府机构，英格兰银行代为管理债务和现金的职能，将移交给财政部。在1998年4月，成立了一个新的执行机构，即债务管理局，作为对债务、现金和资产管理的运作机构。债务管理局立刻承担起债务管理，而现金管理在2000年才转给债务管理局。它的主要目的（给予财政部下辖之债务管理局的职责）是"通过其公开市场操作，以恰当的方式考虑信贷风险管理，以对冲国家贷款资金在每个营业日的预期现金流入或流出量。"

4.3.6 内部审计

法律没有规定在支出部门必须建立内部审计机构。传统上，内部控制和审计被视为一个部门，而不是一项核心功能。财政部发布的标准备忘录中，对于新的会计人员，会计主任的任务之一是"保证（你的部门/机构/非部门化的公共团体）有健全的财务管理系统……"。财政部建立的这些标准，都收录于政府内部审计手册中。

4.4 政府会计和财务报告

4.4.1 会计制度

2000年的政府资源和会计法案，将政府会计从长期实行的收付实现制，变更为权责发生制。从2001~2002年起，资源账户（resource accounts）取代了拨款账户（appropriation accounts）。每个政府部门都向议会提出将如何使用分配给它的资源。这项法案规定，账户需要"依照财政部发布的指令"来进行准备，"行使权力要保证资源账户提供真实的和公正的观点，并符合公允会计准则（GAAP）"。为此，"财政部应注意会计准则委员会发布的有关指导方针"并且"要求资源账户包括财务绩效的说明、财政状况的说明以及现金流量表"（s.5）。资源账户手册起到指导记账和运作控制规程的作用。2000年法案的总体目标是，在英国尽可能广泛地引进权责发生制会计制度。可是苏格兰的法律没有规定公允会计准则必须在苏格兰的部门中使用，它要"按照苏格兰政府的指令"进行准备（2000年的《公共财政与会计责任（苏格兰）法案》，s.19）。

4.4.2 政府的银行业务安排

统一基金的概念明确地表示在1866年的《财政与审计部门法案》中，法案规定财政部向部门公布统一基金以外的公款。在1866年的《财政与审计部门法案》中规定，财政部的账户由英格兰银行掌握。

4.4.3 向议会的年度内报告

与预算相关的报告。1998年通过的财政法案大大加强了向议会提出年度报告的正式要求，该法案要求"对每个财政年度来说，财政部都要准备并提交议会"两份报告——一份是预算前报告，另一份是债务管理报告。另外，制定两份非法定报告，一份是财务报表和预算报告，另一份是经济和财政战略报告（参见上文）。

月报。该法律不要求向议会和公众提交经常性预算执行报告。实际上，主要的公共部门财务统计的月度概算，由国家统计局和财政部共同发布，它是根据各部门的数据采集得出的报告。总体上，数据包括中央政府的收入和支出及借款净额，以及中央和地方政府及作为整体的公共部门之负债净额。

4.4.4 年度决算和报告

2000年的《政府资源和会计法案》，对部门账户和整个政府账户进行了区分。对于部门账户，法律要求对于所涉及的财政年度由下议院批准的概算，政府部门应准备当年的资源账户：（1）由部门在年度期间收购、持有或处置所获得的资源；（2）年度期间由部门使用的资源。资源账户应按照财政部发布的指令来编制（条款5）。另外，对于所有的政府部门，下议院、上议院和其他宪法实体，也提交权责发生制会计。

关于整个政府账户，2000年的政府资源和会计法案（条款9）阐述了"在每个财政年度中，针对每一组部门，财政部应为其准备一套像财政部那样的具有公共性质和应用功能的账户，并且完全地或大体上反映从公款中提供的资金……账户应包含财政部认为合适的各种信息"。就部门账户来说，法律规定，"财政部确定会计的形式和内容，目的是保证会计能够反映一个公平和真实的观点，并符合公允会计准则"。

4.5 外部审计

英国主计审计长（C&AG）的职位创立于1866年，尽管它的起源很遥远（参见White and Hollingsworth，1999，第四章）。1998年以来，外部审计安排已经改变，以反映苏格兰和威尔士的新国民大会的创造（专栏5）。本节主要侧重于国家审计署（NAO）的法律基础，它是以主计审计长为首的。

1997年，启动了一个包括所有公共审计署代表参加的协调国家层面上之外部审计安排的公共审计论坛（独立于任何法律要求之外）。这个论坛发布了"公共审计准则"，强调了公共部门审计人员的独立性、广泛的审计范围和审计结果向公众公开的必要性（参见 www.public-audit-forum.gov.uk）。

> **专栏 5　英国：外部审计安排**
>
> **主计审计长（英国的）**
> - 在 1866 年《财政和审计部门法案》之下设立的岗位。
> - 国家审计署的负责人，根据成文法于 1983 年设立。
> - 审计英国的所有中央政府机构，还有遍及英国的保留领域（例如，国防、外交、社会保险）。
>
> **审计署**
> - 根据 1982 年的地方政府财政法案创立（尽管其功能可以追溯到很久以前）。
> - 1998 年的审计署法案规定的作用与功能。
> - 审计英格兰和威尔士地方政府。
>
> **苏格兰的审计长**
> - 在 1998 年的苏格兰法案中设立。
> - 苏格兰的审计长官。
> - 对由苏格兰议会资助之机构的账户进行审计。
>
> **威尔士的审计长**
> - 在 1998 年的威尔士政府法案中设立。
> - 对审计威尔士国民大会和它资助机构的账户进行审计。
> - 威尔士审计署计划于 2005 年运转。
>
> **北爱尔兰的审计长**
> - 在 1921 年的《财政和审计部门法案》中设立的岗位（北爱尔兰）。
> - 受到北爱尔兰审计署的支持。
> - 审计北爱尔兰部门的和地方政府的支出。
> - 主要以 1987 年（北爱尔兰）审计令为基础。

4.5.1　管理的、财务的和运作的独立性

主计审计长在管理上是独立的。1866 年的《财政与审计部门法案》规定，女王任命"主计审计长负责财政部的收入和支出，审计长负责政府会计"[①]。自 1983 年以来，主计审计长已经根据首相的动议被委任，以与公共会计委员会主

---

① 1866 年的法案将监查官（他被授权向部门发放公共资金）和审计官（他向财政部提出政府账目）的职能结合起来。

席协商的方式行事[《国家审计法案》，s.1（3）]。主计审计长不能担任由女王指定的任何其他职务，也不能担任国会中的职务（1866 年的财政和审计部门法案，s.3）。进一步加强主计审计长的独立性来自王室，国家审计法案规定主计审计长的地位是"下议院的官员"[《国家审计法案》，s.1（2）]。1983 年的法案改变了国家审计署全体职员的地位，从以往的公务员，变成"主计审计长可以决定薪金和条件的那种被任命的职员"[《国家审计法案》，s.3（3）]。

国家审计署在财政上是独立的："国家审计署的开支由议会提供的额外资金支付"（《国家审计法案》，s.4）。因此，主计审计长的薪水是统一基金上的一项直接费用。至于国家审计署的预算，"主计审计长应准备一份国家审计署费用的概算，并且公共会计委员会应检查概算，并将其提交议会，如果委员会认为不合适可以进行修改"①。主计审计长也被授予权力为审计收费；任何这样的费用都要由他（她）交纳到统一基金之中（s.5）。与国家审计署年度预算有关的会计，每年由公共会计委员会检查。

法律确保运作的独立性。主计审计长在履行其职能中享有完全的自由裁量权，可是，在决定是否执行审核中，他（她）应考虑公共会计委员会提出的任何建议[《国家审计法案》，s.1（3）]。

4.5.2 审计制度覆盖的范围

2000 年的《政府资源和会计法案》，主计审计长拥有对部门资源会计的财务审计权力。还为他的（她的）其他会计的法定审计作了规定，比如整个政府会计。所有的行政机构都由主计审计长在政府资源和会计法案之下进行审计。国家审计法案（ss.6 - 7）规定，主计审计长拥有法定权力，对各部门、行政机构、非部门化的公共团体、国民医疗保健制度的机构以及其他公共实体的公允价值，进行审核。

主计审计长几乎是所有中央政府机构的审计师。这个定义包括非部门化的公共团体，但是不包括一些由公共资金资助的机构，如高等院校和住房协会。一些非部门化的公共团体是公司，并且由阁僚指派私人审计员来审计他们。在公司法案之下，主计审计长一般不能审计有限公司。有人建议主计审计长应代表议会审计这类公司（Sharman，2001）。

---

① 国家审计法案建立了一个公共会计理事会（Public Accounts Commission），包括公共会计委员会主席、下议院领袖和七名后排议员（backbench MPs）。与公共会计委员会（the Public Accounts Committee）不同，这个理事会向下议院提交其功能报告。该委员会还委任一位会计主任，来为国家审计署（通常是监察和主计审计长）准备拨款会计，还会委任一位国家审计署的审计师。

后排议员，也称后座议员，特指英国议会下院中坐在后排议席的普通议员。按英国下议院的惯例，执政党议会党团领袖、在政府中任职的议员以及反对党影子内阁的成员等重要议员坐在前排，普通议员则坐在后排。——译者注允许主计审计长延伸由他（她）审计的机构的覆盖范围。根据法律，财政部命令公共团体的会计接受主计审计长的审计，正在履行公共功能或实质上正在通过公款接受资金的团体受其规制（2000年的《政府资源和会计法案》，s. 25）。由此，财政部首创政府资源和会计法案（公共机构的审计）法令2003，使主计审计长成为另外25个非部门化的公共团体的法定审计师。另外，2000年的政府资源和会计法案（主计审计长的存取权）法令2003，给予主计审计长为审计或检查目的进入不同机构的广泛的法定权力。最后，主计审计长的活动内容不受那些特别规定的限制。有时候，他（她）不因为法规要求，而是根据某些协议来进行审计。

4.5.3　审计类型

1866年的《财政与审计部门法案》强制执行定期审计，以确保每项支付都有付款凭证支持，并且所花费的资金的用途是经议会准许的。早在19世纪末，在公共会计委员会的支持下，经济性和效益审计就开始了，但不是在任何特定的法定权限之下（Sharman，2001，附录B）。从1921年的《财政与审计部门法案》开始，每项财务交易的强制性复审被废止了。1983年的国家审计法案，给予主计审计长向议会的报告权，以报告政府机构已使用之公共基金的经济性、效率性和效果性。法律中的重点在于主计审计长的自由裁量权。

2000年的《政府资源和会计法案》（s. 6）责成主计审计长提供一项审计证书，在其会计意见中必须说明如下内容：

- 真实且公正的观点（按照公司会计中要求的）。
- 那些议会花费的资金和资源之授权，是符合议会预期之目的。
- 会计所覆盖的金融交易，必须符合管理当局的规定。

对于地方政府，根据1998年的审计署法案（s. 34），审计署还被授权承担或促进评估政策之经济性、效率性和效能性影响。授权审计署要求有关机构发布不同财政年度的绩效标准信息（s. 44）。因此，根据法律，在地方政府中，那些提供公共服务的机构，有义务为其活动范围准备绩效指标。

4.5.4　调查权

主计审计长拥有很强的调查权，这在两项单独的法案中得到了明确体现。关于财务审计，"他有权在所有适当的时间，查阅任何与部门会计有关的文件"。"掌管或管理这些文件的任何人，都应给予主计审计长以任何协助，对他所需要的涉及这些文件的资料或解释，都应给予便利"（2000年的政府资源和会计法案，s. 8）。关于物有所值的审计，主计审计长"在任何时间以他执行检查的合理要求，有权查阅所有此类文件"，并且"有权要求……解释对于此类目的所必需的合理性"（《国家审计法案》，s. 8）。对特殊资料规定的时间延误，不在法律规定之列。

4.5.5 报告的责任和发布

从 1866 年起，要求主计审计长向财政部提交统一基金财户和其他特殊拨款账户的审计报告。如果财政部在 10 个月内没有向下议院提交主计审计长审计报告，那么主计审计长有权直接提交审计报告（1866 年的《财政与审计部门法案》，ss. 21 和 32）。主计审计长向议会报告的法定权力，在 1983 年得到了扩展：他（她）可以向下议院报告任何物有所值的审计结果（《国家审计法案》，s. 9）。这些都作为下议院文件被提交给议会。国家审计署每年发布大约 60 项物有所值报告。

2000 年的《政府资源和会计法案》，保留了与 1866 年的法案同样的向议会报告的程序和时间表。部门必须在财政年度开始后的 8 个月内，向主计审计长呈交账目，并且给予主计审计长 2 个月的审计时间。10 个月的延迟期反映了采用拨款法案的滞后。可是，政府资源和会计法案以法定文件的形式，授权财政部改变任何报告日期（条款 22），它的取消由下议院决定。另外，财政部在法定截止期限内没有向下议院报告，主计审计长必须在报告期满后尽快提交报告（条款 26）。

就整个政府报告而言，会计要提出一个公正与公平的观点，使主计审计长满意。之后，主计审计长向财政部回复年度报告，包括会计以及主计审计长给下议院的报告（条款 11）。根据法律，财政部有责任决定向下议院提交全部政府会计的时间[2000 年的《政府资源和会计法案》，条款 11（6）]。

4.5.6 调查结果的执行

国家审计署无权处置它的审查结果——这是由公共会计委员会负责的，以保证后续工作。国家审计署的报告提交议会之后，公共会计委员会根据国家审计署提供的简报，正式公开地从部门会计主任获取口头证据。公共会计委员会考虑证据并发布它自己的涉及国家审计署的报告。公共会计委员会不能检查所有部门的事务，并且下议院部门的特别委员会对财务事项很不感兴趣，宁愿依赖公共会计委员会。

公共会计委员会具有重要的威慑作用，因为部门的浪费或无效开支可能被报告或听证会揭露。根据长期存在的惯例，政府通常在两个月内对每份公共会计委员会的报告都做出响应（这种回应就是著名的财政部时刻，Treasury Minutes）。国家审计署和公共会计委员会常常在后续报告中重新讨论问题，尽管有人建议，如果在其方案中加入更加系统的后续调查，那么公共会计委员会的工作会被进一步改变（Brazier, 1999, p. 11）。

审计署在地方政府层面上实施审计服务。非中央政府实体的审计报告不会送交到议会委员会。然而，中央政府实体要对补助资金或合同化机构负责，这些是不由主计审计长审计的，公共会计委员会依然可以为了监督这些实体的财务状况，而保留一位会计主任。

预算制度法的持续时间。与预算制度有关的成文法律，全都是永久性法律，除了有规定时间限制的章节。对旧法律的主要修正，往往不会导致它们的全部废除。相反，新法律包含阐述"停止生效的更旧法律的某个章节"。例如，2000年的政府资源和会计法案——政府财政管理的一项主要的改革——并没有导致1866年《财政与审计部门法案》的全部废除，而是废除了它的某些章节。

参考文献

Blair, Tony (foreword only) (1998), "Public Services for the Future: Modernisation, Reform and Accountability", Comprehensive Spending Review: Public Sector Agreements 1999 – 2002, Cm. 4181, HMSO, London, December.

Brazier, Alex (1999), Parliament and the Public Purse: Improving Financial Scrutiny, Hansard Society Discussion Paper No. 3, Scrutiny Commission, London.

Cabinet Office (1995), The Civil Service: Taking Forward Continuity and Change, Cm. 274, HMSO, London.

Daintith, Terence, and Alan Page (1999), The Executive in the Constitution, Oxford University Press, Oxford.

Ellis, Kevin, and Stephen Mitchell (2002), "Outcome-focused Management in the United Kingdom", OECD Journal on Budgeting, Vol. 1, No. 4, OECD, Paris, pp. 111 – 128.

Erskine May (1997, 22nd edition), Treatise on the Law, Privileges, Proceedings and Usage of Parliament, Butterworths, London.

EUROSTAT (1996), European System of Accounts: ESA 1995, Office for Official Publications of the European Communities, Luxembourg.

Hansard (2001), The Challenge for Parliament: Making Government Accountable: Report of the Hansard Society Commission on Parliamentary Scrutiny, Vacher Dod, London.

Hansard (2003), Delegated Legislation, Hansard Society Briefing Paper No. 3 on Issues in Law Making, Hansard Society, London, December.

Harden, Ian, and Norman Lewis (1986), The Noble Lie: The British Constitution and the Rule of Law, Hutchinson, London.

H. M. Treasury (1997), Regularity and Propriety: A Handbook, Treasury Officer of Accounts Team, London, available at www. hm-treasury. gov. uk/media//5AAE6/162. pdf.

H. M. Treasury (2000), Outcome focused management in the United Kingdom, H. M. Treasury, London, available at www. hm-treasury. gov. uk/media/1BE78/GEP_outcome%20focused%20managament. pdf.

House of Commons (1999), The Procedure for Debate on the Government's Expenditure Plans, sixth report from the Procedure Committee, session 1998 – 1999, HC 285, House of Commons Library, London, www. publications. parliament. uk/pa/cm199899/cmselect/cmproced/295/29503. htm#n10, July.

House of Commons (2000), Government Response to the Sixth Report of the Session 1998 – 1999: Procedure for Debate on the Government's Expenditure Plans, Procedure Committee, HC 388, House of Commons Library, London, www. publications. parliament. uk/pa/cm199900/cmselect/cmproced/388/38803. htm, March.

House of Commons (2003), Factsheet L7 Legislative Series "Statutory Instruments", House of Commons Information Office, London, www. parliament. uk/documents/upload/L07. pdf.

McAuslan, Patrick (1988), "Public Law and Public Choice", Modern Law Review, 51, Sweet and Maxwell, London, pp. 681 – 705.

Parry, Richard, and Nicholas Deakin (2003), "Control through Negotiated Agreements: the Changing Role of the Treasury in Controlling Public Expenditure in Britain", in John Wanna, Lotte Jensen and Jouke de Vries (eds.), Controlling Public Expenditure: The Changing Roles of Central Budget Agencies-Better Guardians?, Edward Elgar, Cheltenham, United Kingdom.

Sharman, Lord of Redlynch (2001), Holding to Account: The Review of Audit and Accountability for Central Government, H. M. Treasury, London, available at www. hmtreasury. gov. uk/media/6C3/BE/38. pdf, February.

Simcock, A. J. C. (1992), "One and Many: The Office of Secretary of State", Public Administration, Vol. 70, Blackwell Publishing, London.

Wall, Rob, and Paul West (2003), "United Kingdom" in Distributed Public Governance: Agencies, Authorities and other Government Bodies, OECD, Paris, pp. 209 – 240.

White, Fidelma, and Kathryn Hollingsworth (1999), Audit, Accountability and Government, Clarendon Press, Oxford.

Van den Noord, Paul (2002), Managing Public Expenditure: the U. K. Approach, OECD Economics Department, Working Paper No. 341, OECD, Paris.

美　国[*]

实例研究的结构

1. 概述
2. 预算制度法律中的原则
3. 预算制度中法律基础的建立与行动者的权力
4. 预算周期各阶段的法律规定
5. 处罚和违规

---

[*] 美国的实例研究得益于下述人士的评论：管理与预算办公室的职员；马里兰大学教授艾伦·希克（Allen Schick）；OECD 的同事，包括经济部的托马斯·劳巴赫（Thomas Laubach）。

1 概述

1.1 控制预算过程的法律框架

美国对联邦和州预算有着非常广泛的法律体系[①]。1789 年的宪法规定，国会在预算批准过程中拥有比总统更大的权力。在如何行使立法权的问题上，宪法没有规定特别的程序，也没有在预算过程上给总统安排正式的角色。为了填补这些宪法的缺口，过去的一个世纪中，通过大量的单独法律进行了补充（专栏 1）[②]。

专栏 1　美国：主要的联邦预算制度法律

- 1789 年的美国宪法。
- 1905 年的《反超支法案》(The Anti-Deficiency Act)。
- 1921 年的《预算和会计法案》。
- 1974 年的《国会预算和扣押控制法案》。
- 1978 年的《总监察长法案》。
- 1982 年的《联邦管理者财政健全性法案》。
- 1985 年的《平衡预算和紧急赤字管理法案》。
- 1990 年和 1997 年的《预算执行法案》。
- 1990 年的《首席财务官法案》。
- 1990 年的《联邦信贷改革法案》。
- 1993 年的《政府绩效与结果法案》。
- 1994 年的《政府管理改革法案》。

[①] 本章主要限于联邦政府的预算过程。每个州有自己的宪法和一套预算法律。

[②] 管理与预算办公室列出了八项主要法律，作为管理联邦预算过程的基本法律（OMB，2004a）：宪法；1905 年的《反超支法案》，美国法典第 31 编第 11 章；1974 年的《国会预算和扣押控制法案》；1985 年的《平衡预算和紧急赤字管理法案》；1990 年的《预算执行法案》；1990 年的《联邦信贷改革法案》；1993 年的《政府绩效与效果法案》。相比之下，国会研究处列出了 18 项法律，作为管理联邦预算中的财政管理、预算和会计的法律，包括专栏 1 中的大部分法律（CRS，2001）。

> • 1996 年的《联邦财政管理改进法案》。
> 来源：美国法典（www. gpoaccess. gov/uscode/browse. html）；参议院（www. senate. gov/ ~ budget/democratic/budgetlaws. html）；国会研究处（CRS），2001。

在那些过程导向的预算制度法和基于受托责任与绩效的预算制度法之间，确实存在着差别（Chan，1999）。在过去的一个世纪间，联邦政府采用的大部分过程导向的法律，在预算过程中都指定了参与人员并分配了具体任务。1921 年的《预算和会计法案》（BAA）设立了预算局（管理和预算办公室的前身，OMB），以监督行政部门和审计总署（政府问责署的前身，GAO）内部的预算过程，审计总署作为一个外部审计部门，提供给国会一个独立的会计审计。1975 年的《国会预算和扣押控制法案》（CBA），为协调和管理立法机构的预算活动规定了框架。法案建立了众议院和参议院的预算委员会，以及国会预算办公室（CBO）以辅助国会审查预算。法律还削弱了总统阻止国会已通过之预算支出的权利（扣押权，impoundment power）。

改进财政管理的法律包括 1978 年的《总监察长法案》（IGA）和 1982 年的《联邦管理者财政健全性法案》（FMFIA），这些法案重点在于内部财政管理。1990 年的《首席财务官法案》（CFOA），试图在联邦财政管理制度中建立问责制。为了改善联邦政府的绩效，1993 年采纳了《政府绩效与结果法案》（GPRA）。1990 年和 1997 年的《预算执行法案》（BEA）取代了 1985 年的《平衡预算和紧急赤字管理法案》，其更为熟知的名字是《格拉姆—林德曼—霍林斯法案》[the Gramm-Rudman-Hollings（GRH）Act]，针对的是用立法手段管理财政赤字，这种赤字在 20 世纪 80 年代曾经一度迅速地增长（参阅下节关于改革的部分）①。

除了宪法以外的所有法律都是"普通"法律——没有更高层级的基本法。所有的法律都汇编在美国法典中②。第 31 篇（货币和财政）包括《预算和会计法案》及其他法律。另外，各种规章和通告也管理着预算过程。众议院和参议院的章程规定了操作程序和拨款委员会、参议院财政委员会和众议院筹款委员会的能

---

① 预算执行法案的大部分重要条款，即自由裁量支出与量入为出规则（the PAYGO rules）之间的缺口，后者针对强制性支出与收入的规定，在 2002 财政年度（9 月 30 日）失去了法律效力。但该法案的剩余部分仍然是联邦预算过程的主要部分。例证可以参阅 CBO，2003。

② 美国法典是根据美国的一般性和永久性法律主题来编纂的，以详尽的议会立法出版物为基础。它将大量的主题分为 50 个，并由众议院法律修订顾问办公室发布。下文中，所有美国法典参考文献都被缩写成某篇（Title X）。

力分配。总统的行政命令以及管理和预算办公室（OMB）的通告，管理着行政部门内部的预算编制和执行过程，尤其是总统的预算申请、预算执行和会计。

1.2 预算制度法的改革[①]

早在20世纪20年代，预算制度法中的主要改革就已经萌生了，它反映了行政部门和国会之间预算权力平衡的变化，以及对减少预算赤字的需要。

1921年颁布《预算和会计法案》之前，总统在监督联邦财政上只发挥非常有限的作用——没有中央预算权。对于协调个别机构的支出，以保证与国家的优先事项一致，法律几乎没有做出努力。部分由于联邦支出的增长，预算过程中需要更强和更集中的总统领导。《预算和会计法案》要求，总统向国会就联邦资源分配的建议提交一份全面的预算草案。禁止部门直接向国会提出他们的请求。1921年以来，总统形成预算请求，提交给国会，并等待国会的回应。

1974年的《国会预算和扣押控制法案》创立了一项新的国会预算程序。在更早的时候，在启动支出和收入议案之前，国会自己的支出优先权是没有组织框架的。20世纪70年代初，总统和国会之间关于总统扣押国会批准资金之权力的争论[②]，也有助于1974年的《国会预算和扣押控制法案》的制定。针对国会年度预算计划的制定，并实现众议院和参议院预算委员会创建的扣押控制制度，该法案设立了程序，国会预算办公室为国会扮演着无政治倾向的"记分员"。

20世纪80年代和90年代期间，美国采纳了旨在减少预算赤字的立法。面对逐渐升高的预算赤字，国会在1985年颁布了《格拉姆—林德曼—霍林斯法案》，要求在1986年到1990年期间，每个财政年逐步减少赤字，并且在1991年的财政年度达到预算平衡。如果预计的赤字超过财政年度的目标，那么就自动执行预算资源的取消程序（扣押）[③]。由于《格拉姆—林德曼—霍林斯法案》程序中的缺陷，该法案未能达到它的主要目标（Schick，2002）（联邦赤字在这些年间仍持续增长）。第一，法律没有限定财政年度内的实际赤字，仅仅规定了每个财政年度开始时的预计赤字。第二，国会从扣押过程中免除了大部分预算。第三，财政年度期间赤字的任何增加，无论是否因为估计错误、经济状况或新政策的变化，都没有要求总统或国会采取行动，以抵消赤字的增加。

---

① 更多的信息，请参阅 Schick，2002；Senate Budget Committee，1998a。
② 20世纪70年代早期，尼克松总统反复致力于阻止通过国会向联邦机构拨款的权力（如他许多前任所做的那样）。到1973年，总统扣留了大量以前由国会批准的"过多的"支出。
③ 1987年，最高法院裁决，格拉姆—林德曼—霍林斯法案赋予审计总署的某些权力，违反了宪法的分权原则。国会颁布了平衡预算和紧急赤字管理法案，它通过将所有扣押职责赋予管理和预算办公室（OMB）的方式，纠正了格拉姆—林德曼—霍林斯法案在宪法上的瑕疵。

为了处理《格拉姆—林德曼—霍林斯法案》程序中的缺陷，1990年采纳了《预算执行法案》（1990年的《综合预算调整法案》，第XIII篇）①。为了减少赤字，《预算执行法案》建立了两个独立的机制：规定自由裁量支出的上限，针对强制性支出和收入立法的现收现付制（pay-as-you-go，PAYGO）要求（细节请参见专栏2）。直到1998年，自由裁量支出的上限，在很大程度上得到了保留，现收现付（PAYGO）的要求也得到了支持（CBO，2003）。然而，在1998年初出现预算盈余时，预算执行法案的效力开始消退了。从1999年到2002年，自由裁量支出的年度拨款大幅度超过了1997年设定的上限，但没有触发扣押机制。预算执行法案允许临时超支的紧急条款，也被宽松地解读了。另外，2001年和2002年的拨款法案大幅度地提高了支出上限。提前拨款也被扩大了。在1998年到2002年期间，现收现付制下的大批成本净额被放弃了。总之，1998年到2002年期间，预算执行法案的规章被绕开或者被放弃了（Blöndal et al.，2003）。预算执行法案被允许在2002年届满。然而，为了恢复预算执行法案的要求，总统提出的预算改革正在行政部门和国会间进行讨论（OMB，2004a）②。

专栏2　美国：《预算执行法案》的主要内容

强制的和自由裁量的开支

- 强制性开支是由法律规定的预算授权（budget authority），不同于拨款法案（appropriations acts）和授权法案（entitlement authority）。它包括了针对医疗保险和医疗补助、食品券计划、失业保险赔偿费、农产品价格支持的支付。自由裁量支出都是非强制性支出。它包括大部分联邦机构的运营成本、大部分国防开支以及各种拨款计划。自由裁量支出由年度拨款法案授权。

自由裁量支出的上限

- 如果拨款法案的年度预算授权超过了上限，或者管理和预算办公室（OMB）

---

① 最初定于1995年到期，但这一规程在1993年和1997年被延长了两次，作为两个后续的多年期赤字减少协议的一部分，也致力于减少或者消除赤字。在每次延长中，继续保留了预算执行法案的基本框架，没有重大的实质性变化。

② 建议书包括：对于2005~2009财年，重新制定自由裁量支出的上限和量入为出原则（除去收入立法），对预算执行法案中紧急情况的认定规定了更严格的标准，更正了对基线的要求，以及单项条款否决权。这样的建议书包含在总统2005年的预算请求中（www.whitehouse.gov/omb/budget/fy2005/pdf/spec.pdf）。也可以参考CBO，2003。

对支出总额的概算超过支出上限,预算执行法案要求,总统可以发布扣押令(a sequestration order),根据统一的百分比来减少大部分的计划。特殊规则适用于某些计划。重要的是,预算执行法案规定某些计划免于被扣押。

现收现付(PAYGO)的要求

- 强制性支出和新的税收计划从属于现收现付的要求。当一项法案在预算年里或任何随后的年度里增加了赤字时,要求另一项法律条例抵消这种增加。这可以由减少花费或增加每个受到影响之年份的收入来实现。例如,增加的福利津贴支付条款,应该由减少其他强制性支出或增加税收的条款来抵消。

管理和预算办公室(OMB)和国会预算办公室(CBO)的概算

- 预算执行法案要求 OMB 和 CBO 负责估计是否有必要实施扣押,并向总统和国会报告。OMB 和 CBO 之间在估计上的任何区别,都需要做出说明。

来源:参议院预算委员会,www. senate. gov/ ~ budget/democratic/laws/bal-budgetact1985. pdf。

在20世纪90年代,开始重新重视联邦政府的绩效改善。《政府绩效与结果法案》(GPRA)要求,政府和机构准备和修正覆盖每项计划活动的战略计划和绩效计划。以机构的计划为基础,管理和预算办公室在总统预算中加入联邦政府的一项绩效计划。管理和预算办公室开发了项目等级评价工具(the Program Assessment Rating Tool,PART),旨在通过设计一系列问题来评价绩效结果、管理、目标、设计和战略规划(OMB,2004b)[①]。完全引进绩效导向预算的一个主要的挑战,是如何确保国会在批准拨款的过程中,使用政府绩效与结果法案和项目评级工具所要求的绩效信息。

2 预算制度法中的原则

1789年的宪法规定了由国会对公款授权的原则(第Ⅰ部分,第9编,第7条)。宪法规定"不得从国库提取资金,但根据法律明确拨款的情况除外"。行政部门使用公款都要获得国会批准,这是一个基本的要求。法律还规定,财政年度从10月1日开始并于次年9月30日结束(预算的年度基础,第31篇,第1102条)。联邦预算文件应该提供所有联邦机构和项目的信息,这被称为"统一

[①] PART 由四组大约30个问题组成。第一组估计项目的设计与目标是否清晰合理。第二组涉及战略计划和机构是否为项目设定了年度和长期目标。第三组评估项目的机构管理,包括财政监督和计划改进工作。第四组问题重点关注项目的结果以及关于准确性和一致性的报告。

预算"（unified or consolidated budget）（预算的统一性和普遍性原则）。然而，在年度拨款法案中，不提供对于许多支出的预算授权。只有占联邦总支出大约35%的自由裁量支出，才通过年度拨款过程进行批准。根据每个机构名下账户中的项目，来准备拨款（特殊性原则）。第31篇（第1103条）要求，国会需要重申其承诺，即年度预算支出不能超过收入，即使它在会计上是平衡的（account-based balance），也是不允许的（预算平衡原则）。

格拉姆—林德曼—霍林斯法案和预算执行法案的目的，是在中期视野中减少联邦预算赤字（稳定性原则）。对预算的平衡并没有法律要求，尽管就这个问题进行了多次辩论，包括要求出台一项平衡预算的宪法修正案（Buchanan, 1997）。在次国家层面上，50个州中的大多数，都要求在州宪法中有一项"平衡预算"的内容（Briffault, 1996）。自从1993年《政府绩效与结果法案》颁布以来，行政部门需要向国会报告他们的绩效（绩效原则）。问责原则被阐述在各种法律中，包括《预算和会计法案》《总监察长法案》和《首席财务官法案》。

透明性原则也受到了重视。宪法制定了强大的和经过良好测试的制度，明确规定了行政部门和立法部门在财政管理中的角色。州和地方政府也明确规定了财政责任，独立于联邦政府的运作。预算文件对公众是容易获取的，并且非常及时、全面和可信。不过，随着预算执行法案的期满，以及2000年后财政赤字的急剧膨胀，在财政政策的长期趋势方面，仍旧缺少明确性（IMF, 2003）。

3　预算制度中法律基础的建立与行动者的权力

3.1　行政机关和立法机关

3.1.1　概述

联邦政府由三个单独的分支机构组成：行政、立法和司法。每个分支机构的互相核查与制衡，是宪法和预算管理制度的特色。行政机关包括总统、内阁、各个部和其他机构。行政机关的权力由总统掌握（宪法，第Ⅱ编，第1节）。总统任命15位秘书作为部门负责人，其他官员作为其他机构的领导，并且监督各个联邦政府部门和机构。这些行政长官受总统领导。

立法机构（国会）包括参议院和众议院，每个议院都有大量涉及预算决策的委员会。国会得到政府问责署和国会预算办公室的支持。国会在授权预算中的作用更为积极，并且通常比大部分OECD国家之立法机关的作用更加独立（Blöndal et al., 2003）。对于可以在多大程度上修改总统预算请求的问题上，国会并没有限制。

当预算过程涉及合宪性问题时，需要请求司法部门裁定。例如，在1998年，最高法院裁决1995年的单项否决权法案就违反了宪法①。该法案提出赋予总统单项否决权，可以反对经国会批准的拨款议案（Schick，2002）。最高法院裁定，只有宪法修正案才能提供如此广泛的权力。

3.1.2 内阁会议和部长个人的角色与责任

内阁是一个没有明确法律依据的非正式结构（它是宪法第Ⅱ编第2节含蓄地设定的）。它包括副总统和15个行政部门的首脑，包括财政部长和管理和预算办公室（OMB）主任。虽然内阁首要的目的之一是在若干问题上向总统提供建议，但它在预算决策中很少或几乎不发挥作用（这与威斯敏斯特国家不同，这些国家的内阁部长是最重要的预算决策者）。总统也从总统行政办公室获取建议，包括白宫办公厅和其他专门办事处，包括管理和预算办公室。实际上，总统在预算建议上主要依赖管理和预算办公室——它直接向总统报告。

3.1.3 各部委和行政分支机构的设立

行政部门内的管理组织在宪法中只有一些间接的参考。总统"可以要求每个行政部门的主要官员以书面形式在涉及各自官员职务的问题上提出意见"；"国会可以根据法律在总统或部门首脑之下，任命他们认为合适的下级官员"（宪法第Ⅱ篇第2节第1和第2条）。以这些宪法规定为基础，国会通过立法来创设部门和机构，并确定它们的任务。第一章的第五篇中列出了15个行政部门②。总统对调整任何部门的所有建议必须提交给国会批准，这一程序详细地规定在法律中。很少有国家在行政部门内部重构问题上，拥有这样强大的法律控制。在行政架构上拥有强有力控制权的国会，在预算上也拥有相似的权力：针对给定的财政年度，每一个拨款小组委员会仔细审查对各行政机构拨款多少资金。

作为运营单元，大约200个部门机构负责执行预算计划。另外，还有大约70个不隶属于部门的独立机构，也不受制于部门内设机构的管理法律和法规（Moe，2002）。

在行政部门内部，管理和预算办公室承担着预算规划的首要责任，它是根据《预算和会计法案》（第1105节）建立的，为了帮助总统审查联邦预算编制和监督预算管理（Tanaka et al.，2003；OMB，2004c）。管理和预算办公室评估机构的项目、政策和程序之效果，评定部门之间的资金需求竞争，以及设定资金的优

---

① 1995年，国会通过了单项否决权法案（the Line-Item Veto Act），给予总统一种单项条款否决的法定权利。法案在法院里受到挑战，并且，该法案准许总统在未经国会同意的情况下，单方面地取消支出，故而在1998年6月被最高法院裁定为违宪。

② 包括根据2002年长达187页的国土安全法案所创建的国土安全部。法律的长度是国会在多大程度上规定政府功能和组织架构的一个指标。

先序。管理和预算办公室需要确保机构报告、规则、条例、证据和立法提案，与总统的预算及行政政策相一致。

财政管理的责任是共享的。税收政策和税收概算、会计和公债管理的首要责任，取决于1789年《国会法案》建立的财政部（法典之第31编第3章）。此外，经济顾问委员会（CEA）与财政部及管理和预算办公室合作，在制定财政政策和经济预测中共同发挥着重要作用。经济顾问委员会是一个由总统任命的三人委员会，委员会则由其他员工来支持运作（通常是政治上的任命）。除了经济顾问委员会（CEA），1993年，在总统行政办公室内部建立了国家经济委员会（NEC），作用是在涉及经济政策的事务（包括预算）上提出建议。

3.1.4 高级公务员的职责

公务员职责的一般法律基础被规定在第5篇第15章之中。禁止公务员为了干涉或影响选举或政治活动等目的，而使用他们的公务权或影响力（第1502节）。在发生利益或道德冲突时，他们也受到清晰的法律和行政之指导。相关的法律包括1978年的《政府伦理法案》、1988年的《政府办公室伦理重新授权法案》和1989年的《伦理改革法案》。联邦雇员的政治活动也受法律管制。

3.1.5 议会委员会的建立和角色

《国会预算和扣押控制法案》设立了众议院和参议院的预算委员会，它们在决定年度拨款法批准总额中起到了关键的作用。此外，众议院章程（规章X）和参议院章程（规章XXV）分别规定了委员会的建立和它们的功能①。众议院和参议院分别有19个和16个常务委员会，还有特殊委员会和专门委员会（special and ad hoc committees）。几个联合委员会都在发挥作用，包括税收联合委员会，来分析税收法中所有估计的变化。

每个议会都有在预算过程中发挥重要作用的三个主要委员会："预算委员会、拨款委员会和税法编纂委员会"（被称为参议院中的财政委员会和众议院中的筹款委员会）。两院中的预算委员会在涉及预算方面的共同决议问题上拥有管辖权〔如CBA，s. 3（4）所界定，参见下文〕。拨款委员会被分成13个小组委员会，每个小组委员会通过国会负责一项拨款议案。众议院中的筹款委员会和参议院中的财政委员会在涉及收入方面的事务上拥有管辖权（例如，税收、关税和公债）。

《国会预算和扣押控制法案》设立了国会预算办公室（s. 201）。它的主要职责是准备年度经济预测、规划预算基线、审核总统的年度预算意见、审查委员

---

① 众议院的章程请参阅 www.house.gov/rules/RX.htm，参议院的章程请参阅 http://rules.senate.gov/senaterules/rule25.htm。

报告中的所有支出法案，并提交给国会通过（CBO，2004）。国会预算办公室为包括预算、拨款、筹款、财政和税收联合委员会在内的各个委员会提供信息，信息种类包括：

- 预算、拨款议案、授权或提出新的预算授权，或者税式支出的其他议案。
- 收入、进款、评估未来的收入和进款以及收入变化情况。
- 其他相关信息，例如，根据委员会的要求，进行宏观经济估计。

3.2 次国家政府的角色和职责

美国的政府构成如下：联邦政府，有50个州，39000个一般目的性地方政府（general purpose local governments）（县、市和镇）和49000个特殊目的性地方政府（special purpose local governments），特殊目的性地方政府中的四分之一是学区（截至2004年）。宪法明确地规定了州的独立地位，并受到联邦和州宪法的保护（联邦宪法，第Ⅳ条第3款）。宪法要求，国会只有获得州的同意，才可划分或改变州的疆界。联邦和州政府的确切作用，并没有完全定义在宪法中。对于联邦政府来说，尽管有一些责任范围被明确地规定（例如，国防），但关于其他方面的规定还是模糊的。然而，宪法第十修正案提出了一个有限的联邦作用（"没有明确授予联邦政府的权力，将留给州或公民"），更广泛的联邦角色由"公共福利"条款来提供["国会应有权提供美国的共同防御和一般福利"（第Ⅰ条第8款）]。

宪法并没有清晰地界定地方政府作为一个单独的政府层级。实际上，地方政府的权力来自50个州。对比联邦政府同州与地方政府的责任，随时间的推移而不断变化，联邦政府越来越多地参与到一些原本由州和地方政府单独负责的领域中。州和地方政府负担着繁重的公共服务提供，联邦政府以补助金、贷款和税收补助的形式，来提供部分资金。地方政府实际上管理着所有初等和中等教育；修建和维护大部分地方道路和公共交通系统（例如，机场）。由于州政府为这些服务提供一些资金，通过州政府的收入或通过联邦资金资助，因此地方服务的规划与运作，被州和联邦政府高度控制（OECD，1997）。

财政管理系统是分权化的。州财政支出的大约3/4来自于其自有财源。州政府的课税和支出费用要按照州法律执行，并且可以直接进入债券市场。州政府的预算不需要联邦政府的审核和批准。尽管州保留限制地方政府财政的权力，比如控制或限制地方政府的税收、支出、债务和债券，但州宪法允许地方政府征税。地方政府更多地依赖州政府的补助，而非联邦政府补助（专栏3）。

> 专栏3 美国：不同政府级别之间的主要转移支付

- **均等化方案**。大部分州已经采取了学院式的财政均衡措施，作为他们对公立学校的补贴。不过，联邦法院发现许多州的均衡方案都违反了宪法。
- **全局项目补助和联邦公式化补助**。项目补助是基于竞争性拨款申请给联邦实体的转移支付（例如，教育部或交通运输部）。公式化补助是给州政府的转移支付。通过法定的公式化补助，联邦机构能够要求州和地方提交使用这些资金的计划，但在补助总量上很少具有自由裁量权。最大的公式化补助是由州政府运作的津贴计划。大约85%的联邦对州和地方政府补助通过公式进行分配。共有大约700项对州和地方政府的各种补助计划，尽管大部分计划体量都比较小。
- **联邦援助**。对州和地方政府的联邦援助包含补助金、贷款和税收补贴。联邦援助的主要职能范围包括运输、教育、培训和就业，社会服务和健康服务（包括医疗护理和医疗补助）以及收入保障。
- **州援助**。来自州的最大补助是对地方学校的援助。州援助按照复杂的均衡公式在各地方政府单元中进行分配。

来源：OECD，1997。

根据法律，管理和预算办公室主任与国会预算办公室、总审计长和州及地方政府的代表共同合作，尽可能为州和地方政府提供财政、预算以及对评估联邦政府在州和地方政府的预算援助有影响的必要的规划信息（第31编，第11章，第1112条）。然而，没有法律要求州和地方政府向联邦政府报告预算情况，用于整合全国范围内的账目，也没有要求将信息提交给国会。这种信息可以通过非正式安排进行。

4 预算周期各阶段的法律规定

4.1 行政机关编制和呈送预算

4.1.1 预算制度覆盖的范围

联邦预算覆盖所有的联邦机构和项目，包括立法机关、司法机关、总统行政办公室、15个部、独立机构（包括环境保护机构、联邦服务管理局以及社会保障管理局）以及大约 90 个较小的机构、部门、委员会和办事处。联邦预算不包括州和地方政府，并且联邦政府也不为州和地方政府的预算提供指导。

4.1.2 预算外资金和指定用途的收入

联邦预算只有相当少的预算外资金，"预算外"有着特殊的含义。社会保障基金（老年人、遗属、残疾保险）和邮政服务基金根据法律被分类为联邦预算中的"预算外"。它们是在联邦政府级别上拥有和控制的资金，这类资金的收入、支出、盈余或赤字以及预算授权，被排除在"预算内"的总额之外。然而，在"统一预算"的总体中，预算文件中的大部分表格，包括了预算内和预算外的数量（OMB，2004a）。联邦支出和收入因此能够全面地展示出来。统一预算总额可以获得政策制定者和公众的主要关注。

4.1.3 预算总额的定义

按照《预算和会计法案》，总统预算是由管理和预算办公室来编制的，它要求评估当前的财政年度，并对预算年度及其后四年进行预测，以考察预算决策的长期效果，尽管这对下一个财政年度的预算并没有约束作用（第 31 编，第 11 章，第 1105 条）。国会预算办公室必须根据法律提交类似的总体预测（《国会预算和扣押控制法案》，s. 202）。实际上，在以往预算年度中，国会预算办公室已经有九年提供了预测数据。

4.1.4 财政规则

财政规则体现在法律中，尤其是 1985 年的《格拉姆—林德曼—霍林斯法案》，它包括对 1990 年综合赤字下降的定量限制，以及《预算执行法案》对自由裁量支出设置上限、对强制性支出和预算收入制定了现收现付规则。自 2002 年 9 月以来，当预算执行法案的执行机制期满时，在联邦级别上的财政规则就没有法律约束了。每年，在《国会预算和扣押控制法案》之下，要求众参两院对"预算决议"（"budget resolution"）（参见下文）中的总收入和支出取得一致意见；然而，协议并没有法律约束力。

4.1.5 预算编制和向立法机关陈述的时间表

联邦政府的财政年度开始于 10 月 1 日，结束于次年 9 月 30 日。第 31 编要求总统要在不晚于 2 月份的第一个星期一，向国会提交下一个财政年度的预算草案（第 11 章，第 1105 条）。还要求每个机构的领导准备并向总统提交本机构的拨款申请书，该申请书要以总统规定的形式和日期提交（第 1108 条）。OMB 和联邦机构通力合作来准备预算，以便按照 OMB 每年公告中确定的时间表，确保在 2 月份的最后期限前完成工作（参见专栏 4）。预算编制过程大约在财政年度开始之前的 18 个月开始。这比 OECD 的任何其他国家都要更早。

专栏4 美国：行政部门内部之年度预算过程的主要步骤

4月、5月：春季指导方针和审查

- 大概在下一个财政年度开始前的18个月，OMB主任向每个机构负责人发布信件，为机构的预算请求提供政策指导。这是年度预算（+2）编制过程的起点。
- OMB与机构合作确定年度预算（+2）的主要问题，为即将来临的秋季审查形成观点，并为需要未来决定的问题制定分析计划。

7月：OMB发布第A-11号公告（Circular No. A-11），向所有联邦机构提供关于如何准备预算，以及如何向OMB提交预算并接受审查的详细说明（s.1104）。

9月：机构制作最初的预算草案。

10月、11月：秋季审查

- OMB的员工根据总统的优先事项、项目绩效和预算约束来审查各部门的预算草案。他们提出议题，并向OMB政策官员提供决策选项。

11月下旬：回传（passback）

- OMB就提出的预算政策，向总统和总统高级顾问进行简要介绍。OMB通常将关于预算申请的政策，同时通知给所有的行政分支机构。

12月：申诉过程

- 行政分支机构可以向OMB和总统申诉。机构的领导可以要求OMB推翻或修改某项决定。

2月的第一个星期一：总统向国会提交预算[*]。

[*]实际时间可能偏离计划。例如，有好几次总统递交预算的时间，因为各种原因晚于规定时间，包括以前财政年度拨款的颁布或管理部门内部的变化。

来源：OMB，2004d。

4.1.6 行政部门内部的审批流程

行政机构内的审批过程并未在法律中规定，而是规定在管理和预算办公室的通告中（s.10.5）。它被认为是一种内部过程。内阁不举行会议来讨论管理和预算办公室准备的一系列部门预算。各部门的秘书可以就他们的预算申请总额向管理和预算办公室进行申诉。可以首先向管理和预算办公室提出申诉，并且大部分都在这个级别上得到解决。任何进一步的申诉可以向预算审查委员会（Budget

Review Board）（尽管不是每位总统都使用预算审查委员会来处理此事）提出，该委员会通常由副总统、白宫办公厅主任、管理和预算办公室主任、一位或两位白宫高级官员（行政机构之间的组成，每年各不相同）组成。总统可能会做出最后的决定，他（她）拥有最终的决策权。

4.1.7 预算法涉及的其他文件

总统需要为每项预算准备咨文和概要，并提交给国会（第31编，第1105条）。每年，预算咨文和概要包括在"美国政府的预算"中，它提供关于总统的预算和管理的优先级别等信息，以及对每个机构的预算概况，包括对机构绩效的评估。要求详细信息写在咨文中（第31编，第1105条）。每年需要提交的信息主要包括以下方面：

- **分析视角**。包括旨在突出特定范围的分析或者提供预算数据的其他报告。这包括经济和会计分析、联邦收入的资料、对联邦支出的分析、联邦借款和债务的详细信息、基线或当前服务项目的概算、项目绩效信息（包括 PART 信息）；长期预算概算以及其他技术性介绍。

- **历史表格**。提供预算收入、支出、盈余或赤字、联邦债务以及联邦就业方面的数据，包括较长的历史时期（从1940年开始的数据）和未来的（法律要求对未来四个预算年度进行预测）。

- **附录**。基本上是供拨款委员会使用而设计的。它包含个别项目和拨款账户非常详细的财政信息。对于每个机构，附录包括：拨款说明的拟议文本，每个账户的预算安排，新的立法建议书，为何需要资金的说明，整个机构或机构群的实用性拨款规定。附录也提供关于哪些活动的支出不属于预算总额的信息。

中期宏观经济框架和财政战略。预算为未来四年中的每一年制作概算（例如，对于2005预算年度，提出2006~2009预算年度的概算）。对预算规划的宏观经济假设加以规划，是经济顾问委员会、财政部及管理和预算办公室的共同责任。预算草案包括对潜在的经济假设的实质性讨论，以及与往年预测的协调（OMB，2004a）。经济假设包括总统政策如果被采用之后的效果评估。相比之下，国会预算办公室也提供一套经济假设，这个假设与管理和预算办公室的假设竞争，但并不包括政策变化的效果。由于预算执行法案已然失效，多年支出预测也就没有了法律约束。

新措施和现有的支出措施。第31编对于提交预算之财政年度和往后四年的预计收入，提出了如下之规定：（1）预算一经提交，法律就生效；（2）预算中建议增加收入（第11章，第1105条）。因此，新举措和已有政府政策的成本预测，可以在预算文件中被清晰地区分开来。法律还要求，凡是可能会扩大政府活动或功能的各项拟议预算，都要附上表格，以展示项目对本财政年度和未来四个财政年度中，每个年度拨款和开支的影响。

与绩效相关的信息。《政府绩效与结果法案》要求，机构制定战略性计划、年度绩效计划和年度项目执行情况报告。另外，从2004年起，管理和预算办公室启动一项新的系统评估程序（PART程序）。在方案实施上显示五个评级：有效（effective），适度有效（moderately effective），尚可（adequate），无效（ineffective）和无法显示结果（results not demonstrated）。政府评估了代表大约40%的联邦预算的大约400项计划：2003年有234项计划，2004年有173项。评价表明，大约40%的项目等级为"有效"或"适度有效"，25%的项目为"尚可"或"无效"，大约40%的计划无法显示结果（OMB，2004a）。每年这个资料需要作为总统预算的一部分（Part 6 of OMB Circular No. A-11）。

税式支出、或有债务和财政风险。在《国会预算和扣押控制法案》中，税式支出被定义为"归因于联邦税法规定允许从毛收入中扣除的特殊税收豁免、免税，或提供特殊信贷、税收优惠税率或债务延期而导致的收入损失"。《国会预算和扣押控制法案》要求，预算中包括个人所得税和公司所得税的税式支出一览表（s.3）。2005年的分析视角报告（Analytical Perspectives 2005）包括了一章内容，概括了所有重大的税式支出。最大的税式支出是那些与收入所得税相关的支出，包括为养老金缴款和工资、为医疗保险雇主缴款以及为住房按揭付息提供的扣除和免除。税式支出的成本与预算信息的提供时期相一致（过去一年的、本财政年度的和未来四年的）。几个州在将预算送交到州立法机关时，就准备了税式支出概м①。

预算不包括或有债务或财政风险的综合列表②。然而，自1990年以来，法律要求联邦信贷项目的长期成本要纳入预算。1990年的《联邦信贷改革法案》③改变了直接贷款和贷款担保的预算处理方式，规定信贷计划的预算成本应为提供信贷时的长期补贴成本（s.502）。根据每年发布的直接贷款或贷款担保的长期补助成本之现值，来评估预算中贷款计划的年度花费。这比以前的做法更加透明，以前只报告与直接贷款或贷款担保有关的现金流量。

法律要求的其他资料。管理和预算办公室还向国会提供了符合《预算和会计法案》要求的非常详细的资料（参见专栏5）。

---

① 关于国家税式支出的讨论，请参阅 Mikesell，2002。
② 对于或有债务和其他财政风险来源的更一般讨论，请参阅 GAO，2003。
③ 1990年的《综合预算调整法案》，对《国会预算和扣押控制法案》增加了新的第五篇，尤其是"1990年的《联邦信贷改革法案》"。《联邦信贷改革法案》阐述的四个目标是：（1）更准确地衡量联邦项目的成本；（2）对贷款计划的成本核算，要基于与其他联邦支出相同的预算基础；（3）鼓励通过最恰当的方式，来实现受益人的需要；（4）在贷款计划和其他支出中，改善资源配置（第501节）。

> **专栏 5　美国：法律要求的其他信息**
>
> 以下是摘自美国法典第 1105 节。其他法律还会要求更多的信息。
> - 政府活动与职能的信息。如果可行的话，还要求政府计划的成本和取得成就的信息。
> - 对支出与提请拨款的摘要信息的协调。
> - 如果预算中的财政计划被采用，提供上一个财政年度结束时、本财政年度和下一个财政年度的国库资产负债表。
> - 政府债务的基本资料。
> - 由于每个主要项目都有一些相对难以控制的支出，因此对前一财政年度各项主要支出项目的总额进行比较。
> - 对上一财政年度实际收入总额和预算提交时的预测数额进行比较；就上一财政年度的主要收入来源而言，对该项来源的实际收入总额与预算提交时的预测进行比较。
> - 关于预算授权、申请的预算授权、预算支出和申请的预算支出之说明，以及一些描述性信息：(a) 相关机构之任务和计划满足国家需要的详细结构；(b) 任务和基本规划。
> - 由机构给出与当前年度水平同期比较所提出的削减量的分析信息，以符合 1994 年的联邦劳动力调整法案。
> - 关于减少信托基金暴力犯罪法案的信息。

4.1.8　议会和其他宪法实体的预算

按照第 31 编第 11 章第 1105 节的规定，立法机关和司法部门的预算编制独立于行政部门。要求立法机关和司法部门的拟议支出和拨款，在每年的 10 月 16 日前提交给总统，并且由总统将其（不做修改）直接纳入预算之中。

4.2　议会的预算程序

在 1974 年《国会预算和扣押控制法案》颁布以前，国会中的预算过程是相当不协调的。《国会预算和扣押控制法案》首次为国会在预算上的活动制定了框架。该法律建立了并行的预算决议、参众两院的预算委员会、国会预算办公室和国会根据单项拨款确定总额的相关程序。

4.2.1 预算审批的时间表和国会预算辩论的限制

《国会预算和扣押控制法案》规定了国会的预算过程，在预算决议、拨款法案、调解立法、税收措施和其他预算立法上，协调了立法机关的各项活动。法案的第300节规定了时间表（参见专栏6），以便在10月1日财政年度开始前，国会完成预算工作。

专栏6 美国：批准国会预算之法定的和内部的截止日期

- **2月的第一个星期一**：总统提交预算（美国法典，第11章第1105条）。
- **2月15日**：国会预算办公室向预算委员会提交报告。
- **总统提交预算后的六周内**：委员会向预算委员会提交观点和评估意见。
- **4月15日**：国会在法律上完成了"预算决议"，决议建立了预算支出总量（支出）和即将来临之财政年度的预算收入（《国会预算和扣押控制法案》，s.301）。
- **5月15日**：年度拨款议案可能在众议院里进行讨论。
- **6月10日**：众议院拨款委员会就最新的年度拨款议案做报告。
- **6月15日**：国会在法律上完成了"调和立法"（reconciliation legislation），授权改变项目和税收，使它们与预算决议相一致（《国会预算和扣押控制法案》，s.301）。
- **6月30日**：众议院在法律意义上完成了年度拨款议案。国会计划颁布13项常规拨款议案（《国会预算和扣押控制法案》，s.307）。
- **10月1日**：财政年度开始。

来源：Heniff, 2003a。

预算决议采纳的过程。2月初，总统的预算被接受以后，《国会预算和扣押控制法案》要求预算委员会审核文件，并听取授权委员会的意见和评估。要求国会通过一项并行的预算决议，阐明自由裁量支出的总额，并可能包括对委员会负责强制性支出和收入的"调解说明"。预算决议是两院关于支出总额、收入和其他预算总额的一项正式协议，并且根据功能提供一项预算支出名义上的分解 [《国会预算和扣押控制法案》，s.301（a）]。预算决议不是法律，不需要总统批准（Heniff, 2003b）。预算决议中规定的预算总量具有约束力，尽管缺乏《预算执行法案》的后续立法，除了关于预算决议本身的议事程序以外，没有法律上的

强制执行机制。

对于强制性支出的预算调解过程。《国会预算和扣押控制法案》规定了"预算调解"过程,由国会发布指令,用立法规定强制性支出(权利)或收入项目(税收和其他法律)方面的变化,以实现预算决议中的支出和收入目标设想[s. 301(b)]。预算决议的文本是必要的,但与预算决议相反,调解过程是一项可选择的程序。在众议院中,在《国会预算和扣押控制法案》之下,在已被同意的项目上减少支出或增加收入,这样的修正案是不存在的,除非是等量地增加其他支出或减少收入(现收现付规则,the PAYGO rule)。在参议院,关于调解议案的总辩论限制在20小时内,尽管加上综合性考虑的内容之后,实际时间常常超过《国会预算和扣押控制法案》限定的时间。

拨款过程。一旦支出总额已经根据预算决议决定下来,就由拨款委员会进行分配,将拨款再分配[《国会预算和扣押控制法案》,s. 302(b)]到相应的13个拨款小组委员会。众参两院的拨款小组委员会在形成年度拨款法案时,数量不能超过总拨款。在提出措施后,每个拨款小组委员会向总拨款委员会报告拨款去向、可能的修改以及核准,与议会规则保持一致。所有委员会的活动都受限于自由裁量支出的总额限度和预算决议中的配额。

原则上,一旦众议院在法律上完成了拨款议案,参议院就开始审议众议院的议案。实际上,两院在议案上的工作是在"地板行动"(floor action)①之前同时开展的。与任何其他法律一样,直到两院成功地解决所有两院中提出的修正建议,并最终依照宪法取得文本上一致为止,国会的工作才算完成。

参议院中关于预算辩论的约束。《国会预算和扣押控制法案》规定了一项特别的国会程序("关于程序的异议")②,旨在确保拨款议案和其他预算立法同最新通过的预算决议相一致。通常参议院在无限制的辩论规则下进行辩论,这意味着任何一位参议员或议员组可以有效地中止一项正在讨论的议案(被认为是阻碍议案通过)。参议员的绝对多数制(3/5)可以结束任何议题的辩论。《国会预算和扣押控制法案》关于程序的异议,可以通过提供3/5弃权规则,来避免程序上的障碍(Blöndal et al., 2003)。一个例子就是,禁止考虑提供超过委员会分配

---

① floor action 可直译为地板行动,其实指的是议会现场发生的活动,通常包括投票和辩论。这里的 floor 指的是议会现场,也可指全体议员(full assembly)。一旦委员会批准了某法案,它就有资格在参议院、众议院各层进行辩论,进而被通过、驳回或修正。类似的,floor vote 指会场投票,floor debate 指会场辩论。——译者注

② 《国会预算和扣押控制法案》关于程序的异议(points of order),其实是一种机制,如果不在预算决议设定的限制之内,任何国会议员都可以反对一项修正案或一项立法。关于这个问题更多的讨论,请参见 Heniff, 2001a and Heniff, 2001b。

额度的预算授权或支出。这种程序的异议常常用于强制实施支出限额，该限额适用于13个年度拨款议案。另一个议事程序问题是，禁止立法机关考虑会引起预算授权或花费的总水平超支，或收入水平低于预算决议制定的水平。

4.2.2 临时预算

新财政年度开始时，如果拨款议案没有在9月底通过，就采用"维续决议"（continuing resolutions）（CRS，2000）。维续决议临时为政府的运转经费提供预算授权。维续决议是一项联合决议，它与授权法案具有同样的法律地位。对于可能发生的支出义务，维续决议会根据往年的比例或在总统预算请求中设定一个最高比例。如果国会决定不采用维续决议，或使之失效，除了那些涉及人身安全或财产保护以及国家安全的紧急需要以外，没有拨款的机构将被迫关闭。这种情况不经常出现，但确实发生过，通常是由于政治原因。

4.2.3 修正权

总统预算只作为国会后续工作的基准。国会对总统预算拥有无限的修正权力。国会广泛地使用这些权力，并设计国会自己的预算。宪法赋予了国会这项权力，规定"在没有法律授权拨款的前提下，不能从国库拨付资金"。

4.2.4 资金的批准

宪法规定，国会有权设立和征收税收、关税、进口税和消费税，用于提供国防和一般福利。所有能提高收入的措施，包括税收、关税和使用费，都要有来自众议院的法律授权。预算决议作为包括总收入在内的国会预算过程的指导。预算决议可以对税法进行修改。

4.2.5 拨款的性质、结构和持续时间

对于了解拨款的性质、持续时间和结构来说，自由裁量支出和强制性支出之间的区别是很重要的。自由裁量支出的项目在年度拨款中确定，年度拨款为支出上限提供了法律约束。对福利项目的支出则由与福利相关的法律决定，并且通常不受拨款过程的影响。强制性支出具有永久性拨款的性质。只有大约35%的联邦支出通过年度拨款过程来控制。

拨款法规定了"预算授权"（budget authority），授权联邦政府机构承担有法律约束力的义务，并且由财政部为指定的目的而拨付资金。已授权的拨款通常在财政年度中使用或承诺使用，除非拨款法和授权法规定这些拨款在更长时期有效。

批准的拨款进入"账户"（accounts）。大约有1000个拨款账户，常常在机构内被分配给不同的项目。对于大型资本支出和转移支付，一般有单独的账户。"薪金与费用"账户在特定的部门中可以覆盖几个项目。在批准资金时，国会可以为特殊目的进行专项拨款。尽管前一年的拨款结构为下一年拨款提供了基础，但每年的具体拨款结构都有所不同。拨款结构非常复杂，反映出国会在拨款过程

中的高度控制。详细的和不稳定的拨款结构，与国际趋势形成对比，国际上将支出分成一些拨款组别，这些组别的项目支出重点在立法批准阶段，而非重点关注单个项目和其他投入的批准。

4.2.6 拨款的结转和未来拨款的借用

用于弥补运营成本的拨款，在年度末如果没有使用完，将要归还给国库。只有在特殊情况下，才允许拨款在年末进行结转。例如，经过立法机关的批准，一些机构的工资和支出的最高50%可以结转。国会将年末结转写入了预算法案。然而，资金从所属的财政年度直到后续5年都可以被支付，并且，如果法律有规定，承付的款项甚至可以适用于更长的时期。

在某种情况下，部门和机构可以对即将到来的财政年度的预期拨款承担义务。在相关法案内，拨款法案为某些拨款账目规定了不同的起始日期，因此资金周期与该法案所涵盖的财政年度不一致。这些资金有三种类型（Streeter，2000）：

- 提前授权（advance appropriations）。在拨款法案所在财政年度之后的若干财政年度，资金才有效。对 n+1 财政年度的一项提前拨款，包括在 n 财政年度的拨款法案中，并且包括在 n+1 财政年度的预算中，而非 n 财政年度的预算中。

- 远期资金（forward funding）。这样的资金一般在财政年度的最后一个季度，可以用来满足支出义务，并且在随后的财政年度将继续有效。资金要记录在后来的财政年度中，因为大部分资金都将在这些财政年度中进行支出。

- 预拨资金（advance funding）。这是在财政年度末授权承付款项的资金。使用预拨资金，尤其对难以预料的福利性支出，比如失业补偿金。如果预拨资金被使用，那么所在财政年度的预算授权按承诺额增加，并且以后财政年度的预算授权按同样的数量进行减少。

4.2.7 核准公共债务

根据宪法，借款的权力归国会所有："国会拥有基于美国国家信用而举债的权力"（第Ⅰ条，第8款）。1917年，在第一次世界大战中面对更频繁的政府财政需求，连同第二个自由债券法案，国会授权财政部在一定的限制下进行借款。从那以后，受到限制的债务的定义已经被修改了。这一定义不仅包括由公共掌握的债务，而且也包括政府信托基金中的象征性信用，其中社会保险占大多数[①]。

必要时，需要通过正常的立法程序改变法定限制，例如，建议的联邦赤字

---

① 美国国库已经注意该定义缺乏经济连贯性，例如，它包含政府欠自己的"债务"，但是不包含政府对非资金性负债的全面衡量。请参考实际国债报表：www.ustreas.gov/education/faq/markets/national-debt.html#q1。

需要更高的债务限额，以适应新的借款（Senate Budget Committee，1998b）。国会的年度预算决议包括规定每个财政年度末债务拨款水平限额的条款。在众议院采用的规则之下，当预算决议在众议院被采用时，它就被认为已经投票赞成预算决议中规定的法定限额水平的联合决议了。为了进一步的行动，将联合决议转送至参议院，参议院可以对决议进行修改。决议一旦在两院获得通过，就呈送给总统签署。2003年颁布了债务限额立法，将债务限额增加到了7.4万亿美元。

4.2.8 已通过预算之颁布、否决和发布

国会通过的预算法之颁布和公开程序，与总统签署拨款、税收和其他支出议案相同。总统对提交的议案有两个选择，他可能全面同意并签署议案，也可能全面否决。如果否决议案，国会可以在每个议院中以2/3的多数否决票再次推翻。从议案中删除特定支出项目，而仅允许保留议案的其余部分，总统是没有这样的权力的（禁止单项否决）。

4.2.9 追加预算（修正案）

在年度内的任何时候，总统都可以向国会提交追加拨款的请求，这应是由于预算提交之后又颁布了新法律或出于公共利益的需要。总统应该给出变更拨款需求的理由，并解释为什么新的拨款没有包括在预算中（第31编，第1107条）。例如，2003年分别在3月和10月通过了两项追加拨款法案，大部分是为了战争、占领伊拉克以及对阿富汗不间断的军事介入而筹措资金。

4.3 预算执行

对于管控一个机构按照国会之意图来履行拨款的部分法律制度，体现在《反超支法》中，现在则体现在第31编中。这部法律包含并入到拨款法案中的一些条款，包括一直以来被禁止的活动、拨款系统和预算储备事务有关的条款。这些条款在联邦预算的执行中继续发挥着关键作用。《首席财务官法案》和《政府绩效与结果法案》是针对改善绩效和效果的关键法律。

4.3.1 支出授权的分配

一旦拨款法案颁布，除非管理和预算办公室通过分配过程（这一过程在第33篇中进行了阐述）向部门和机构发放预算经费，否则机构不能动支资金（第1501~1558条）。这项法律要求，或者在财政年度之内，或者在不同类别之间，来定期分配拨款（第1512条）。通常以季度为时间周期进行分期付款。一项拨款可能在拨款限额内进行行政上的分配和再分配（第1514条）。一项拨款应该以书面形式来处置，并不迟于以下时间点（第1513条）：

- 对于立法机关和司法部门，预算年度开始前的30天或使拨款发生效力的

法律颁布后的30天。

- 对于部门和机构，预算年度开始前的40天或使拨款发生效力的法律颁布后的15天。

4.3.2 预算授权的取消和其他的年度内支出控制

1974年的《国会预算与扣押控制法案》要求，不论在什么情况下，一旦行政部门官员打算推迟支出或根本不支出资金，总统就应该通知国会。法案规定，只要扣留或拖延预算授权的债务或支出，就应视为延期。在法案之下，无论何时总统建议推迟任何预算授权，都要求就其受影响的总额、项目和账户，向国会做出报告，并评估预计的资金和项目影响，以及资金延期的时间长度。总统不能将资金延期至超过财政年度结束，也不能因机构审慎地花费资金而延迟持续时间（第1013条）。延期只是为了提供紧急需求，或通过要求的改变、或通过更有效率的运营或通过法律提供的特别规定，来实现节约。总统不能使用延期权来改变预算政策①。

法案（第1102条）还规定了废除规则——取消预算授权。不同于国会法案不赞成延期的预算授权，授权取消只在国会颁布废除时出现。总统可以通过向国会提交取消规定的总额信息，包括建议取消涉及的理由、账户和项目，以及对预算和项目的影响。国会收到信息以后，有45天考虑废除议案的时间，取消全部、取消部分资金或不取消。如果45天期限结束时国会不废除预算资源，总统必须提供能够满足支出义务的资金（第1017条）。法案授权总审计长复审每一项扣押，并将涉及资料的准确性、扣押的法律地位以及可能的影响，向国会报告（第1014条）。他（她）可以强迫释放任何被扣押的资金。

4.3.3 紧急支出、超额支出和应急资金

第31编为紧急支出和意外开支的资金规定了法律基础。在分配和再分配拨款中，准备金作为按法律特别规定而设立的资金（第15章，第1512条），例如，为紧急情况准备的资金，或可能达到更大运营效益的储蓄金。如果有必要实施所涉及的拨款范围和目的，设立的准备金可以变动，并且依照1974年扣押控制法案的规定，向国会报告。

4.3.4 年内拨款的调剂和流用

对于已批准的预算，行政部门在改变任何条目的自由裁量权上，是非常有限的；国会在采纳拨款法案时是非常详细的。大约一千多个账户之间的调剂需要国会批准。在很少的情况下，国会赋予某些部门调剂的权力。例如，国防部可以在部门内从一个账户向另一个账户调剂占拨款总额最高10%的资金。一个账户内

---

① 原来的扣押管理法案允许总统为了政治原因而推迟资金。

不同项目之间的调剂是存在的（重组项目，reprogramming）。通常国会将重组项目写入预算法案的规则中，但只允许少量项目。涉及金额常常低于几十万美元（Blöndal et al.，2003）。国会需要重组项目的报告。

4.3.5 现金规划及政府资产和债务管理

第31编中规定了财政部职能的法律基础（第三章），在授权之下，财政部的主要职能之一是管理政府的公共财政。它掌管公款，以及为存入国库的资金收入签署证明（s.3301）。财政部内设立的财政管理服务处（The Financial Management Service，FMS）是代表联邦机构的主要支付部门（例如，为向联邦政府提供商品和服务的机构付款，通过社会保障总署的保费支付，联邦所得税退税）。财政管理处还为联邦政府收入和支付准备日常的现金计划（第31编，第三章）。

通过第31编对公债进行管理。在总统的批准下，财政部部长可以为法律授权的必要支出借款，可以根据借款数量发行政府公债，也可以采购、赎回和退款（第3111条）。部长可以按任何年利率和规定的条件，向公众和政府账户发行债券（第3121条）。在每年6月1日及以前，财政部部长需要向众议院筹款委员会和参议院财政委员会，提交关于国库公债活动和联邦融资银行运营的情况报告（第3130条）。

4.3.6 内部审计

在20世纪90年代，国会通过了几项法律，以加强内部管理和审计，包括《首席财务官法案》，1994年的《政府管理改革法案》，1996年的《联邦财政管理改进法案》，以及《政府绩效与结果法案》。这些法案补充了《联邦管理者财政健全性法案》，它们都认为强大的内部管理和会计体系，有助于保证资金、财力的合理利用，以及遵守法规条例，保护联邦政府免受欺诈、浪费、滥用和管理不善的情况。《首席财务官法案》是管理内部审计的主要法律。它要求财务总监提供对机构领导和国会调查的结果报告。法案还需要所有机构按照联邦会计准则准备可供审计的财务报表。《联邦管理者财政健全性法案》强调对于正确的联邦制度的需要。《总监察长法案》在每个机构内设立了一个总监察长办公室，作为独立的监督机构，加强对各机构的监督控制。

4.4 政府会计和财务报告

4.4.1 会计制度

第31编要求总审计长制定会计原则、标准和对各行政机构负责人的要求（第35章）。在制定原则、标准和要求以前，总审计长需要向财政部长和总统咨询对会计、财务报告和预算的需求（第3511条）。随后，总审计长、国务卿和OMB主任需要对改善政府会计和财务报表做出连续的规划，在1990年，他们共同建立了联邦会计准则咨询委员会,为联邦政府制定特定的会计准则。

联邦政府的财务报告和预算适用不同的会计标准。根据完全的权责发生制编制财务报告(OECD,2003)。《首席财务官法案》是这方面的表率。它要求机构的信托基金、周转资金和商业活动都要包含在权责发生制财务报告中。《政府管理改革法案》将权责发生制财务报告的要求,扩充至所有《首席财务官法案》覆盖机构的活动,并且要求从1997~1998财政年度开始,每年政府的财务报告按权责发生制编制。

然而,联邦预算是以承付款项为基础的,并且OMB的预算会计报告了已经发生的预算授权和现金收付(IMF,2003)。大部分交易都以现金制为基础做记录。几个特定的交易采用了权责发生制,例如,公众持有政府债务的利息,机构为职工退休金计划的大部分缴款,以及贷款项目的成本(1990年《信贷改革法案》中的规定)。

4.4.2 政府的银行业务安排

在联邦法规之下,联邦储备银行(Federal Reserve Banks)担当了财政部部长指定的财务代理和存款机构①。这些银行持有国库账户,并接受联邦税收和其他联邦机构收入的存款。支付给国库的大部分联邦收入,首先以个人和公司名义存入商业银行,商业银行收到款项后立即存入国库中。国库转而保证这些货币转移到它在联邦储备银行的账户。除了国防部和驻外使领馆,联邦政府所有的财务交易都要通过国库在纽约的联邦储备银行账户进行。

4.4.3 向议会的年度内报告

法律(第31编,第1106条)要求,总统在7月16日前向国会递交更新预算估计的报告。预算简表包括:

- 对于预算中的财政年度,在预算提交后支出(义务和现金)和收入的预测发生的重大变化,以及总统决定提供给国会参考的其他信息。
- 对于预算财政年度之后的4年,简表应该包括:已授权在今后年度继续有效的项目,或法律规定的强制性项目的支出信息。
- 对未来的财政年度,预算简表要包括从本财政年度结转的预计支出的信息。

这些年中预算更新由管理和预算办公室进行准备。依照《国会预算和扣押控制法案》第202(e)条款之规定,国会预算办公室需要向参众两院预算委员会提供周期性更新,每年8月国会预算办公室也编制中期更新报告和预算与经济展望。国会预算办公室的方法和假设应用于这个报告之中。

---

① 更多的信息,请参见财政部官网:www.fms.treas.gov/aboutfms/welcometofms.html。

无论国会预算委员会何时需要预算资料，管理和预算办公室、财政部和联邦政府机构都要根据第 31 编第 1113 条款的规定进行提供。理所当然地，联邦政府公布预算执行的综合报告。例如，财政部会在每个月结束后的 3 周内公布月度总收入和支出的报告。这个报告对前一年同期每月收入和支出进行比较。

4.4.4 年度决算和报告

《首席财务官法案》和后来的修正案，为联邦机构的财政报告规定了架构。要求机构每年准备几项财务报表，包括资产负债表、运营或净成本报表以及带有预算资料的对账表。机构应该经由独立部门进行年度审计，包括审查报表和相关的内部控制，并提供关于报表和内控的意见。

考虑这些以后，财政部为整个联邦政府准备了一套财务报表，供政府问责署审计。第 31 编要求在 3 月 31 日之前，财政部部长与管理和预算办公室主任共同向总统和国会提交上一个财政年度的年度审计财务报表，包括所有账户和行政部门的相关活动 [s.331（e）（1）]。财务报表反映整体财政状况，包括资产和债务，以及行政部门的运营效果，并且依照管理和预算办公室主任提出的形式和要求进行准备。此外，总审计长应审计财务报表 [s.331（e）（2）]。

因此，财政部部长需要发布过去六年的经过政府问责署审计的综合财务报表。关于权责发生制会计，美国政府的财政报告提出一个关于联邦政府财政的综合观点。它规定了政府的财政状况和环境、收入和成本、资产与债务以及其他义务和承诺。它还讨论可能对未来运营有深远影响的重要议题和条件。整合的财务报告一般在 12 月 15 日前发布，这是在年度结束后的 75 天，而不是法律规定的年度结束后 6 个月（IMF，2003）。

4.5 外部审计

作为最高审计机关，在 1921 年《预算和会计法案》中建立了总审计署，以帮助国会在联邦预算过程中履行职能。国会随后通过后来的法案和规章，阐明和扩充了原始章程（例如，1950 年的《会计和审计法案》，1982 年的《联邦管理人员财政廉洁法案》，1990 年的《首席财务官法案》）。根据 2004 年《人力资本改革法案》，自 2004 年 7 月生效以后，总审计署的法律名称变更为"政府问责署"，以更好地反映它的主要功能（GAO，2004）。涉及政府问责署的大部分法律条款都被编入在第 31 编第 7 章中。

4.5.1 管理的、财务的和运作的独立性

法律对政府问责署的独立性规定了强大的保护措施。最重要工作都与总审计长任期有关，总审计长由总统任命，任期 15 年，并经参议院认可（第 31 编，第 703 条）。总审计长只可以通过弹劾或国会的联合决议、永久性残疾、不作为、

玩忽职守、渎职、刑事罪或涉及道德沦丧而被开除。总审计长可以根据执行其职能的需要，委派、支付、分配任务和开除官员（除了副审计长）和雇员（第731条）。此外，政府问责署拥有财政独立性。第31编规定，对执行政府问责署指令所必需的资金，应该拨付给总审计长（第736条）。

4.5.2 审计制度覆盖的范围

总审计长的权力比较广泛，涉及调查收入、支出和公款使用的所有事项（第712条）。因此，政府问责署有权审计所有联邦部门和机构。法律明确地将某些机构包括在内，如国内收入署（第713条）、联邦储备委员会、联邦储备银行以及联邦存款保险公司（第714条），它们都是政府问责署之审计权利范围内的部门。这些机构中的一些机构在国家会计规定的"广义政府"之外。

4.5.3 审计类型

审计权的范围很广，包括对法律遵从情况和财务管理的审计，以及开展绩效导向的审计，重点查明公共项目对国家成果和目标的重要贡献。第7章第712节详细说明了以上内容中援引的总审计长之调查权。权力包括：

• 政府遵守一般拨款法中特定拨款支出上限的费用评估，并将评估结果报告给国会。

• 分析每个行政部门的支出，为了帮助国会确定公共资金的使用是否经济且有效。

• 应国会两院或在税收、拨款或支出上拥有司法权的国会委员会的要求，开展调查和报告。

主动地或在国会两院的要求下，总审计长还有权评估部门或机构在现行法律下开展项目和活动的结果（第713条）。

4.5.4 调查权

法律规定了强有力的调查权。要求每个机构向总审计长提供所需的有关机构职责、权力、活动、组织和财务事项的信息（s.716）。当一个机构在合理的时间内无法提供有效的资料，总审计长可以书面请求机构的负责人，要求他（她）在20天的期限内提供资料。若机构负责人也无法提供所需的信息，政府问责署将向总统、管理和预算办公室、司法部长和国会做出书面报告，报告可能导致法院依照法律的规定采取行动。法律中还规定了传票的签发。

4.5.5 报告的责任和发布

国会每次的常规会期开始时，要求总审计长向国会（当总统要求时，也向总统做汇报）报告总审计长的工作（第719条）。报告包括以下方面的建议：

• 总审计长认为必要的立法制定，从而更方便、及时、准确地决策和结算。

• 总审计长认为值得汇报的与收入、支出和公款使用有关的其他事项。

总审计长同样回应国会对报告的询问,包括机构违法进行的支出和合同。他(她)也报告对于机构会计的行政审计、机构的主张以及对机构的检查是否充分和有效。当总审计长向国会提交报告时,他(她)同时向两院的拨款委员会、政府事务委员会(参议院)、政府工作委员会(众议院)以及需要项目执行信息或部门或其他机构活动信息的国会委员会,提交报告的副本。

4.5.6 调查结果的执行

当总审计长制定报告,包括给机构负责人的建议时,机构负责人必须提交关于接受建议活动的书面声明(第720条)。规定向议会委员会提交这种声明的期限为60天。

5 处罚和违规

第13篇和第15篇规定了对超支拨款的处罚,并规定了如果不遵守规则的处罚方式。第一,联邦政府官员不可以安排或授权超过拨款或基金可用金额的支出或债务。政府官员也不能在拨款法案通过以前,使政府参与某项合同或引发债务,以至于需要支付资金,除非有法律授权(第1341条)。第二,一个政府官员不能制定或授权超过由管理和预算办公室分配额度的支出或债务(第1517条)。第三,政府官员不能制定或授权超过分配或再分配额度的支出或债务(在管理和预算办公室的拨款之后,由部长对资金进行的细化分配)。

违反第1341(a)条款的政府雇员将受到行政纪律处罚,包括无薪水的停职或开除(第1349条)。如果一个官员或雇员明知故犯而违反了第1341(a)条款,他(她)可能被处以罚款,最高将达到5000美元、2年以内的监禁,或两者并罚(第1350条)。同样的规章适用于官员或雇员对第1517条的违法行为。

参考文献

Blöndal, Jón R., Dirk-Jan Kraan and Michael Ruffner (2003), "Budgeting in the United States", OECD Journal on Budgeting, Vol. 3, No. 2, OECD, Paris, pp. 7 – 53.

Briffault, Richard (1996), Balancing Acts: The Reality behind State Balanced Budget Requirements, The Twentieth Century Fund Press, New York.

Buchanan, James (1997), "The Balanced Budget Amendment: Clarifying the Arguments", Public Choice, Vol. 90, Kluwer Academic Publishers, Dordrecht, The Netherlands, pp. 117 – 138.

Chan, James L. (1999), "Major Federal Budget Laws of the United States", in

Shojai Siamack (ed.), Budget Deficits and Debt: A Global Perspective, Praeger, London.

CBO (Congressional Budget Office) (2003), "The Expiration of Budget Enforcement Procedures: Issues and Options", in The Budget and Economic Outlook: Fiscal Years 2004 – 2013, CBO, Washington DC, www. house. gov/budget_democrats/analyses/projections/cbo_outlook_04_13. pdf.

CBO (2004), Mission of Congressional Budget Office, CBO, Washington DC, www. cbo. gov/AboutCBO. cfm.

CRS (Congressional Research Service) (2000), Continuing Appropriations Acts: Brief Overview of Recent Practices, CRS Report for Congress, CRS, Washington DC.

CRS (2001), General Management Laws: a Selective Compendium-107th Congress, CRS Report for Congress, CRS, Washington DC.

Department of the Treasury (2004), All about Financial Management Service, Department of the Treasury, Washington DC, www. fms. treas. gov/aboutfms/welcometofms. html.

Department of the Treasury (2004), National Debt, Department of the Treasury, Washington DC, www. ustreas. gov/education/faq/markets/q1.

GAO (Government Accountability Office) (2003), Fiscal Exposures: Improving the Budgetary Focus on Long-Term Costs and Uncertainties, GAO 03 – 213, GAO, Washington DC.

GAO (2004), GAO's Name Change and Other Provisions of the GAO Human Capital Reform Act of 2004, GAO, Washington DC, www. gao. gov/about/namechange. html.

Heniff, Bill Jr. (2001a), Budget Resolution Enforcement, Congressional Research Service Report for Congress, CRS, Washington DC, www. house. gov/rules/98 – 815. pdf.

Heniff, Bill Jr. (2001b), Congressional Budget Act Points of Order, Congressional Research Service Report for Congress, CRS, Washington DC, www. house. gov/rules/98 – 876. pdf.

Heniff, Bill Jr. (2003a), The Congressional Budget Process Timetable, Congressional Research Service Report for Congress, CRS, Washington DC, www. senate. gov/reference/resources/pdf/98 – 472. pdf.

Heniff, Bill Jr. (2003b), Formulation and Content of the Budget Resolution, Congressional Research Service Report for Congress, CRS, Washington DC, www.

senate. gov/reference/resources/pdf/98 – 512. pdf.

Heniff, Bill Jr. (2003c), Budget Reconciliation Legislation: Development and Consideration, Congressional Research Service Report for Congress, CRS, Washington DC, www. senate. gov/reference/resources/pdf/98 – 814. pdf.

IMF (International Monetary Fund) (2003), United States: Report on the Observance of Standards and Codes-Fiscal Transparency Module, IMF, Washington DC.

Keith, Robert (1996), A Brief Introduction the Federal Budget Process, Congressional Research Service Report for Congress, 96 – 912 GOV, CRS, Washington DC, www. house. gov/rules/96 – 912. htm.

Mikesell, J. (2002), The Tax Expenditure Concept at the State Level: Conflict Between Fiscal Control and Sound Tax Policy: Proceedings of 94th Annual Conference on Taxation, National Tax Association, Washington DC.

Moe, Ronald C. (2002), "United States", in Distributed Public Governance: Agencies, Authorities and Other Government Bodies, OECD, Paris, pp. 243 – 265.

OECD (1997), Managing Across Levels of Government, OECD, Paris.

OECD (2003), Survey on Budget Practices and Procedures, OECD and World Bank, http: //ocde. dyndns. org.

OMB (Office of Management and Budget) (2004a), Analytical Perspectives, Budget of the US Government 2005, OMB, Washington DC, www. whitehouse. gov/omb/budget/fy2005/pdf/spec. pdf.

OMB (2004b), PART instructions for the 2005 Budget, OMB, Washington DC, www. whitehouse. gov/omb/budget/fy2005/pdf/bpm861. pdf.

OMB (2004c), The Mission and Structure of the Office of Management and Budget, OMB, Washington DC, www. whitehouse. gov/omb/ organisation/mission. html.

OMB (2004d), Preparation, Submission and Execution of the Budget, OMB Circular No. A – 11, OMB, Washington DC, www. whitehouse. gov/omb/circulars/a11/04toc. html.

Schick, Allen (2002), The Federal Budget: Politics, Policy, Process, The Brookings Institution, Washington DC.

Senate Budget Committee (1998a), The Congressional Budget Process: An Explanation, Senate, Washington DC, http: //budget. senate. gov/republican/major_documents/budgetprocess. pdf.

Senate Budget Committee (1998b), Debt-Limit Legislation in the Congressional Budget Process, Senate, Washington DC, www. senate. gov/ ~ budget/democratic/crsbackground/debtlimit. html.

Streeter, Sandy (2000), Advance Appropriations, Forward Funding, and Advance Funding, Congressional Research Service Report for Congress, CRS, Washington DC, www. senate. gov/ ~ budget/democratic/crsbackground/advanceapprop. html.

Tanaka, Susan, June O'Neill and Arlene Holen (2003), "Above the Fray: the Role of the US Office of Management and Budget", in John Wanna, Lotte Jensen and Jouke de Vries (eds.), Controlling Public Expenditure: The Changing Roles of Central Budget Agencies-Better Guardians?, Edward Elgar, Cheltenham, United Kingdom.

译 后 记

《预算制度的法律框架：国际比较视角》一书即将付梓，这是一件值得纪念的事情。从2006年我们开始酝酿并启动本书的翻译工作算起，转眼间十五年过去了。在我的研究生涯中，还没有一个研究事项的时间跨度竟然有如此之长，走过的弯路与遇到的挫折竟然有如此之多。时至今日，终于可以释怀了。

关于这本书、这件事、那些人、那些岁月，抚今追昔，不胜感慨，言及往事，云水万千。真的感觉有好多话，想对自己、对读者朋友们、对旧雨新朋说起，但沉思良久，又担心笔底波澜不知会引向何方，干脆尽在不言中吧。[①] 或许恰如鲁迅先生所言，未名——但并非"没有名目"的意思，是"还没有名目"的意思，恰如孩子的"还未成丁"似的。

此时此刻，我最想说的，还是对这些年来以不同方式支持过这项事业的朋友们，表示由衷的感谢。

首先需要感谢的是陈立齐教授。大约在2006年末，也是我与陈老师最初相识的时候，当时我国的预算法修订工作才启动不久，其推进就已然略显顿挫。[②] 陈老师一直鼓励我担纲翻译此书，以作为预算法修订之参考。这些年来，他始终关心着我的成长，总是鼓励我不负少年豪情，并想方设法促成本书的面世。应该说，如果没有陈立齐老师多年来的期许与鼓励，我是很难将这件历尽劫波的事情坚持下来的。尤为令人感动的是，得知本书中译本即将面世的消息，陈老师于百忙之中专门为本书撰写了推荐序。

八年前，我的姑丈、独立翻译工作者赵铁宗先生耗时一年多，以顽强的毅力完成了本书的最初译稿。从这个意义上讲，赵老先生应该算是本书的第一位译

[①] 2008年全球金融危机爆发以来，许多国家相继调整了财政政策，并由此激发了诸多预算管理改革的新举措。限于篇幅，我们难以就此做展开之论述，对这一问题感兴趣的读者，可以参阅我们的另外三篇研究论文：马蔡琛，苗珊. 全球公共预算改革的最新演化趋势：基于21世纪以来的考察 [J]. 财政研究，2018 (1)；马蔡琛，苗珊. 绩效预算的全球演进与中国现实 [J]. 经济纵横，2019 (5)；马蔡琛，李宛姝. 后金融危机时代的政府预算管理变革：基于OECD国家的考察 [J]. 经济与管理研究，2016 (6)。

[②] 关于预算法修订过程的回忆性文章，可以参阅：马蔡琛. 论中国预算法的修订与政府理财的挑战 [J]. 会计之友，2015 (9)。

者。也恰恰是他这种"虽千万人吾往矣"的精神，激励着我们尽管百折千回也要将这本书面世出版，以便给所有支持过这项事业的朋友们一个交代。

后来，我在南开大学带领的研究团队，接手了本书的后续翻译和修正校对工作。分别由我指导的两位博士生张莉（现执教于首都经济贸易大学）和李宛姝（现执教于天津财经大学）同学合作，重新通译了全书，并由桂梓椋、赵笛两位同学协助完成了后续的核对与整理工作。最后由我通读全书，修改审校，并最终定稿。

此外，南开大学的赵青、朱旭阳、苗珊、袁娇、尚妍、金海音、潘美丽、管艳茹、白铂、刘辰涵、余洁、赵灿、赵珏、谭萱、王菲菲、文珊珊等同学，也参与了本书部分初稿的翻译工作。

在本书的早期翻译过程中，我的同门师弟白彦锋博士（现任中央财经大学财政税务学院院长）翻译了本书第一篇的部分初稿。在此一并致谢！

感谢原书作者伊恩·利纳特（Ian Lienert）教授对于预算制度法律框架之国际比较所做出的原创性贡献，并一直关注本书中译本的面世。

如同我这些年完成的关于政府预算问题的系列研究成果一样，本书的翻译过程，也是发轫于我在中国社会科学院财政与贸易经济研究所（现更名为中国社会科学院财经战略研究院）的工作阶段，最终定稿于南开大学经济学院。算是机缘巧合，本书也成为了我所完成的最后一项跨越这两家工作单位的研究事项。这两家我曾经工作过和正在工作着的学术机构，都是源远流长的经济学研究重镇。这里良好的研究氛围和学术传统，领导和同事们的关怀与帮助，使我得有机缘，最终了却这一多年的夙愿。

感谢南开大学经济行为与政策模拟实验室和天津市高等学校创新团队培养计划的资助。

感谢经济科学出版社谭志军老师和卢元孝老师为本书的编辑出版付出的辛勤努力。

十多年前，在预算法修订工作刚刚启动之际，我们就着手本书的翻译工作，以期能够为预算法修订略尽绵薄之力。到而今，本书即将付梓之际，预算法实施条例历经多年的努力，终于修订后发布，算是给预算法修订工作画上了一个圆满的句号。这确实是一件值得纪念的事情！

因时间与精力的局限，书中或有不尽如人意之处，恳请读者朋友们批评指正。

最后祝福中国政府预算改革的未来！

马蔡琛
2021 年 8 月于白河之津